考古学专刊
甲种第三十八号

王仲殊文集

第2卷

——中日两国古代铜镜及都城形制的比较研究

王仲殊 著

中国社会科学院考古研究所 编辑
社会科学文献出版社 出版

A Collection of Wang Zhongshu's Works

Vol. II
Comparative Studies on Bronze Mirrors and Capital Sites in Ancient China and Japan

Wang Zhongshu

内 容 简 介

本文集收录中国社会科学院考古研究所学者王仲殊先生70余篇学术论文以及田野考古调查发掘报告。文集分4卷，各卷题目依次为"考古学通论及中国考古学的若干课题"、"中日两国古代铜镜及都城形制的比较研究"、"古代中国与日本等东亚诸国的关系"和"中国古代遗址、墓葬的调查发掘"。王仲殊先生始终强调考古调查发掘工作必须与历史文献记载相结合，中国考古学研究应该与世界考古学接轨。他的治学方针和研究成果在本文集中得到充分的显示与有力的见证。

本书可供考古学者、历史学者和文物、博物馆部门的研究人员阅读、参考。

目　录

论吴晋时期的佛像夔凤镜
　　——为纪念夏鼐先生考古五十年而作 …………………………… 1
吴县、山阴和武昌
　　——从铭文看三国时代吴的铜镜产地 …………………………… 18
"青羊"为吴郡镜工考
　　——再论东汉、三国、西晋时期吴郡所产的铜镜 ……………… 34
吴镜师陈世所作神兽镜论考 …………………………………………… 50
"黄初"、"黄武"、"黄龙"纪年镜铭辞综释 ………………………… 67
建安纪年铭神兽镜综论 ………………………………………………… 90
关于日本三角缘神兽镜的问题 ………………………………………… 111
关于日本的三角缘佛兽镜
　　——答西田守夫先生 ……………………………………………… 135
日本三角缘神兽镜综论 ………………………………………………… 152
景初三年镜和正始元年镜的铭文考释 ………………………………… 174
景初三年镜和正始元年镜铭文补释 …………………………………… 190
论日本出土的景初四年铭三角缘盘龙镜 ……………………………… 194
论日本出土的青龙三年铭方格规矩四神镜
　　——兼论三角缘神兽镜为中国吴的工匠在日本所作 …………… 208
论日本"仿制三角缘神兽镜"的性质
　　及其与所谓"舶载三角缘神兽镜"的关系 ……………………… 223
关于日本古代都城制度的源流 ………………………………………… 241

论日本古代都城宫内大极殿龙尾道 …………………………… 271
论洛阳在古代中日关系史上的重要地位 ………………………… 292
试论唐长安城大明宫麟德殿
　对日本平城京、平安京宫殿设计的影响 ……………………… 310
关于中日两国古代都城、宫殿研究中的若干基本问题 ………… 334
试论唐长安城与日本平城京及平安京
　何故皆以东半城（左京）为更繁荣 …………………………… 347
中国古代宫内正殿太极殿的建置及其与东亚诸国的关系 ……… 371
论唐长安城圆丘对日本交野圆丘的影响 ………………………… 397

CONTENTS

Studies on Wu-jin Period Bronze Mirrors with the Design Patterns of
    Buddha, Dragon and Phoenix   1

Wuxian, Shanyin and Wuchang: Tracing the Workshops of Bronze
    Mirror in Wu Kingdom through the Study of Inscription   18

"Qingyang" Identified as Bronze Mirror Artisan from Wu County:
    Re-discussion on Bronze Mirrors Made in Wu County during the
    Period of Eastern Han, Three Kingdoms and Western Jin   34

Notes on Bronze Mirrors with Mythical Animal Designs Produced by
    Artisan Chen Shi from Wu Kingdom   50

Comprehensive Studies on Bronze Mirrors with Chronological
    Inscriptions of "Huangchu", "Huangwu" and "Huanglong"   67

Comprehensive Studies on Bronze Mirrors with Chronological
    Inscriptions of "Jian'an"   90

Notes on Triangular-rimmed Bronze Mirrors with Mythical Figures
    and Animal Designs Unearthed from Japan   111

Notes on Triangular-rimmed Bronze Mirrors with Buddha and Animal
    Designs Unearthed from Japan   135

Comprehensive Studies on Triangular-rimmed Bronze Mirrors with
    Mythical Figures and Animal Designs Unearthed from Japan   152

Textual Research on Mirror Chronological Inscriptions of "Third Year
    of Jinchu Era" and "First Year of Zhengshi Era"   174

Supplementary Decipherment on Mirror Chronological Inscriptions of "Third Year of Jinchu Era" and "First Year of Zhengshi Era"	190
A Study on Bronze Mirror with Coiled Dragon Design and Chronological Inscription of "Fouth Year of Jinchu Era"	194
A Study on Bronze Mirror with TLV Design, Four-spirit Animals, and Chronological Inscription of "Third Year of Qinglong Era" —Triangular-rimmed Bronze Mirrors with Mythical Figures and Animal Designs were Production of Artisans from Wu Kingdom	208
Relationships between "Imitated Triangular-rimmed Bronze Mirrors with Mythical Figures and Animal Designs" and "Imported Triangular-rimmed Bronze Mirrors with Mythical Figures and Animal Designs"	223
System of Ancient Japanese Capitals: Origin and Development	241
"Dragon-tail Steps" of Daigokuden Hall in Ancient Japanese Capital Palaces	271
The Important Role of Capital Luoyang in the History of Ancient Sino-Japanese Relations	292
Lindedian Hall's Influence on the Architecture Design of Japanese Palaces in the Capital Heijokyo and Heiankyo	310
Principle Problems in the Study on Ancient Chinese and Japanese Capital Cities and Palace Buildings	334
Why did the Eastern Half City (Left Capital) of Chang'an, Heijokyo and Heiankyo become More Prosperous	347
The Architecture Design of Taijidian Hall and its Impact upon Other Eastern Asian Countries	371
Round Altar of Tang Chang'an Capital and its Impact upon that of Katano in Japan	397

论吴晋时期的佛像夔凤镜

——为纪念夏鼐先生考古五十年而作

夔凤镜是东汉中期（2世纪前期）开始出现的一种铜镜。它盛行于东汉后期、三国和西晋（2世纪后期至3世纪末），并延续到东晋（4世纪前期至5世纪初期）。东汉后期至魏和西晋时期（2世纪后期至3世纪末）流行于中原和北方地区的铁镜，就其图纹而言，也多属夔凤镜。

夔凤镜有各种型式。其中，有的铜镜在图纹中含有佛像（本文所称的佛像，在较多的场合，是泛指佛、菩萨、飞天等各种与佛教有关的图形和造像，下同），是研究中国早期佛教的重要的实物资料。本文要讨论的，便是这种含有佛像的铜镜，通常称为"佛像夔凤镜"。讨论的重点在于佛像夔凤镜的确切的制作年代、在地域上的分布范围、镜的形制和图纹，特别是有关佛教和天文方面的纹样。

一

我在1982年所写《关于日本的三角缘佛兽镜》的论文中，曾说到外国的博物馆收藏着中国的佛像夔凤镜，见于著录的有日本东京国立博物馆、美国哈佛大学福格博物馆、波士顿美术馆和德国柏林国立博物馆的藏镜各1枚[1]。当时，我曾对这4枚佛像夔凤镜作过介绍，但限于文章的篇幅，未免过于简单。因此，在我现在写的这篇专论佛像夔凤镜的论文里，我要先对这4枚铜镜作进一步的分析和说明。

1. 东京国立博物馆藏镜（图1-1）

直径14.3厘米[2]。镜的主纹为四组相对的双凤，双凤之间有一下垂的多须球状物相隔。钮座呈柿蒂形，四瓣内都有佛像。其中三瓣内各有佛龛，龛顶饰华盖，龛的两侧饰鸟形，龛内一坐佛，头上有项光，跌坐在莲座上，座的两端附龙首。另一瓣内有三像，居中的一像为佛像，头上有项光，在莲座上作半跏思惟状；左侧的立像为侍者，手持曲柄伞，右侧的跪像为供养人，作跪拜状。镜缘内侧有一周由16个弧形组

1. 东京博物馆藏镜

2. 福格博物馆藏镜

3. 波士顿美术馆藏镜（局部）

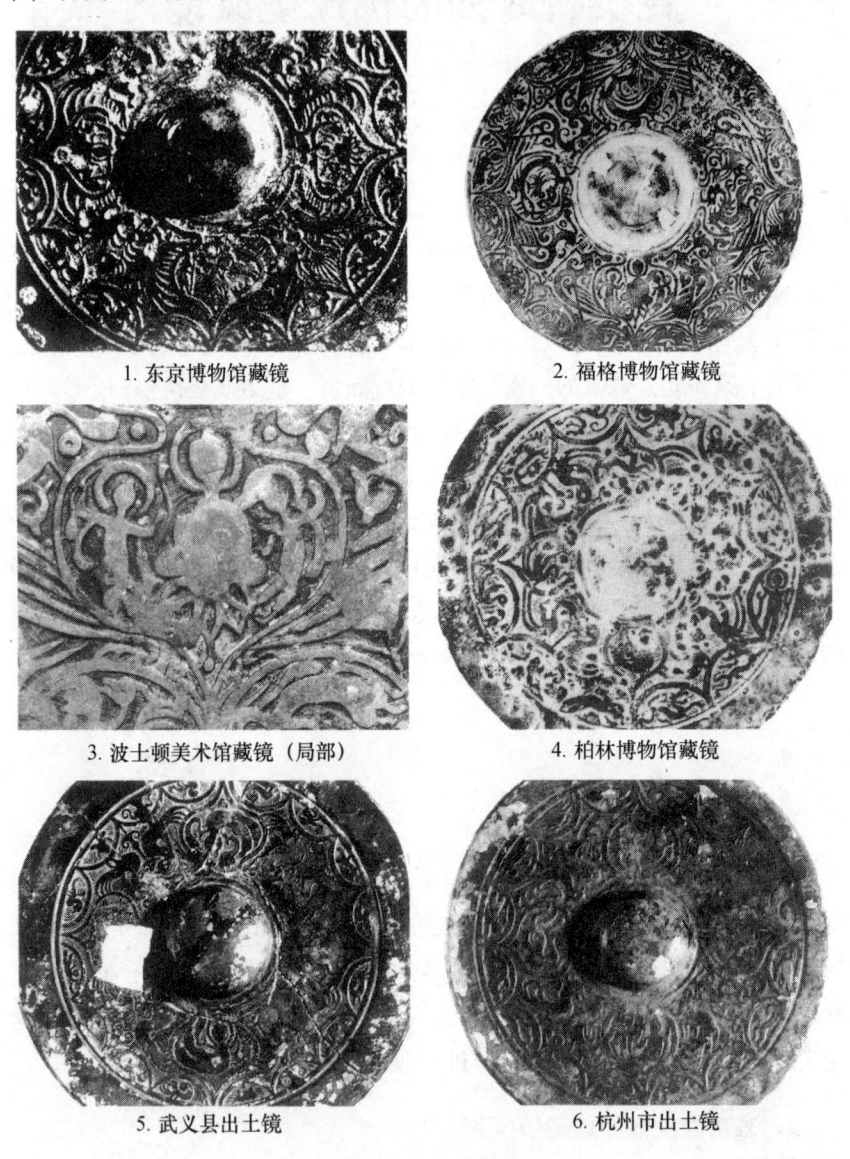

4. 柏林博物馆藏镜

5. 武义县出土镜

6. 杭州市出土镜

图1　吴晋时期的佛像夔凤镜（一）

成的连弧纹带，弧形内各有一走兽或飞禽。走兽形态可辨的，除龙和虎外，似乎还有兔。飞禽共二只，形状似凤，其中一只有三足，无疑是象征太阳的"赤乌"（图2-7）。由于"赤乌"的存在，可以认为，兔的图纹若属实，则应为象征月亮的"玉兔"，而龙、虎、凤应各为代表东方的"青龙"、代表西方的"白虎"和代表南方的"朱雀"。

2. 哈佛大学福格博物馆藏镜（图1-2）

直径14.6厘米[3]。镜的主纹为四组相对的双凤，双凤之间有一下垂的心叶形图案相隔。在钮座的四瓣柿蒂中，仅一瓣内有三尊佛像。中央的一尊为莲座上的坐佛，头上有项光；两侧的两尊立像为胁侍，头上亦有项光。镜的缘部饰一周由16个弧形组成的连弧纹带。其中2个弧形内各有一佛像，头上有项光，从其姿态看来，应为飞天（图2-1）。其余14个弧形内，各有一走兽或飞禽。走兽形状各异，有的显然是龙和虎。飞禽形状多似凤，其中之一有三足，可以判定为象征太阳的"赤乌"（图2-6）。与上述东京国立博物馆藏镜一样，龙、虎、凤应分别为代表东方的"青龙"、代表西方的"白虎"和代表南方的"朱雀"（图2-12；图3-3）。

3. 波士顿美术馆藏镜（图1-3）

直径14.2厘米[4]。镜的图纹与福格博物馆藏镜几乎完全相同，只是连弧纹带不在镜缘上，而在镜缘的内侧。

4. 柏林国立博物馆藏镜（图1-4）

直径17.8厘米[5]。镜的主纹为四组相对的双凤，双凤之间有一简单的双钩形图案相隔。与以上3枚铜镜不同，此镜钮座的四瓣柿蒂内都没有佛像，镜缘内侧连弧纹带的弧形只有12个。其中3个弧形内各有一个佛像，头上有项光，从它们的姿态看来，应为飞天。其余9个弧形内各有一个飞禽或走兽。飞禽似乎有三足，当为象征太阳的"赤乌"（图2-9）。走兽形状可辨的，除龙（青龙）、虎（白虎）以外，还有象（图3-1、6）。东汉壁画和石刻画像中不乏象的图纹，它们未必都与佛教有关。但是，象在佛像夔凤镜的图纹中出现，说明了它与印度佛教的关系。

以上4枚佛像夔凤镜都是传世品，不是经考古工作者之手发掘出来的。因此，对于镜的制作年代，只能作大概的推测，不能确切地断定。特别是由于出土地点不明，难以判定它们是中国北方的产品还是南方的产品。

二

中华人民共和国成立后，中国的考古调查发掘工作广泛开展，有许多重要的新发现，其中包括大量的、属于各个时代的铜镜。就佛像夔凤镜而言，早在20世纪50年代后期，便有发掘出土的。尤其是60年代以来，在各地调查发掘工作中发现的佛像夔凤镜不断增多，有的已经在《考古》、《文物》等学术刊物上发表。可惜因图版模糊，有时也因研究者疏忽，往往没有被识别出来。因此，我必须在这里一一介绍，并详加分析和解说。

1. 浙江省武义县出土镜（图1-5）

1973年由武义县文物管理委员会在该县桐琴果园发掘出土[6]。直径15.4厘米。镜的主纹为四组相对的双凤，双凤之间以一双钩形图案相隔。佛像见于柿蒂形钮座的三瓣内（另一瓣因破损而不明其究竟）。其中相对的两瓣内各为一飞天像，头上有项光，身躯横斜，衣裾飘拂，作飞舞状。另一瓣内为三尊像，居中的一尊为坐佛，头上有项光，座下附莲花，两侧的两尊立像为胁侍，头上也有项光。镜缘内侧的连弧纹带亦由16个弧形组成，其中1个弧形内有一飞天像（图2-5）。其余15个弧形内，除走兽和飞禽以外，还有一蛙、一蟹和两个图案化的器物。毫无疑问，蛙是象征月亮的"蟾蜍"（图2-11），从而推测飞禽中必有象征太阳的"赤乌"和代表南方的"朱雀"，走兽中有代表东方的"青龙"和代表西方的"白虎"。蟹的图纹不见于汉和魏晋时代的一般器物，它在佛像夔凤镜上出现，应是表示黄道十二宫中的"巨蟹"（图3-7）。由于"巨蟹"的存在，使人联想到两个图案化的器物可能各为黄道十二宫中的"宝瓶"和"天秤"，理由是它们的形状与瓶和天平不无相似之处（图3-11、12）。此镜所由出土的墓确属三国时代的吴墓，同墓出土的其他许多随葬品可证镜的制作年代不迟于3世纪中期。

1. 飞天（福格博物馆藏镜）　　2. 飞天（杭州出土镜）

3. 飞天（南京出土镜）　　4. 飞天（南京出土镜）

5. 飞天（武义出土镜）　　6. 赤乌（福格博物馆藏镜）

7. 赤乌（东京博物馆藏镜）　　8. 赤乌（南京出土镜）

9. 赤乌（柏林博物馆藏镜）　　10. 玉兔（南京出土镜）

11. 蟾蜍（武义出土镜）　　12. 青龙（福格博物馆藏镜）

图2　佛像夔凤镜连弧纹带中的图纹（一）

2. 浙江省杭州市出土镜（图1-6）

现藏浙江省博物馆，发掘情况欠详[7]。直径11.6厘米。镜的主纹为四组相对的双凤，双凤之间有一心叶形图案。佛像在四瓣柿蒂形钮座的一瓣内，两像并立，头上有项光。在镜缘内侧连弧纹带的 16 个弧形中，3 个弧形内各有一人形，虽然没有明显的项光，但从其姿态看来，应属飞天之类（图 2-2）。其余 13 个弧形内，各有一动物，形状可辨的有鸟、兔、龙、龟、蟹等。鸟为"赤乌"，兔为"玉兔"，分别象征太阳和月亮；龙为"青龙"，龟为"玄武"，分别代表东方和北方（图 3-5）。

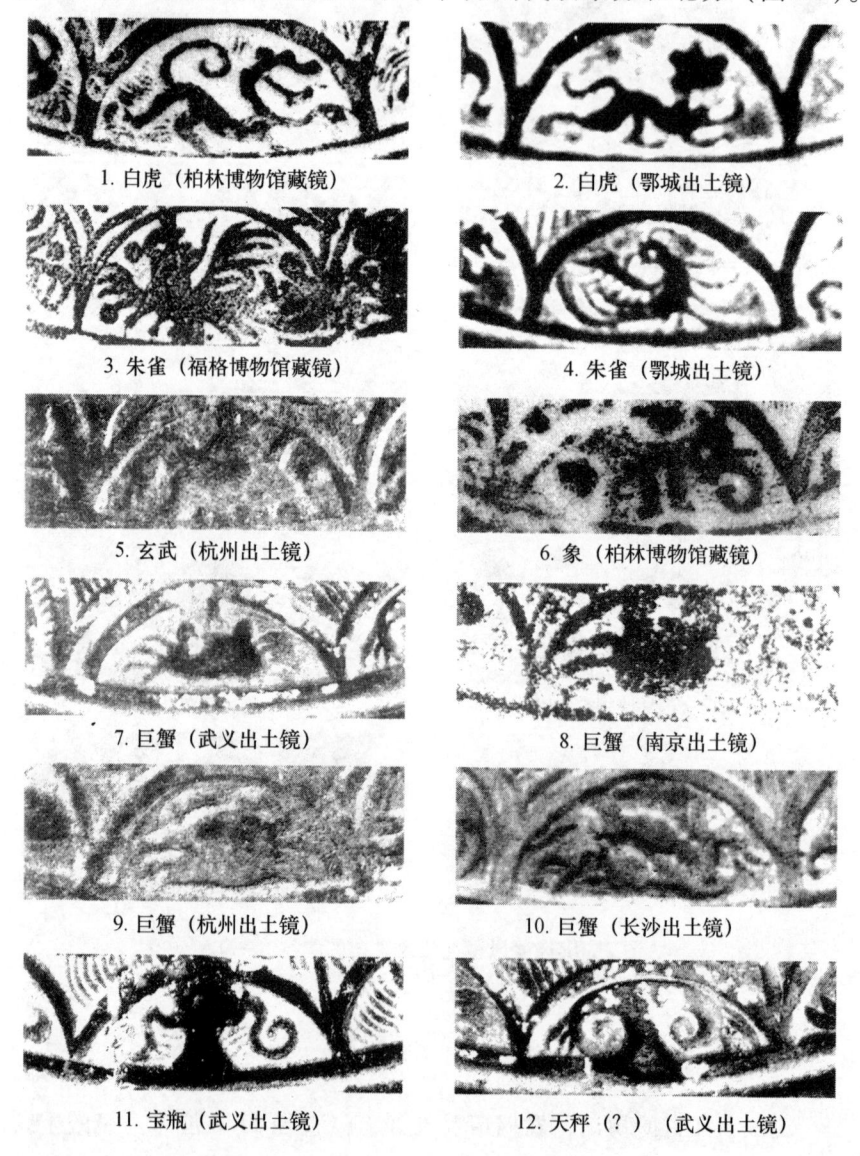

1. 白虎（柏林博物馆藏镜）
2. 白虎（鄂城出土镜）
3. 朱雀（福格博物馆藏镜）
4. 朱雀（鄂城出土镜）
5. 玄武（杭州出土镜）
6. 象（柏林博物馆藏镜）
7. 巨蟹（武义出土镜）
8. 巨蟹（南京出土镜）
9. 巨蟹（杭州出土镜）
10. 巨蟹（长沙出土镜）
11. 宝瓶（武义出土镜）
12. 天秤（？）（武义出土镜）

图 3　佛像夔凤镜连弧纹带中的图纹（二）

与武义县出土镜一样，蟹是表示黄道十二宫中的"巨蟹"（图3-9）。前面所述各镜多有"青龙"、"白虎"和"朱雀"的图纹，而独缺"玄武"。此镜图纹中"玄武"的出现，进一步证明佛像夔凤镜的图纹中都有"分司四方"的"四神"，尽管在同一枚镜的图纹中"四神"之数未必齐全。

3. 江苏省南京市出土镜（图4-1）

1957年由南京市文物管理委员会在该市西善桥发掘出土[8]。直径14.5厘米。镜的主纹为四组相对的双凤，双凤之间有一下垂的心叶形图案相隔。在柿蒂形钮座的四瓣内，都没有佛像。但是，在镜缘内侧连弧纹带的16个弧形中，2个弧形内各有一飞天像，头上有项光。一像衣裾较短，露出两脚（图2-4）；另一像双袖飘起，身下有一条波状曲线，表示云朵（图2-3）。其余14个弧形内各有一动物，形态可辨的有鸟、兔、龙、虎、凤、蟹等。与前述各镜一样，鸟为"赤乌"，兔为"玉兔"，分别象征太阳和月亮（图2-8、10）。龙为"青龙"，虎为"白虎"，凤为"朱雀"，分别代表东方、西方和南方。蟹则表示黄道十二宫中的"巨蟹"（图3-8）。此镜所由出土的墓属三国时代的吴墓，最晚不会晚于西晋，同墓出土的其他许多随葬品可证镜的制作年代在3世纪中期，至少不会迟于3世纪后期。

4. 湖北省鄂城县出土镜（图4-2，图5）

1975年由湖北省博物馆在鄂城钢厂五里墩工地发掘出土。此镜保存良好，图纹精致、清晰，是佛像夔凤镜中难得的珍品。承蒙湖北省博物馆的厚意，我得能在《关于日本的三角缘佛兽镜》的论文中将此镜的照片和拓本发表[9]。直径16.3厘米。镜的主纹为四组相对的双凤，双凤之间有一下垂的多须球状物相隔。佛像在柿蒂形钮座的四瓣内。其中三瓣内各有佛龛，龛顶饰华盖，龛内一坐佛，头上有项光，座下有莲花，座的两端附龙首。另一瓣内有三像。中央的一尊为坐佛，在莲花座上作半跏思惟状，头上有项光。两侧的两像一立一跪，立像为侍者，手持曲柄伞，跪像为供养人，作跪拜状。镜缘内侧连弧纹带的16个弧形内各有一龙、一虎或一鸟。与前述各镜一样，龙为代表东方的"青龙"，虎为代表西方的"白虎"（图3-2）。鸟共三只，形状都似凤，

1. 南京市出土镜　　2. 鄂城出土镜

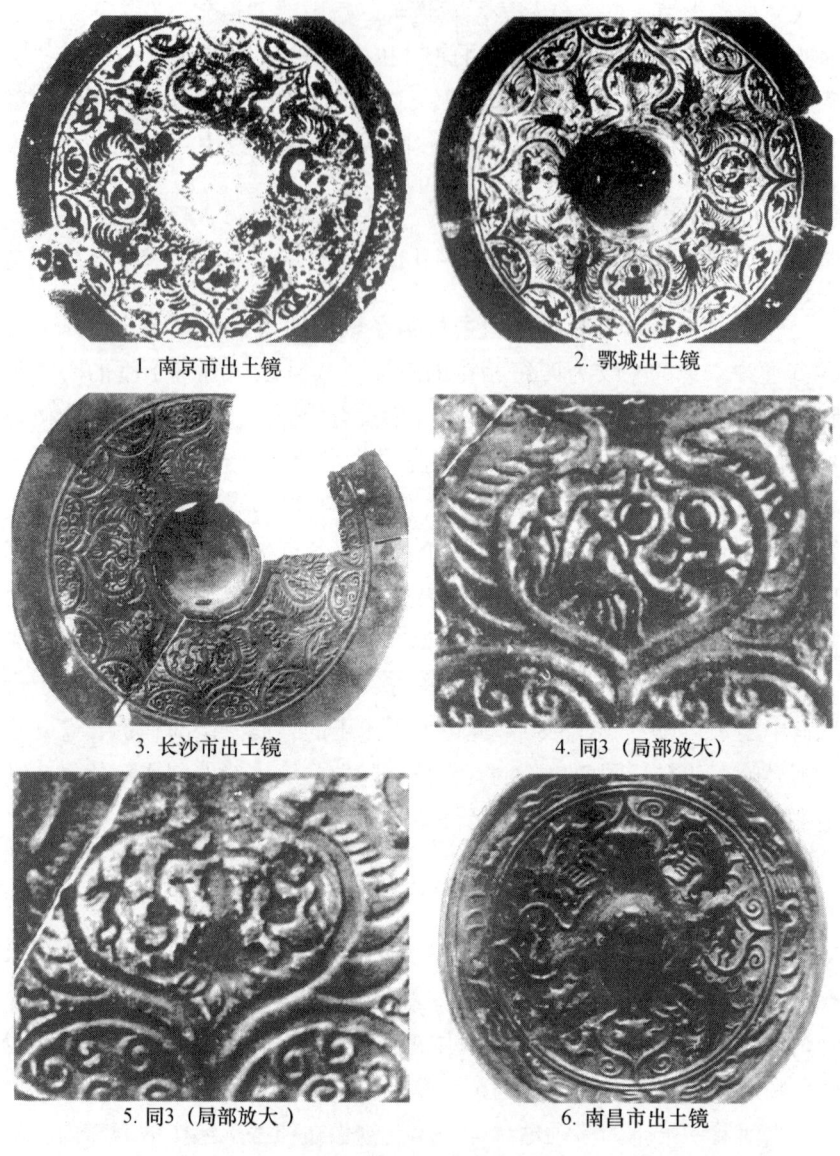

3. 长沙市出土镜　　4. 同3（局部放大）

5. 同3（局部放大）　　6. 南昌市出土镜

图4　吴晋时期的佛像夔凤镜（二）

但应有象征太阳的"赤乌"和代表南方的"朱雀"之分（图3-4）。据有关的研究者相告，此镜所由出土的墓属三国时代的吴的后期，约当3世纪中期的后半。镜的制作年代比墓的埋葬年代略早，可定为3世纪的中期。

图5 鄂城出土的佛像夔凤镜

5. 湖南省长沙市出土镜（图4-3）

1960年由湖南省博物馆在长沙市左家塘发掘出土[10]。直径约16厘米。此镜虽已残破，但图纹大部分保持良好，基本上可以复原。纹样丰富、精美，出诸镜之上，为迄今所见佛像夔凤镜中的最佳品。镜的主纹为四组相对的双凤，双凤之间有一下垂的多须球状物相隔。在柿蒂形钮座的四瓣内都有一组佛像，各由三像组成。其中相对的两瓣内各有佛龛，龛顶饰华盖，龛中一坐佛，跌坐在莲座上，座的两端附莲花朵，佛像两肩后面亦各有一莲枝状物；两侧的两个立像双肩披羽毛，应为"羽人"，其形貌与东汉画像石上常见的"羽人"相似（图4-5）。另外相对的两瓣内主要是一尊半跏思惟的坐佛，头上有项光，座下附莲花；左侧为一侍者的立像，手持曲柄伞，右侧为一供养人的跪拜像，但与东京博物馆藏镜和鄂城出土镜的供养人不同，头上有项光（图4-4）。镜缘内侧连弧纹带的弧形，因破损而仅存8个完整的，但仍可判定原来共有16个，其中8个弧形内各有一动物，另8个弧形内则饰图案化的卷云纹。动物形状可辨的有龙、虎和蟹，与前述各镜一样，它们应各为"四神"中的"青龙"、"白虎"和黄道十二宫中的"巨蟹"（图3-10）。从许多随葬品判断，此镜所由出土的墓属西晋无疑，但镜的制作年代比墓的埋葬年代为早，或可上推到吴的中后期，约当3世纪中期的后半。

图 6　金华出土的"变形佛像夔凤镜"

6. 浙江省金华市出土镜（图6）

1974年由金华地区文物管理委员会在该市古方砖瓦厂发掘出土[11]。直径16.1厘米。镜的主纹仍为四组相对的双凤，但与前述诸镜相比，凤的形体甚小，隔在双凤之间的一株图案化的树木更为其他各镜所不见。在柿蒂形钮座的四瓣内，各有一人像。四个人像似乎皆为立像，衣裙较长，不见双足，但下面附有若干莲花瓣，如同佛像的莲座，双臂举起而稍呈弧曲，看起来有些像佛像头部的项光。像的两侧有文字，标明它们分别为"圣（夫）子"、"弟子仲由"、"弟子颜渊"、"弟子子贡"之像。内区外侧有连弧纹带一周，弧形欠规整，大小不均等，数目约有20余个之多，内部空白无纹样。在内区和外区之间，还有一周铭文带，铭文为"子、丑、寅、卯、辰、巳、午、未、申、酉、戌、亥"，即所谓"十二辰"。此镜图纹中的人像虽非佛像，但图纹的各个方面都具有与佛像夔凤镜相似的特征，故可称之为"变形佛像夔凤镜"。所由出土的墓属西晋，镜的制作年代应在西晋的中期，大约相当于3世纪的末年。

7. 江西省南昌市出土镜（图4-6）

1974年由江西省博物馆在南昌市东湖区发掘出土[12]。直径12厘米。与前述所有各镜主纹之为四组双凤不同，此镜主纹为四个单凤。在柿蒂形钮座的四瓣之中，相对的两瓣内各有一走兽，另外相对的两瓣内各有一佛像。佛像为坐佛，头部小而无项光，座下则有明显的莲花。镜缘内侧无连弧纹带，而由一周以三龙三凤组成的花纹带代替之。此镜虽属佛像夔凤镜，但与前述诸镜相比，形制和图纹大变，故亦应称为"变形佛像夔凤镜"。所由出土的墓属东晋，约当4世纪中期，镜的制作年代基本上与墓的埋葬年代相同。

三

根据以上对4枚传世的和7枚发掘出土的佛像夔凤镜的资料的分析，特别是对这11枚铜镜的形制和图纹的研究，可以作出以下的各项结论，其中包括若干推论。

（1）由于武义出土镜、南京出土镜和鄂城出土镜等发掘出土镜所由出土的墓属三国时代的吴墓，而东京博物馆藏镜、福格博物馆藏镜、波士顿美术馆藏镜和柏林博物馆藏镜等传世镜在形制和图纹上与上述的发掘出土镜相似，可以肯定佛像夔凤镜主要流行于三国时代的吴的中期至后期，亦即3世纪中期的前半至中期的后半。过去，日本学者水野清一先生将佛像夔凤镜的年代定在3世纪70年代至3世纪末的西晋[13]，虽无大错，但严格地说，仍不免稍嫌失之过晚。长沙出土镜的形制、图纹与鄂城出土镜相似，所由出土的墓虽属西晋，但镜的制作年代仍可上推到吴的中后期。在个别年代较晚的墓里随葬着年代较早的铜镜，这是可以理解的。事实上，金华出土镜的形制和图纹表明，到了西晋，佛像夔凤镜已开始出现"变形"，它的盛行期已经快要过去了（图6）。南昌出土镜的形制和图纹说明，东晋时佛像夔凤镜衰落，佛像的纹样退化，使人难以识别（图4-6）。这就无怪研究者对此镜的佛像视而不见，认不出它们是莲座上的佛爷了。

（2）7枚发掘出土的佛像夔凤镜所由出土的地点分别为浙江省的杭州、武义、金华，江苏省的南京，江西省的南昌，湖北省的鄂城，湖南省的长沙。因此，可以肯定，夔凤镜在地域上的分布虽遍及全中国，但佛像夔凤镜的分布主要是在长江中下游的江南地区，即三国时代吴国境内的最发达地区。由于东京博物馆藏镜等4枚传世镜的形制和图纹与上述的发掘出土镜相似，所以他们应该也是长江中下游江南地区的产品。

承蒙日本东京国立博物馆西田守夫先生相告，经东京国立文化财研究所化学研究室马渊久夫先生等对前述该博物馆所藏佛像夔凤镜作铅的同位素分析[14]，可以认为该镜所含的铅属中国南方的铅矿。这就为判定佛像夔凤镜的产地在长江中下游的江南地区提供了旁证。总之，佛像夔凤镜是中国三国时代的吴镜，它盛行于吴的中期和后期，西晋时继续流行，但已是盛极而衰，开始出现了"变形"，东晋时大为衰落，虽偶有残余，也早已面目全非了。

（3）与吴和西晋时代流行于长江中下游地区的饰有佛像的陶瓷谷仓罐和铜带具等器物相联系[15]，可以证明，用佛像作器物的图纹和装饰是三国、西晋时代江南吴地特有的风习。根据考古调查发掘的许多资料，不难判定，这种风习大约开始盛行于吴的中期，经吴的后期，以迄西晋，而东晋以后就骤然衰退。结合中国古代佛教史，我要作出以下的推论：佛像夔凤镜等饰有佛像的器物之在长江中下游地区出现，无疑是佛教在吴地流行的结果。当时，佛教虽已逐渐流行，但还没有进一步深入发展，佛教的教义及各种仪礼制度都还没有正规化。对于吴国统治者和吴地人民来说，佛教是一种新奇的宗教，但影响不大，威信不高。因此，来自外国的佛像与中国传统的东王父、西王母等神仙像一样，被工匠们用作器物上的图纹和装饰，而没有任何"不敬"之嫌。但是，东晋以后，尤其是到了南朝，随着佛教在社会上的进一步盛行，特别是由于统治阶级的提倡和维护，佛教的仪礼渐趋正规，佛像也越来越显得庄重、尊严，不得任意亵渎，从而使得用佛像作日常生活用品纹饰的风习反而衰退了。

（4）据文献记载，在三国时代的魏的境内，佛教也已逐渐流行。但是，从考古调查发掘工作来说，至今没有在以黄河流域为主的中国北方地区发现三国、西晋时代用佛像作纹饰的任何器物，这与上述长江中下游地区的情形构成鲜明的对照。因此，用佛像作图纹和装饰的各种器物之在吴地大量流行，固然与佛教的流行有着不可分割的关系，但和北方的各种器物相比，则毋宁说这是吴地手工业工艺的特点之一。就铜镜而论，在中国的出土镜中，用佛像作镜的图纹的，除了佛像夔凤镜之外，还有所谓画文带佛兽镜[16]，它们都是三国时代的吴镜或晋代在吴的故地所作之镜。因此，我完全有理由可以明确地说，用佛像作图纹是吴镜的一个重要的特点。

如所周知，在日本奈良县新山古坟，冈山市天神山（一号坟）古坟，群马县赤城冢古坟，京都府椿井大冢山古坟、寺户大冢古坟、园部垣内古坟和京都市百百池古坟等古坟中，出土了含有佛像的三角缘神兽镜，即所谓"三角缘佛兽镜"[17]。长期以来，日本学者把仅限于日本出土的300余枚所谓"舶载的"三角缘神兽镜当作中国的魏镜。但是，从中国的考古调查发掘工作的实情看来，可以断言，包括三角缘佛兽镜在内的三角缘神兽镜决不是中国的魏镜。如我在多篇论文中所指出，它们虽然也不是中国的吴镜，但系为东渡的吴的工匠在日本所作[18]，从而不妨看成是广义的吴镜。要之，仅就以佛像为器物的图纹和装饰的工艺传统而论，也足以否定三角缘神兽镜为中国的魏镜。

（5）有关三国时代佛教的文献记载不少，但多出于后代的书籍[19]。至于当时的实物资料，那更是极为寥寥。解放以来，由于发现了以佛像为纹饰的陶瓷谷仓罐、铜带具和铜镜等许多遗物，这就为研究吴的佛教增添了新资料。佛像夔凤镜上有关佛教的图纹丰富而详细，尤其弥足珍贵。根据这许多新资料，我们能够确切地知道，在当时的吴地，佛像已经相当齐全。就坐佛而言，既有结跏趺坐像，也有半跏思惟像（图1-1～5，图4-2～6）；就立像而言，既有独立的佛像（见武昌吴墓出土的铜带具图纹），也有主尊两旁的胁侍（图1-2、3、5）。此外，还有凌空飞舞、姿态各异的飞天像（图1-2～6，图4-1，图2-1～5）。佛龛已有相当的规模，莲座则有多种的形制（图1-1～5，图4-2～6）。侍者所持的曲柄伞，便是当时统治者所用的华盖，也被用来为佛像服务了（图1-1，图4-2～4，图5）。但是，从另一角度来看，因为当时佛教仍属初期阶段，所以从佛像的服装、发式到有关的设施和道具之类，都还缺乏既定的格式，没有统一的制度。

（6）我在《关于日本的三角缘佛兽镜》的论文中曾经说过，中国的早期佛教是与方士们祠祀神仙之类混合在一起的，佛教的推行往往依附于神仙道术。就中国的画文带佛兽镜和日本的三角缘佛兽镜来说，佛像与东王父、西王母等神仙像并存于同一枚镜的图纹上，特别是有的佛像被戴上神仙的帽子，正说明了佛教与道术的混合。在佛像夔凤镜的图纹中，虽然不见上述神佛混淆的现象，但从长沙出土镜的图纹中可以看出，在跌坐于莲座上的主佛的两侧，代替左右胁侍的，是两个经常侍候东王父和西王母的"羽人"[20]，这也不能不说是神佛混杂的一种表现

(图4-5）；更确切地说，这是按照神仙图像的旧方式来表现新的佛教的图像。至于被我称为"变形佛像夔凤镜"的金华出土镜，把孔夫子和子路、子贡、颜渊等三个大弟子打扮成佛爷，那更可以说是"儒佛结合"了（图6）。当然，神佛混淆是出于早期佛教与道教的依附关系，有其真实的社会背景和思想背景；至于把孔子及其弟子与佛像混淆起来，那恐怕只是由于个别工匠的别出心裁，说它是"儒佛结合"，则无非是我的一句玩笑话。不过，如若允许我作一点限度以外的推想，那么，这也许或多或少地反映了晋代"名僧与名士相结合"的情形[21]。

(7) 在上述所有11枚佛像夔凤镜之中，除了武义出土镜以外，其他10枚铜镜都是将坐佛放置在钮座的柿蒂形内，将飞天像放置在镜缘内侧连弧纹带的弧形内。武义出土镜虽然将两个飞天像放置在钮座的柿蒂形内，但镜缘内侧连弧纹带的弧形内仍然有飞天像。因为飞天是凌空飞舞的，所以各镜的连弧纹带实际上是表示天空（图1-1~6，图4-1~3，图5）。作镜的工匠为了充实"天空"，除了飞天像（图2-1~5）以外，还在各个弧形内放置"赤乌"、"玉兔"和"蟾蜍"，以象征天空中的太阳和月亮（图2-6~11）。"赤乌"往往有三足，正显示了作镜工匠的"匠心"。由于长期以来"青龙"、"白虎"、"朱雀"、"玄武"等分司四方的"四神"久为世人所熟知，特别是新莽、东汉以来的许多铜镜习惯于用"四神"作图纹，所以工匠们也用它们来充实表示天空的连弧纹带中的各个弧形（图2-12，图3-1~5）。实际上，天空与方位往往分不开，天象图和四神图也总是联系在一起的。当然，与反映宗教意识的图纹内容相比，工匠们更为关心的是作为美术品的图纹的形式。因此，为了讲求观赏的效果，不论是太阳、月亮也好，东方、西方、南方、北方也好，统统都用动物纹样来表示。只要图纹的形式美观了，象征日、月和四方的各种动物纹样的数目是否齐全，是否重复，它们所处的位置是否适当等等，那就可以不必过于计较了。这就是有些镜在连弧纹带的弧形内有"赤乌"而无"玉兔"和"蟾蜍"，有为数甚多的"青龙"、"白虎"、"朱雀"而无"玄武"的缘故。

(8) 如我在前面所说，蟹的纹样不见于汉和魏晋时代的一般器物。恐怕可以说，在中国其他各个时代的器物图纹中，也难以找到以蟹为题材的。蟹虽可供食用，但决不是什么祥瑞动物。在中国古代的神话传说中，也缺乏关于蟹的故事。但是，如所周知，古代巴比伦和希腊用十二个图形作黄道十二宫的标志,称为"黄道十二宫图形",其中有蟹的图形。如夏鼐先生在他论黄道十二宫的论文中所指出,大约在距今2000年前的公历纪元前后,希腊的黄道十二宫传入印度,而中国的黄道十二宫及其图形则是随着佛经的翻译由印度传入的[22]。夏鼐先生根据以往所有的资料,指出中国的黄道十二宫名称以隋代耶连提耶舍所译的《大乘大方等日藏经》中出现的为最早,黄道十二宫图形以新疆吐鲁番出土的初唐写本中所见的为最早,这是完全正确的。现在,由于在许多佛像夔凤镜的天象图中存在着蟹的图形(图3-7~10),不能不使人觉得早在3世纪的三国时代,随着外来的僧人在吴地翻译佛经,黄道十二宫的图形已经由印度传入中国了。三国时代佛教传入中国,有海陆两路。就吴地的佛教而言,除陆路传入以外,自天竺至交阯、自交阯至中国的海路传入尤其值得重视。关于外来僧人自黄武年间至赤乌年间在吴的都城武昌和建业翻译佛经的记载[23],虽然出于时代较晚的书籍而不见于《三国志·吴志》,但从吴的佛像夔凤镜的多量发现以及镜上有黄道十二宫图形的事实看来,纵使不能尽信,也确实不能不信。因为黄道十二宫是天象,所以工匠们将它的图形采纳到佛像夔凤镜上表示天空的连弧纹带的弧形内。人们会问:黄道十二宫图形有十二个之多,为什么工匠们唯独对"巨蟹"感兴趣?对于这一问题,我没有很好的答案。但是,我想,当时的作镜工匠文化水平不高,对黄道十二宫更难免是一知半解,所以不应该对他们求全责备。至于对"巨蟹"的偏爱,这也许是由于吴地多蟹之故。其实,我已说过,在武义出土镜的图纹中,也还有"宝瓶"和"天秤"(图3-11、12),不仅一"巨蟹"而已。当然,所谓"宝瓶"和"天秤",只是出于我的初步推想,是否属实,须待今后继续查考。

最后,关于"巨蟹"的名称,我要稍作说明。如夏鼐先生所考证,在6世纪至9世纪的隋唐,中国所译佛经中称此宫为"蟹",只是在10世纪末的北宋初期以后,中国佛经和其他书籍中才称为"巨蟹"[24]。三国时代的名称是"蟹"还是"巨蟹",不得而知。我只是按照现今通用的名称,并为了读起来顺口、看起来醒目起见,姑且在本文中称之为"巨蟹"。

附记: 我于1950年7月从北京大学历史系毕业,同年8月分配到中国科学院考古研究所当实习研究员。1951年3月，蒙夏鼐先生担任我的导师。当时，他知道我对汉代考古学有兴趣，就多次嘱我要注意研究中国的古代铜镜。长期以来，我没有遵照他当年的指示努力去做，感到很惭愧。今天，为了纪念他从事考古工作50年，我特地选择佛像夔凤镜这一题材写论文。夏鼐先生对考古学和科技史的研究有重大的成就。我的这篇文章，也许能对他在关于黄道十二宫何时传入中国的研究方面作一点小小的补充。

注　释

[1] 王仲殊：《关于日本的三角缘佛兽镜》第634~635页，《考古》1982年第6期。

[2] 后藤守一：《古鏡聚英》上篇图版三十六（5），六月大家巧艺社出版，1942年。

[3] 梅原末治：《欧米における支那古鏡》第112页，插图第二十一（2），刀江书院，1931年。

[4] 樋口隆康：《古鏡》第192页，图版六十六（131），新潮社，1979年。

[5] 梅原末治：《欧米における支那古鏡》第114页，图第二十一（1），刀江书院，1931年。

[6] 武义县文管会：《从浙江省武义县墓葬出土物谈婺州窑早期青瓷》第52页，图第二，《文物》1981年第2期。

[7] 此镜现藏杭州浙江省博物馆。1983年10月，我到该馆参观，蒙准予照相，谨此致谢。

[8] 李蔚然：《南京西善桥六朝墓的清理》第58页，图二，《考古通讯》1958年第4期。

[9] 王仲殊：《关于日本的三角缘佛兽镜》第635页，图第四、图版第拾贰（6），《考古》1982年第6期。

[10] 刘廉银：《湖南省长沙左家塘西晋墓》第107页，图版第捌（8），《考古》1963年第2期。

[11] 金华地区文管会：《浙江金华古方六朝墓》第822页，图第九，图版第六（2），《考古》1984年第9期。

[12] 江西省博物馆：《江西南昌晋墓》第374页，图版第拾（2），《考古》1974年第6期。

[13] 水野清一：《中国における佛像のはじまり》第27页，《中国の佛教美术》，1968年。

[14] 据西田守夫氏1983年1月5日来信所告，因测定数据尚未公开发表，故本文暂不披露。关于马渊久夫氏等对各种汉式镜所含铅的同位素比率的测定，请参见《古文化财に関する保存科学と人文・自然科学（昭和55、56年度报告书）》（1981年3月、1982年3月），《MUSEUM——东京国立博物馆美术誌》（1982年1月号、1983年1月号）等。

[15] 吴地陶瓷器饰有佛像的，首推当时在长江中下游地区流行的"谷仓罐"，它们在江苏

省的南京、江宁、吴县和浙江省的绍兴、萧山、武义等地的吴和西晋墓中多有发现。见南京博物院：《中华人民共和国南京博物院展》图第50，总说第120页（南京博物院、名古屋博物院，1981年）；金华地区文管会：《浙江武义陶器厂三国墓》第378页，图第5（《考古》1981年第4期）；金琦：《南京甘家巷和童家山六朝墓》第304页，图版第叁（2），（《考古》1963年第6期）；吴县文管会：《江苏吴县狮子山四号晋墓》第708页，图版第捌（1），（《考古》1983年第8期）。此外，在浙江省绍兴等地发现的青瓷器皿上也有用佛像作装饰。参见小山富士夫：《古越磁について》第224页，图第162（《世界陶磁全集》第八卷，1955年）。饰有佛像的铜带具发现于湖北省武昌莲溪寺的吴墓，见湖北省文物管理委员会：《武昌莲溪寺东吴墓清理简报》（《考古》1959年第4期）；程欣人：《我国现存古代佛教最早的一尊造像》（《现代佛学》1964年第2期）。

[16] 王仲殊：《关于日本的三角缘佛兽镜》第634页，图版第拾贰（2）（3），《考古》1982年第6期。

[17] 王仲殊：《日本三角缘神兽镜综论》第470、477页，注释第83，《考古》1984年第5期。

[18] a. 王仲殊：《关于日本三角缘神兽镜的问题》，《考古》1981年第4期。

b. 王仲殊：《关于日本的三角缘佛兽镜》，《考古》1982年第6期。

c. 王仲殊：《日本三角缘神兽镜综论》，《考古》1984年第5期。

d. 王仲殊：《景初三年镜和正始元年镜的铭文考释》，《考古》1984年第12期。

e. 《景初三年镜和正始元年镜铭文补释》，《考古》1985年第3期。

[19] 汤用彤：《汉魏两晋南北朝佛教史》上册第121~152页，中华书局，1955年。

[20] 关于"羽人"与东王父、西王母等神仙的关系，见曾昭燏等：《沂南古画像石墓发掘报告》第43页（文化部文物管理局出版，1956年）。

[21] 汤用彤：《汉魏两晋南北朝佛教史》上册第153~186页，中华书局，1955年。

[22] 夏鼐：《从宣化辽墓的星图论二十八宿和黄道十二宫》第43~47页，《考古学和科技史》，科学出版社，1979年。

[23] 汤用彤：《汉魏两晋南北朝佛教史》上册第130~139页，中华书局，1955年。

[24] 夏鼐：《从宣化辽墓的星图论二十八宿和黄道十二宫》第46页，《考古学和科技史》，科学出版社，1979年。

（本文原载《考古》1985年第7期）

吴县、山阴和武昌

——从铭文看三国时代吴的铜镜产地

在中国古代史上，三国时代是从魏文帝曹丕即位的黄初元年（公元220年）开始的。这一年，也就是魏的开国之年。一般认为，吴的开国之年为黄武元年（公元222年），当时孙权尚未称帝，但已自立年号。但是，从中国古代铜镜的发展演变情形来看，汉献帝建安年间新出现的若干种铜镜，与东汉后期的铜镜颇有差别，而与三国时代的铜镜完全相同[1]，因而在铜镜形制的分期上，可以将建安年间并入三国时代。应该指出，这与历史事实恰巧符合。建安元年（公元196年）曹操挟献帝迁许，东汉名存实亡，而曹氏则建立了事实上的政权。同样，当时孙策已在江南建立政权，建安二年（公元197年）袭封乌程侯，建安三年（公元198年）改封为吴侯，实际上已初步成立了吴国。总之，本文所说的吴的铜镜是指汉建安元年（公元196年）至吴天纪四年（公元280年）的85年间在长江中下游的江南地区所铸的铜镜。当然，铜镜铸造业在时代上有承前启后的传统关系。因此，在论述吴的铜镜的同时，也必须论及此前的东汉后期和此后的西晋时期在江南地区铸造的铜镜，它们可视为广义的吴镜。

在考古调查发掘工作中，吴镜在从长江中下游到珠江流域的广大地区都有发现。然而，镜的出土地点虽在一定程度上与镜的产地有关，但决不等于镜的具体的产地。到目前为止，各地铸镜工场的遗址尚未发现。因此，要究明镜的产地何在，就必须依靠对镜的铭文的研究。根据现有的铭文资料，可以确认，吴郡的吴县、会稽郡的山阴和江夏郡的武昌是吴的三大铜镜铸造业中心。当然，除了这三个地点以外，并不排除其他各地也有铜镜铸造业的可能性。

一

吴郡的吴县在今江苏省苏州市。秦始皇始置会稽郡，治所在吴县。楚汉之际，分会稽郡北部之地置吴郡，仍治吴县。汉武帝以后废吴郡，其地复归会稽郡。东汉顺帝永建四年（公元129年）又分会稽郡北部之地置吴郡，以吴县为郡治。建安六年（公元201年），孙权为讨虏将军屯吴县，吴县实际上成为吴的都城。建安十三年（公元208年）孙权又为车骑将军都于京（今江苏省镇江市），但吴县仍为吴郡的郡治所在，西晋沿袭不变。

由于今苏州地区考古调查发掘工作开展不大，特别是有关出土铜镜的资料多未发表，吴县为吴的铜镜铸造业中心的这一事实不为学术界所共知。以后，日本高坂好氏从铜镜的铭文着眼，指出有些画像镜应为吴郡的产品[2]。近年来新发现的若干铜镜在铭文中记明为"吴"或"吴郡"所作，可以确认自东汉后期以降，至于吴和西晋时期，吴郡的吴县始终是长江下游江南地区的一个铜镜铸造业中心。兹列举有关的铜镜，并加以说明如下。

1. 盘龙镜

1枚，浙江省绍兴出土，现藏绍兴地区文物管理委员会（图1-1）[3]。直径13.3厘米。平缘；外区饰两周锯齿纹夹一周复线波状纹；内区的主纹为二龙一虎，属所谓"三头式"。铭文带在内区的外围，铭辞为："吴向里柏师作镜四夷服，多贺国家人民息，胡虏殄灭天下复，风雨时节五谷熟，长保二亲得天力兮"（图2-1）。铭辞中的"吴"是指吴郡的吴县，"向里"是吴县城内或近郊的一个"里"。"柏"为作镜工匠的姓氏，"柏师"（"师"为对工匠的美称，下同）是他的自称。盘龙镜在黄河流域各地多有出土，但在长江流域各地的出土量也不少，所以它的产地不限于中国的北方。此镜的发现证明了在江南的吴县也铸造盘龙镜。

2. 吴王伍子胥画像镜

1枚，传浙江省绍兴出土[4]，现藏上海博物馆（图1-2）[5]。直径20厘米。平缘；外区饰两周锯齿纹夹一周复线波状纹；内区的主纹为吴王、伍子胥等许多人物的画像，并有"吴王"、"忠臣伍子胥"、"范蠡"、"越王"、"王女二人"等榜题文字。铭文带在内区的外围，铭辞为："吴向里柏氏作镜四夷服，多贺国家人民（息），胡虏殄灭天下复，风雨时节五谷熟，长保二亲得天力，传告后世乐无极兮"（图2-2）。与上述的盘龙镜一样，铭辞中的"吴"指吴郡的吴县，"向里"是吴县城内或近郊的一个"里"。"柏氏"为作镜的工匠，与上述盘龙镜铭文中的"柏师"属同一家族，也可能为同一人。春秋时代吴王夫差的都城在吴（今江苏省苏州市），即秦汉的吴县。吴县所铸铜镜以吴王、伍子胥的历史故事为图纹的题材，这是合乎情理的。过去因此镜在绍兴出土，便认为它是绍兴本地的产品，其实不然。

3. 吴王伍子胥画像镜

1枚，传浙江省绍兴出土，以后传入日本，曾为山口谦四郎氏所藏[6]。直径20厘米。斜缘；外区饰两周锯齿纹夹一周复线波状纹；内区的主纹为车马和吴王、伍子胥等人物的画像，并有"吴王"、"伍子胥"的榜题文字。铭文带在内区的外围，据日本梅原末治氏释文，铭辞为："吴尚里伯氏作镜四夷服，多贺国家人民息，胡虏殄灭天下复，风雨时节五谷熟，长保二亲得天力，传告后世乐无极兮"。我从图版上仔细观察，发现"尚里伯氏"其实应为"向里柏氏"。这样，此镜的铭文就与上海博物馆所藏"吴王伍子胥画像镜"的铭文完全一致，两者的含义也是完全相同的。

4. 神仙六博画像带镜

1枚，浙江省绍兴离渚出土[7]，以后流传国外，曾为美国布伦代奇（Avery C·Brundage）氏所藏（图1-3）[8]。直径20厘米。平缘；外区为一周由四神（青龙、白虎、朱雀、玄武）、赤乌、鹿和鱼等动物纹组成的花纹带；内区主要为一周由神仙、六博、铜柱、马和灵兽等各种图纹组成的画像带，并有"王高马"（王高应为王乔，即仙人王子乔）、"赤诵马"（赤诵同赤松，即仙人赤松子）、"铜柱"、"辟邪"等榜题文字，又有"柏师作"的铭记（图2-3）。与上述绍兴出土的盘龙镜、吴王伍子胥画像镜铭文中的"柏师"和"柏氏"对照，此镜亦应为吴县向里柏氏的作品。

1. 向里柏师作盘龙镜
2. 向里柏氏作吴王伍子胥画像镜 
3. 柏氏作神仙六博画像带镜 
4. 向阳周是作神人车马画像镜 
5. 胡阳张元环状乳神兽镜 
6. 太康二年对置式神兽镜 

图1 吴县所作东汉、三国和西晋的铜镜

5. 周是神人车马画像镜

1枚，浙江省绍兴上灶公社出土，现藏绍兴地区文物管理委员会（图1-4）[9]。直径22.1厘米。平缘；外区饰两周锯齿纹夹一周复线波状纹；内区的主纹为东王父、西王母等神人及车马的画像。铭文带在内区的外围，铭辞为："吴向阳周是作镜四夷服，多贺国家人民息，胡虏殄灭天下复，风雨时节五谷熟，长保二亲得天力，传告后世乐无极"（图2-4）。铭辞中的"吴"为吴郡的吴县，"向阳"为吴县城内或近郊的一个"里"的名称。因此，此镜的发现可以推测上述盘龙镜和吴王伍子胥画像镜铭文中的"向里"也许是"向阳里"的简称。"周是"为作镜的工匠，"是"即"氏"，这早已成为定论。应该指出，就铜镜的铭文而言，工匠姓氏之"以是为氏"，至今只见于吴镜，从而也可以看作是吴地铜镜铭文的特点之一[10]。

6. 周仲神人车马画像镜

1枚，传世品，曾为簠斋陈（介祺）氏所藏；或传为山东省出土，不确[11]。据研究，此镜为后世翻版镜，但制作精致，其形制、图纹、铭文应与原镜相同。直径21.8厘米。三角缘；外区饰两周锯齿纹夹一周复线波状纹；内区的主纹为东王父、西王母等神人及车马的画像。铭文带在内区的外围，铭辞为："吴胡伤里周仲作镜四夷服，多贺国家人民息，胡虏殄灭天下服，风雨时节五谷熟，长保二亲得天力"（图2-5）。铭辞中的"吴"为吴郡的吴县；"胡伤里"为吴县城内或近郊的又一个"里"，"胡伤"二字疑为"胡阳"的异体字；"周仲"为作镜工匠的姓名。上述绍兴出土神人车马画像镜为"周是"在吴县向阳里所作，此镜则为"周仲"在吴县胡伤里所作，两者制作的地址不同，故周仲与周是不是同一个人，但不能排除同属一个家族的可能性。

7. 周仲神人龙虎画像镜

1枚，浙江省绍兴出土，后为上海某氏所藏[12]。直径23厘米。平缘；外区饰图案化的兽纹；内区的主纹为东王父、西王母等神人及龙、虎的画像。铭文带在内区的外围，铭辞为："周仲作镜四夷服，多贺国

1. "吴向里柏师作镜"
（盘龙镜）

2. "吴向里柏氏作镜"
（吴王伍子胥画像镜）

3. "柏师作"
（神仙六博画像带镜）

4. "吴向阳周是作镜"
（神人车马画像镜）

5. "吴胡傷里周仲作镜"
（神人车马画像镜）

6. "吴郡胡阳张元"
（环状乳神兽镜）

7. "太康二年三月八日吴郡"
（对置式神兽镜）

8. "扬州会稽山阴师唐豫命作镜"
（同向式神兽镜）

9. "会稽师鲍作明镜"
（对置式神兽镜）

10. "吴国孙王治□□太师鲍唐而作"
（重列式神兽镜）

11. "扬州会稽山阴安本里"
（对置式神兽镜）

12. "武昌元作明镜"
（同向式神兽镜）

图 2　吴县、山阴、武昌所作铜镜的铭文

家人民息，胡虏除灭下下复，风雨时节五谷熟，长保二亲得天力，传告后世乐无极；秦有善铜出丹阳，和以银锡清且明，巧工刻之诚文章"。此镜铭辞虽不记镜的产地，但记明为周仲所作，故亦应为吴县的产品。

8. 周仲神人车马画像镜

1枚，浙江省余姚出土，现藏宁波市文物管理委员会[13]。直径30厘米。平缘；外区饰两周锯齿纹夹一周单线波状纹；内区的主纹为东王父、西王母等神人及车马的画像。铭文带在内区的外围，铭辞为："周仲作镜四夷服，多贺国家人民息，胡虏殄灭天下复，风雨时节五谷熟，长保二亲得天力，传告后世乐无极"。与上述绍兴出土镜一样，此镜铭辞虽不记镜的产地，但记明为周仲所作，故亦应为吴县的产品。

9. 环状乳神兽镜

1枚，浙江省绍兴上游公社出土，现藏绍兴地区文物管理委员会（图1-5）[14]。直径11.6厘米。平缘，缘部饰涡云纹。内区的主纹为东王父、西王母等神像和兽形；其外围有一周半圆方枚带，方枚中的文字为"吾作明镜，幽涑三商，□宜子孙"。外区为一周铭文带，铭辞为："吴郡胡阳张元，□□□□，无自异于众，造为明（镜），□□□萌，四时永别，水□□王，光□和亲，富贵番昌，百精□存，其师命长"（图2-6）。铭辞中的"吴郡"，实际上是指郡治吴县。"胡阳"为吴县城内或近郊的一个"里"的名称，由此可证前述周仲所作神人车马画像镜铭文中的"胡傷"为"胡阳"的异体字无疑。"张元"应为作镜工匠的姓名。

10. 对置式神兽镜

1枚，传世品，出土地点不明，现藏日本东京五岛美术馆（图1-6）[15]。直径14.5厘米。平缘，缘部无纹饰。内区的主纹为东王父、西王母等神像和兽形；其外围有一周半圆方枚带，半圆和方枚中都无文字。外区为一周铭文带，铭辞为："太康二年三月八日，吴郡□清□造□之□，东王父西王母，□人豪贵，士患高迁，三公丞相九卿"（图2-7）。与上述的环状乳神兽镜一样，铭辞中的"吴郡"应指其治所吴县。

从以上所举各例看来，至少自东汉后期开始，经汉末、三国，至于西晋时期，吴郡的吴县始终是江南地区铜镜铸造业的一个中心。所铸铜镜有盘龙镜、画像带镜、画像镜和神兽镜等，种类甚多。铸镜的作坊集中在城内或近郊的向里、向阳里和胡阳里，而向里可能是向阳里的简称。铸镜工匠有柏氏（往往自称"柏师"）、周仲、周是（即周氏）、张元等人，其中柏氏、周氏可能各为一个作镜的家族。从出土的情形看来，吴县所铸铜镜分布在今浙江省的杭州、绍兴、余姚等地，范围较广。过去把绍兴出土的许多铜镜都当作是绍兴（汉和三国时代会稽郡的山阴）本地的产品，这是应该纠正的。

二

会稽郡的山阴县在今浙江省绍兴市。秦始皇始置会稽郡，其治所本在吴县。东汉顺帝时分会稽郡北部之地为吴郡，吴县成为吴郡的郡治，而会稽郡则移治山阴，三国、两晋沿袭不变。孙吴立国江南，以吴（吴郡）会（会稽郡）为根本。故孙策封吴侯，孙权曾为会稽太守而有"孙会稽"之称。会稽虽非吴的都城所在，但物产丰富，户口充实，郡治山阴尤为吴的一大重镇。

从20世纪前期以来，包括解放后以迄最近数年，在绍兴市及其附近地区出土了大量东汉、三国时代的铜镜，其种类以画像镜和神兽镜为多，同时也有方格规矩镜、盘龙镜、夔凤镜等。这使得学术界确信当时山阴是铜镜铸造业的一个中心。其实，如前所述，在绍兴出土的铜镜中，有不少是吴郡吴县的产品。但是，会稽郡的山阴确实也是铜镜的重要产地。为了证实这一点，在没有发现铸镜工场的遗址之前，就必须依靠对铜镜铭文的考察。个别传世的铜镜，特别是解放后在湖北省鄂城出土的许多铜镜，在铭文中记明为会稽山阴的工匠所作，为研究工作提供了可靠的证据。兹将有关的铜镜列举，并作说明如下。

1. 对置式神兽镜

2枚，属"同范镜"。1枚为传世品，出土地点不明，现藏日本东京国立博物馆（图3-1）[16]；另1枚为湖北省鄂城出土，现藏湖北省博物馆[17]。直径13.5厘米。平缘，缘部饰卷草纹。内区的主纹为东王父、西王母等神像和兽形，其外围半圆方枚带中有朱雀、玄武的纹样各一，方枚中的文字难读。外区为一周铭文带，铭辞为："建安二十一年四戊午月十九日，起弋刑也道其昌，会稽所作，中有六寸，一千人也，服之千万年长仙，作吏宜官，吉羊宜侯王，家有五马千头羊，羊死女子具富昌"。铭辞中的"会稽"，应指其郡治山阴。此镜虽为鄂城出土，但建安二十一年孙权尚未在鄂建都，其地未必有铜镜铸造业，且铭辞中记明为"会稽所作"，故应为山阴的产品无疑。

2. 同向式神兽镜

2枚，属"同范镜"，湖北省鄂城出土，现藏湖北省博物馆[18]。直径13.1厘米。平缘，缘部饰涡云纹。内区的主纹为东王父、西王母等神像和兽形，其外围有一周半圆方枚带，方枚中有"五王日四月□三商"等文字。外区为铭文带，铭辞为："黄初二年十一月丁卯朔廿七日癸巳，扬州会稽山阴师唐豫命作镜，大六寸，清冒（明），服者高迁，秩公美宜侯王，子孙番昌"（图2-8）。其中1枚在钮上刻"上大将军校尉李周镜"。铭辞中的"扬州会稽山阴师"为作镜工匠的自称，"唐"为工匠的姓氏。"豫命"二字或为工匠的名字，或为"参与"、"受命"之意，难以判定。"黄初"为魏文帝的年号，但此镜在鄂城出土，铭辞中又明记为扬州会稽山阴的工匠所作，故可判定为吴镜而非魏镜。据《三国志·吴志·孙权传》记载，黄初三年十月孙权始抗魏而自立年号，改元"黄武"。在此之前，孙吴奉魏的正朔，故镜铭中有"黄初二年十一月"的纪年。当时孙权建都于鄂，其地已有铜镜铸造业。此镜虽为会稽山阴的工匠所作，但由于系在鄂城出土，也可能为鄂城当地的产品。"上大将军"为三国时代的武职官衔，"校尉李周"为此镜的所有主。杜佑《通典》（卷二十九）说："魏黄初中又有上大将军，以曹真为之；吴亦以陆逊为上大将军"。查《三国志·吴志》，陆逊于黄龙元年（公元229年）始拜上大将军，其后吕岱、施绩等人亦曾为上大将军。镜钮上所刻的"上大将军"以系指陆逊的可能性为大。此镜为黄初二年所铸，但钮上的文字应为黄龙元年以后所加刻。若以上判断无误，则李周应为陆逊的部属。

3. 对置式神兽镜

3枚，大小、图纹、铭文都基本上相同，犹如"同范镜"。其中1

枚为湖北省鄂城出土，现藏湖北省博物馆[19]；另2枚为传世品，出土地点不明，分别藏于日本东京国立博物馆和五岛美术馆（图3-2）[20]。直径13厘米。平缘，缘部饰卷草纹。内区的主纹为东王父、西王母等神像和兽形，其外围有一周半圆方枚带，方枚中的文字多不可读。外区为一周铭文带，铭辞为："黄初四年五月丙午朔十四日，会稽师鲍作明镜，行之大吉，宜贵人王侯，□服者也□□，今造大母王三"（图2-9）。铭辞中的"会稽师"为作镜工匠的自称，"会稽"二字应指郡治山阴。"鲍"为工匠的姓氏。此镜因铭辞中有"黄初"的纪年，过去亦曾被认为是魏镜。但是，镜从鄂城吴墓出土，铭辞中又记明为"会稽师"所作，故应为吴镜无疑。《吴志·孙权传》记孙权虽于黄初三年十月抗魏而自立年号，改元"黄武"，但不久又与魏文帝通好，至后年乃绝，故镜铭中有"黄初四年"的纪年，这是不足为怪的。与上述同向式神兽镜一样，此镜铭文说明会稽山阴铸镜业发达，有许多优秀的工匠，但由于镜在鄂城出土，它也可能为鄂城当地的产品。

4. 重列式神兽镜

1枚，湖北省鄂城出土，现藏湖北省博物馆[21]。直径13厘米。平缘，缘部饰涡云纹。内区的主纹为东王父、西王母等各种神人和青龙、白虎、朱雀、玄武等许多祥瑞动物的图像。外区为一周铭文带，铭辞为："黄龙二年七月丁未朔七日癸丑，大师鲍豫而作明镜，玄湅三（商），灭绝浮秽，服者高迁，位至竹帛，寿复（金）（石）也"。铭辞中的"大师"为作镜工匠的自称，"鲍"为工匠的姓氏。与上述对置式神兽镜铭文中的"会稽师鲍"相对照，此镜的鲍氏亦应为会稽山阴的工匠。"豫"字或为工匠的名字，或为"参与"之意；"豫而作明镜"，犹言参与制作明镜。会稽山阴工匠所作铜镜多在铭文中用"豫"字[22]，不论其意义如何，可视为一个特点。与上述对置式神兽镜一样，鲍氏虽为山阴的工匠，但由于此镜在鄂城出土，它也可能是由山阴迁鄂的鲍氏在鄂城所作之镜。

5. 重列式神兽镜

1枚，浙江省衢州出土，现藏衢州市文物管理委员会（图3-3）[23]。直径15.5厘米。平缘，缘部饰卷草纹。内区的主纹为东王父、西王母

1. 会稽所作对置式神兽镜
2. 会稽师鲍作对置式神兽镜 
3. 太师鲍唐作重列式神兽镜 
4. 会稽山阴安本里对置式神兽镜 
5. 武昌元作同向式神兽镜 
6. 作师鲍唐（家在武昌）重列式神兽镜 

图 3　山阴、武昌所作汉末、三国的铜镜

等各种神人和青龙、白虎、朱雀、玄武等许多祥瑞动物的图像。外区为一周铭文带，铭辞为："黄武五年，太岁在丙午，五月辛未朔七日，天下太平，吴国孙王治□□，太师鲍唐而作；吾作明镜，宜□□章，□□□作，□□安吉祥，位至公美侯王，富禄寿当万年，而愿即得长"（图2-10）。铭辞中的"吴国"是指孙吴的政权，"孙王"即为孙权。黄武五年孙权已封吴王而尚未称帝，故谓"吴国孙王"。"太师"即大师，为作镜工匠的自称；"鲍唐"为工匠的姓氏。前述鄂城出土的同向式神兽镜为会稽山阴师唐氏所作，对置式神兽镜为会稽师鲍氏所作，可见此镜铭文中的"鲍唐"是指鲍氏与唐氏，两者皆为会稽山阴的工匠。此镜铭文虽不记镜的产地，但由于系在浙江省衢州（当时属会稽郡）出土，作镜工匠记明为鲍氏与唐氏，故可以肯定其为会稽山阴的产品无疑。

6. 对置式神兽镜

1枚，传世品，出土地点不明，现藏日本东京五岛美术馆（图3-4）[24]。直径10.3厘米。平缘，缘部饰卷草纹。内区的主纹为东王父、西王母等神像和兽形，其外围有一周半圆方枚带，方枚中的文字难读。外区为一周铭文带，铭辞为："黄武五年二月辛未朔六日庚巳，会稽山阴安本里，思子兮，服者吉，富贵寿春长久"（图2-11）[25]。铭辞中的"会稽山阴安本里"，应为作镜工匠的家庭所在，也可以理解为作镜工场的所在地。"安本"为山阴城内或近郊的一个"里"的名称，犹吴县之有向阳里和胡阳里。"思子兮"三字铸出甚清晰，其含义过去不为人所解。其实，据我看来，此镜可能也为鄂城出土，作镜者为自山阴迁往鄂城的工匠，因思念故乡及家庭、子女，故在所铸镜上作此铭。或释为"思子丁"，不确。

从以上所举各例铭文可以判断，至少从汉末建安年间到三国时代，会稽郡的郡治山阴确是长江下游江南地区铜镜铸造业的一个中心。在许多铸镜工匠之中，最有名的应推鲍氏与唐氏，两者并称"鲍唐"，号为"大师"。在山阴所铸的各种铜镜中，神兽镜占有很大的比例，其中的重列式神兽镜和对置式神兽镜则为汉末、三国时代新兴的型式。铸镜的作坊可能设在城内或近郊的安本里。就出土情形看来，山阴所铸铜镜传布范围甚广，除了会稽郡境内各地以外，还远及长江中游的武昌。由于山阴的工匠技巧甚高，他们还被征调到武昌，在武昌大量制作铜镜。

三

江夏郡的武昌县在今湖北省鄂城。黄初二年（公元221年），孙权自公安迁都于鄂，改名武昌，同时分江夏、豫章、庐陵三郡之地置武昌郡，以武昌县为郡治。不久，改称武昌郡为江夏郡，仍以武昌县为郡治。黄龙元年（公元229年），孙权还都于建业，但江夏郡的武昌仍为长江中游地区的重镇，以上大将军陆逊辅太子孙登掌武昌留守事，足见其地位之重要。甘露元年（公元265年），吴主孙皓又自建业迁都至武昌，因臣民反对，不得不于宝鼎元年（公元267年）还归建业。

解放以来，在鄂城及其附近地区发现大批三国时代的吴墓，有许多铜镜出土。这使人确信，武昌也是吴的铜镜铸造业中心之一。虽然至今未发现铸镜工场的遗址，但有的铜镜在铭文中记有"武昌"这一地名，足证以上的判断无误。兹举例并作说明如下。

1. 同向式神兽镜

1枚，传长沙出土，现藏日本京都泉屋博古馆（图3-5）[26]。直径11.6厘米。平缘，缘部饰卷草纹。内区的主纹为东王父、西王母等神像及兽形，其外围有一周半圆方枚带，方枚中的文字如同符号，不可读。外区为一周铭文带，铭辞为："黄初二年武昌元作明镜，宫涑章乃而清冒（明），吉羊"（图2-12）。日本梅原末治氏因黄初为魏文帝的年号，故以此镜为魏镜，并谓"武昌元"为作镜者。其实，"武昌"二字为地名。《三国志·吴志·孙权传》说："（黄初二年四月），（孙）权自公安都鄂，改名武昌，以武昌、下雉、寻阳、阳新、柴桑、沙羡六县为武昌郡。"镜铭与这一记载相结合，可以确认"武昌"即鄂城，此镜为吴镜而非魏镜。《说文解字》说："元，始也。"镜铭之谓"元作明镜"，犹言"始作明镜"。孙权以鄂为都城始自黄初二年四月，而"武昌"这一地名的成立亦以此时为开端（祝穆《方舆胜览》谓"孙权都鄂，欲以武为昌，故名"）。在此之前，鄂城甚狭隘而偏僻，未有铜镜铸造业。在武昌作镜，实以此时为始，故镜铭称"武昌元作明镜"。从上述《吴志·孙权传》的记载看来，此镜的铸造应在黄初二年四月或其后不久。

2. 重列式神兽镜

1枚，湖北省鄂城出土，现藏湖北省博物馆（图3-6）[27]。直径13厘米。平缘，缘部饰涡云纹。内区的主纹为东王父、西王母等许多神人及青龙、白虎、朱雀、玄武等各种祥瑞动物的图像。外区为一周铭文带，铭辞为："黄武六年，十一月丁巳朔，七日丙辰，会稽山阴，作师鲍唐，镜照明，服者也宜子孙，阳遂富贵，老寿□□，牛马羊，家在武昌思其少，天下命吉，服吾王干昔□□"。铭辞中的"会稽山阴作师鲍唐"，是谓此镜为会稽山阴的大师鲍、唐两氏所作。由于此镜系在鄂城出土，而铭辞中又有"家在武昌"之语，可见鲍氏和唐氏是被征调至武昌落户，在武昌从事铜镜的制作的。此镜的发现，进一步说明前节所述鄂城出土的多枚含有"会稽山阴师唐"和"会稽师鲍"等铭文的铜镜很可能也是在武昌铸造的。前节所举浙江省衢州出土的重列式神兽镜，系黄武五年鲍唐两氏在会稽山阴所作之镜。但是，此镜的铭辞说明，次年黄武六年，鲍氏和唐氏又在武昌作镜。这使人想到，鲍氏和唐氏为从事作镜的两个家族，而非两个个人。换言之，在鲍氏和唐氏两个家族的若干成员中，有人留在山阴作镜，也有人被徙至武昌作镜。吴镜铭辞中颇有"家有五马千头羊"等语，而此镜铭辞则谓"牛马羊，家在武昌思其少"，正体现了被徙在武昌作镜的工匠心向会稽，怀念家园的情绪。这与前节所述对置式神兽镜铭辞中"会稽山阴安本里，思子兮"的情调是相似的。

吴郡的吴县和会稽郡的山阴，在春秋时代，分别为吴国和越国的都城所在地。从春秋时代开始，两地的青铜器铸造业即已达到高度的水平。到了汉代，特别是东汉中期以降，吴县和山阴作为吴郡和会稽郡的郡治，经济繁荣，手工业发达，铜镜铸造业尤为兴盛。与此相反，鄂在战国时代为楚国所属鄂君的封邑，规模甚小。到了汉代，鄂县始终为长江中游的一个偏僻小县，未有铸造铜镜的传统。黄初二年（公元221年）四月，孙权出于政治上和军事上的需要，以鄂县为都城，改名武昌，由于事出仓卒，各方面缺乏条件，甚至连城郭也是在黄初二年八月才重新修建的。孙吴必须从吴会老根据地迁徙户口，以充实新都。为了供应宫廷和臣僚的需要，尤其必须征调百工，在武昌兴办各种手工业，其中包括铜镜铸造业。这就是为什么许多山阴的工匠在武昌作镜的原因所在。《吴志·陆凯传》说："（甘露年间），（孙）皓徙都武昌，扬土（即扬州，主要是吴郡和会稽郡）百姓溯流供给，以为患苦"。故童谣有"宁饮建业水，不食武昌鱼；宁还建业死，不止武昌居"等语。由此可以推想，黄初、黄武年间孙权在武昌建都时也必有类似的情形。镜铭中"会稽山阴安本里，思子兮"、"牛马羊，家在武昌思其少"等语，正是这种情形在作镜工匠心情上的反映。

补记：文稿付排后，才知湖南省衡阳出土重列式神兽镜有"唯此明镜，干出吴郡，张氏元公"等铭文[28]，足证该镜亦为吴县张姓工匠所作，特追补之。

注　释

[1] 在长江流域，建安元年出现了所谓"建安式重列神兽镜"，它在三国时继续流行，但为此前的东汉后期所不见。吴和两晋时流行于长江流域的"对置式神兽镜"，就目前所知，以建安二十一年纪年镜为最早，可见它也是在建安年间新出现的。在北方的黄河流域，流行于三国和两晋时的"位至三公镜"，根据现有的资料，大体上也可以判断是在建安年间开始出现的。

[2] 高坂好：《三角縁神獸鏡は魏の鏡にぁらず》第28～45页，《日本歴史》1968年5月号。

[3] 1983年10月在绍兴参观，蒙文物管理委员会方面准予照相，谨致谢。

[4] 王士伦：《浙江出土铜镜选集》图第9，分图说明第2页，中国古典艺术出版社，1958年。

[5] 上海博物馆：《上海博物馆藏青铜器》图第九十五，上海人民美术出版社，1964年。

[6] 梅原末治：《绍兴古镜聚英》图第四十九，桑名文星堂出版，1939年。

[7] 王士伦：《浙江出土铜镜选集》图第27，分图说明第4页，中国古典艺术出版社，1958年。

[8] 樋口隆康：《古镜》第184、185页，图第八十四（上），新潮社，1979年。

[9] 该镜为1982年绍兴上灶公社出土。1983年10月在绍兴参观时，蒙文物管理委员会方面惠准照相，谨致谢。

[10] 王仲殊：《景初三年镜和正始元年镜的铭文考释》第1120、1121页，《考古》1984年第12期。

[11] 梁上椿：《岩窟藏镜》第二集下卷第27页，图第三十一，北京大业印刷局暨商业印刷所铅印暨影印，1941年。

[12] 梅原末治：《绍兴古镜聚英》图第二十五，桑名文星堂出版，1939年。
[13] 此镜现藏宁波市文物管理委员会。1983年10月在该处参观，蒙告知出土地点，并惠准照相，谨致谢。
[14] 1983年10月在绍兴地区文物管理委员会得见此镜，蒙准予照相，谨致谢。
[15] 樋口隆康：《古镜》232页，图版第九十九（199），新潮社，1979年。
[16] 樋口隆康：《古镜》229页，图版第九十二（185），新潮社，1979年。
[17] 此镜系有关单位在鄂城采集，为鄂城附近所出土。
[18] 此镜为鄂城五里坂吴墓出土。
[19] 此镜为鄂城钢厂630工地出土。
[20] 樋口隆康：《古镜》229页，图版第九十三（188），新潮社，1979年。
[21] 此镜为鄂城西山铁矿出土。
[22] 山阴工匠所作之镜在铭文中有"豫"字的，除上述鄂城出土的黄初二年铭同向式神兽镜和此镜以外，传绍兴出土的建安廿二年纪年铭重列式神兽镜（2枚，同范镜）亦有"师郑豫作明镜"的铭文，后者可推测为山阴的产品。见梅原末治：《绍兴古镜聚英》图版第一（上）（下）（桑名文星堂出版，1939年）。
[23] 此镜现藏衢州市文物管理委员会，1983年10月在该处参观，蒙准予照相，谨致谢。
[24] 樋口隆康：《古镜》229页，图版第九十四（190），新潮社，1979年。
[25] 关于此镜铭文的释文，经仔细观察图版之后，从日本后藤守一氏之说。参见后藤守一：《古镜聚英》（上篇）图版第四十九及说明（六月大冢巧艺社出版，1942年）。
[26] 梅原末治：《汉三国六朝纪年镜图说》第44、45页，图版第二十三（1），桑名文星堂，1942年。
[27] 此镜为1956年在鄂城樊口朱家姥吴墓出土。
[28] 湖南省博物馆：《湖南衡阳县道子坪东汉墓发掘简报》第35、36页，图第五、六，《文物》1981年第12期。

（本文原载《考古》1985年第11期）

"青羊"为吴郡镜工考
——再论东汉、三国、西晋时期吴郡所产的铜镜

我在1985年第11期《考古》杂志上发表了题为《吴县、山阴和武昌——从铭文看三国时代吴的铜镜产地》的论文[1]（以下简称《吴县、山阴和武昌》），本文是它的续篇。我写本文的目的，在于继续通过对铭文的考释，进一步阐明东汉、三国和西晋时期吴郡铜镜铸造业的各个方面，包括作镜工匠的姓名、作坊所在的闾里、所作铜镜的种类、型式以及它们在地域上的流传范围，等等。

铜镜铭辞中的"吴郡"，实际上是指郡治吴县。以州郡之名称其治所所在的县邑，这在中国古代是常事。因此，本文所说的吴郡也多是指它的郡治吴县（今江苏省苏州市）而言。关于吴郡和吴县的历史沿革，我在《吴县、山阴和武昌》中已经作过叙述，这里不再重复。

一

关心中国古代铜镜研究的人，谁都知道，在汉末、三国和西晋时期的某些铜镜上，有"青羊作镜"的铭文。自宋代以来，金石学家们称有这种铭文的铜镜为"青羊镜"。但是，"青羊"二字的含义是什么呢？罗振玉在《镜话》中说，"青羊作镜"语殊不可晓[2]。梁上椿在《岩窟藏镜》中说"青羊"似为人名或商号名[3]，但不知其为何处之人或商号。高本汉（Bernhard Karlgren）在《古代中国镜铭》（"Early Chinese Mirror Inscriptions"）的论文中，从同时期的"三羊作镜"的铭辞出发，认为"羊"通"祥"，意为吉祥，"三羊"与"三商"（三种经衡量的金属）、"三刚"（三种坚硬的金属）相似，是指三种吉祥的金属，从而

推定"青羊"是指青色的吉祥金属，可与"青铜"一词相比拟[4]。这就更使人感到迷惑不解了。

我在《吴县、山阴和武昌》中说道，日本东京五岛美术馆收藏着一枚吴郡所产的对置式神兽镜（图1-1）[5]。镜的直径为14.5厘米。平缘，缘上无纹饰。内区的主纹为东王父、西王母的神像，两者各驾双禽，并各有相向的双兽伏在两侧，相背的两兽之间又各插入一禽。内区的外围为一周半圆方枚带，半圆和方枚各八个，都无花纹和文字。外区为一周铭文带，据梅原末治在其所著《汉三国六朝纪年镜图说》中的释文，铭辞为"太康二年三月八日，吴郡□清□造□之□，东王公西王母，□人豪贵，士患高迁，三公丞相九卿"[6]。该镜虽完整无缺，但缘部及外区颇锈蚀，铭文有不能认清的，故梅原末治氏以若干空白的方框代替之。由于"吴郡"二字明确，我在《吴县、山阴和武昌》中认定它是吴郡吴县的产品[7]。

1983年10月，我和徐苹芳同志等到浙江省各地考察博物馆和文物管理委员会等单位所藏的铜镜。在金华市考察时，承蒙贡昌同志等将金华市及金华地区所属各县历年发掘出土的大量铜镜集中起来，供我们观察、记录、摄影，使我们能有许多新的收获。其中，使我感到十分高兴的，是在金华地区文物管理委员会的藏镜中发现1枚与上述日本东京五岛美术馆所藏对置式神兽镜完全相同的"同范镜"（图1-2）。镜的内区图纹虽有所破损，但外区的铭文带完好，铭文清晰，可全部判读。这使五岛美术馆藏镜铭辞中因锈蚀而缺失的字得到弥补，并使梅原末治氏释文中的个别差错得到纠正。总之，经过两镜的互相对照，五岛美术馆藏镜和金华地区文管会藏镜的铭辞都应该是：

1. 五岛美术馆藏　　　　　　　2. 金华文管会藏

图1　太康二年吴郡工清羊所作对置式神兽镜

太康二年三月九日，吴郡工清羊造作之镜，东王公西王母，此里人豪贵，士患高迁，三公丞相九卿。

必须说明，五岛美术馆藏镜铭辞中的"清"字有"三点水"，金华地区文管会藏镜铭辞中"清"字的"三点水"不显，但由于右边的"青"偏在铭文带靠近外沿的一侧，可知它原来也是有"三点水"的。

我认为，这两枚太康二年"同范镜"铭辞中的"清羊"即"青羊"。镜铭中的文字，往往有省略偏旁的，有时也有增添偏旁的，后者如"乔"之为"侨"[8]，"昌"之为"倡"，"番"之为"潘"[9]，便是例证。就"青"字和"清"字而论，永安五年镜和太康元年镜等的铭辞称"百湅青铜"[10]，而宝鼎元年镜和宝鼎二年镜等的铭辞则称"百湅清铜"[11]。这样的例子甚多，不胜枚举。一般说来，"青铜"本应作"清铜"（清纯之铜），"青"字为"清"字的简略。但是，南朝和唐代诗人皆称铜镜为"青铜镜"，称铸镜之铜为"青铜"，甚至将"青铜"作为镜的代名词[12]，可见在汉和三国、两晋时期的语言中可能也有"青铜"一词，故镜铭中的"青铜"未必全是"清铜"的简写，而"清铜"有时或许本应作"青铜"。不论"青铜"与"清铜"何者为正，由于"青"、"清"二字音相同，形相似，义相近，偶尔在太康二年镜铭中将"青"字写成"清"字，这是可以理解的。要之，"清羊"二字别无可解，只能认为是"青羊"的误写。

如所周知，在当时的铜镜铭辞中，"工"字与"师"字一样，是指作镜的工匠。景元四年镜铭辞中的"右尚方工"，是与甘露四年镜、甘露五年镜铭辞中的"右尚方师"相同的[13]。五岛美术馆藏镜和金华地区文管会藏镜铭辞中的"吴郡工"是指吴郡作镜的工匠，就像黄初四年镜铭辞中的"会稽师"是指会稽郡作镜的工匠一样[14]。这样，与许多镜铭中的"青羊作镜"相对照，这两枚"同范镜"铭辞"吴郡工清羊造作之镜"中的"清羊"当然是指吴郡作镜的工匠"青羊"无疑了。镜铭表明，西晋太康二年"青羊"在吴郡作镜。由于晋武帝是太康元年才灭吴的，所以"青羊"在吴时应该是吴郡的镜工。总之，"青羊"是汉末、吴和西晋时期吴郡吴县的镜工。

那么，"青羊"二字是不是工匠的姓氏呢？据应劭《风俗通义》，汉代有复姓"青阳"的[15]。娄机《汉隶字源》论及"青羊镜"，谓"青羊"即"青阳"[16]。但是，如所周知，在同时期的铜镜中，除了

"青羊作镜"之外，还有"三羊作镜"、"黄羊作镜"之类的铭辞。因此，汉代镜铭中虽有"丹羊"通"丹阳"的例子[17]，但不能认为"青羊"便是"青阳"。以常情度之，"青羊"也许是一个专门从事铜镜铸造业的工匠家族的浑名。

二

应该指出，从许多铜镜的铭文看来，"青羊"所作之镜多属所谓"盘龙镜"和"方铭兽纹镜"。兹举传世镜和发掘出土镜数例如下。

1. 盘龙镜

1枚，见《岩窟藏镜》第二集下图第四十六。直径12.4厘米。平缘。外区饰两周锯齿纹夹一周复线波状纹。内区的主纹为一龙一虎相对峙，龙的腹下伏一山羊。铭文带在内区的外围，铭辞为"青羊作镜四夷服，多贺国家人民息，胡虏殄灭天下复，风雨时节五谷熟"（图2-1）。

2. 盘龙镜

1枚，见《岩窟藏镜》第二集下图第四十七。直径12.4厘米。平缘。外区饰两周锯齿纹夹一周复线波状纹。内区的主纹为一龙一虎相对峙，两者头部之间置一钱状物，尾部之间伏一山羊。铭文带在内区的外围，铭辞为"青羊作竟四夷服，多贺国家人民息，胡虏殄灭天下复，风雨时节五谷熟，长保二亲得天力"（图2-2）。

3. 盘龙镜

1枚，见《岩窟藏镜》第二集下四十八图。直径11.7厘米。三角缘。外区饰一周复线波状纹和一周锯齿纹。内区的主纹为一龙一虎相对峙，两者头部之间置一花草形图案。铭文带在内区的外围，铭辞为"青羊作竟大毋伤，巧工刻之成文章兮"（图2-3）。

4. 盘龙镜

1枚，见《古镜图录》卷中十二页上[18]。镜的尺寸失记。平缘。外区饰一周复线波状纹和一周锯齿纹。内区的主纹为一龙一虎相对峙，

1. "青羊"作盘龙镜（《岩窟藏镜》） 　　2. "青羊"作盘龙镜（《岩窟藏镜》）

3. "青羊"作盘龙镜（《岩窟藏镜》） 　　4. "青羊"作盘龙镜（《上虞出土》）

5. "青羊"作方铭兽纹镜（《岩窟藏镜》） 　　6. 驷氏作盘龙镜（《古镜图录》）

图2　"青羊"及驷氏所作盘龙镜和方铭兽纹镜

两者头部之间置五铢钱。铭文带在内区的外围，铭辞为"青羊作竟佳且好兮"（图3）。

以上4枚盘龙镜，前3枚梁上椿谓系河南省北部出土，其实不确（《岩窟藏镜》所记镜的出土地点，是按照古董商的讹传，不足信）。后1枚罗振玉谓系潍县陈氏旧藏，出土地点不明。

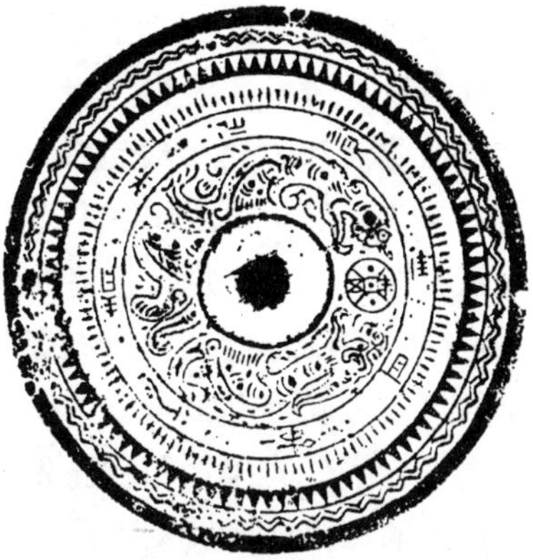

图3　"青羊"作盘龙镜
（《古镜图录》）

5. 盘龙镜

1枚，现藏浙江省博物馆。直径9.7厘米。平缘。外区饰一周复线波状纹和一周锯齿纹。内区的主纹为一龙一虎相对峙，靠近龙的尾部有"青羊志兮"的四字铭记（图2-4）。此镜为1983年10月我们在杭州考察时所见，据浙江省博物馆所存记录，出土地点为浙江省上虞。与各镜铭文之为"青羊作竟"不同，此镜铭文为"青羊志兮"。"志"即"誌"，意为用文字或符号作标记。这进一步说明"青羊"为作镜工匠的名号，高本汉"'青羊'为青色的吉祥金属"之说是不能成立的。

6. 方铭兽纹镜

1枚，见《岩窟藏镜》第二集下图第七十六。直径9.5厘米。平缘。外区饰一周变形流云纹。内区的主纹为三个天禄、辟邪之类的兽形，两兽之间分别置一钱状纹、花草状纹和所谓"华胜"纹。钮的周围均称地置三个方格，格内各有一字，相合而为"青羊作"的三字铭记（图2-5）。梁上椿谓此镜系陕西省出土，不可信。

7. 方铭兽纹镜

1枚，现藏日本东京五岛美术馆[19]。直径10.9厘米。平缘。外区饰一周变形流云纹。内区的主纹为四个天禄、辟邪之类的兽形。钮的周围均称地置四个方格，格内各有一字，相合而为"青羊作竟"的四字铭记。镜的出土地点不明。

按照我的考证，"青羊"为汉末、吴和西晋时期吴郡吴县的镜工。因此，以上所举7枚有"青羊作竟"、"青羊志兮"或"青羊作"等铭文的盘龙镜和方铭兽纹镜应为吴县的产品，制作年代在汉末、吴或西晋。从镜的形制和图纹看来，它们为汉末、三国、西晋时期所制作，这是没有疑问的。但是，就镜的产地为吴县而言，7枚铜镜中的6枚是出土地点不明的传世镜，只有浙江省博物馆所藏1枚有"青羊志兮"铭记的盘龙镜确为上虞出土，稍稍为我的考证提供了旁证。所以，我还必须接受今后"青羊镜"出土情况的检验。我期待着有更多的"青羊镜"在广大的江南地区被发现，以证明它们确为江南的吴县所产。

当然，即使在目前，我也深信我的考证是正确的。由于考定了"青羊"为吴郡吴县的镜工，这才进一步究明在吴县所产各类铜镜之中包含着许多盘龙镜。我在《吴县、山阴和武昌》中曾经着重举出浙江省绍兴出土的1枚盘龙镜[20]，它的铭辞为"吴向里柏师作镜四夷服，多贺国家人民息，胡虏殄灭天下复，风雨时节五谷熟，长保二亲得天力兮"。这证明，吴县确实制作盘龙镜，作镜的工匠为柏氏，作镜工场在城内或近郊的向里。从此镜和向里柏氏所作其他各类铜镜（例如"吴王伍子胥画像镜"和所谓"神仙六博画像带镜"）的形制和图纹判断[21]，作为一个作镜的家族，柏氏作镜的年代约在东汉中后期至汉末建安年间。现在，经过对"青羊"铭文的考释和对"青羊"所作铜镜形制、图纹的分析，可以认为，到了吴的中后期，特别是到了西晋，在吴县制作盘龙镜的许多工匠中，"青羊"已占重要的地位。

三

我在《吴县、山阴和武昌》中指出，根据铜镜的铭文，可以确认，吴县所产之镜包括各种神兽镜。但是，我在该论文中所举的神兽镜仅2枚，遗漏不少，必须加以补充。现在，经过对发掘出土镜和传世镜的广泛查考，发现在铭辞中记明为吴郡所产的神兽镜已达6枚之多，充分说明吴县作为长江下游的一个铜镜铸造业中心，盛行制作神兽镜，其种类包括环状乳神兽镜、重列式神兽镜、同向式神兽镜和对置式神兽镜。兹列举有关铜镜，并作详细说明如下。

1. 环状乳神兽镜

1枚，1972年出土于浙江省绍兴上游公社，现藏绍兴地区文物管理委员会。1983年10月在绍兴考察时得见此镜，经记录、摄影，已在《吴县、山阴和武昌》中发表[22]。直径11.6厘米。平缘，缘上饰涡云纹。内区的主纹为东王父、西王母等神像和天禄、辟邪之类的兽形，作求心式排列。内区的外围有一周半圆方枚带，方枚中的文字为"吾作明镜，幽湅三商，□宜子孙"。外区是一周铭文带，铭辞为"吴郡胡阳张元，□□□□，无自异于众，造为明（镜），□□□萌，四时永别，水□□王，光□和亲，富贵番昌，百精□存，其师命长"。我在《吴县、山阴和武昌》中已说过，铭辞中的"吴郡"实际上是指郡治吴县，"胡阳"为吴县城内或近郊的一个"里"的名称，"张元"为作镜工匠的姓名。环状乳神兽镜在铭辞中记明产地的，过去仅限于元兴元年镜和延熹二年镜等传世的东汉镜，它们都为西蜀的广汉所造作[23]。此镜在绍兴出土，第一次从铭文上证实了吴郡的吴县也制造环状乳神兽镜。

2. 重列式神兽镜

1枚，1976年由湖南省博物馆在该省衡阳道子坪发掘出土（图4-1）[24]。我写《吴县、山阴和武昌》一文时，由于时间仓促，未能普遍查阅有关资料，以致疏忽，将此镜遗忘。文稿付排后，才知衡阳道子坪出土的这枚重列式神兽镜在铭辞中明确指明为吴郡所产，故在文末作"补记"以追补之。但因"补记"简略，所以须在这里重新详加叙述。此镜直径13.7厘米。平缘，缘上饰卷草纹。内区的主纹为东王父、西王母等各种神人和青龙、白虎、朱雀、玄武等许多祥瑞动物的图像，作五段重列式排列。外区为一周铭文带，铭辞为"吾作明镜，幽湅三商，周刻无亟，配象万疆，伯牙奏琴，众神见容，天禽并存，福禄氏从，富贵常至，子孙潘倡，曾年益寿，其师命长；惟此明竟，干出吴郡，张氏元公，千练白斛，刊列文章，四器并"（图5）。铭辞中的"吴郡"是指郡治吴县，"张氏元公"应为作镜的工匠。与上述绍兴上游公社出土环状乳神兽镜铭辞中的"吴郡胡阳张元"相对照，"张氏元公"也许便是"张元"。这样，可以认为，张元作为吴县的工匠，既制作环状乳神

1. 张氏作重列式神兽镜
（衡阳出土）

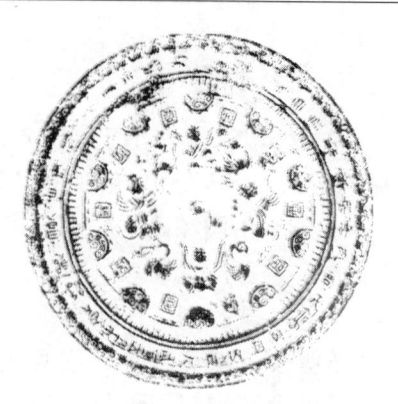

2. 郑蔓作同向式神兽镜
（《古镜图录》）

3. 赵忠作画文带对置式神兽镜
（《古镜图录》）

4. 驺氏作吴王伍子胥画像镜
（绍兴出土）

5. 驺氏作神人车马白虎画像镜
（绍兴出土）

6. 驺氏作神人车马画像镜
（绍兴出土）

图 4　张氏、郑蔓、赵忠所作神兽镜和驺氏所作画像镜

兽镜，也制作重列式神兽镜。从所由出土墓的其他各种随葬器物看来，此镜的制作年代不会晚于建安初年。由于迄今发现的纪年铭重列式神兽镜的制作年代以建安元年为最早，可以推测，吴郡的吴县也许是重列式神兽镜的发祥地。此镜在湖南省衡阳出土，可见吴县所产铜镜在地域上流传范围之广阔。

3. 同向式神兽镜

1枚，见《古镜图录》卷中二十九页上，罗振玉谓系金山程氏所藏，出土地点不明。镜的尺寸失记。平缘，缘上饰卷草纹。内区的主纹为东王父、西王母等神像和兽形，作三段同向式排列。内区的外围为一周半圆方枚带，方枚中的文字为"吾作明镜，幽涷三商，周□"。外区为一周铭文带，铭辞为

图5 衡阳出土镜铭文

"五月五日大□□□，吴郡郑蔓作明镜，□涷三商，□□□□，白□□乐，众神见容，天禽"（图4-2）。铭辞中的"吴郡"指吴县，"郑蔓"为作镜工匠的姓名。此镜铭辞首句称"五月五日"而不记何年，体例殊异。但是，据我所知，湖北省鄂城吴墓出土铜镜的铭辞亦有以"正月丙日"起首而不记年份的[25]，故可不必怀疑其为后世所伪造。其实，"五月五日"和"正月丙日"一样，只是象征性的铸镜吉日而已。如我在《吴县、山阴和武昌》中所述，会稽郡的山阴和江夏郡的武昌都制作同向式神兽镜。此镜的存在证明吴郡的吴县也制作同向式神兽镜。

4. 画文带对置式神兽镜

1枚，见《古镜图录》卷中二十八页下，罗振玉谓系归安丁氏所藏，出土地点不明。镜的尺寸失记。平缘，缘上饰卷草纹。外区为一周由图案化的奇禽异兽等组成的"画文带"。内区的主纹为东王父、西王母等神像和狮、虎之类的兽形，作对置式排列。内区的外围为一周半圆方枚带，半圆、方枚间穿插青龙、白虎、朱雀、玄武的纹样。方枚中的文字构成"吴郡赵忠，□作众□"的铭辞（图4-3）。铭辞迳记"吴郡赵忠"，稍嫌唐突，但类似的体例见于上述绍兴出土的环状乳神兽镜铭

辞"吴郡胡阳张元",故可不必怀疑其为后世所伪刻。此镜的存在说明吴县制作各种神兽镜,其中包括画文带神兽镜。

5. 对置式神兽镜

2枚,属"同范镜"。1枚为日本东京五岛美术馆所藏,出土地点不明(图1-1);另1枚为浙江省金华市出土,现藏金华地区文物管理委员会(图1-2)。本文开头时已就这两枚"同范镜"的形制、图纹和铭辞作了详细的叙述。据铭辞,它们为吴郡的工匠"清羊"所造作,"清羊"便是"青羊"。这说明,作为吴县的镜工,"青羊"不仅制作盘龙镜和方铭兽纹镜,而且有时也制作神兽镜。

四

东汉中后期以降,作为江南地区铜镜铸造业中心,吴郡的吴县盛行制作各种画像镜。我在《吴县、山阴和武昌》的论文中,根据确实无疑的铭辞,举出吴县所产的画像镜6枚[26]。它们是:绍兴出土的吴王伍子胥画像镜2枚,皆为向里柏氏所作;绍兴出土的神人车马画像镜1枚,为向阳里周是所作;传世的神人车马画像镜1枚,为胡阳里周仲所作;绍兴出土的神人龙虎画像镜1枚,为周仲所作;余姚出土的神人车马画像镜1枚,为周仲所作。我已在该论文中就以上6枚画像镜的形制、图纹和铭文作了详细的叙述,这里不再重复。

我要在这里作补充的,是绍兴和扬州等地出土的有"驺氏作镜"铭辞的画像镜。我认为,它们也应该是吴县的产品。兹列举有关铜镜,并说明我的理由如下。

1. 吴王伍子胥画像镜

1枚,浙江省绍兴漓渚出土,以后流往国外[27]。直径20.5厘米。平缘。外区饰两周锯齿纹夹一周复线波状纹。内区的主纹为吴王、伍子胥等许多人物的画像,并有"吴王"、"忠臣伍子胥"、"范蠡"、"越王"和"越王二女"等榜题文字。铭文带在内区的外围,铭辞为"驺氏作镜四夷服,多贺国家人民息,胡虏殄灭天下复,风雨时节五谷孰,长保二亲得天力,传告后世乐无极兮"(图4-4)。

我在《吴县、山阴和武昌》中指出,上海博物馆所藏的1枚吴王伍子胥画像镜和流入日本的1枚吴王伍子胥画像镜虽然皆为绍兴出土,但两镜的铭辞都记明为吴县向里柏氏所作,故可认定它们是吴县的产品无疑。我还指出,春秋时代吴王夫差的都城在吴,即秦汉以降的吴县。吴县所作铜镜以发生于当地的吴王、伍子胥的历史故事为图纹的题材,这是非常合乎情理的。骑氏所作的这枚吴王伍子胥画像镜,与上述柏氏所作的2枚吴王伍子胥画像镜十分相似,故可判断它也是吴县的产品。过去因此镜在绍兴出土,便把它说成是绍兴本地所产,这是应该纠正的。

2. 吴王伍子胥画像镜

1枚,江苏省扬州地区邗江县凤凰河出土[28],现藏南京博物院(图6)。直径21厘米。平缘。外区饰两周锯齿纹夹一周复线波状纹。内区的主纹为吴王、伍子胥等许多人物的画像,并有"吴王"、"忠臣伍子胥"、"范蠡"、"越王"和"越王二女"等榜题文字。铭文带在内区的外围,铭辞为"骑氏作竟四夷服,多贺国家人民息,胡虏殄灭天下复,风雨时节五谷熟,长保二亲得天力,传告后世乐无极"。此镜与上述绍兴出土的骑氏所作吴王伍子胥画像镜相比,形制、图纹和铭辞都甚为近似,故亦应为吴县的产品。上述柏氏所作和骑氏所作吴王伍子胥画像镜虽皆为绍兴出土,但我考定它们不是绍兴的产品,而是吴县的产品。此镜为扬州地区邗江县出土,说明吴王伍子胥画像镜的出土地点本不仅限于绍兴。2枚骑氏所作的吴王伍子胥画像镜,1枚为绍兴出土,1枚为扬州出土,两地都与吴县相近,益信它们都是吴县的产品无疑。

图6 骑氏作吴王伍子胥画像镜
(扬州出土)

必须指出,骑氏所作吴王伍子胥画像镜之被考定为吴郡吴县的产品,其意义不仅在于吴王伍子胥画像镜本身,而是在于由此可以判明其他各种有"骑氏作镜"铭辞的铜镜亦为吴县所造作。

3. 神人车马白虎画像镜

1枚，浙江省绍兴出土，以后流入日本[29]。直径20厘米。平缘。外区饰两周锯齿纹夹一周复线波状纹。内区的主纹为东王父、西王母等神人和车马以及白虎的画像，并有"东王公"、"西王母"的榜题文字。铭文带在内区的外围，铭辞为"驺氏作镜四夷服，多贺国家人民息，胡房殄灭天下复，风雨时节五谷熟，长保二亲得天力"（图4-5）。经仔细观察，此镜铭文的字体与上述绍兴出土的驺氏所作吴王伍子胥画像镜铭文的字体完全相同，尤其是两镜铭辞中"驺氏"的"氏"字都作"昱"[30]，显示了与众不同的特点，足见出于同一工匠的手笔。因此，可以判定此镜亦为吴县的产品。

4. 神人车马画像镜

1枚，绍兴解放公社出土，现藏绍兴地区文物管理委员会。此镜为1983年10月在绍兴考察时所见。直径21.6厘米。三角缘。外区饰两周锯齿纹夹一周复线波状纹。内区的主纹为东王父、西王母等神人及车马的画像，并有"东王公"的榜题文字。铭文带在内区的外围，铭辞为"驺氏作竟四夷服，多贺国家人民息，胡房殄灭天下复，风雨时节五谷熟，长保二亲"（图4-6）。与上述驺氏所作各镜一样，此镜亦应为吴郡吴县的产品。

以上所举4枚驺氏所作的铜镜，都属画像镜。但是，传世的驺氏所作镜见于著录的尚多。例如，罗振玉《古镜图录》中收有驺氏所作盘龙镜1枚[31]，其铭辞为"驺氏作镜四夷服，多贺国家人民息，胡房殄灭天下复，风雨时节五谷熟，长保二亲得天力，传告后世乐无极兮"（图2-6）。由此可见，吴县的驺氏和吴县的柏氏一样，虽以制作画像镜为主，但也制作盘龙镜。

总之，综上所述，从东汉中后期以降，至于三国、西晋时期，吴郡的吴县作为江南地区铜镜铸造业的一个中心，所造之镜型式甚多，要以画像镜、神兽镜和盘龙镜三大种类为主流。

如所周知，绝大多数铜镜不在铭辞中记明产地。本文（包括《吴县、山阴和武昌》）所举20余枚铜镜，可以根据铭辞考定为吴郡吴县的产品，但它们只不过是吴县所产大量铜镜中的千百分之一。在从东汉中后期至西晋的将近 200 年的时期中，吴县作镜的工匠亦决不会仅限于柏氏、驺氏、周是、周仲、张元、郑蔓、赵忠和"青羊"。仅就本文述及的极少数铜镜而言，它们的出土地点除浙江省的绍兴、上虞、余姚、金华等处以外，还包括江苏省的扬州，甚至远及湖南省的衡阳。因此，可以认为，在广大的长江中下游的江南地区，特别是在江苏省南部、浙江省北部和中部地区发现的各种画像镜、神兽镜和盘龙镜等，凡形制、图纹、铭辞与本文所举各镜相似的，都有为吴县所产的可能性，尽管目前还不能具体地加以证实。

"青羊作镜"的"青羊"被考定是吴郡吴县的镜工，这也为解明"三羊作镜"、"黄羊作镜"等铜镜铭辞的含义提供了线索。可以推想，"三羊"和"黄羊"等也应该是作镜工匠家族的名号。只是，在没有发现可供实证的新资料之前，还不能贸然判断其为何处的工匠。

注　释

[1] 王仲殊：《吴县、山阴和武昌——从铭文看三国时代吴的铜镜产地》第 1025～1031 页，图版第捌 (8)，《考古》1985 年第 11 期。

[2] 罗振玉：《镜话》第 6 页，《辽居杂著》，1933 年。

[3] 梁上椿：《岩窟藏镜》第二集（下）第 41 页，图第四十六，北京大业印刷局暨商业印刷所铅印暨影印，1941 年。

[4] Bernhard Karlgren, "Early Chinese Mirror Inscriptions", *Bulletin of the Museum of Far Eastern Antiquities*, No. 6. 1934, p. 37.

[5] 樋口隆康：《古鏡》第 232 页，图版第九十九 (199)，新潮社，1979 年。

[6] 梅原末治：《漢三国六朝紀年鏡図説》第 108 页，桑名文星堂，1942 年。

[7] 王仲殊：《吴县、山阴和武昌——从铭文看三国时代吴的铜镜产地》第 1027 页，图版第陆 (6)、第捌 (7)，《考古》1985 年第 11 期。

[8] 传世的"袁氏镜"有"山人子侨"的铭文。"山人"为"仙人"，"子侨"为"子乔"。见罗振玉：《汉两京以来镜铭集录》镜录第 12 页下（《辽居杂著》，1933 年）。

[9] 同时期的铜镜多有"子孙番昌"的铭句，而湖南省衡阳道子坪出土的重列式神兽镜的铭句则作"子孙潘倡"。见《文物》第 35 页 (1981 年第 12 期)。

[10] 永安五年镜铭文，见湖南省博物馆：《湖南出土铜镜图录》第 156 页（文物出版社，1960 年）；太康元年镜铭文，见梅原末治：《漢三国六朝紀年鏡図説》第 105 页（桑名文星堂，1942 年）。

[11] 宝鼎元年镜和宝鼎二年镜铭文，见梅原末治：《漢三国六朝紀年鏡図説》第 91、93 页（桑名文星堂，1942 年）。

[12] 齐释宝月《行路难》诗"寄我匣中青铜镜,倩人为君除白发";梁沈约《少年新婚为之咏》诗"盈尺青铜镜,经寸合浦珠";唐李益《罢镜》诗"手中青铜镜,照我少年时";贾岛《送杜秀才东游》诗"匣有青铜镜,时将照鬓看";孟郊《结交》诗"铸镜须青铜,青铜易磨拭";罗隐《伤华发》诗"青铜不自见,只拟老他人"。

[13] 景元四年镜、甘露四年镜和甘露五年镜的铭文皆见梅原末治:《漢三国六朝紀年鏡図説》第51~53页(桑名文星堂,1942年)。

[14] 黄初四年镜铭文,见梅原末治:《漢三国六朝紀年鏡図説》第46页(桑名文星堂,1942年)。

[15] 宋邓名世:《古今姓氏书辩证》(卷十七)引应劭《风俗通义》云:"汉有东海太守青阳愔,又有东海中尉青阳精。"见吴树平:《风俗通义校释》第470页(天津人民出版社,1980年)。

[16] 娄机:《汉隶字源》"青羊镜"条下云:"青羊即青阳,如欧羊之类。"见同书"碑目"第三百五。

[17] a. 梁上椿:《岩窟藏镜》第二集中第二十三图所录方格规矩镜有"汉有善铜出丹羊"的铭句。
  b. 富冈谦藏:《古鏡の研究》第161页所录方格规矩镜有"新有善同出丹羊"的铭句,"丹羊"俱应为"丹阳"。

[18] 罗振玉:《古镜图录》,罗氏景印,1916年。

[19] 樋口隆康:《古鏡》第211页,插图第93(上),新潮社,1979年。

[20] 王仲殊:《吴县、山阴和武昌——从铭文看三国时代吴的铜镜产地》第1025~1026页,图版第陆(1)、第捌(1),《考古》1985年第11期。

[21] 王仲殊:《吴县、山阴和武昌——从铭文看三国时代吴的铜镜产地》第1026页,图版第陆(2)(3)、第捌(2)(3),《考古》1985年第11期。

[22] 王仲殊:《吴县、山阴和武昌——从铭文看三国时代吴的铜镜产地》第1027页,图版第陆(5)、第捌(6),《考古》1985年第11期。

[23] 梅原末治:《漢三国六朝紀年鏡図説》第14、15、20、21页,图版第五、九(1),桑名文星堂,1942年。

[24] 湖南省博物馆:《湖南衡阳县道子坪东汉墓发掘简报》第35~37页,图第五、第六,《文物》1981年第12期。

[25] 湖北省鄂城出土的环状乳神兽镜有"正月丙日王□□明竟自有方"的铭句,见鄂城出土铜镜图录(待刊)。

[26] 王仲殊:《吴县、山阴和武昌——从铭文看三国时代吴的铜镜产地》第1026、1027页,图版第陆(2)(4)、第捌(2)(4)(5),《考古》1985年第11期。

[27] 王士伦:《浙江出土铜镜选集》图第10,分图说明第2页,中国古典艺术出版社,1958年。

[28] 蒋缵初:《扬州地区出土的铜镜》第32~34页,图第15,《文物参考资料》1957年第8期。

[29] 梅原末治:《绍兴古镜聚英》图版第十六("驺氏作神人车马白虎镜"),桑名文星堂,

1939 年。
[30] 驺氏所作铜镜的铭文中"氏"字多作"乚",洪适《隶续》(卷第十四)、冯云鹏《金索》(卷第六)中都早已指出。
[31] 罗振玉:《古镜图录》卷中第二十二页下,罗氏景印,1916 年。

(本文原载《考古》1986 年第 7 期)

吴镜师陈世所作神兽镜论考

这里所说的"镜师",是指制作铜镜的工匠。根据许多铜镜的铭文,可以知道,至少自东汉以降,包括三国、两晋、南北朝,制作铜镜的工匠往往自称为"师"。有时在"师"字之前加各种修饰语和限定词,如加矜夸之词而称"名师"[1]、"大师"[2],加工作任务而称"工师"[3]、"作师"[4],加工官之名而称"右尚方师"[5],加工匠籍贯或作坊所在地名而称"会稽师"[6]、"山阴师"[7],加工匠姓氏而称"柏师"[8]、"朱师"[9]、"杜师"[10],等等。除铜镜以外,制作其他各种器物的工匠亦有称"师"的,如作瓦器的工匠称"瓦师",造砖的工匠称"甓师"[11]。因此,本文称作镜的工匠为"镜师"。

据铜镜铭文,三国时代吴地的镜师甚多。仅就制作神兽镜的镜师而言,便有鲍氏、唐氏、陈氏、张氏、朱氏、郑氏、徐氏、刘氏、殷氏、卜氏,等等。从当时中国的社会性质和手工业的传承关系等方面来看,他们应是代表许多制作铜镜的工匠家族。其中,最有名的应推鲍氏、唐氏和陈氏。他们号称"大师",在铜镜铸造业中有相当高的声望。

陈世是陈氏家族中的重要的一员,他所制作的神兽镜至今已发现达5枚之多。1942年,日本考古学者梅原末治在其所著《汉三国六朝纪年镜图说》中著录了吴黄武七年(公元228年)和黄龙元年(公元229年)陈世所作的3枚神兽镜[12]。除了保存良好、图纹清楚以外,它们的特点是铭辞中的纪年详细,作镜工匠的姓名明确。因此,长期以来,这3枚"陈世镜"受到学术界的重视,广泛地被论述和引证。但是,美中不足,它们都属传世品,不是经考古工作者之手发掘出来的,甚至连出土的地点也不清楚。

中华人民共和国成立后,中国考古调查发掘工作充分开展,各种古代遗物大量出土,其中包括各个时期的大量铜镜。使人感到高兴的是,

1973年在广西壮族自治区的贵县[13]，1975年前后在湖北省的鄂城[14]，分别发现了黄龙元年（公元229年）陈世所作的神兽镜各1枚，从而使得作为研究资料的"陈世镜"的数量增加到5枚。我从图版、照片上对贵县出土镜和鄂城出土镜作了仔细的比较，发现这两枚"陈世镜"的大小、形制、图纹、铭文完全相同，属"同范镜"（图1）。这样，"陈世镜"不仅有详细的纪年和明确的工匠姓名，而且有了确切的出土地点，特别是两枚"同范镜"的确认有助于进一步论证它们在地域上的流传情形。这便是我写这篇《论考》的主要动机。

1. 鄂城　　　　　　2. 贵县

图1　出土的黄龙元年七月陈世所作重列式神兽镜

为了广大读者能对"陈世镜"有具体的了解，特先就各镜的形制、图纹和铭文等详述如下。

1. 黄武七年七月对置式神兽镜

据传为中国南方出土，具体地点不详。1924年流入日本，现藏东京五岛美术馆[15]。1986年4月我在东京访问时，蒙东京国立博物馆西田守夫氏以该镜实物相示。直径9.7厘米。扁圆状大钮，圆形钮座饰有连弧纹。平缘，缘上饰交错连续的小矩形几何纹。内区的主纹为高浮雕的神人和瑞兽之类，计有六个神人和四个兽类，分成四组，作对置式排列。第一组是东王父及其两侧的天禄或辟邪，第二组是西王母及其两侧的天禄或辟邪，第三组是弹琴的俞伯牙及其知音锺子期，第四组是两个并坐的不知名的神人。内区的外围绕一周锯齿纹。铭文带在镜的外区，由右旋的30个字组成铭辞。据梅原末治氏释文，铭辞全文为"黄武七年七月丙午朔七日甲子纪主治时，大师陈世严作明镜，服者立至公"[16]

(图2-1)。此镜保存极好，铭文很清晰，可证梅原末治氏的释文完全正确。

2. 黄龙元年七月重列式神兽镜

传世品，出土地点不明，现藏日本东京五岛美术馆[17]。1986年4月我在东京访问时，西田守夫氏亦以此镜的实物相示，谨一并在此致谢。扁圆状大钮，圆形钮座。平缘，缘上饰交错连续的小矩形几何纹。内区的主纹为高浮雕的神人和奇禽异兽等祥瑞动物，计有九个神人、十个禽兽及其他动物，分成五段，作重列式排列。参照日本学者林巳奈夫对重列式神兽镜图纹的考证[18]，自上而下第一段居中一神人应为"南极老人"，其左侧有一朱雀，右侧似又有一龙形。第二段四个神人，居中二人为俞伯牙和锺子期。第三段镜钮的两旁为东王父和西王母，前者右侧有一青龙，后者左侧有一白虎。第四段居中一神人为黄帝，两侧各有天禄、辟邪之类的兽类两躯。第五段居中一神人为代表北极星的"天皇大帝"，左侧有一玄武，右侧又有一朱雀。铭文带在镜的外区，由左旋的39个字组成铭辞。据梅原末治释文，铭辞全文为"黄龙元年太岁在己酉七月壬子［朔］十［三］日甲子，陈师世造作百湅明竟，其有服者，命久富贵，宜□□"[19]（图2-2）。此镜外区有不少锈蚀处，个别铭文不很清晰。如下文所述，梅原末治氏所释"己酉"的"己"字是否正确，难以肯定。

3. 黄龙元年七月重列式神兽镜

传世品，出土地点不明。本世纪初期流入日本，曾为日本学者富冈谦藏所收藏[20]。在梅原末治著《汉三国六朝纪年镜图说》之前，富冈氏早于1917年在日本《考古学杂志》上发表题为《关于汉至六朝的有年号铭的古镜》的论文，将此镜公布[21]。直径11.8厘米。形制、图纹与上述五岛美术馆所藏黄龙元年七月重列式神兽镜基本上相同，只第一段左侧朱雀之旁增添一个兽头。其他各方面仅细节稍有差异，故可不必作重复的描述。铭文带在镜的外区，由左旋的40个字组成铭辞。据富冈氏和梅原末治氏释文，铭辞全文如下："黄龙元年太岁在己酉九月壬子朔十三日甲子，师陈世造三湅明镜，其有服者，久富贵，宜□□□□□"[22]（图2-3）。我从图版上仔细观察，发现所释铭辞中的

1. 陈世作黄武七年七月对置式神兽镜
2. 陈世作黄龙元年七月重列式神兽镜 
3. 陈世作黄龙元年七月重列式神兽镜 
4. 黄初二年会稽山阴师唐作同向式神兽镜 
5. 黄初四年会稽师鲍作对置式神兽镜 
6. 黄武六年会稽山阴师鲍唐作重列式神兽镜 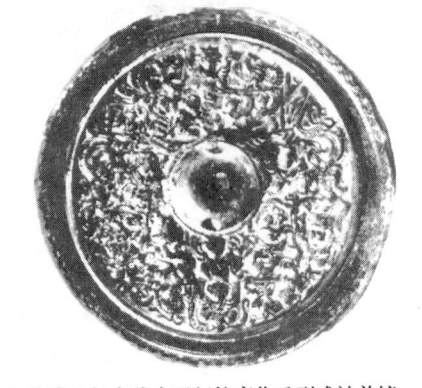

图2 传世的"陈世镜"和鄂城出土的鲍唐两氏所作镜

"己酉"实为"丁酉","九月"实为"七月",应予以纠正。与陈世所作其他各镜一样,此镜铭文多为反写字,"丁"、"七"二字亦反写。这或许便是富冈、梅原末治两氏释文失误的原因。

4. 黄龙元年七月重列式神兽镜

1973 年出土于广西壮族自治区贵县高中,现藏南宁广西壮族自治区博物馆。1978 年,此镜在广西壮族自治区文物管理委员会编辑的《广西出土文物》图录中发表。直径 12 厘米。钮和钮座与五岛美术馆所藏黄武七年七月对置式神兽镜相似,其余各方面的形制和图纹与上述富冈谦藏氏旧藏黄龙元年七月重列式神兽镜基本上相同,但图纹的细节不无差异。铭文带在镜的外区,由右旋的 37 个字组成铭辞。据广西文管会释文,并按照我的核查、订正,铭辞全文为"黄龙元年太岁在丁酉七月壬子［朔］十三日甲子,［师］陈［世］□［造］作三涑明镜,其有［服］者,命久富贵"[23](图1-2,图3)。

图3 贵县出土陈世所作黄龙元年七月重列式神兽镜(拓本)

5. 黄龙元年七月重列式神兽镜

1975 年前后出土于湖北省鄂城水泥厂,现藏武汉湖北省博物馆或鄂州市博物馆。不久前,湖北省博物馆或鄂州市博物馆将此镜编入《鄂城汉三国六朝铜镜》图录，将在今年内出版。镜的上部和中部有所破损，但大体上保持良好。直径12厘米，与上述贵县出土的黄龙元年七月重列式神兽镜恰好相等。镜的全体形制和图纹也完全与贵县出土镜相同，毫无差异，可以确认是贵县出土镜的"同范镜"。铭文带在镜的外区，与贵县出土镜一样，由右旋的37个字组成铭辞。据湖北省博物馆和鄂州市博物馆释文，并经我的核查、订正，铭辞全文为"黄龙元年太岁在丁酉七月壬子朔十三日甲子，师陈世□造作三涑明镜，[其][有][服][者]，[命]久富贵"[24]（图1-1）。

如上所述，在这5枚神兽镜之中，贵县出土的黄龙元年七月重列式神兽镜和鄂城出土的黄龙元年七月重列式神兽镜属"同范镜"，两者的制作出于同一工匠之手，这是无待于言的。五岛美术馆所藏黄龙元年七月重列式神兽镜和富冈氏旧藏黄龙元年七月重列式神兽镜，不仅在形制、图纹上与贵县、鄂城出土的黄龙元年七月重列式神兽镜十分相似，而且在铭辞的款式、作镜的年月日及其干支、作镜工匠的姓名等方面也与贵县、鄂城出土镜一致。因此，断定它们都为同一工匠所制作，这也是没有任何疑问的。

五岛美术馆所藏的1枚黄武七年镜，与上述4枚黄龙元年镜之为重列式神兽镜不同，独系对置式神兽镜。但是，应该指出，该镜的神像和兽形虽作对置式排列，但总的说来，镜的形制和图纹的风格是与4枚黄龙元年重列式神兽镜相似的。就铭辞的纪年而言，黄武七年（公元228年）与黄龙元年（公元229年）前后相连，相差仅1年，特别是从铭辞的款式和内容看来，它与4枚黄龙元年重列式神兽镜的制作亦应系出同一工匠之手无疑。

但是，值得注意的是，五岛美术馆所藏和富冈氏旧藏的2枚黄龙元年重列式神兽镜都在铭辞中称"师陈世造作三涑（或百涑）明镜"，而黄武七年对置式神兽镜却在铭辞中称"大师陈世严作明镜"（表1）。"大师"与"师"在称谓的规格上虽不无差别，但指的都是作镜的工匠，故可不必深究。学者们都认为制作黄龙元年重列式神兽镜的工匠为"陈世"，制作黄武七年对置式神兽镜的工匠为"陈世严"，尽管大家觉得"陈世"和"陈世严"应为同一人。但是，"陈世严"和"陈世"的差异又意味着什么呢？如果说该工匠姓陈名世字世严，这虽然也勉强说得通，但毕竟是不大可能的。

表1 陈世所作铜镜一览表

	镜 式	直径（厘米）	作镜年月日及其干支	工匠称谓和姓名	出土地	收藏单位
1	对置式神兽镜	9.7	黄武七年七月丙午朔七日甲子	大师陈世严作明镜	不明	五岛美术馆
2	重列式神兽镜	11.5	黄龙元年太岁在己酉七月壬子朔十三日甲子	师陈世造作百湅明镜	不明	五岛美术馆
3	重列式神兽镜	11.8	黄龙元年太岁在丁酉七月壬子朔十三日甲子	师陈世造三湅明镜	不明	富冈谦藏旧藏
4	重列式神兽镜	12	黄龙元年太岁在丁酉七月壬子朔十三日甲子	师陈世□造作三湅明镜	贵县	广西博物馆
5	重列式神兽镜	12	黄龙元年太岁在丁酉七月壬子朔十三日甲子	师陈世□造作三湅明镜	鄂城	湖北博物馆

我认为，黄武七年对置式神兽镜铭辞所记工匠的姓名应与2枚黄龙元年重列式神兽镜铭辞所记工匠的姓名一样，是"陈世"而不是"陈世严"。据我看来，"严"不是工匠的名字，而是一个副词，意为严格、严谨、严密或严肃。《后汉书·清河孝王庆传》说"每朝谒陵庙，常夜分严妆，衣冠待旦"[25]；《后汉书·方术杨由传》说"尝从人饮，敕御者曰，酒若三行，便宜严驾"[26]；《晋书·谢琰传》说"群贼锐进，人情震骇，咸以宜持重严备"[27]。妆束可称"严妆"，驾车可称"严驾"，戒备可称"严备"，作镜自亦可称"严作"。所谓"严作明镜"，就是严谨地按规格制作明镜。鄂城和贵县出土的2枚黄龙元年重列式神兽镜的铭辞称"师陈世□造作三湅明镜"，"世"字后面的一个字不清楚，无法判读。如果该字为"严"，则"严造作三湅明镜"之句稍嫌不够通顺。因此，我的"严作"之说是否正确，尚须存疑，以待今后进一步研究。

5枚陈世所作的铜镜，就作镜的年月日及其干支而言，1枚对置式神兽镜的铭辞为"黄武七年七月丙午朔七日甲子"，4枚重列式神兽镜的铭辞为"黄龙元年太岁在丁酉七月壬子朔十三日甲子"。东汉之后，魏初仍用"四分历"，吴则自黄武二年（公元223年）始用"乾象历"。查陈垣著《二十史朔闰表》，不论"四分历"或"乾象历"，黄武七年七月的朔日为戊午而不是丙午，但七日确为甲子日。黄龙元年为己酉年而不是丁酉年，七月的朔日按"四分历"为癸丑，按"乾象历"确为壬子，七月十三日按"四分历"为乙丑，按"乾象历"确为甲子日[28]。总之，作为吴的工匠，陈世奉行的是"乾象历"，5枚铜镜都如铭辞所示，作于甲子日。这无疑是出于有意的选择。可见对陈世来说，甲子日为铸镜的吉日。4枚黄龙元年重列式神兽镜的铭辞表明，陈世在七月十三日一天之内，至少制作了3枚镜范，接着又用以铸造了至少4枚铜镜，其中2枚为"同范镜"。这也许是因为甲子日来之不易，必须趁机多造的关系。

在同为陈世所作的5枚铜镜之中，黄武七年七月对置式神兽镜的铭辞只记七月朔日和七日的干支而不记黄武七年的干支。与此不同，4枚黄龙元年七月重列式神兽镜的铭辞除了记七月的朔日和十三日的干支以外，还都以"太岁在己酉"的形式记黄龙元年的干支（表1）。这也许是因黄龙元年为孙权称帝之年，故明记其干支以示隆重，却不慎将"己酉"误作"丁酉"。当然，即使仅就吴的铜镜而言，在铭辞中记有作镜之年的干支的，也不只限于黄龙元年所作之镜。

如前所述，陈世所作的1枚黄龙元年七月重列式神兽镜出土于湖北省鄂城。如所周知，鄂城在三国时代为江夏郡的武昌。黄初二年（公元221年）四月，孙权自公安迁都于鄂，改名武昌，同时分江夏、豫章、庐陵三郡之地置武昌郡，以武昌为郡治。不久，改称武昌郡为江夏郡，仍以武昌为郡治。迁都之初，由于事出仓促，武昌在各方面都缺乏条件，甚至连城郭也是到黄初二年（公元221年）八月才重新修建的。根据史书所记的历史背景和考古调查发掘所得的实物资料，可以判断，孙吴必须从吴郡、会稽郡等老根据地迁徙户口，以充实新都。为了供应宫廷和臣僚的需要，尤其必须征调百工，在武昌兴办各种手工业，其中包括铜镜铸造业。

如我在《吴县、山阴和武昌——从铭文看三国时代吴的铜镜产地》一文中所述，解放以来，在鄂城及其附近地区发现了大批三国时代的吴墓，有许多铜镜出土。有的铜镜有详细的铭辞，其内容包括作镜的年月日及其干支、作镜工匠的姓名和籍贯。例如：

（1）鄂城钢厂和五里墩出土的同向式神兽镜2枚（同范镜），其铭辞为"黄初二年十一月丁卯朔廿七日癸巳，扬州会稽山阴师唐豫命作竟"[29]（图2-4）；

（2）鄂城钢厂出土的对置式神兽镜1枚（与日本东京国立博物馆所藏的1枚和五岛美术馆所藏的1枚共属"同范镜"），其铭辞为"[黄][初]四年五月丙午朔十四日，会稽师鲍作明竟"[30]（图2-5）；

（3）鄂城樊口出土的重列式神兽镜1枚，其铭辞为"黄武六年十一月丁巳朔七日丙辰，会稽山阴作师鲍唐……家在武昌"[31]（图2-6）。

（4）鄂城西山铁矿出土的重列式神兽镜1枚，其铭辞为"黄龙二年七月丁未朔七日癸丑，大师鲍豫而作明镜"[32]（图4）。

图4 鄂城出土黄龙二年七月大师鲍所作重列式神兽镜（摹本）

以上所举各镜的铭辞证明，从黄初二年（公元221年）到黄龙二年（公元230年），在武昌从事铜镜铸造业的鲍氏和唐氏本是会稽郡山阴的镜师，他们正是随着孙吴在武昌建都，从山阴迁徙到武昌的[33]。由于陈世所作的神兽镜也系在鄂城出土，特别是由于他所制作的神兽镜不仅在形制、图纹上与上述鲍氏和唐氏所作的神兽镜相似，而且在铭辞的纪年款式上也与鲍唐两氏所作镜的铭辞类同，所以可判断它们的制作地点也在当时的武昌，而陈世其人则可能和鲍唐两氏一样，本是扬州吴会一带的镜师。

5枚"陈世镜"的铭辞表明，它们的制作年代在黄武（公元222～228年）末年至黄龙（公元229～231年）初年。孙权自黄初二年（公元221年）迁都武昌以来，至于黄武（公元222～228年）、黄龙（公元229～231年）之际，已达9年之久。可以设想，其时武昌作为吴国的都城已粗具规模，人民生活已相对稳定。从黄初二年（公元221年）至黄武六年（公元227年），鲍氏和唐氏都在其所作镜的铭辞中自称"会稽师鲍"、"扬州会稽山阴师唐"或"会稽山阴作师鲍唐"。但是，到了黄龙二年（公元230年），鲍氏在其所作镜铭中仅自称"大师鲍"而不称"会稽师鲍"或"会稽山阴师鲍"了（表2）。这说明，到了黄龙（公元229～231年）年间，会稽郡的工匠在武昌落户已久，不再强调自己是"会稽师"或"山阴师"了。这也许便是陈世虽本是吴会一带的镜师，但在其黄武七年（公元228年）、黄龙元年（公元229年）所作镜铭中却不提自己的原籍而仅称"大师陈世"和"师陈世"的原因所在。

表2 鲍、唐、陈三氏在武昌所作镜铭对照表

镜式	数量	作镜年月日	主要铭文	出土地点
同向式神兽镜	2枚	黄初二年十一月廿七日	扬州会稽山阴师唐豫命作竟	鄂城
对置式神兽镜	3枚	黄初四年五月十四日	会稽师鲍作明竟	鄂城
重列式神兽镜	1枚	黄武六年十一月七日	会稽山阴作师鲍唐……家在武昌	鄂城
对置式神兽镜	1枚	黄武七年七月七日	大师陈世严作明镜	不明
重列式神兽镜	1枚	黄龙元年七月十三日	师陈世造作百涑明镜	不明
重列式神兽镜	2枚	黄龙元年七月十三日	师陈世□造作三涑明镜	鄂城、贵县
重列式神兽镜	1枚	黄龙元年七月十三日	师陈世造三涑明镜	不明
重列式神兽镜	1枚	黄龙二年七月七日	大师鲍豫而作明镜	鄂城

据《三国志·吴志·孙权传》记载，黄龙元年（公元229年）春，公卿百官劝孙权正尊号；四月丙申，孙权在武昌南郊即皇帝位。同年九月，吴国自武昌迁都建业（今江苏省南京）。陈世制作5枚神兽镜的时

日，1枚为黄武七年（公元228年）七月，4枚为黄龙元年（公元229年）七月，皆当武昌作为吴国都城的最盛时期。查在鄂城出土的许多铜镜中，陈世所作铜镜和鲍唐两氏所作铜镜的年代以黄龙二年（公元230年）为下限（表2）。这或许说明，随着孙吴的还都建业，鲍氏、唐氏和陈氏等作镜的"大师"也回归吴会或故都建业了。1962年在江苏省南京的板桥公社发掘了一座吴或西晋初年的墓，墓中随葬着1枚对置式神兽镜，从它的形制和图纹判断，制作的年代应在吴代。该镜的铭辞称"陈建作竟自有纪"，可见作镜的工匠姓陈名建[34]（图5）。可以认为，陈建是陈世的同族。

图5 南京出土陈建所作对置式神兽镜（拓本）

如前所述，陈世在黄龙元年（公元229年）七月十三日所作的2枚"同范镜"，1枚出土于湖北省的鄂城，1枚出土于广西壮族自治区的贵县。贵县古为布山县，系郁林郡的郡治所在，东汉、三国时代属交州[35]〔孙休永安七年（公元264年）分交州为交、广两州，郁林郡改属广州[36]〕。建安（公元196~220年）初期，张津任交州刺史多年[37]，与曹操有联系[38]。张津死后，刘表企图将交州纳入自己的势力范围[39]。建安十五年（公元210年），刘表已死，孙权派步骘为交州刺史，清除境内刘表的残余势力，交州便为孙吴所有[40]。交州所属的郁林郡亦并入吴国，以偏将军陆绩为郡太守，统兵镇守[41]。黄初二年（公元221年）十一月，魏文帝曹丕封孙权为吴王，并以大将军使持节督交州，正式承认交州为吴的领域[42]。总之，到了黄武（公元222～228年）、黄龙（公元229～231年）年间，以布山为郡治的郁林郡早已纳入吴国的版图，故黄龙元年（公元229年）陈世在武昌所作的铜镜得流入其地（图6）。以常情度之，这枚重列式神兽镜也许是自武昌往布山赴任就职的官吏随身带去的。

我在《吴县、山阴和武昌》中指出，会稽郡山阴所作对置式神兽镜在湖北省鄂城（江夏郡武昌）出土[43]；又在《"青羊"为吴郡镜工考——再论东汉、三国、西晋时期吴郡所产的铜镜》中指出，吴郡吴县所作重列式神兽镜在湖南省衡阳（衡阳郡重安）出土[44]。本文则通过对2枚同范的"陈世镜"的确认，指出江夏郡武昌所作重列式神兽镜远在广西壮族自治区的贵县（郁林郡布山）出土。这充分证明，吴县、山阴和武昌作为吴地铜镜铸造业的三大中心，所作铜镜在地域上的流传范围是极为广阔的（图6）。

陈世所作对置式神兽镜和重列式神兽镜，与环状乳神兽镜、同向式神兽镜等其他中国出土的各种神兽镜一样，属所谓平缘神兽镜。现在，我想趁此机会，在这里再说一说有关日本出土的三角缘神兽镜的问题。日本的三角缘神兽镜与中国的平缘神兽镜有显著的差别，不能混为一谈，但两者都属神兽镜的范畴，有一定的共同性，尤其是制作三角缘神兽镜的工匠与制作平缘神兽镜的工匠有密切的关系。

按照我的研究，日本出土的三角缘神兽镜（指所谓"舶载的"三角缘神兽镜）是三国时代吴的工匠东渡日本，在日本制作的[45]。如所周知，在制作三角缘神兽镜的许多工匠之中，最主要的是陈氏[46]。在东汉和三国时代，吴地的作镜工匠在镜铭中刻写自己的姓氏，有时将"氏"写成"是"，如殷氏之写成"殷是"[47]，周氏之写成"周是"[48]（"是"与"氏"，古字通）。所以，制作三角缘神兽镜的陈氏也往往在镜铭中自称"陈是"。梅原末治氏在《汉三国六朝纪年镜图说》中论述陈世所作黄武七年对置式神兽镜时，以制作三角缘神兽镜的工匠多姓陈为依据，将陈世和陈是联系起来，指出陈氏为当时制作铜镜的一个家族[49]。对此，我早就深以为然。在中国出土的各类铜镜之中，要以平缘神兽镜与日本出土的三角缘神兽镜最为相似，而姓陈的工匠亦以见于

图6 三国时代吴的版图及本文所述铜镜的产地和出土地点

平缘神兽镜铭辞中的为多。因此，主张陈是和陈世同属一个作镜的大家族，这是很有理由的。

我在《景初三年镜和正始元年镜的铭文考释》和《景初三年镜和正始元年镜铭文补释》两篇论文中考定陈是所作有"景初三年（公元239年）"和"正始元年（公元240年）"纪年铭的三角缘神兽镜的主要铭辞为"本是京师，绝地亡出"和"本自芔师，杜地命出"[50]。我在论文中指出，陈是自称"本是京师"，是说他本来是吴的京城（今江苏省镇江市）的镜师；陈是自称"本自芔师（即州师）"，则是说他出身于扬州的镜师。我又指出，"绝地亡出"和"杜地命出"是说陈是自故地亡命而出，至于海东的绝域。总之，陈是所作三角缘神兽镜的铭辞本身就能证明它们为东渡的吴的工匠在日本所制作。现在，在过去3枚传世的陈世所作的平缘神兽镜之外，又在鄂城和贵县新发现了2枚陈世所作的平缘神兽镜。这使我进一步坚信在日本制作三角缘神兽镜的陈是（陈氏）本是中国吴地的镜师，他们和陈世一样，本是吴地陈氏家族中的成员。

长期以来，日本的许多学者主张三角缘神兽镜是中国的魏镜。其实，如上所述，仅就作镜工匠主要为陈氏（陈是）这一点来看，也很难说它们是魏镜。不久以前，日本研究铜镜的学者樋口隆康，或许是在重温了梅原末治氏早已提出的陈世与陈是同属陈氏作镜家族之说以后，不得不承认陈是和陈世一样，应为吴的工匠。但是，为了继续坚持魏镜说，樋口氏忽然又转而主张三角缘神兽镜是吴的工匠应魏国的特别订货而在吴地制造的[51]。然而，这种吴的工匠在吴地制造"魏镜"的说法虽然新颖，却难免有近于无理强辩之嫌，是不会有什么说服力的[52]。

注　释

[1] 朝鲜平壤石岩里200号墓出土的东汉的方格规矩镜有"名师作之出雒阳"的铭文。见小场恒吉，小泉显夫，榧本杜人：《樂浪漢墓》第一册《大正十三年发掘调查报告》第64页，图版第七十二（樂浪汉墓刊行会，1974年）。

[2] 传世的画文带对置式神兽镜有"大师得铜合湅五金成"的铭文，见后藤守一：《古鏡聚英》（上篇）图版第四十六（1）（東京堂出版，1935年）。

[3] 东汉的方格规矩镜有"工师刻像主文章"的铭文，见梁上椿：《岩窟藏镜》第二集（中）第27页，图第二十七（1941年印行）。

[4] 湖北省鄂城出土的重列式神兽镜有"会稽山阴作师鲍唐"的铭文。见王仲殊：《吴县、山阴和武昌——从铭文看三国时代吴的铜镜产地》第1030页，图版第柒（6）（《考古》1985年第11期）。

[5] 魏甘露四年兽首镜和甘露五年兽首镜有"右尚方师作镜"的铭文，见梅原末治《漢三国六朝纪年镜圖説》第51~52页，图版第27~29（桑名文星堂，1942年）。

[6] 黄初四年对置式神兽镜有"会稽师鲍作明镜"的铭文，见樋口隆康：《古鏡》第229页，图版第九十三（188）（新潮社，1979年）。

[7] 湖北省鄂城出土的黄初二年同向式神兽镜有"扬州会稽山阴师"的铭文，见王仲殊《吴县、山阴和武昌》第1028页，图版第捌（8）（《考古》1985年第11期）。

[8] 浙江省绍兴出土的"画文兽带镜"有"柏师作"的铭文，见王士伦：《浙江出土铜镜选集》图第27，分图说明第4页（文物出版社，1957年）。

[9] 浙江省绍兴出土的"神人画像镜"有"朱师作兮"的铭文，见梅原末治：《绍興古鏡

聚英》图版第六（同朋社，1939年）。
[10] 传绍兴出土的"天马白虎画像镜"有"杜师"的铭文。见梁上椿：《岩窟藏镜》第二集（下）图第三十（北京大业印刷局暨商业印刷所铅印暨影印，1941年）。
[11] 南京附近吴墓所用的砖有"甓师陈平"的铭文。见姚迁等：《六朝艺术》图第291，1981年。
[12] 梅原末治：《漢三国六朝紀年鏡図説》第60～62页，图版第三十二（2）、第三十三（1），桑名文星堂，1942年。
[13] 广西壮族自治区文物管理委员会：《广西出土文物》图版147，图版说明第16、17页，文物出版社，1978年。
[14] 湖北省博物馆、鄂州市博物馆：《鄂城汉三国六朝铜镜》，文物出版社，1986年。
[15] 樋口隆康：《古鏡》第229页，新潮社，1979年。
[16] 梅原末治：《漢三国六朝紀年鏡図説》第60页，图版第三十二（2），桑名文星堂，1942年。
[17] 樋口隆康：《古鏡》第224页，图版第八十八（177），新潮社，1979年。
[18] 林巳奈夫：《漢鏡の図柄二、三について》第39～56页，《東方学報》（京都）第44册，1973年。
[19] 梅原末治：《漢三国六朝紀年鏡図説》第62页，桑名文星堂，1942年。
[20] 樋口隆康：《古鏡》第224页，新潮社，1979年。
[21] 富冈谦藏：《漢代より六朝に至る年号銘ある古鏡に就いて》第117页，图版三十二（2），《古鏡の研究》，1920年。
[22] 梅原末治：《漢三国六朝紀年鏡図説》第61～62页，图版第三十三（1），桑名文星堂，1942年。
[23] 广西壮族自治区文物管理委员会编：《广西出土文物》图版第147，图版说明第16、17页，文物出版社，1978年；本文核对各种资料，对此镜铭辞释文有所补充和订正。
[24] 湖北省博物馆、鄂州市博物馆：《鄂城汉三国六朝铜镜》，文物出版社，1986年；本文核对各种资料，对此镜铭辞释文有所补充和订正。
[25] "严妆"亦见古乐府《孔雀东南飞》："鸡鸣外欲晓，新妇起严妆。"
[26] "严驾"亦见曹植《杂诗》："仆夫早严驾，吾将远行游。"
[27] "严备"亦见《三国志·魏书·武帝纪注》："乌巢屯军无严备。"
[28] 陈垣：《二十史朔闰表》第44，216，1956年；梅原末治在《漢三国六朝紀年鏡図説》中论述陈世所作各镜时，由于铭文的误释（"七"误为"九"），将富冈谦藏旧藏黄龙元年重列式神兽镜的制作日定为"九月壬子朔十三日甲子"。他认为九月的朔日和七月的朔日都为壬子，九月十三日和七月十三日都为甲子日（见梅原末治：《漢三国六朝紀年鏡図説》第62页，桑名文星堂，1942年）。其实，黄龙元年九月的朔日按"四分历"虽为壬子，按"乾象历"实为辛亥，九月十三日按"四分历"虽为甲子，按"乾象历"实为癸亥日。由此可见，从干支的关系而论，富冈氏旧藏重列式神兽镜的制作日亦应为黄龙元年七月十三日而不是九月十三日。
[29] 王仲殊：《吴县、山阴和武昌——从铭文看三国时代吴的铜镜产地》第1028页，图版

[30] 王仲殊:《吴县、山阴和武昌——从铭文看三国时代吴的铜镜产地》第1028、1029页,图版第柒(2)、第捌(9),《考古》1985年第11期。

[31] 王仲殊:《吴县、山阴和武昌——从铭文看三国时代吴的铜镜产地》第1030页,图版第柒(6),《考古》1985年第11期。

[32] 鄂城县博物馆:《湖北鄂城四座吴墓发掘报告》第264页,图第九,图版第捌(1),《考古》1982年第3期。

[33] 王仲殊:《吴县、山阴和武昌——从铭文看三国时代吴的铜镜产地》第1027~1031页,《考古》1985年第11期。

[34] 李蔚然:《南京南郊六朝墓葬清理》第341页,图第4,《考古》1963年第6期。

[35] 中国历史地图集编辑组:《中国历史地图集》第三册第31~32页(三国吴交州图)、第51~52页(西晋广州交州图),中华地图出版社,1974年。

[36] 《三国志·吴书·孙休传》:"(永安七年秋七月),复分交州置广州。"

[37] 《三国志·吴书·孙策传》注引《江表传》"昔南阳张津为交州刺史";裴松之案"建安六年,张津犹为交州牧"。

[38] 《三国志·蜀书·许靖传》:"靖与曹公书曰,张子云(即张津)昔在京师,志匡王室,今虽临荒域,不得参与本朝,亦国家之藩镇,足下之外援也。"

[39] 《三国志·吴书·士燮传》:"汉遣张津为交州刺史,津后又为其将区景所杀,而荆州牧刘表遣零陵赖恭代津。是时苍梧太守史璜死,表又遣吴巨代之,与恭俱至。"

[40] 《三国志·吴书·步骘传》:"建安十五年,出领鄱阳太守。岁中,徙交州刺史。……刘表所置苍梧太守吴巨阴怀异心,外附内违。骘降意怀诱,请与相见,因斩徇之,威声大震。士燮兄弟相率供命。南土之宾,自此始也。"

[41] 《三国志·吴书·陆绩传》:"孙权统事,辟为奏曹掾,以直道见惮。出为郁林太守,加偏将军,给兵二千人。"

[42] 《三国志·吴书·孙权传》:"(黄初二年)十一月策命权曰,今封君为吴王……以大将军使持节督交州。"

[43] 王仲殊:《吴县、山阴和武昌——从铭文看三国时代吴的铜镜产地》第1028页,图版第柒(1),《考古》1985年第11期。

[44] 王仲殊:《"青羊"为吴郡镜工考——再论东汉、三国、西晋时期吴郡所产的铜镜》第642页,图第二,图版第伍(1),《考古》1986年第7期。

[45] a. 王仲殊:《关于日本三角缘神兽镜的问题》,《考古》1981年第4期。

b. 王仲殊:《关于日本的三角缘佛兽镜》,《考古》1982年第6期。

c. 王仲殊:《日本三角缘神兽镜综论》,《考古》1984年第5期。

d. 王仲殊:《景初三年镜和正始元年镜的铭文考释》,《考古》1984年第12期。

e. 王仲殊:《景初三年镜和正始元年镜铭文补释》,《考古》1985年第3期。

[46] 西田守夫:《三角縁神獣鏡の形式系譜緒説》第229~233页,第五节"陈氏作镜",《東京国立博物館紀要(六)》,1971年。

[47] 吴的重列式神兽镜有"殷是作明镜四夷服"的铭文,"殷是"即殷氏。见梅原末治:

《欧米に於ける支那古鏡》第 30~31 页，图第 5，刀江書院，1931 年。

[48] 浙江省绍兴出土的神人车马画像镜有"吴向阳周是作镜四夷服"的铭文，"周是"即周氏。见王仲殊：《景初三年镜和正始元年镜的铭文考释》第 1120 页，图版第陆(3)，《考古》1984 年第 12 期。

[49] 梅原末治：《漢三国六朝紀年鏡図説》第 60 页，桑名文星堂，1942 年。

[50] a. 王仲殊：《景初三年镜和正始元年镜的铭文考释》第 1118~1126 页，《考古》1984 年第 12 期。

b. 王仲殊：《景初三年镜和正始元年镜铭文补释》第 267~268 页，《考古》1985 年第 3 期。

[51] 樋口隆康：《卑弥呼の銅鏡百枚》第 338 页，《展望アジアの考古学》，1983 年。

[52] 樋口隆康氏还将他的"魏国订货说"的范围扩大到中国出土的平缘神兽镜。他认为，传世的黄初二年武昌元作同向式神兽镜（现藏日本京都泉屋博古馆）和黄初四年会稽师鲍所作对置式神兽镜（现藏日本东京国立博物馆和五岛美术馆）等铜镜虽在铭辞中记明系在武昌所作或系会稽郡的工匠所作，但由于铭辞中使用了"黄初"这一年号，它们就应该是吴的工匠应魏的订货而制作的。见樋口隆康：《三角缘神獸鏡の性格について》第 5 页（《古代を考える》39 "三世紀の東アジアと日本"，1985 年）。必须指出，樋口氏的这种论说不仅没有任何根据，而且也不合情理。特别是如本文所述，由于黄初二年扬州会稽山阴师唐所作同向式神兽镜和黄初四年会稽师鲍所作对置式神兽镜等铜镜系在吴都鄂城（武昌）出土，这就更足以说明樋口氏的"魏国订货说"是根本不能成立的。孙权虽在黄初二年十一月接受魏文帝的封号，但吴国在实质上是独立的。由于孙权是在黄初三年十月才自立"黄武"的年号，而且此后又曾一度与魏通好，所以吴的工匠乃在其所作铜镜铭辞上使用"黄初二年"、"黄初四年"的纪年。总之，不能因为铭辞中有"黄初"的年号便认为它们是魏镜。

（本文原载《考古》1986 年第 11 期）

"黄初"、"黄武"、"黄龙"纪年镜铭辞综释

在迄今见于著录的许多三国时代的铜镜之中，传世的和发掘出土的"黄初"、"黄武"和"黄龙"纪年铭铜镜共计26枚。它们是：黄初二年纪年镜3枚，黄初三年纪年镜2枚，黄初四年纪年镜3枚；黄武元年纪年镜2枚，黄武二年纪年镜1枚，黄武四年纪年镜2枚，黄武五年纪年镜2枚，黄武六年纪年镜4枚，黄武七年纪年镜1枚；黄龙元年纪年镜5枚，黄龙二年纪年镜1枚。

按照我的研究，这26枚铜镜（包括8枚黄初纪年镜在内）全为吴地所铸，故称"吴镜"。黄初三年十月，孙权抗魏而自立年号，改称黄初三年为黄武元年。因此，作为吴镜，如以上所举，从黄初二年到黄龙二年，除黄武三年纪年镜尚未发现以外，每年所作的纪年镜少则1枚，多则5枚，已无不齐备。黄初元年纪年镜虽付诸缺如，但延康元年与黄初元年属同一年，故以延康元年纪年镜2枚（亦系吴镜）弥补之。总之，本文所述28枚纪年铭吴镜的制作年代上起黄初元年（公元220年），下迄黄龙二年（公元230年），前后共历11年。在这11年的时间内，魏、吴、蜀三国鼎立，其元首各自称王、称帝，朝代交替，年号更迭，历法亦有所改换，三国的关系尤为复杂多变。本文试图通过对各镜铭辞的研究，参照文献记载，阐明当时的历史事实和政治背景，从而对镜铭作进一步的分析，以求加深理解。

首先，我要根据《三国志》、《资治通鉴》等文献记载，列举黄初元年至黄龙元年魏、吴、蜀三国的重大历史事件如下。

黄初元年（公元220年）：正月，曹操死于洛阳，曹丕在邺城嗣位为魏王，改汉献帝建安二十五年为延康元年（据《后汉书·献帝纪》记载，改元在三月）。十月，曹丕称帝（是为魏文帝），改汉延康元年为魏黄初

元年（仍沿用"四分历"）。十二月，魏文帝自邺城至洛阳定都。

黄初二年（公元221年）：四月，刘备在蜀中称帝，改元"章武"，孙权自公安徙都于鄂，改名武昌。八月，孙权遣使向魏文帝称臣。十一月，孙权受魏文帝册封为吴王。

黄初三年〔黄武元年（公元222年）〕：闰六月，吴蜀战于夷陵，蜀军大败。九月，魏文帝发大军威胁孙吴。十月，孙权临江抗魏军，自立年号称黄武元年。十二月，孙权遣使聘蜀，然仍与魏文帝相往来，吴魏之交未绝。

黄武二年〔黄初四年（公元223年）〕：正月，吴国始用"乾象历"。三月，魏军自征吴前线撤退。四月，群臣劝孙权称帝，不许。五月，蜀刘禅嗣皇帝位，改元"建兴"。十月，蜀使聘吴，吴蜀联合，吴遂与魏绝交。

黄武三年（公元224年）：五月、六月，吴蜀遣使互聘，两国关系更趋亲密。九月，魏文帝发兵南下，受吴军抗击，不久即还师。

黄武四年（公元225年）：十月，魏文帝发大军逼长江，孙权严兵固守，文帝知难而退。

黄武五年（公元226年）：五月，魏文帝死于洛阳，曹叡嗣皇帝位（是为魏明帝）。

黄武六年（公元227年）：正月，魏明帝改元，称太和元年。

黄武七年（公元228年）：正月，蜀魏交战。九月，吴魏交战。

黄龙元年（公元229年）：四月，孙权在武昌称帝，改黄武八年为黄龙元年。九月，吴国迁都建业，上大将军陆逊辅太子孙登掌武昌留守事。

在列举历年的重大事件之后，我按年月日的先后，依次叙述这28枚纪年镜，主要是考释铭辞，重点在于进一步论证作镜的具体时间、地点和工匠。

1. 延康元年（公元220年）十月对置式神兽镜（图1-1）

1枚，现藏日本东京五岛美术馆，出土地点不明[1]。直径12.3厘米。铭辞为："延康元年十月三日，吾作明竟，幽涑三商，买者富贵番昌，高迁三公九卿十二大夫，吉"。据《三国志·魏志·文帝纪》记载，魏文帝即位在延康元年十月二十八日庚午〔《资治通鉴》（卷六十九）谓在二十九日辛未〕，同日改元为黄初元年。此镜铸于十月三日，在改元之前20余日，故仍用"延康元年"的纪年。镜的出土地点虽不明，但从其形制和图纹看来，应为吴地所产。当时，吴郡的吴县和会稽郡的山阴盛产神兽镜。湖北省鄂城出土的和日本东京国立博物馆所藏的建安二十一年对置式神兽镜在铭辞中记明为会稽所作[2]，浙江省金华地区出土的和日本东京五岛美术馆所藏的太康二年对置式神兽镜在铭辞中记明为吴郡所作[3]，故可判断此镜为会稽或吴郡的产品。由于此镜图纹、铭句与太康二年镜甚相似，其为吴郡所产的可能性更大。自建安初年以来，吴郡和会稽郡一直在孙吴的统治之下，是孙吴的老根据地。因此，无论从地理区域上还是从政治关系上来说，此镜是名副其实的"吴镜"。据《三国志·蜀志·先主传》记载，刘备在蜀中，不承认曹丕擅自改元延康，故仍称此年全年为建安二十五年。但是，从此镜铭辞看来，孙权的立场与刘备不同，是承认"延康"这一年号的。

2. 延康元年（220年）二月对置式神兽镜（图1-2）

1枚，现藏日本京都泉屋博古馆，传浙江省绍兴出土[4]。直径12.8厘米。据日本学者梅原末治释文，铭辞为"延康元年二月辛丑朔十二日壬子，师□□□□□□作明镜，玄涷章乃成，晶清不可言，伏者老寿，高升[二][千]石，郡[督]部[川]於事"。查延康元年二月朔日为丁未而不是辛丑，十二日为戊午而不是壬子。但是，次年黄初二年（公元221年）二月朔日为辛丑，十二日为壬子，正与此镜铭辞所记干支符合，所以梅原末治氏曾疑镜铭中的"延康元年"为"延康二年"之误。铜镜铭辞（特别是吴镜铭辞）中的干支有误，可谓屡见不鲜。此镜铭辞所记二月的干支与黄初二年二月的干支相同，这也许是偶然的巧合，不能据以断定此镜必为黄初二年所作。

但是，诚如日本西田守夫氏所指出[5]，据《后汉书·献帝纪》记载，改元延康是在建安二十五年的三月（陈垣《二十史朔闰表》和董作宾《中国年历总谱》更确定改元之日为三月朔），二月十二日在改元之前，不可能在此日所作的镜铭中使用当时尚未建立的"延康"年号。因此，此镜作于黄初二年二月十二日的可能性是大的。如我在上文所说，延康元年十月对置式神兽镜很可能为吴郡或会稽郡所产。此镜出土于绍兴，更可能是吴会的产品。看来是由于当时孙权尚未承认曹丕为皇帝，废黜后的汉献帝仍被封为山阳公而存在，所以孙权统治下的吴地镜工不称该年为"黄初二年"而称"延康二年"（据《蜀志·先主传》记载，此年四月以前，刘备仍称建安二十六年），却不慎将"二年"误作"元年"。

3. 黄初二年（公元221年）**同向式神兽镜**（图1-3）

1枚，现藏日本京都泉屋博古馆，传湖南省长沙出土[6]。直径11.6厘米。铭辞为"黄初二年武昌元作明镜，宫湅章乃而清冒（明），吉羊"。梅原末治因黄初为魏文帝的年号，故以此镜为魏镜，并谓"武昌元"为作镜者。其实，"武昌"二字为地名。《三国志·吴志·吴主传》说："（黄初二年四月），（孙）权自公安都鄂，改名武昌，以武昌、下雉、寻阳、阳新、柴桑、沙羡六县为武昌郡。"镜铭与这一记载相对照，可以确认"武昌"即鄂城，此镜为吴镜而非魏镜。《说文解字》说："元，始也。"镜铭之谓"元作明镜"，犹言始作明镜。孙权以鄂为都城始自黄初二年四月，而"武昌"这一地名的成立亦以此时为开端（祝穆《方舆胜览》谓"孙权都鄂，欲以武为昌，故名"）。在此之前，鄂城甚狭隘而偏僻，未有铜镜铸造业。在武昌作镜，实以此时为开始，故镜铭称"元作明镜"。此镜传系长沙出土，以其地属当时的吴境，且与武昌相近，诚属可信。从上述《吴志·吴主传》的记载看来，铸镜的日期不能早于黄初二年四月。据《资治通鉴》（卷六十九）记载，黄初二年八月孙权遣使向魏文帝称臣。铭辞用魏的"黄初"年号，或许说明此镜作于八月以后。

4. 黄初二年（公元221年）**十一月同向式神兽镜**（图1-4）

2枚，大小、形制、图纹、铭文完全相同，属"同范镜"。皆为湖北省鄂城出土，现藏鄂州市博物馆[7]。直径13.1厘米。铭辞为"黄初二年十一月丁卯朔廿七日癸巳，扬州会稽山阴师唐豫命作镜，大六寸，清冒（明），服者高迁，秩公美宜侯王，子孙潘昌"。查黄初二年十一月朔日为丁卯，廿七日为癸巳，镜铭所记干支正确。据《资治通鉴》（卷六十九）记载，黄初二年八月，魏文帝遣太常邢贞奉策拜孙权为吴王。十一月邢贞至吴，孙权接受策命，始为吴王。两镜作于黄初二年十一月廿七日，正在孙权受封之后，镜铭用魏的"黄初"年号是理所当然的。铭辞记作镜者唐氏为会稽山阴的工匠，但我根据下文将要述及的

"黄初"、"黄武"、"黄龙"纪年镜铭辞综释 ·71·

1. 延康元年十月对置式神兽镜
（五岛美术馆）

2. 延康元年二月对置式神兽镜
（泉屋博古馆）

3. 黄初二年同向式神兽镜
（泉屋博古馆）

4. 黄初二年十一月同向式神兽镜
（鄂州博物馆）

5. 黄初三年同向式神兽镜
（木村贞藏旧藏）

6. 黄武元年五月对置式神兽镜
（五岛美术馆）

图1　"延康"、"黄初"、"黄武"纪年铭神兽镜

黄武六年十一月重列式神兽镜的铭辞，判断此镜作于武昌，唐氏是孙权建都武昌时被征召而从会稽徙往的。应宫廷、官僚的需要而作镜，故镜铭称"豫命作镜"。

2枚"同范镜"中的1枚，在钮上刻"上大将军校尉李周镜"九字。"上大将军"为三国时代的高级武职官衔，"李周"是此镜的所有主，"校尉"是李周的官职。杜佑《通典》（卷二十九）说："魏黄初中又有上大将军，以曹真为之；吴亦以陆逊为上大将军。"查《三国志·吴志》，陆逊于黄龙元年（公元229年）始拜上大将军，其后吕岱、施绩等人亦曾为上大将军。镜钮所刻"上大将军"以系指陆逊的可能性为大。此镜为黄初二年（公元221年）所铸，但钮上文字应为黄龙元年（公元229年）以后所加刻。若以上判断无误，则李周应为陆逊的部属。

5. 黄初三年（公元222年）同向式神兽镜（图1-5）

2枚，大小、形制、图纹、铭文完全相同，属"同范镜"。1枚为瑞典斯德哥尔摩国立博物馆所藏，出土地点不明；1枚流入日本，传系绍兴出土[8]。直径10.3厘米。据梅原末治释文，铭辞为"黄初三年，师卜德□合作明金镜，五朿□□，服者侯王，益其女□令"。流入日本的1枚，钮上刻"张荣"二字，当为此镜所有主的姓名。从镜的形制、图纹及出土地点看来，可以确认为吴镜。当时孙权定都武昌，武昌已开始铸造铜镜，但会稽郡的铸镜业不衰，故此镜可能为山阴所产。据《吴志·吴主传》记载，黄初三年十月孙权坚决抗魏，自立年号而称黄武元年。因此，这2枚黄初三年纪年镜的铸造日期应在此年十月之前。

6. 黄武元年（公元222年）对置式神兽镜（图2）

1枚，为庐江刘体智旧藏，出土地点不明[9]。直径12.3厘米。据梅原末治释文，铭辞为"黄武元年大岁在□□□□□□□□日中制作百湅明镜，清□且富，□□万年，宜侯王，立至三公，及古"。此镜出土地点虽不明，但由于在铭辞中使用了"黄武"年号，可证其为吴镜无疑。吴的黄武元年，即魏的黄初三年。黄初三年十月，孙权抗魏而始立"黄武"年号，故此镜的制作日期必然是在当年（其干支为壬寅）

十月、十一月或十二月。

梅原末治氏根据东汉、三国时代纪年的一般格式，认为铭辞首句因铸造粗率而不明的9个字应为"壬寅某月干支朔某日"。这样，因限于字数，铭辞所记镜的具体制作日期就只能是十月十日以前（或十月廿日）。但是，史书记孙权改元在十月（未记何日），不能排除系在十月中下旬的可能性。因此，梅原末治氏的判断不见得是可靠的。我在查阅了吴晋时期多数铜镜的铭辞之后，认为此镜铭辞首句不能

图2 黄武元年对置式神兽镜
（刘体智旧藏）

辨识的文字为8个字而不是9个字，铭句格式应与建兴二年镜、太平元年镜、宝鼎三年镜、太和元年镜等的铭句相似[10]，可复原为"黄武元年大岁在［壬］［寅］［五］［月］［丙］［午］［时］［加］日中制作百湅明镜"。如上文所说，此镜制作日期必在黄武元年十月、十一月或十二月，决不能在十月之前。但是，五月丙午是铸镜的重大吉日，往往成为工匠们在制作镜铭时的虚托之辞，以求吉祥，故此镜铭辞首句称"五月丙午，时加日中，制作百湅明镜"。《老子》（六十九章）说"抗兵相加，哀者胜矣"；王弼注："加，当也"。镜铭之谓"时加日中"，犹言时当正午。有的镜铭作"时茄日中"，"茄"为"加"的异体字[11]。中国古代帝王改元，多含有一定的政治意义。不论改元的日期是在岁首的正月或在年中的某月，史官们都将改元后的新年号用于该年的全年。因此，在黄武元年十月以后所作铜镜的纪年铭中使用"五月丙午"的虚辞，除了一般地显示吉祥之意以外，也许还含有将因抗魏而建立的"黄武"这一新年号的有效性追溯到十月以前的政治意义。

7. 黄武元年（公元222年）五月对置式神兽镜（图1-6）

1枚，现藏日本东京五岛美术馆，传浙江省绍兴出土[12]。直径12.1厘米。此镜铸造不精，锈蚀尤甚，铭辞仅首句可判读为"黄武元年五月丙五□□日中造作明竟"。其中二字不明，以空白的方框代替之。按照建兴二年镜、太平元年镜、宝鼎三年镜和太和元年镜等吴晋时期铜

镜铭辞的格式，我将此镜铭辞复原为"黄武元年，五月丙五，[时][加]日中，造作明镜"。"五"字与"午"字音相近，加上有"五月"的"五"字混淆，故镜工将"五月丙午"误作"五月丙五"。此镜形制、图纹与上述刘体智旧藏黄武元年镜相仿，铭辞亦与刘氏旧藏镜相似，益信以上对刘氏旧藏镜铭辞所作的考证是正确的，而考证的要旨也同样适合于此镜的铭辞。要之，此镜铭辞所记年月虽为黄武元年五月，但作镜的具体时间亦应在该年十月以后。

8. 黄初四年（公元223年）五月对置式神兽镜（图3-1）

3枚，大小、形制、图纹相同，铭文亦无差异（只因个别文字难以辨认，各人释文略有不同），应属"同范镜"。1枚为日本东京五岛美术馆所藏，出土地点不明[13]；1枚为日本东京国立博物馆所藏，出土地点也不明[14]；另1枚为湖北省鄂城出土，现藏鄂州市博物馆[15]。直径约13厘米。五岛美术馆所藏的1枚，铭文清楚，据日本学者西田守夫释文[16]，铭辞为"黄初四年五月壬午朔十四日乙未，会稽师鲍作明镜，行之大吉，宜贵人王侯，□服者也□□，今造□□□"。但是，就铭辞首句的纪年而言，梅原末治释东京国立博物馆所藏的一枚为"□初四年五月壬申朔十四日"，湖北省博物馆和鄂州市博物馆释鄂城出土的1枚为"□□四年五月丙午朔十四日"，两者所释"壬申"、"丙午"与西田氏所释"壬午"有异，且都未指出"十四日"之后有"乙未"二字。1986年4月我在东京访问，蒙西田氏以五岛美术馆藏镜的实物相示，经仔细观察，确认西田氏所释铭辞无误。鄂城出土镜与五岛美术馆藏镜一样，"会稽师鲍作明镜"7字清晰，只东京国立博物馆藏镜因铸造欠精和锈蚀严重，这7个字已难以认识。

按黄初四年（公元223年）即黄武二年（公元223年），当时魏朝仍沿用东汉的"四分历"，而吴国则于此年正月开始改用"乾象历"。查《二十史朔闰表》，不论四分历或乾象历，黄初四年（黄武二年）五月朔日的干支为戊子，十四日的干支为辛丑。因此，镜铭所记"五月壬午朔十四日乙未"既不符合四分历，也不符合乾象历。由于镜铭所记作镜的工匠为会稽郡的鲍氏，特别是由于镜的出土地点在吴都鄂城（武昌），可证此镜铭辞虽用魏的"黄初"年号，其实却为吴镜而非魏镜。从下文将要述及的黄武六年十一月重列式神兽镜的铭辞看来，这3枚

1. 黄初四年五月对置式神兽镜
（五岛美术馆）

2. 黄武四年四月对置式神兽镜
（泉屋博古馆）

3. 黄武四年六月重列式神兽镜
（湖北博物馆）

4. 黄武五年二月对置式神兽镜
（五岛美术馆）

5. 黄武三年五月重列式神兽镜
（衢州文管会）

6. 黄武六年三月对置式神兽镜
（鄂州博物馆）

图3　"黄初"、"黄武"纪年铭神兽镜

"同范镜"的产地应在武昌，鲍氏是孙权建都武昌后从会稽徙来的。据《三国志·吴志·吴主传》记载，黄初三年（黄武元年）十二月以后，孙权仍与魏文帝相往来。据《资治通鉴》（卷六十九）记载，黄初四年（黄武二年）十月之前，吴魏关系仍然不绝。黄初四年三月，魏文帝自长江北岸全面撤军，两国关系有所缓和，故吴国工匠在此年五月所作铜镜铭辞中又使用魏的"黄初"年号，这是不难理解的。西田守夫氏指出，按乾象历，黄武三年（黄初五年）五月朔日为壬午，十四日为乙未，正与此镜铭辞所记干支一致，从而产生了镜铭中的"黄初四年"是否为"黄初五年"之误的问题。但是，由于黄武二年十月吴魏两国彻底绝交，黄武三年吴国工匠在武昌所作铜镜铭辞中使用魏的"黄初"年号的可能性是不存在的。因此，我认为，此镜应如铭辞所记，作于黄初四年（即黄武二年）。铭辞中五月朔日和十四日的干支与黄武三年（黄初五年）五月朔日和十四日的干支（乾象历）一致，只能是偶然的巧合。这与前述延康元年二月对置式神兽镜的情形是不同的。

9. 黄武二年（公元223年）对置式神兽镜（图4）

1枚，为庐江刘体智旧藏，出土地点不明[17]。直径10.2厘米。此镜铸造欠精，加之锈蚀，铭辞字迹模糊，仅首句可辨识为"黄武二年大岁在癸卯造作元镜"。黄武二年即黄初四年，其干支为癸卯，镜铭所记干支正确。此镜铭辞用"黄武"年号，无疑为吴国工匠所制作。如上文所述，自黄武元年十二月以来，吴魏关系未绝。黄武二年三月，魏文帝撤征吴之军，两国关系又有所缓和，故吴国工匠在黄武二年五月所作铜镜铭辞中使用"黄初四年"的纪年。但是，同年十月，吴蜀联合，吴魏之交遂绝。因此，这枚黄武二年纪年镜以作于三月之前、十月以后的可能性为大。

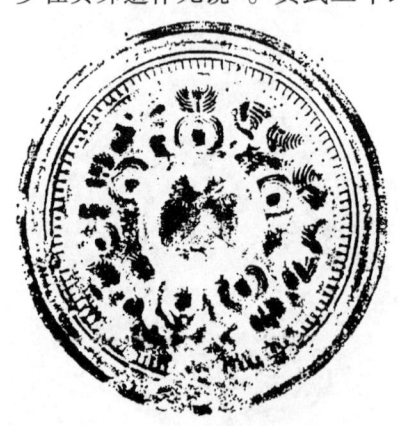

图4 黄武二年对置式神兽镜
（刘体智旧藏）

10. 黄武四年（公元225年）**四月对置式神兽镜**（图3-2）

1枚，现藏日本京都泉屋博古馆，传绍兴出土[18]。直径11.8厘米。据梅原末治释文，铭辞为"黄武四年四月廿六日作氏镜，宜于吏史士得位也，服之吉羊，□日我后共文王人生于七十有一"。此镜出土于绍兴，也许是会稽郡的产品。铭辞所称"氏镜"，即"此镜"或"是镜"（"是"与"氏"，古字通）。"吏"、"史"、"士"皆为将军和大官的属员，"得位"即升官。末句"我后共文王人生于七十有一"或许含有祝愿孙权夫妇长寿之意，然孙权称吴王而不称"文王"，其夫人徐氏、步氏当时都未正式称"后"，"人生于七十有一"之语又不伦不类，故绝难肯定。

11. 黄武四年（公元225年）**六月重列式神兽镜**（图3-3）

1枚，湖北省鄂城出土，现藏湖北省博物馆[19]。直径11.8厘米。据湖北省博物馆和鄂州市博物馆释文，铭辞为"黄武四年六月五日丙辰作长明竟，服者大吉，寿得万年，鲍师扬名，无已人去之"。查《二十史朔闰表》，黄武四年（黄初六年）六月，乾象历与四分历一样，朔日的干支为丙子，五日的干支应为庚辰，镜铭却误作"丙辰"。在东汉、三国时代，作镜的工匠有在镜铭中自称"柏师"、"朱师"或"杜师"的，"柏"、"朱"、"杜"为他们的姓氏，"师"为工匠的美称[20]。此镜铭辞中的"鲍师"即为姓鲍的作镜工匠，他与上文所述黄初四年五月对置式神兽镜铭辞中的"会稽师鲍"及下文所述黄武六年十一月重列式神兽镜铭辞中的"会稽山阴作师鲍"为同一人或同属一家族，故亦应为会稽山阴的工匠被征调在武昌作镜。如下文所述，鲍氏在其所作黄武五年五月重列式神兽镜和黄龙二年七月重列式神兽镜的铭辞中都自称"大师"。此镜铭辞说"鲍师扬名"，是以后称"大师"的先声。铭辞末句"无已"二字同"毋以"。"毋以人去之"是说鲍氏作镜声望很高，不要以别的人取而代之，把他去掉。

12. 黄武五年（公元226年）**二月对置式神兽镜**（图3-4）

1枚，现藏日本东京五岛美术馆，出土地点不明[21]。虽称对置式神兽镜，但图纹中神像的排配方式有与同向式神兽镜相似之处。直径

10.3厘米。铭辞为"黄武五年二月午未朔六日庚巳，会稽山阴安本里，思子兮，服者吉，富贵寿春长久"。铭辞中"午未"的"午"字，也许是"辛"字（形相近）或"戊"字（音相似）之误。据乾象历，黄武五年二月的朔日为壬申，六日为丁丑，铭辞所记干支错误。"会稽山阴安本里"应为作镜工匠的家庭所在，也可理解为作坊的所在地，"安本"为山阴城内或近郊的一个"里"的名称。"思子兮"三字铸出甚清晰，其含义过去不为人所解。据我看来，此镜或许为鄂城出土，作镜之人为自山阴徙往武昌的工匠，因思念故乡及家庭、子女，故在所造镜上作此铭。日本后藤守一在《古镜聚英》中释三字为"思子兮"[22]，梅原末治在《汉三国六朝纪年镜图说》中释为"思子丁"[23]，樋口隆康在《古镜》中亦释为"思子丁"[24]。我曾仔细观察诸书图版，在《吴县、山阴和武昌——从铭文看三国时代吴的铜镜产地》一文中释为"思子兮"[25]。1986年4月在东京访问时，蒙西田守夫氏以此镜实物相示，确认是"思子兮"三字无疑。

13. 黄武五年（公元226年）五月重列式神兽镜（图3-5）

1枚，浙江省衢州出土，现藏衢州市文物管理委员会[26]。直径15.5厘米。铭辞为"黄武五年大岁在丙午五月辛未朔七日，天下太平，吴国孙王治□□，太师鲍唐而作；吾作明镜，宜□□章，□□□作，□□安吉祥，位至公美侯王，富禄寿当万年，而愿即得长"。查黄武五年的干支为丙午，铭辞所记确实。据乾象历，此年五月朔日为庚子，铭辞却误作"辛未"。

据《三国志·魏志·文帝纪》和《资治通鉴》（卷六十九）记载，黄武四年冬魏文帝征吴失败，仓皇撤退，于黄武五年正月返回洛阳，不久即患病（五月廿八日死），无力再兴兵伐吴。孙吴自抗魏以来，要以黄武五年为最安定，故镜铭中的"天下太平"四字不能完全视为歌功颂德的虚辞。"吴国"指孙吴的政权，"孙王"即孙权。黄武五年，孙权为吴王已久，此前群臣曾劝他称帝，他不接受，故镜铭称"吴国孙王"。"太师"即大师，为作镜工匠的自称，"鲍唐"为工匠的姓氏。前述湖北省鄂城出土的黄初二年十一月同向式神兽镜为"会稽山阴师"唐氏所作，鄂城出土的黄初四年五月对置式神兽镜为"会稽师"鲍氏所作，鄂城出土的黄武四年六月重列式神兽镜为"鲍师"所作，可证此镜铭辞中的"鲍唐"为鲍氏和唐氏。从下文即将述及的鄂城出土的黄武六年十一月重列式神兽镜的铭辞可以知道，鲍氏和唐氏本为会稽山阴的镜师，却被徙在武昌作镜。因此，此镜虽在衢州（其地当时属会稽郡）出土，但它的产地是会稽还是武昌，实难肯定。我在《吴县、山阴和武昌——从铭文看三国时代吴的铜镜产地》中说此镜为会稽所产，尚待斟酌。

14. 黄武六年（公元227年）**三月对置式神兽镜**（图3-6）

1枚，湖北省鄂城出土，现藏鄂州市博物馆[27]。直径11.6厘米。据湖北省博物馆和鄂州市博物馆释文，铭辞为"黄武六年三月十日壬巳朔，身吏亭度之□，羊吉者，宜市来，□□□□今史命平天，人可大吉"。查黄武六年三月朔日为丙申，十日为乙巳，镜铭所记干支有误。铭辞含有称颂吏治、祝愿吉利之意，但因文句欠通顺，且有数字不明，难以作具体的解说。此镜在鄂城出土，大概是武昌的产品。

15. 黄武六年（公元227年）**五月重列式神兽镜**（图5）

2枚，大小、形制、图纹、铭文完全相同，属"同范镜"。两镜皆著录于罗振玉《古镜图录》[28]，其中1枚流入日本，曾为富冈谦藏所收藏[29]。直径10.8厘米。铭辞为"黄武六年五月壬子四日癸丑，造作三命之，宜王且侯，服竟之人皆寿岁，子孙众多，悉为公卿，收财数百牛羊而□□□□"。据乾象历，黄武六年五月朔日为乙未，四日为戊戌，镜铭所记干支全误。铭辞文字有脱漏，如"壬子"二字之后脱"朔"字，"三命之"三字之后脱"镜"字。富冈氏藏镜在钮上刻"吴将军士张兴镜"7字，说明此镜所有主张兴为吴国将军的属员。后藤守一《古镜聚英》录钮上所刻六字[30]，漏一"士"字，使人误认张兴本人为吴国的将军。类似的例子如鄂城出土的1枚兽首镜在钮上刻"陆凯

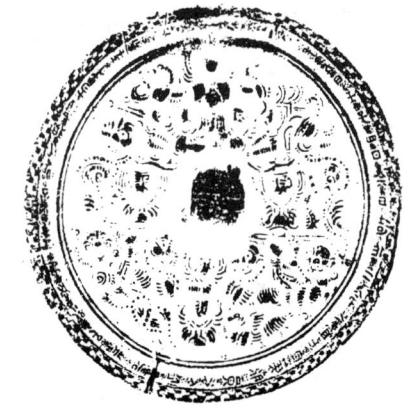

图5 黄武六年五月重列式神兽镜
（富冈谦藏旧藏）

士李某"5字，说明镜的所有主李某是吴国大官陆凯的属员[31]（兽首镜的制作年代不限于东汉，三国时代继续流行，魏甘露纪年铭兽首镜可以为证）。

16. 黄武六年（公元227年）十一月重列式神兽镜（图6-1）

1枚，湖北省鄂城出土，现藏湖北省博物馆[32]。直径13厘米。据湖北省博物馆和鄂州市博物馆释文，铭辞为"黄武六年十一月丁巳朔七日丙辰，会稽山阴作师鲍唐，镜照明，服者也宜子孙，阳遂富贵，老寿□□，牛马羊，家在武昌思其少，天下命吉服吾王，干昔□□"。据乾象历，黄武六年十一月朔日为壬辰，七日为戊戌，镜铭所记干支全误。铭辞中的"会稽山阴作师鲍唐"，说明此镜为会稽郡山阴的工匠鲍氏和唐氏所作。由于此镜在鄂城出土，铭辞中又有"家在武昌"之语，可见鲍氏和唐氏从会稽山阴被征调在武昌安家落户，以从事铜镜的铸造。此镜铭辞还进一步证明，前述鄂城出土的多枚有"会稽山阴师唐"和"会稽师鲍"等铭文的铜镜也应系在武昌所作。吴镜铭辞多有"家有五马千头羊"之语，而此镜铭辞则谓"牛马羊，家在武昌思其少"，正体现了被徙在武昌作镜的工匠心向会稽，怀念家园的情绪。这与前述黄武五年二月对置式神兽镜铭辞中"会稽山阴安本里，思子兮"的情调是相似的。黄武六年，孙权仍为吴王而未称帝，故工匠在铭辞中称为"吾王"。"天下命吉服吾王"是说吾王盛世，命运大吉，天下归服。这反映，到了黄武六年，吴的国势进一步安定、强盛，为后年孙权在武昌称帝打定了基础。

17. 黄武七年（公元228年）七月对置式神兽镜（图6-2）

1枚，现藏日本东京五岛美术馆，传中国南方出土，具体地点不明[33]。直径9.7厘米。铭辞为"黄武七年七月丙午朔七日甲子纪主治时，大师陈世严作明镜，服者立至公"。查《二十史朔闰表》，不论乾象历或四分历，黄武七年七月朔日的干支为戊午而不是丙午，但七日的干支确为甲子。我曾在《吴镜师陈世所作神兽镜论考》一文中指出[34]，制作此镜的工匠姓名为陈世，而不是陈世严。"严"不是工匠的名字，而是一个副词，意为严谨、严格或严密。所谓"严作明镜"，就是严谨地按规格制作明镜。"大师"是陈世的自称，说明他和鲍、唐两氏一样，

1. 黄武六年十一月重列式神兽镜
（湖北博物馆）

2. 黄武七年七月对置式神兽镜
（五岛美术馆）

3. 黄龙元年五月对置式神兽镜
（鄂州博物馆）

4. 黄龙元年七月重列式神兽镜
（五岛美术馆）

5. 黄龙元年七月重列式神兽镜
（富冈谦藏旧藏）

6. 黄龙二年七月重列式神兽镜
（鄂州博物馆）

图6 "黄武"、"黄龙"纪年铭神兽镜

在吴地铸镜业中有一定的声望。此镜具体出土地点虽不明，但如下文所述，应为武昌的产品。

18. **黄龙元年**（公元229年）**五月对置式神兽镜**（图6-3）

1枚，湖北省鄂城出土，现藏鄂州市博物馆[35]。直径12.9厘米。据湖北省博物馆和鄂州市博物馆释文，铭辞为"黄龙元年太岁在丁巳，乾坤合化，帝道始平，五月丙午，□□日中，造作明镜，百湅清铜，服者万年，位至三公，辟除不祥"。其中二字因锈损而不明，故以空白的方框代替之。按照建兴二年镜、太平元年镜、宝鼎三年镜、太和元年镜等吴晋时期铜镜铭辞的格式，可以断定不明的二字必为"时"字和"加"字。关于"五月丙午，时加日中"八字的意义，已如前述，这里不再重复。

查《二十史朔闰表》，黄龙元年的干支为己酉，铭辞误为"丁巳"。据《三国志·吴志·吴主传》记载，黄龙元年四月丙申，孙权在武昌南郊即皇帝位，故此镜铭辞谓"乾坤合化，帝道始平"。如所周知，为了表示吉祥，工匠们往往在铭辞中虚托作镜的日期为"五月丙午"。但是，如我在《论日本出土的景初四年铭三角缘盘龙镜》一文中指出[36]，"五月丙午"之为虚托之辞，有两种情况。一种是"五月"、"丙午"全属虚辞，另一种是"五月"为真实、"丙午"为虚托。据乾象历，黄龙元年五月朔日为癸丑，全月没有丙午日，可证铭辞中的"丙午"为虚托。但是，据《吴志·吴主传》记载，孙权称帝在四月十二日丙申，此镜铭辞既有"帝道始平"之语，可见作镜日期应在四月十二日之后。除此镜之外，"帝道始平"的铭句亦见于别的吴镜，其制作年代晚于黄龙元年[37]。尽管孙权称帝以后所作镜铭亦有称"王道始平"的[38]，但未称帝之前不可能说"帝道始平"。因此，此镜铸于五月的可能性甚大，镜铭中的"五月"未必为虚托。由于孙权在武昌称帝，此镜又系在鄂城出土，故作镜的地点应在武昌。

19. **黄龙元年**（公元229年）**七月重列式神兽镜**（图7）

2枚，大小、形制、图纹、铭文完全相同，属"同范镜"。1枚为湖北省鄂城出土，现藏鄂州市博物馆[39]；另1枚为广西壮族自治区贵县出土，现藏广西壮族自治区博物馆[40]。直径12厘米。鄂城出土镜铭文铸出较清晰，但个别的字因镜体破损而缺失，贵县出土镜完整无缺，但铭文铸出欠清楚，两镜既为"同范"，故可互相对照、补充。根据湖北省博物馆、鄂州市博物馆和广西壮族自治区文管会的释文，并经我核对、订正[41]，铭辞为"黄龙元年太岁在丁酉七月壬子朔十三日甲子，师陈世□造作三湅明镜，其有[服]者，命久富贵"。查黄龙元年的干支为己酉，铭辞误作"丁酉"。据乾象历，该年七月朔日为壬子，十三日为甲子，铭辞所记干支正确。作镜工匠姓陈名世，与前述制作黄武七年七月对置式神兽镜的工匠为同一人。由于两枚"同范镜"中的1枚在鄂城出土，可以判断它们都是武昌的产品，贵县出土的1枚是从武昌传去的。

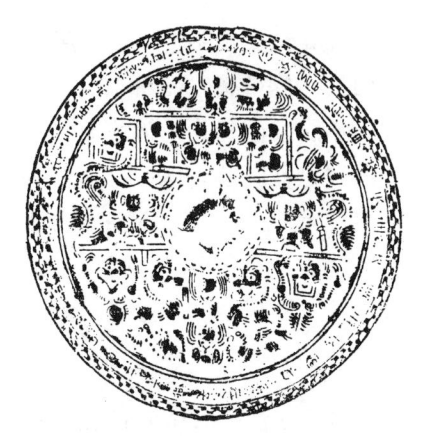

图7 黄龙元年七月重列式神兽镜（广西博物馆）

贵县古为布山，系郁林郡的郡治所在，东汉、三国时代属交州（孙休永安七年，分交州为交、广两州，郁林郡改属广州）。据《三国志·吴志》记载，建安十五年孙权派步骘为交州刺史，清除境内敌对势力，使交州为孙吴所有。交州所属的郁林郡亦并入吴国，以偏将军陆绩为郡太守，统兵镇守。黄初二年十一月，魏文帝封孙权为吴王，并以大将军使持节督交州，正式承认交州为吴的领域。总之，到了黄武、黄龙年间，以布山为郡治的郁林郡早已纳入吴国版图，故黄龙元年陈世在武昌所作铜镜得传入其地。以常情度之，这枚重列式神兽镜也许是自武昌往布山赴任的官吏随身带去的。

20. 黄龙元年（公元229年）**七月重列式神兽镜**（图6-4）

1枚，现藏日本东京五岛美术馆，出土地点不明[42]。直径11.5厘米。据梅原末治释文，铭辞为"黄龙元年太岁在己酉七月壬子[朔]十[三]日甲子，师陈世造作百湅明镜，其有服者，命久富贵，宜□□□"。如上文所述，查《二十史朔闰表》，黄龙元年的干支为己酉，七月朔日的干支为壬子，十三日的干支为甲子，若梅原末治氏释文无误，则此镜铭辞所记干支全属正确。但是，此镜与上述鄂城、贵县出土的两枚"同范镜"一样，为陈世在黄龙元年七月十三日所作，鄂城出土镜铭辞误记黄龙元年的干支为"丁酉"，故梅原末治氏所释此镜铭辞中的"己酉"也许为"丁酉"的误释。铭辞记作镜工匠为陈世，"世"字之后无"严"字，足证制作黄武七年七月对置式神兽镜的工匠姓名为陈世而不是陈世严。因为，在三国时代，作为铸造铜镜的工匠，很难设想其人姓陈名世字世严，更难设想他在镜铭中时而称自己的名，时而又称自己的字。

21. 黄龙元年（公元229年）**七月重列式神兽镜**（图6-5）

1枚，出土地点不明；流入日本后，曾为富冈谦藏所收藏[43]。直径11.8厘米。据富冈氏和梅原末治氏释文，铭辞为"黄龙元年太岁在己酉九月壬子朔十三日甲子，师陈世造三湅明镜，其有服者，久富贵，宜□□□□□"。我从梅原末治氏所著《汉三国六朝纪年镜图说》的图版上观察，发现所释铭辞中的"己酉"实为丁酉，"九月"实为七月，应予纠正[44]。与前述陈世所作其他各镜一样，此镜铭文多为反写字，"丁"、"七"二字亦反写，这或许便是富冈、梅原末治两氏释文致误的原因。

梅原末治在误释"丁酉"为"己酉"、"七月"为"九月"的同时，认为黄龙元年九月与七月一样，朔日的干支为壬子，十三日的干支为甲子。其实，查《二十史朔闰表》，黄龙元年九月的朔日按四分历虽为壬子，按乾象历则为辛亥，九月十三日按四分历虽为甲子，按乾象历则为癸亥。由此可见，从干支的关系而论，此镜的制作日期亦应为黄龙元年七月（壬子朔）十三日（甲子），不是九月（辛亥朔）十三日（癸亥）。这说明，作为吴的工匠，陈世奉行的是乾象历，不是四分历。

22. 黄龙二年（公元230年）**七月重列式神兽镜**（图6-6）

1枚，湖北省鄂城出土，现藏鄂州市博物馆[45]。直径13厘米。铭辞为"黄龙二年七月丁未朔七日癸丑，大师鲍豫而作明镜，玄湅三[商]，灭绝孛秽，服者高迁，位至竹帛，寿复[金][石]也"。查黄龙二年（太和四年）七月乾象历与四分历一样，朔日的干支为丁未，七日的干支为癸丑，铭辞所记完全正确。

制作此镜的工匠为自称"大师"的鲍氏，他与前述制作黄初四年五月对置式神兽镜的"会稽师鲍"、制作黄武四年六月重列式神兽镜的"鲍师"、制作黄武五年五月重列式神兽镜的"太师鲍"及制作黄武六年十一月重列式神兽镜的"会稽山阴作师鲍"为同一人或同属一家族，从而可以判断他也本是会稽山阴的镜工。与前述会稽山阴唐氏所作黄初二年十一月同向式神兽镜铭辞中的"豫"字一样，此镜铭辞中的"豫"字不是鲍氏的名字，而是一个动词，意为参与。此镜在鄂城出土，应是武昌的产品。黄龙元年九月孙权自武昌迁都建业，来自会稽的鲍氏却仍于黄龙二年七月在武昌作此镜。但是，遍阅鄂城出土大量铜镜的铭辞，鲍氏和唐氏在武昌作镜的年代以此镜铭辞所记黄龙二年七月为下限。因此，可以推测，在孙权迁都之后不久，以鲍唐两氏为首的来自会稽郡的作镜"大师"们也接着离开武昌了。

综上所述，自黄初元年（公元220年）至黄龙二年（公元230年）十一年间吴国的重大历史事件，在传世的和发掘出土的28枚"黄初"（"延康"）、"黄武"和"黄龙"纪年铭铜镜的铭辞中有着充分的反映。铜镜铭辞与文献记载相对照，还可以在一定程度上了解当时吴国和魏国的关系。铜镜铸造业是吴的重要的手工业之一。在黄初二年之前，吴地铜镜铸造业中心是吴郡的吴县和会稽郡的山阴。在黄初二年至黄龙元年的九年间，吴国以武昌为都城。宫廷和官僚对铜镜的需要，使武昌成为吴地铸镜业的第三个中心。铭辞中所用年号的交错和历法的变改，给研究这一时期的铜镜增加了复杂性。但是，镜铭与文献相对照，并结合镜的出土地，经过分析和考证，却可详细而具体地究明作镜的时间、地点和工匠，从而可以判定这28枚纪年镜都是吴的工匠在吴的境内所铸的"吴镜"。

日本学者樋口隆康认为，黄初二年"武昌元作"同向式神兽镜和黄初四年五月"会稽师鲍作"对置式神兽镜虽为吴的工匠所制作，但因镜铭中有魏的"黄初"的年号，所以它们应该是"魏镜"，是吴的工匠应魏的特别订货而在吴地制造的[46]。针对樋口氏的这种说法，我要提出三个问题：

（1）吴的工匠在吴地所造的铜镜，难道不是"吴镜"吗？

（2）说它们是吴的工匠应魏的特别订货而制造的，这究竟有什么根据？在文献记载上有什么根据？在镜的铭辞上有什么根据？

（3）假若是吴的工匠应魏的特别订货而制造的，为什么它们不在当时的魏境出土，却在当时的吴境出土？

看来，樋口氏只知道"黄初"是魏的年号，不知道吴在没有自立"黄武"年号之前也可用"黄初"的年号（在建立"黄武"年号之后，由于政治关系的变化，近期内偶尔还可以继续使用"黄初"的年号）。我已将黄初、黄武年间涉及吴魏两国关系的历史事实列举在前，这里就不重复了。

建安元年（公元196年）曹操挟献帝迁许，东汉名存实亡，而曹氏则建立了事实上的政权。同样，当时孙策在江南建立政权，建安二年（公元197年）袭封乌程侯，三年（公元198年）改封为吴侯，实际上已初步建立了吴国。孙权继孙策之后，不断巩固政权，加强军队，扩大领地。特别是经过建安十三年（公元208年）的赤壁之战，数年之间，除吴郡、会稽郡等扬州的老根据地以外，孙吴的领域还扩展到交州和荆州的部分地区。建安二十四年（公元219年），孙权进一步占领荆州的许多要地和重镇。到了黄初元年（公元220年）、二年（公元221年），尤其是黄初三年（公元222年）闰六月夷陵之战以后，孙吴已成为地跨扬、荆、交三州的大国，与北方的曹魏相对峙。但是，樋口隆康却因当时孙权未立年号，不承认吴国已经成立[47]。然而，在黄初纪年镜是吴镜还是魏镜的讨论中，樋口氏这种只看名号、不看实质的说法毕竟是站不住脚的。因为，任何明白事理的人都不会说，在黄初、黄武之际的二、三年间，今年孙权建立年号，孙权统治下的吴地工匠在吴地所作的铜镜是吴镜，去年孙权未立年号，孙权统治下的吴地工匠在吴地所作的铜镜就不是吴镜。

注　释

[1]　a. 梅原末治：《漢三国六朝紀年鏡図説》第42頁，桑名文星堂，1942年。
　　b. 樋口隆康：《古鏡》图版第九十三（187），新潮社，1979年。
[2]　王仲殊：《吴县、山阴和武昌——从铭文看三国时代吴的铜镜产地》第1028页，《考古》1985年第11期。
[3]　王仲殊：《"青羊"为吴郡镜工考——再论东汉、三国、西晋时期吴郡所产的铜镜》第639页，图版第叁，《考古》1986年第7期。
[4]　a. 梅原末治：《绍兴古镜聚英》图版第二（上），桑名文星堂出版，1939年。

b. 梅原末治：《漢三国六朝紀年鏡図説》第42页，图版第二十二（2），桑名文星堂，1942年。

[5] 西田守夫：《黄初四年半圆方形带神獣鏡と圆光背のぁる三角缘神獣鏡》第25页，《MUSEUM（東京国立博物館美術誌）》，1966年12月号。

[6] 梅原末治：《漢三国六朝紀年鏡図説》第44页，图版第二十三（1），桑名文星堂，1942年。

[7] 湖北省博物馆、鄂州市博物馆：《鄂城汉三国六朝铜镜》图版第108、109，图版说明第33、34页，文物出版社，1986年。

[8] 梅原末治：《漢三国六朝紀年鏡図説》第45页，图版第二十四，桑名文星堂，1942年。

[9] 梅原末治：《漢三国六朝紀年鏡図説》第55页，图版第三十（1），桑名文星堂，1942年。

[10] 建兴二年镜铭句为"五月丙午时加日中制作竟"，太平元年镜铭句为"五月丙午时茄日中［造］［作］［明］竟"，宝鼎三年镜铭句为"五月丙午时加日中［造］作明镜"，太和元年镜铭句为"五月丙午时茄日中造作明竟"，分别见梅原末治：《漢三国六朝紀年鏡図説》第70、75、95、117页（桑名文星堂，1942年）。

[11] 王仲殊：《景初三年镜和正始元年镜的铭文考释》第1120页，《考古》1984年第12期。

[12] a. 梅原末治：《漢三国六朝紀年鏡図説》第56页，桑名文星堂，1942年。
b. 樋口隆康：《古鏡》第229页，图版第九十四（189），新潮社，1979年。

[13] a. 梅原末治：《漢三国六朝紀年鏡図説》第46页，桑名文星堂，1942年。
b. 樋口隆康：《古鏡》第229页，图版第九十三（188），新潮社，1979年。

[14] 梅原末治：《漢三国六朝紀年鏡図説》第118页，图版第六十六，桑名文星堂，1942年。

[15] 湖北省博物馆、鄂州市博物馆：《鄂城汉三国六朝铜镜》图版第93，图版说明第24页，文物出版社，1986年。

[16] 西田守夫：《黄初四年半圆方形带神獣鏡と圆光背のぁる三角缘神獣鏡》第26页，《MUSEUM（東京国立博物館美術誌）》，1966年12月号。

[17] 梅原末治：《漢三国六朝紀年鏡図説》第57页，图版第三十（2），桑名文星堂，1942年。

[18] a. 梅原末治：《绍兴古鏡聚英》图版第二（下），桑名文星堂出版，1939年。
b. 梅原末治：《漢三国六朝紀年鏡図説》第57页，图版第三十二（1），桑名文星堂，1942年。

[19] 湖北省博物馆、鄂州市博物馆：《鄂城汉三国六朝铜镜》图版第104，图版说明第30、31页，文物出版社，1986年。

[20] 王仲殊：《吴镜师陈世所作神兽镜论考》第1017页，《考古》1986年第11期。

[21] a. 梅原末治：《漢三国六朝紀年鏡図説》第58页，桑名文星堂，1942年。
b. 樋口隆康：《古鏡》第229页，图版第九十四（190），新潮社，1979年。

[22] 后藤守一：《古鏡聚英》图版第四十九（6），六月大冢巧艺社，（昭和17年）1942年。
[23] 梅原末治：《漢三国六朝紀年鏡図説》第58页，桑名文星堂，1942年。
[24] 樋口隆康：《古鏡》第229页，图版第九十四（190），新潮社，1979年。
[25] 王仲殊：《吴县、山阴和武昌——从铭文看三国时代吴的铜镜产地》第1029页，《考古》1985年第11期。
[26] 王仲殊：《吴县、山阴和武昌——从铭文看三国时代吴的铜镜产地》第1029页，图版第柒（3）、第捌（10），《考古》1985年第11期。
[27] 湖北省博物馆、鄂州市博物馆：《鄂城汉三国六朝铜镜》图版第84，图版说明第21页，文物出版社，1986年。
[28] 罗振玉：《古镜图录》卷上，罗氏景印，1916年。
[29] 梅原末治：《漢三国六朝紀年鏡図説》第59页，图版第三十一（1）（2），桑名文星堂，1942年。
[30] 后藤守一：《古鏡聚英》上篇图版第四十八（6），六月大冢巧艺社，1942年。
[31] 湖北省博物馆、鄂州市博物馆：《鄂城汉三国六朝铜镜》图版第37，图版说明第6页，文物出版社，1986年。
[32] 湖北省博物馆、鄂州市博物馆：《鄂城汉三国六朝铜镜》图版第110，图版说明第34页，文物出版社，1986年。
[33] 梅原末治：《漢三国六朝紀年鏡図説》第60页，图版第三十二（2），桑名文星堂，1942年。
[34] 王仲殊：《吴镜师陈世所作神兽镜论考》第1020页，《考古》1986年第11期。
[35] 湖北省博物馆、鄂州市博物馆：《鄂城汉三国六朝铜镜》图版第85，图版说明21页，文物出版社，1986年。
[36] 王仲殊：《论日本出土的景初四年铭三角缘盘龙镜》第268页，《考古》1987年第3期。
[37] 湖北省鄂城出土的太平元年对置式神兽镜有"帝道始平"的铭句，见湖北省博物馆、鄂州市博物馆：《鄂城汉三国六朝铜镜》图版第87，图版说明第21页，文物出版社，1986年。
[38] 传世的建兴二年对置式神兽镜有"王道始平"的铭句，见梅原末治：《漢三国六朝紀年鏡図説》第70页，图版第三十九（1），桑名文星堂，1942年。
[39] 湖北省博物馆、鄂州市博物馆：《鄂城汉三国六朝铜镜》图版第111，图版说明第35页，文物出版社，1986年。
[40] 广西壮族自治区文物管理委员会：《广西出土文物》图版第147，图版说明第16、17页，文物出版社，1978年。
[41] 王仲殊：《吴镜师陈世所作神兽镜论考》第1018、1019页，《考古》1986年第11期。
[42] a. 梅原末治：《漢三国六朝紀年鏡図説》第62页，桑名文星堂，1942年。
b. 樋口隆康：《古鏡》第224页，图版第八十八（177），新潮社，1979年。
[43] a. 梅原末治：《漢三国六朝紀年鏡図説》第61页，图版第三十三（1），桑名文星堂，

1942年。

　　b. 富冈谦藏：《漢代より六朝に至る年号銘ある古鏡に就いて》第117页，图版第三十二（2），《古鏡の研究》，1920年。

[44] 王仲殊：《吴镜师陈世所作神兽镜论考》第1018页，《考古》1986年第11期。

[45] 鄂城县博物馆：《湖北鄂城四座吴墓发掘报告》第264页，图第九，图版第捌（1），《考古》1982年第3期。

[46] 樋口隆康：《卑弥呼の銅鏡百枚》第337、338页，《展望アジアの考古学》，1983年。

[47] 樋口隆康：《三角缘神獸鏡の性格について》第17页，《古代を考える》39（"三世纪の東アジアと日本"），1985年12月20日。

（本文原载《考古》1987年第7期）

建安纪年铭神兽镜综论

"建安"是汉献帝的年号。据《后汉书·献帝纪》记载，自建安元年（公元196年）正月至建安廿五年（公元220年）二月（三月朔改元为"延康"），前后共历24年有余。根据现有的材料，在铭辞中纪有"建安"年号的铜镜全属"神兽镜"。这里，我称它们为"建安纪年铭神兽镜"。

迄今见于著录的建安纪年铭神兽镜，包括传世的和发掘出土的，约有28枚。1983年10月我到浙江省宁波市和绍兴市访问，在两市的文物管理委员会看到当地出土的建安纪年铭神兽镜各1枚。这样，作为本文论述对象的建安纪年铭神兽镜便增至30枚。其中，重列式神兽镜最多，计21枚；对置式神兽镜次之，计8枚；同向式神兽镜最少，仅1枚。

建安初年，各地军阀割据，战争不绝，社会秩序动荡，尤以黄河中下游地区为甚。建安十三年赤壁之战以后，逐渐形成曹操、孙权、刘备三大势力的相峙状态。当时东汉朝廷虽已名存实亡，但在全中国的范围内，都奉行汉献帝的"建安"年号。从建安元年九月开始，在曹操的控制下，汉献帝建都于许县。但是，许多情况表明，建安纪年镜的产地不在以许都为中心的中原和北方地区。最近几年来，发掘出土镜数量增多，使得建安纪年铭神兽镜的产地问题更趋明朗。本文试图通过对各镜铭辞的分析，结合镜的出土地点，并参照当时中国的政治形势，论证建安纪年铭神兽镜全属江南地方的产品。兹按铭辞所记年月日的先后，依次叙述各镜，并阐明我的论点如下：

1. 建安六年重列式神兽镜

1枚，南陵徐乃昌旧藏，出土地点不明（图1）[1]。直径11.5厘米。铭文因锈蚀而漫漶，但从影印的拓本上仍可认识"建安六年，[君]……五帝天囗囗牙囗黄帝吉羊，三公"等文字，"三公"的"公"字附有作为铭辞最末一字的图案化标记。由于铭辞中的"六"字写得与"元"字相似，从 1916 年罗振玉发表《古镜图录》开始，便将此镜的纪年定为"建安元年"[2]。日本学者如富冈谦藏（《古镜之研究》，1920年）[3]、梅原末治（《汉三国六朝纪年镜图说》，1942 年）[4]、樋口隆康（《古镜》，1979 年）等，都沿称此镜为"建安元年镜"，可谓已成定论（不论镜的纪年是"六年"还是"元年"，樋口氏释铭辞为"建安元年白虎……黄帝……至三公"，则显然多有差错）[5]。近年来，我从许多纪年铭神兽镜的铭辞考察，觉得在建安二年至建安五年纪年铭神兽镜都付诸缺如的情况下，此镜作为"建安元年镜"而超群突出，稍有过早之嫌。细察铭文，发现其字上端虽然像"元"，下部却与"六"相似，究竟是"元"是"六"，甚难判定。1986 年湖北省博物馆和鄂州市博物馆所编《鄂城汉三国六朝铜镜》出版，增加了解决这一问题的迫切性。如下文所述，鄂城出土的 2 枚"建安六年"重列式神兽镜铭辞中的"六"字写得与此镜铭辞中的"六"字很相似。因此，如果湖北省博物馆和鄂州市博物馆所释两镜铭辞中的"六"字无误，则此镜的纪年亦应为"建安六年"。这样，根据现有的资料，建安纪年铭神兽镜的年代是以建安六年为开端的。罗振玉旧藏的一枚所谓"建安初元"纪年铭重列式神兽镜是后世的翻铸品，不能作为学术研究的资料；从铭辞的款式和内容来看，也难以相信其为建安元年的作品[6]。

图 1　建安六年重列式神兽镜（徐乃昌旧藏）

2. 建安六年□月廿四日重列式神兽镜

1枚，湖北省鄂城西山出土，现藏鄂州市博物馆（图2）[7]。直径13.6厘米。据湖北省博物馆和鄂州市博物馆释文，铭辞为"建安六年，君宜高，吾［二］［日］廿四日氏作竟，幽湅宫商，刻三容象，五帝天皇，白牙单琴，黄帝吉羊，三公"（"二"字笔划不全，"日"字为"月"字的误刻），"三公"的"公"字附有作为铭辞最末一字的图案化标记。我认为，铭辞前半段的文字和句读应为"建安六年，君宜高吾（'吾'字为'官'字的误刻），□月廿四日氏作竟（'氏'字之前缺一字）"，其特点在于"建安六年"与"□月廿四日"之间插入吉祥语"君宜高官"四字。徐乃昌旧藏镜铭辞开头在"建安六年"四字之后有"君"字，最后以"黄帝吉羊，三公"结束，正与此镜铭辞的款式和内容一致。如上文所述，徐氏旧藏镜铭辞中"建安六年"的"六"字与此镜铭辞中的"六"字写得很相似，若湖北省博物馆和鄂州市博物馆所识此镜的纪年为"建安六年"无误，则徐氏旧藏镜的纪年亦应为"建安六年"，尽管从字形上很难判定两者的铭文是"六年"还是"元年"。此镜在鄂城出土，说明其产地在江南。

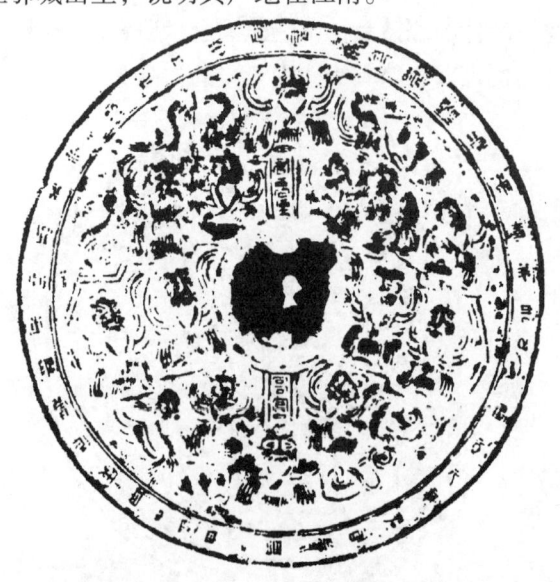

图2 建安六年□月廿四日重列式神兽镜（鄂城出土）

据《资治通鉴》综合《三国志·吴志》及裴松之注引诸书记载，建安四年冬孙策始得豫章、庐陵，虽大破刘表、黄祖军于沙羡，未能得定江夏。建安十三年孙权灭黄祖，接着又在赤壁之战中获胜，江夏郡的鄂城遂为其所占有。黄初二年孙权自公安徙都于鄂城，改名武昌。或以为孙策破黄祖于鄂城，改称武昌，其实不然。总之，不论建安元年或建安六年，当时鄂城为一小县，未有铜镜铸造业。如下文所阐述，此镜很可能本是会稽郡或吴郡的产品，孙权建都鄂城后乃从吴会一带传去。

3. 建安六年五月廿四日重列式神兽镜

1枚，湖北省鄂城新庙公社出土，现藏鄂州市博物馆（图3-1）[8]。直径12.2厘米。据湖北省博物馆和鄂州市博物馆释文，铭辞为"建安六年五月廿四日示氏作竟，幽涑宫商，周罗容象，五帝天皇，白牙单琴，黄帝吉羊，三公"，"三公"的"公"字附有作为铭辞最末一字的图案化标记。如铭辞所记，制作此镜的工匠姓"示"。据《史记·晋世家》，春秋时有示眯明，晋国人。司马贞《索隐》谓示眯为祁弥，即《左传》中的提弥明，"提"与"祁"同音，《周礼》称地神曰"祇"，古本皆作"示"字，故《史记》作示眯明。据《辞源》（第三册，1982年）和《辞海》（下册，1979年）在"示"字条目中所说，《史记》和《周礼》中的"示"应为"示"，但这未必是定论。总之，不论镜铭中的字是"示"是"示"，它无疑是工匠的姓氏。虽然《万姓统谱》记明代初年临潼人有姓示名郁者，但从古到今，姓"示"的人是少见的。在铜镜的铭辞中，"示氏作镜"是第一次发现。如下文所述，示氏应为会稽郡或吴郡的工匠，故此镜应为会稽郡或吴郡的产品，是黄初二年孙权建都鄂城后从吴会一带传入的。

如上文所述，徐乃昌旧藏镜铭辞中"建安六年"的"六"字写得与此镜铭辞中的"六"字十分相似。因此，若此镜纪年为"建安六年"无误，则前者的纪年亦应为"建安六年"，尽管从字形上很难判定两者的铭文是"六年"还是"元年"。又徐氏旧藏镜铭辞中"三公"的"公"字附有图案化的标记，与此镜铭辞中的"公"字写得如出一辙。由于作镜的年份相同，铭辞的文字和标记又写得很相似，可以推测徐氏旧藏镜的产地与此镜的产地是相同的。

1. 建安六年五月廿四日重列式神兽镜
（鄂城出土）

4. 建安七年重列式神兽镜
（弗利尔美术馆）

2. 建安七年四月重列式神兽镜
（余姚出土）

5. 建安八年六月三日重列式神兽镜
（绍兴出土）

3. 同上
（局部放大）

6. 建安十年重列式神兽镜
（绍兴出土）

图 3　建安纪年铭神兽镜（一）

重列式神兽镜的特点之一，是它的铭辞与图纹紧密配合，铭句的内容以列举图纹中的神像和兽形的名目为主，最有代表性的典型铭句是"周罗容象，五帝天皇，白牙单琴，黄帝除凶，朱鸟玄武，白虎青龙"等六句对仗式的四字句。但是，以上3枚建安纪年铭神兽镜，不论其纪年是"建安六年"还是"建安元年"，作为年代最早的重列式神兽镜，其铭辞只有六句典型铭句中的前三句，第四句为"黄帝吉羊"而非"黄帝除凶"，足见其尚未完全成熟。

4. 建安七年四月重列式神兽镜

1枚，浙江省余姚出土，现藏宁波市文物管理委员会（图3-2、3）[9]。直径13.6厘米。1983年10月我在宁波市文物管理委员会得见此镜，察其铭辞为"吾作明竟，幽涑三商，周罗容象，五帝天皇，〔建〕安七年四月示氏作竟，君宜高官，子孙番昌，大吉羊"。如上文所述，即使在古代，"示"也是一个罕见的姓氏。因此，可以判断，制作此镜的示氏与制作鄂城新庙公社出土镜的示氏为同一人或属同一家族。正是由于两镜同为示氏所作，所以它们的制作年份各为建安六年和建安七年，前后相连。如前面多次所说，虽然很难从字形上判定徐乃昌旧藏镜和2枚鄂城出土镜的纪年铭是"建安六年"还是"建安元年"，但从余姚出土的这枚示氏所作镜的"建安七年"的纪年看来，上述三镜的纪年以系"建安六年"的可能性为大。要之，此镜铭辞中的"建安七年"的纪年，为判断2枚鄂城出土镜的纪年，从而也为判断徐氏旧藏镜的纪年是"建安六年"而非"建安元年"提供了佐证。

余姚东汉、三国时代属会稽郡，与郡治山阴（今浙江省绍兴）极为相近，与邻郡吴郡的郡治吴县（今江苏省苏州）相距亦不远。自东汉中后期以降，山阴和吴县盛产铜镜，其中包括许多神兽镜[10]。此镜在余姚出土，可以推测示氏为会稽郡或吴郡的镜工，鄂城出土镜和此镜皆为山阴或吴县的产品，前者是孙权建都鄂城以后从吴会一带传去的。

5. 建安七年重列式神兽镜

1枚，美国华盛顿弗利尔美术馆所藏，出土地点不明（图3-4）[11]。直径13.4厘米。据日本学者樋口隆康所述，铭辞为"吾作明竟，幽涑宫三商,周克容象,五帝天皇,白牙单竽琴,黄帝除凶,朱鸟玄武,白虎青龙,建安七年造作,君宜高官"。此镜出土地点虽不明,但它与上述余姚出土镜同为建安七年所制作,铭辞的款式、内容亦与余姚出土镜相似,故可推测其产地亦以系在会稽或吴郡的可能性为大。

6. 建安八年六月三日重列式神兽镜

1枚,浙江省绍兴出土,现藏上海市文物管理委员会(图3-5)[12]。直径13.4厘米。铭文多因锈蚀而漫漶,但仍可认识"……白牙黄帝,单琴除凶,朱鸟玄……建安八年六月三日造,君宜高[官]"等字句。此镜出土地点在绍兴,其地东汉、三国时代为会稽郡的郡治山阴,盛产神兽镜,故可判断为山阴的产品,但不能完全排除其为吴郡所产的可能性。应该指出,这枚建安八年重列式神兽镜在绍兴出土,也为推测上述各枚建安六年和建安七年重列式神兽镜的产地在会稽或吴郡增加了可靠性。

7. 建安十年重列式神兽镜(a)

1枚,浙江省绍兴出土,现藏绍兴市文物管理委员会(图3-6)[13]。直径14.8厘米。1983年10月我在绍兴市文物管理委员会得见此镜,察其铭辞为"吾作明竟,幽涑宫商,周罗容象,五帝天皇,白牙单琴,黄帝除凶,朱鸟玄武,白虎青龙,服者豪贵,延年益寿,子孙番,建安十年造"。

图4 建安十年重列式神兽镜
(芜湖出土)

8. 建安十年重列式神兽镜(b)

1枚,安徽省芜湖赭山出土,现藏安徽省博物馆(图4)[14]。直径12.7厘米。铭辞为"吾作明竟,幽涑宫商,周罗容象,五帝天皇,白牙单琴,黄帝除凶,朱鸟玄武,白虎青龙,建安十年造作,大吉"。

9. 建安十年重列式神兽镜(c)

1枚,湖北省鄂城西山铁矿出土,现藏鄂州市博物馆(图5-1)[15]。

建安纪年铭神兽镜综论

1. 建安十年重列式神兽镜
（鄂城出土）

4. 建安十年重列式神兽镜
（江口治郎藏）

2. 建安十年重列式神兽镜
（京都大学藏）

5. 建安十年五月六日重列式神兽镜
（黑川研究所）

3. 建安十年重列式神兽镜
（五岛美术馆藏）

6. 建安十四年正月同向式神兽镜
（藤井友邻馆）

图5 建安纪年铭神兽镜（二）

直径 13.2 厘米。铭辞为"建安十年，吾作明竟，幽湅宫商，周刻容象，五帝天皇，白牙单琴，黄帝除凶，朱鸟玄武，白虎青龙，君高官，位至王公，子孙番昌"。

10. 建安十年重列式神兽镜（d）

2 枚，属"同范镜"。各为我国常任侠旧藏和日本京都大学文学部所藏，出土地点不明（图 5-2）[16]。直径 12 厘米。铭辞为"吾作明竟，幽湅宫商，周罗容象，五帝天皇，白牙单琴，黄帝除凶，朱鸟玄武，白虎青龙，君宜高官，子孙番，建安十年造，大吉兮"。

图 6　建安十年重列式神兽镜
（镇江出土）

11. 建安十年重列式神兽镜（e）

1 枚，江苏省镇江市花山湾出土，现藏镇江市博物馆（图 6）[17]。直径 12 厘米。铭辞为"吾作明竟，幽湅宫商，周罗容象，五帝天皇，白牙单琴，黄帝除凶，朱鸟玄武，白虎青龙，君宜高官，子孙番昌，建安十年朱氏作"。

12. 建安十年重列式神兽镜（f）

1 枚，现藏日本东京五岛美术馆，出土地点不明（图 5-3）[18]。直径 13.3 厘米。铭辞为"吾作明竟，幽湅宫商，周罗容象，五帝天皇，白牙单琴，黄帝除凶，朱鸟玄武，白虎青龙，君宜高官，子孙番昌，建安十年朱氏造作兮"。

13. 建安十年重列式神兽镜（g）

1 枚，日本江口治郎所藏，出土地点不明（图 4-4）[19]。直径 13 厘米。铭辞为"吾作明竟，幽湅宫商，周罗容象，五帝天皇，白牙单琴，黄帝除凶，朱鸟玄武，白虎青龙，君宜高官，子孙番昌，建安十年朱氏造作兮"。

14. 建安十年重列式神兽镜（h）

1枚，罗振玉《古镜图录》所载，出土地点不明（图7）[20]。铭辞为"吾作明竟，幽湅宫商，周罗容象，五帝天皇，白牙单琴，黄帝除凶，朱鸟玄武，白虎青龙，君宜高官，位至三公，子孙番昌，建安十年朱氏造，大吉羊"。

15. 建安十年五月六日重列式神兽镜

2枚，属"同范镜"，各为日本东京五岛美术馆和黑川古文化研究所所藏，出土地点不明（图5-5）[21]。直径13厘米。铭辞为"吾作明竟，幽湅宫商，周罗容象，五帝天皇，白牙单琴，黄帝除凶，朱鸟玄武，白虎青龙，建安十年五月六日作，宜子孙，大吉羊"。

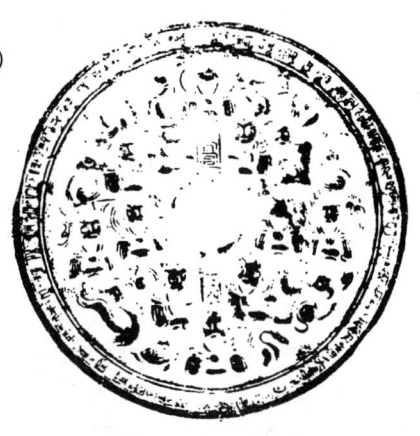

图7　建安十年重列式神兽镜
（《古镜图录》）

以上所述建安十年重列式神兽镜共11枚，占传世的和发掘出土的30枚建安纪年铭神兽镜总数的三分之一强。可见到了建安十年，这种新式神兽镜的制作已达极盛期。如前面所说，重列式神兽镜铭辞的特点在于列举图纹中的神像和兽形的名目。据日本学者林巳奈夫考证，在重列式神兽镜的神像和兽形中，除易于识别的东王父、西王母和青龙、白虎、朱雀、玄武以外，有南极老人和代表北极星的天皇大帝，有弹琴的俞伯牙及其知音锺子期，有句芒和包括黄帝在内的五帝，等等[22]。作为极盛时期的产品，11枚建安十年重列式神兽镜的铭辞都毫无例外地包含着"周罗容象，五帝天皇，白牙单琴，黄帝除凶，朱鸟玄武，白虎青龙"等六句对仗式的四字句，成为一套典型的铭句，这决不是偶然的。

这11枚重列式神兽镜的铭辞虽然基本上是相同的，但关于作镜的年份、日期和工匠的记述却可分为三种不同的方式。第一种方式记"建安十年"、"建安十年造"或"建安十年造作"，有5枚镜的铭辞属之。第二种方式记"建安十年朱氏造"、"建安十年朱氏作"或"建安十年朱氏造作兮"，有4枚镜的铭辞属之。第三种方式记"建安十年五月六日作"，有2枚镜的铭辞属之。在属于第一种铭式的5枚重列式神兽镜（a, b, c, d, d）中，有3枚（a, b, c）分别出土于浙江省的绍兴、安徽省的芜湖、湖北省的鄂城。在属于第二种铭式的4枚重列式神兽镜（e, f, g, h）中，有1枚（e）出土于江苏省的镇江。在东汉、三国时代，除绍兴为会稽郡的山阴已如上述以外，镇江为吴郡的丹徒或京城，芜湖为丹阳郡的芜湖，都与吴郡的吴县乃至会稽郡的山阴相近，故可推测这三地出土的重列式神兽镜应为山阴或吴县的产品。建安十年，江夏郡的鄂城仍在刘表、黄祖的统治下，未有铜镜铸造业，鄂城出土的建安十年重列式神兽镜和前述同地出土的建安六年重列式神兽镜一样，应是孙权建都鄂城以后从吴会一带传去的。

在11枚建安十年重列式神兽镜中，铭辞记明为朱氏所造作的有4枚之多。从镜的形制、图纹和铭文的一致性来看，它们的制作必然是出于同一工匠或同一家族的工匠之手。查绍兴出土的画像镜有"朱师作兮"的铭文[23]，鄂城出土的盘龙镜有"朱氏作竟"的铭文[24]，传世的吴赤乌元年铭神兽镜有"师朱酉作"的铭文[25]，可见朱氏是东汉、三国时代长期在江南作镜的大家族。

16. 建安十四年正月廿五日同向式神兽镜

1枚，出土地点不明，本为罗振玉收集，以后流入日本，为京都藤井友邻馆所藏（图5-6)[26]。直径约12厘米。据富冈谦藏和梅原末治释文，铭辞为"建安十四年［正］月辛巳朔廿五日乙巳造，吾作明竟宜侯王，家富且贵，王有千万，长生久［寿］，口月相口"。我在观察图版之后，认为"建安十四年正月辛巳朔廿五日乙巳造"应是铭辞的末句。在30枚建安纪年铭神兽镜中，此镜是唯一的同向式神兽镜，与前面所述许多重列式神兽镜相比，不仅图纹的样式有显著的差异，而且铭辞的款式和内容也大不相同。建安十年以前重列式神兽镜在铭辞中仅记作镜的年月日而不记其干支（这也许是由于重列式神兽镜铭辞详举图纹中的神像和兽形的名目，文句甚长，故仅记作镜年月日而不记其干支，以求减少字数），此镜铭辞则确记正月朔日和廿五日的干支而不误。建安十年以前重列式神兽镜铭辞以叙述图纹中的神像和兽形为主要内容，此镜的铭辞则全属祝愿富贵、长寿的吉祥语，与镜的图纹毫不相干。虽然镜的出土地点不明，铭辞中又欠缺可供考证镜的产地的文字，但传世的同向式神兽镜有在铭辞中记明为吴郡所产的[27]，鄂城出土的同向式神兽镜则在铭辞中记明为会稽的工匠所作[28]，故可推测此镜为会稽郡或吴郡的产品。

17. 建安十九年八月五日重列式神兽镜

1枚，湖北省鄂城七里界出土，现藏鄂州市博物馆（图8）[29]。直径12厘米。据湖北省博物馆和鄂州市博物馆释文，铭辞为"建十九年八月五日吾作镜，囗囗日月，白牙单琴，黄帝仙人，东王父西母，宜子先，大吉羊，位至三公，囗囗夫"。铭辞文字多有脱漏，如"建"字之后脱"安"字，"西"字之后脱"王"字。值得注意的是，作为重列式神兽镜，此镜铭辞与建安十年重列式神兽镜铭辞相比，款式和内容显得零乱，在很大程度上脱离了"周罗容象，五帝天皇，白牙单琴，黄帝除凶，朱鸟玄武，白虎青龙"的一套对仗式的典型铭句，尽管在镜的图纹中，神像和兽形的数目、种类及排列方式仍与以前的重列式神兽镜相同，并无改变。

图8 建安十九年八月重列式神兽镜（鄂城出土）

从《三国志·吴志》等文献记载分析，到了建安十九年，江夏郡的鄂城已归孙权管辖。但是，由于当时孙权尚未在鄂城建都，其地仍无铜镜铸造业。因此，鄂城出土的这枚建安十九年重列式神兽镜的产地仍以系在会稽郡或吴郡的可能性为大。我的这一判断，可以从下文所述鄂城出土的建安廿一年对置式神兽镜的铭辞得到有力的佐证。

18. 建安廿一年四月十九日对置式神兽镜

2枚，属"同范镜"[30]。1枚为日本东京国立博物馆所藏，出土地点不明[31]；1枚为湖北省鄂城出土，现藏鄂州市博物馆（图9-1）[32]。

1. 建安廿一年四月对置式神兽镜
（鄂城出土）

4. 建安廿四年五月对置式神兽镜
（五岛美术馆）

2. 建安廿二年十月重列式神兽镜
（绍兴出土）

5. 建安廿四年六月廿日对置式神兽镜
（衢州出土）

3. 建安廿四年正月对置式神兽镜
（绍兴出土）

6. 建安廿四年六月廿五日对置式神兽镜
（泉屋）

图 9　建安纪年铭神兽镜（三）

据湖北省博物馆和鄂州市博物馆释文，铭辞为"［建］安廿一年四戊午朔十九日起弌口也，道其者，会稽所作，中有六寸一千也，人者服之千万年长仙，作吏宜官，吉羊，宜侯王，家有五马千头羊，羊口女子具富［昌］"。必须指出，铭辞首句"四"字之后脱"月"字。查《二十史朔闰表》，建安廿一年四月朔日的干支为庚午，镜铭中的"戊午"应为"庚午"的误刻。

在30枚传世的和发掘出土的建安纪年铭神兽镜之中，此镜是年代最早的对置式神兽镜。从建安十一年至建安十八年，纪年铭神兽镜至今仅有建安十四年同向式神兽镜1枚，所以不能确知对置式神兽镜是在哪一年开始出现的。但是，到了建安廿一年，对置式神兽镜确实已经存在。在图纹的样式方面，它与重列式神兽镜有很大的区别，与同向式神兽镜也有相当的差异。在铭辞的格式和内容方面，则与同向式神兽镜相似，而与此前的重列式神兽镜大相径庭。这主要表现在铭辞所记年月日附有干支，铭句完全是祝愿富贵、长寿之类的吉祥语而毫不涉及图纹中的神像和兽形。特别值得指出的是，此后吴镜铭辞中常见的以"家有五马千头羊"为代表的新的致富吉祥语也开始出现于此镜的铭辞。

如上文所说，这2枚"同范镜"中的1枚出土于湖北省鄂城。由于铭辞中明记为"会稽所作"，可以确证两镜皆为山阴的产品，鄂城出土的1枚是从会稽郡传去的。要之，这2枚建安廿一年四月十九日对置式神兽镜的存在和发现，为论证前面所述鄂城出土的多枚建安纪年铭神兽镜系会稽郡的产品提供了可靠的证据。自建安六年重列式神兽镜开始，到建安廿一年对置式神兽镜为止，鄂城出土的建安纪年镜已达5枚之多。从黄初二年之前鄂城既非铜镜出产地，又非政治经济上的重要都会等实情考虑，它们无疑是黄初二年四月孙权在鄂城建都以后随着徙往新都的官吏等人传去的。

19. 建安廿二年十月四日重列式神兽镜

2枚，属"同范镜"，浙江省绍兴出土，现藏日本京都泉屋博古馆（图9-2）[33]。据日本学者梅原末治释文，铭辞为"建安廿二年十月辛卯朔四日甲午，太岁在丁酉时加未，师郑豫作明镜，幽涑三章，以而清眼，服者大得高达，宜官位，为侯王，家口口口富口居日口口孙子也"。查《二十史朔闰表》，建安廿二年的干支为丁酉，十月朔日和四日的干支各为辛卯和甲午，铭辞所记完全正确。镜铭表明，随着岁月的推移，到了建安廿二年，重列式神兽镜铭辞所记作镜的年月日也开始增添了干支。如上文所述，建安十九年重列式神兽镜的铭辞已在很大程度上摆脱了叙述神像和兽形名目的一套典型的铭句，但仍稍稍保留着"白牙单琴"和"黄帝"之类的文字。但是，从这2枚建安廿二年镜开始，重列式神兽镜终于在铭辞中完全离弃了"周罗容象，五帝天皇，白牙单琴，黄帝除凶，朱鸟玄武，白虎青龙"的传统的铭句。从此以后，与同向式和对置式神兽镜一样，重列式神兽镜的铭辞也全都成为以祝愿富贵、长寿之类为主的吉祥语了。

应该指出，自建安六年至建安十九年，绝大多数重列式神兽镜都显著地在镜钮的上下两端设长方形铭框，内有"君宜官"、"君宜官位"或"君宜"、"高官"的直行铭文，成为镜的样式上的特征之一。但是，从这两枚建安廿二年镜开始，这种直行的铭文也突然消失[34]，从而在一定程度上改变了重列式神兽镜的面貌。总之，这2枚铜镜显示了以建安六年镜为开端的重列式神兽镜在演变过程中的划时期变化。

在从铭辞确认了2枚建安廿一年对置式神兽镜为会稽所作之后，判断相隔仅一年的这2枚建安廿二年重列式神兽镜为会稽郡的产品就显得十分合乎情理了。如上文所述，这2枚重列式神兽镜为"同范镜"，它们的出土地点也同在浙江省的绍兴，从而可以断定两镜都是在山阴所铸。固然，我们也不能完全排除它们为吴郡吴县所铸的可能性。因为，按照近年的研究，在绍兴出土的铜镜中确有不少是吴县的产品。就工匠的姓氏而论，这2枚神兽镜为郑氏所作，而个别传世的神兽镜在铭辞中记吴郡的镜工有姓郑的[35]。

20. 建安廿四年正月十四日对置式神兽镜

2枚，属"同范镜"。1枚为金山程氏旧藏，曾著录于罗振玉的《古镜图录》，出土地点不明；另1枚出土于浙江省绍兴，以后流入日本，为木村贞藏所藏（图9-3）[36]。直径13.3厘米。铭辞仅首句可判读为"建安廿四年［正］月甲寅朔十四日丁卯"，其余文字因锈蚀而漫漶，多不可识。木村氏藏镜为绍兴出土，使绍兴出土的建安纪年铭神兽镜增加到5枚。

21. 建安廿四年四月廿九日对置式神兽镜

1枚，曾著录于罗振玉的《古镜图录》，出土地点不明（图10）[37]。据富冈谦藏和梅原末治释文，铭辞为"建安廿四年四月壬午朔廿九日□□造，吾作明竟宜侯王，家有五马千头羊，官至有德车□□之人也，长生久寿，□□□□"。按照我的看法，"建安廿四年四月壬午朔廿九日□□造"应为铭辞的末句，其中不明的两字为廿九日的干支"庚戌"。

图10　建安廿四年四月对置式神兽镜（《古镜图录》）

22. 建安廿四年五月卅日对置式神兽镜

1枚，现藏日本东京五岛美术馆，出土地点不明（图9-4）[38]。直径13厘米。据梅原末治释文，铭辞为"建安廿四年五月丁巳朔卅日丙午造作明竟，既清且良，世牛羊有千，家财三亿，宜侯王，位至三公，长生□□"。查《二十史朔闰表》，建安廿四年五月朔日的干支为壬子，铭辞误作"丁巳"；五月为小月，没有三十日，晦日廿九日的干支为庚辰，翌月六月朔日的干支为辛巳，铭辞中的"丙午"或许是虚托作镜的吉日。

23. 建安廿四年六月十七日重列式神兽镜

1枚，庐江刘体智旧藏，出土地点不明（图11）[39]。据梅原末治释文，铭辞为"建安廿四年六月辛巳朔十七日丁酉□，吾作明竟宜侯

图11　建安廿四年六月十七日重列神兽镜（刘体智旧藏）

王，家有五马千头羊，官高位至车丞，出止口人命当耇生，安口日月以众"。我按有关各镜铭辞的惯例，认为"建安廿四年六月辛巳朔十七日丁酉口"为此镜铭辞的末句，最后不明的一字可推测为"造"字。

24. 建安廿四年六月廿日对置式神兽镜

1枚，浙江省衢州龚家埠出土，现藏衢州市文物管理委员会（图9-5）[40]。直径11.1厘米。1983年10月我在衢州市文物管理委员会得见此镜，察其铭辞为"吾作明竟宜公卿，家有马千头羊，口主口寿日……建安廿四年六月辛巳朔廿日庚子造"。此镜在衢州出土，为论证多枚建安廿四年神兽镜的产地提供了依据。

25. 建安廿四年六月廿五日对置式神兽镜

1枚，现藏日本京都泉屋博古馆，出土地点不明（图9-6）[41]。直径13.2厘米。梅原末治释此镜铭辞为"建安廿四年六月辛巳朔廿五日乙巳奇，吾作明竟宜侯王，豪富日贵，钧有千万长生之寿，日月和乐口口〔巳〕"，并指出"豪富日贵"四字应为"家富且贵"的讹字。我在观察图版之后，认为"建安廿四年六月辛巳朔廿五日乙巳奇"应为铭辞的末句，最后的"奇"字实为"造"字的讹书。

以上所述建安廿四年对置式和重列式神兽镜共7枚，占30枚建安纪年铭神兽镜总数近四分之一，其数量之多，仅次于建安十年重列式神兽镜。各镜铭辞的共同特点是所记作镜的日期都附有干支（除五月卅日对置式神兽镜以外，其余各镜铭辞所记干支正确无误），铭句的内容都以祝愿富贵、长寿为主，"家有五马千头羊"的新的致富吉祥语不仅见于对置式神兽镜，而且也见于重列式神兽镜的铭辞，说明重列式神兽镜在铭辞上的特点已完全消失。从建安六年至建安十年，重列式神兽镜是代表建安纪年铭神兽镜的唯一镜式，所以学者们有称之为"建安式重列神兽镜"的。但是，自从建安廿一年出现对置式神兽镜以后，重列式神兽镜就相对地减少。在7枚建安廿四年神兽镜中，对置式神兽镜占6枚之多，重列式神兽镜却仅有1枚。这一悬殊的比例虽含有一定的偶然性，但充分说明了两者在数量上互为消长的趋势。

在这7枚建安廿四年神兽镜中，2枚建安廿四年正月十四日对置式神兽镜属"同范镜",由于日本木村贞藏所藏的 1 枚出土于浙江省绍兴,可证两镜都为会稽或吴郡所产。其余 5 枚建安廿四年对置式和重列式神兽镜各在铭辞中记明为四月廿九日、五月卅日、六月十七日、六月廿日、六月廿五日所造作,其日期彼此连接,十分紧密,说明它们的产地应该是相同的。由于其中的六月廿日对置式神兽镜在浙江省衢州出土,其地东汉属会稽郡的太末县,初平三年自太末县分立为新安县,仍属会稽郡,与盛产铜镜的郡治山阴相近,足以说明它们都是山阴的产品。诚然,根据近年的调查,吴郡吴县所产的神兽镜也有在与衢州相邻的金华地区出土的[42]。故不能完全排除其为吴县所产的可能性。

综上所述,在传世的和发掘出土的 30 枚建安纪年铭神兽镜之中,除 16 枚出土地点不明(其中 1 枚在铭辞中记明为"会稽所作")的以外,所有 14 枚神兽镜都出土于长江中下游的江南地区,没有一枚是在长江以北出土的。出土地点不逾长江一步,十分明显地说明了它们全是江南的产品。

在 14 枚有出土地点可查的铜镜中,5 枚出土于浙江省的绍兴,2 枚出土于同省的余姚和衢州,1 枚出土于江苏省的镇江,1 枚出土于安徽省的芜湖,5 枚出土于湖北省的鄂城,后者有在铭辞中记明为"会稽所作"的。这样,通过对当时的地理区域、政治形势和铜镜铸造业状况的分析,可以判断 30 枚建安纪年铭神兽镜的产地以系在会稽郡山阴的可能性为最大。但是,如我在前面多次说过的那样,根据近年来的研究,与会稽相邻的吴郡吴县也盛产神兽镜,而绍兴出土的包括神兽镜在内的许多铜镜确有不少是在吴县制作的[43],所以不能完全排除建安纪年铭神兽镜中的一部分有系吴县所产的可能性。

据《三国志·吴志》记载,建安二年孙策袭封乌程侯,三年改封为吴侯;建安元年至五年,在孙策的经略下,会稽、吴郡、丹阳、豫章、庐陵诸郡次第平定。建安五年冬孙权为讨虏将军,领会稽太守,以吴县为都城,江左政局进一步稳定。从此以后,吴郡和会稽郡一直在孙权的统治下,是孙吴的老根据地。因此,无论是从地理区划上还是从政治关系上来说,以建安六年镜为开端的建安纪年铭神兽镜都是确确实实的"吴镜"。考古学者们在综述中国古代铜镜时,往往将建安纪年镜列入"东汉镜"的范畴。这主要是从汉献帝的"建安"这一年号的名分出发,无可厚非。但是,我认为,从实质上说,与其将建安纪年铭神兽镜称为"东汉镜"，还不如说它们是"吴镜"更为确切。从镜的形制、图纹和铭辞来看，建安纪年铭神兽镜也具备作为"吴镜"的特点，而与此前的"东汉镜"颇有差异。重列式神兽镜和对置式神兽镜开始出现于建安年间的江南，并继续流行于孙权称王、称帝以后的吴国境内，便充分说明了这一问题。

不久以前我写作了《"黄初"、"黄武"、"黄龙"纪年镜铭辞综释》一文[44]，本文写作在后，却可视为它的前篇。从本文所述重列式神兽镜的演变及其与同向式、对置式神兽镜在数量上互为消长等关系来看，也说明了作为"吴镜"，建安纪年铭神兽镜与延康、黄初、黄武、黄龙纪年铭神兽镜是前后连续，一脉相传的。

注　释

[1] 徐乃昌：《小檀栾室镜影》卷一第1页，南陵徐氏影印本，1930年。

[2] 罗振玉：《古镜图录》序文、补遗第1页，羅氏景印，1916年。

[3] 富冈谦藏：《漢代より六朝に至る年号銘ある古鏡に就いて》第120页，《古鏡の研究》，1920年。

[4] 梅原末治：《漢三国六朝紀年鏡図説》第31页，图版第三十二（2），桑名文星堂，1942年。

[5] 樋口隆康：《古鏡》，新潮社，1979年。

[6] 梅原末治：《漢三国六朝紀年鏡図説》第32页，桑名文星堂，1942年。

[7] 湖北省博物馆、鄂州市博物馆：《鄂城汉三国六朝铜镜》图版第49，图版说明第11页，文物出版社，1986年。

[8] 湖北省博物馆、鄂州市博物馆：《鄂城汉三国六朝铜镜》图版第50，图版说明第11页，文物出版社，1986年。

[9] 1983年10月在宁波市文物管理委员会参观，蒙告知此镜出土地点，并准予照相，谨致谢。

[10] 王仲殊：《吴县、山阴和武昌——从铭文看三国时代吴的铜镜产地》第1025～1031页，《考古》1985年第11期。

[11] 樋口隆康：《古鏡》第221、222页，图第99，新潮社，1979年。

[12] 樋口隆康：《古鏡》第222页，图版第八十六（174），新潮社，1979年。

[13] 1983年10月在绍兴市文物管理委员会参观，蒙告知此镜出土地点，并准予照相，谨致谢。

[14] 王步艺：《芜湖赭山古墓清理简报》第43～47页，图（墓102出土的铜镜拓本）、图版（墓102出土的"建安十年"铜镜），《文物参考资料》1956年第12期。

[15] 湖北省博物馆、鄂州市博物馆：《鄂城汉三国六朝铜镜》图版第51，图版说明第12

[16] 樋口隆康:《古鏡》第222页，图版八十七（175）、（176），新潮社，1979年。
[17] 镇江博物馆:《镇江市东晋晋陵罗城的调查和试掘》第415~417页，图第十一，图版第肆（1），《考古》1986年第5期。
[18] 梅原末治:《漢三国六朝紀年鏡図説》第34页，图版第十七（2），桑名文星堂，1942年。
[19] 梅原末治:《漢三国六朝紀年鏡図説》第35页，图版第十七（1），桑名文星堂，1942年。
[20] 罗振玉:《古镜图录》卷上第4页，罗氏景印，1916年。
[21] a. 梅原末治:《漢三国六朝紀年鏡図説》第35页，图版第十八（1），桑名文星堂，1942年。
b. 樋口隆康:《古鏡》第223页，图第101（右），新潮社，1979年。
[22] 林巳奈夫:《漢鏡の図柄二、三について》第39~56页，《东方学報》第44册，1973年。
[23] 梅原末治:《绍興古鏡聚英》图版第六，桑名文星堂出版，1939年。
[24] 湖北省博物馆、鄂州市博物馆:《鄂城汉三国六朝铜镜》图版第60，图版说明第14、16页，文物出版社，1986年。
[25] 梅原末治:《漢三国六朝紀年鏡図説》第64、65页，图版第三十四（2），桑名文星堂，1942年。
[26] 梅原末治:《漢三国六朝紀年鏡図説》第36、37页，图版第十八（2），桑名文星堂，1942年。
[27] 王仲殊:《"青羊"为吴郡镜工考——再论东汉、三国、西晋时期吴郡所产的铜镜》第643页，图版第伍（2），《考古》1986年第7期。
[28] 王仲殊:《吴县、山阴和武昌——从铭文看三国时代吴的铜镜产地》第1028页，图版第捌（8），《考古》1985年第11期。
[29] 湖北省博物馆、鄂州市博物馆:《鄂城汉三国六朝铜镜》图版第52，图版说明12、13页，文物出版社，1986年。
[30] 王仲殊:《吴县、山阴和武昌——从铭文看三国时代吴的铜镜产地》第1028页，图版第柒（1），《考古》1985年第11期。
[31] 樋口隆康:《古鏡》第229页，图版第九十二（185），新潮社，1979年。
[32] 湖北省博物馆、鄂州市博物馆:《鄂城汉三国六朝铜镜》图版第44，图版说明第8页，文物出版社，1986年。
[33] 梅原末治:《绍興古鏡聚英》图版第一（上）、（下），桑名文星堂出版，1939年。
[34] 关于这一问题，日本樋口隆康氏已曾指出，见樋口隆康:《古鏡》第225页（新潮社，1979年）。
[35] 王仲殊:《"青羊"为吴郡镜工考——再论东汉、三国、西晋时期吴郡所产的铜镜》第643页，图版第伍（2），《考古》1986年第7期。
[36] a. 樋口隆康:《古鏡》第229页，新潮社，1979年。

[37] 梅原末治:《漢三国六朝紀年鏡図説》第38、39页,图版第二十(1)、第二十一(2),桑名文星堂,1942年。

[37] 梅原末治:《漢三国六朝紀年鏡図説》第39页,图版第二十(2),桑名文星堂,1942年。

[38] a. 梅原末治:《漢三国六朝紀年鏡図説》第40页,桑名文星堂,1942年。
b. 樋口隆康:《古鏡》第229页,图版第九十二(186),新潮社,1979年。

[39] 梅原末治:《漢三国六朝紀年鏡図説》第41页,图版第二十二(1),桑名文星堂,1942年。

[40] 衢州市文管会:《浙江衢州市三国墓》第40~42页,图第四、第九,《文物》1984年第8期。

[41] 梅原末治:《漢三国六朝紀年鏡図説》第41、42页,图版第二十一(1),桑名文星堂,1942年。

[42] 王仲殊:《"青羊"为吴郡镜工考——再论东汉、三国、西晋时期吴郡所产的铜镜》第639、640页,图版第叁(下),《考古》1986年第7期。

[43] a. 王仲殊:《"青羊"为吴郡镜工考——再论东汉、三国、西晋时期吴郡所产的铜镜》第639~646页,图版第伍(2),《考古》1986年第7期。
b. 王仲殊:《吴县、山阴和武昌——从铭文看三国时代吴的铜镜产地》第1025~1031页,《考古》1985年第11期。

[44] 王仲殊:《"黄初"、"黄武"、"黄龙"纪年镜铭辞综释》第635~645页,《考古》1987年第7期。

(本文原载《考古》1988年第4期)

关于日本三角缘神兽镜的问题

一

在日本的古坟（主要是公元4世纪的前期古坟）中出土的"三角缘神兽镜"，大体上可以分为"仿制镜"与"舶载镜"两大类。前者模仿中国镜而作，但在形制、花纹等各方面显然与中国镜大不相同，制作也较粗糙，毫无疑问，它们是日本制的，所以称为"仿制三角缘神兽镜"，属于所谓"倭镜"。与此相反，后者被认为是中国镜，是从中国输入的，所以和其他各种在日本出土的中国镜一样，称为"舶载镜"。本文要讨论的是后者，不是前者。通常所说的"三角缘神兽镜"，不加"仿制"二字，主要也是专指后者而言的（图1）。

三角缘神兽镜，其内区的主纹是"东王父"、"西王母"等神像和龙、虎等兽形，它们的形态和数目各有不同，排列方式可分"求心式"（图1-1~4）和"同向式"（图1-5、6）两种，后者有"伯牙弹琴"之像。纹样都属浮雕式，富有立体感。镜缘隆起甚高，顶端是尖的，断面呈三角形，故称"三角缘神兽镜"。与内区相比，外区的镜面（其实是镜背，下同）稍为高起，都饰有两周锯齿纹带，其间夹有一周复线波纹带。在内区和外区之间，亦往往有锯齿纹带和栉齿纹带，其间夹有一周花纹带或铭文带。在花纹带内，有时均称地插入若干方格形，内有"天王日月"字样（图1-2）。在铭文带内，则有较长的文句，如云"尚方作竟佳且好，明而日月世少有"，"吾作明竟真大好"，"上有神守及龙虎"，"陈是作竟"、"张是作竟"、"王氏作竟"，以及"铜出徐州，师出洛阳"，等等（图1-1、3~6）。在内区的镜面上，除了配置各种形式的"乳"以外，有时还有所谓"笠松形"（图1-1~4）[1]。在日本考古学上，"三角缘神兽镜"已成为专门的名词，包含着各种必须具备的条

1. "铜出徐州师出洛阳"铭神兽镜 　　　　2. "天王日月"铭神兽镜

3. "用青铜至海东"铭神兽镜 　　　　　　4. "陈氏作镜"铭神兽车马镜

5. "景初三年"纪年铭神兽镜 　　　　　　6. "（正）始元年"纪年铭神兽镜

图1　日本的三角缘神兽镜

件[2]。因此，不能顾名思义地将所有缘部断面呈三角形的有神像和兽形的铜镜都称为三角缘神兽镜。

从镜的形制、花纹和铭文等方面来看，三角缘神兽镜大体上都具有中国镜的基本特征，制作亦相当精良（图1）。因此，如前面已经说过的那样，长期以来，它们被认为是中国制的。从各方面的特点判断，镜的制作年代约在汉末、魏晋之际。1920年，经富冈谦藏的考证，进一步确定它们为魏镜[3]，而个别的镜在铭文中有"景初三年"、"（正）始元年"的魏的纪年[4]，更使人深信其为魏镜无疑（图1-5、6）。这样一来，三角缘神兽镜在日本的多量发现，便和《魏志·倭人传》的记载紧密地联系起来了。它们被认为是当时中国魏朝的统治者赠送给日本邪马台国女王卑弥呼及其继承者台与的。关于邪马台国的所在地，长期以来，在日本学术界有两种不同的意见，即"九州说"与"畿内说"，互相争论。由于三角缘神兽镜的发现主要是在畿内及其附近地区，所以曾经是对"畿内说"的有力的支持。

但是，严重的问题在于，迄今为止，在中国还没有发现过像上述在日本出土的那种三角缘神兽镜。特别是解放以来，中国考古工作迅速发展，田野调查发掘工作广泛开展，各种古代文化遗物，包括各类铜镜在内，都有大量的发现。唯独像日本出土的那种三角缘神兽镜，却连一枚也未有所见。同样，值得注意的是，在朝鲜半岛境内，也没有发现这种铜镜。因此，近年以来，在日本学术界，便产生了新的看法，对三角缘神兽镜是否为中国所制提出了疑问[5]。虽然大部分学者仍然坚持它们是中国制的，但一部分学者则认为是由东渡的中国工匠在日本制作的。此外，也有一种说法，认为可能是中国朝廷为赠送倭国而特制的[6]。总之，与邪马台国的争论联系在一起，三角缘神兽镜不仅在日本的考古学上，而且在古代史研究方面也成了一个极为重要的问题，为学术界和广大公众所关心。

二

1981年2月，中国社会科学院考古、古代史学者代表团应日中文化交流协会的邀请，前往日本访问，并应全日空、朝日新闻社、日中文化交流协会的邀请，参加了由它们联合主办的日本第5次古代史讨论会。这次讨论会在东京举行，主题是"探索日中古代文化的交接点"，由中日双方的考古学者和古代史学者主讲，并互相提问和答辩。听众包括来自日本各地的各方面人士，人数达1200余人。讨论会从2月14日上午开始，到15日傍晚结束，进行了两整天。在2月15日下午的提问和答辩会上，日本方面的主讲人之一、日本九州大学考古学教授冈崎敬先生向我提出了一个问题："听说在中国湖北省鄂城发现了三角缘神兽镜，真相如何？"

针对冈崎敬先生的提问，我作了如下的解答：

"近20余年来，在我国湖北省鄂城——三国时代孙吴的前期都城所在地，发掘了许多东汉、三国和晋代的墓葬，发现了许多铜镜，而以孙吴时期的铜镜为多。我们看到了有代表性的铜镜照片100余枚。这些铜镜是正式发掘出土的，有共存的器物，不少的镜有'永康'、'熹平'、'建安'、'黄初'、'黄武'、'黄龙'、'嘉禾'、'赤乌'、'太平'、'永安'、'宝鼎'等东汉、曹魏、特别是孙吴的纪年铭文，是研究中国古代铜镜的新的重要的资料。

"在我们看到的百余枚铜镜中，除了'方格规矩镜'、'内行花纹镜'、'兽首镜'、'龙虎镜'、'夔凤镜'等以外，可以笼统地称为'神兽镜'的约有40余枚。其中，'建安式重列神兽镜'10余枚，当然都是平缘的。'半圆方格带神兽镜'共20余枚，亦系平缘，镜缘及外区往往有花纹，有的可称'画文带神兽镜'。只有少数铜镜的缘部是接近三角缘的，它们的主纹也是神像和兽形，但就镜的全体形制和纹样的作风而言，应属'画像镜'，而不是'神兽镜'。总之，就我所看到的而言，在鄂城并没有发现三角缘神兽镜。

"在洛阳——曹魏的首都所在地，除了已经发表的以外，我们也看到了不少汉末、魏晋时期的铜镜。应该指出的是，与鄂城方面相反，在洛阳地区，可以称为'神兽镜'的铜镜绝无仅有。少数铜镜，缘部呈三角形，但形制和花纹完全不属'神兽镜'的范畴。个别的三角缘镜，其主纹为神像、兽形及车马，但与上述鄂城发现的少数铜镜一样，显然是'画像镜'，不是'神兽镜'，它在洛阳地区也是极为罕见的。

"此外，关于三角缘神兽镜的问题，我想说明以下几点：①中国也发现过大型的铜镜。但是，在东汉、魏晋时期，一般说来，中国发现的铜镜不如日本的铜镜大。像日本发现的三角缘神兽镜那样较大的镜，在中国也是极为少见的。②中国发现的同时期的铜镜，平缘的仍占大多数，三角缘或接近三角缘的只是少数。特别是神兽镜，可以说都是平缘的（图2-1～4）。③如前所说，有些三角缘的铜镜，内区的主纹也是神像和兽形，但从镜的形制和纹样的作风来看，应属'画像镜'，而不是神兽镜。④在中国发现的各种铜镜上，都没有日本三角缘神兽镜上常见的'笠松形'。⑤日本发现的有些三角缘神兽镜，有'铜出徐州，师出洛阳'的铭文。但是，在中国，到目前为止，'铜出徐州'的铭文仅见于辽宁省辽阳魏晋墓中出土的1枚'方格规矩镜'，'师出洛阳'的铭文不见于任何铜镜。⑥与日本出土的三角缘神兽镜近似的，是一种'二神二兽镜'（图2-5）。这种铜镜在日本被称为'斜缘（或半三角缘）二神二兽镜'，已被排除在三角缘神兽镜的范畴之外。⑦浙江省绍兴一带出土的许多东汉和吴晋时期的铜镜，除了一部分是各种平缘的神兽镜，与在鄂城发现的大多数'神兽镜'相同以外，还有不少铜镜，它们的缘部成三角形，外区的纹饰亦与日本的三角缘神兽镜近似，但从内区的主纹来说，它们是'画像镜'，不是'神兽镜'（图2-6）。总而言之，到目前为止，在中国还没有发现日本考古学界所称的那种三角缘神兽镜"。

在日本访问期间，主要是在第5次古代史讨论会结束之后，我们在东京、静冈、京都、奈良、大阪、福冈、宫崎等地参观了许多博物馆、资料馆、研究所和各大学的考古研究室，看到了许多三角缘神兽镜。特别是在京都大学考古研究室参观时，蒙樋口隆康先生的厚意，得能看到以京都府椿井大塚山古坟的出土品为主的大量的三角缘神兽镜。虽然是初次接触到实物，但经过一一仔细地反复观察，深信我在第5次古代史讨论会上所作发言是正确的。因此，在访日归国以后的今天，我以上述讨论会上的发言为提纲，写作这篇文章，试就关于在中国是否发现过在日本出土的那种三角缘神兽镜的问题作进一步的阐述，并发表我对有关三角缘神兽镜的其他问题的一些看法，其中包括三角缘神兽镜是否为中国所制的问题。

三

中国是世界上最早发明铜镜的国家之一。根据近年来的考古发掘，中国铜镜的出现可以追溯到4000年前的齐家文化[7]。至于商代的铜镜，则早在1934年在河南省安阳侯家庄的发掘工作中已有发现[8]。1976年安阳小屯"妇好"墓的发掘更增添了新的无可怀疑的出土品[9]。但是，铜镜的普遍制作和使用，主要还在战国时代。当时，在全中国的范围内，铜镜已制作得相当精良，并已有一定的格式，但各地发现的镜有时在形制和纹饰方面多少还具有一些地方性的特色。到了汉代，特别是西汉中期以后，随着全国大一统的政治局面的进一步巩固和发展，在文化艺术方面也更趋统一。尤其是铜镜，自西汉中期以后，从中原到南方和北方的边远地区，各地发现的往往形制相同，花纹相似，几乎不存在什么地方性了。这种情形，一直继续到东汉前期。当时的铜镜，总的说来，不论花纹繁简，纹样主要是由线条构成，其在视觉上的效果是平面的。但是，大约到了东汉的中期，开始出现了一种新兴的铜镜，其花纹的主要题材是神仙、人物、龙虎及其他瑞兽，有时也有车马之属，内容涉及神话、传说和历史故事，而纹样的作法则是浮雕式的，在视觉上呈半立体状。它们大体上可分为"神兽镜"和"画像镜"两类。前者花纹的题材以"东王父"、"西王母"等神像和龙、虎等兽形为主，并有"伯牙弹琴"之像，纹样有些图案化，立体化的程度较高（图2-1~4）。后者题材更广，除上述的神像和兽形等以外，有时还有各种历史人物，并有车骑、歌舞之类，形态比较生动，但纹样略呈扁平状，立体化的感觉稍逊（图2-6）。除了主纹以外，两者在形制和纹饰的其他许多方面也都有一定的区别，决不能混而为一。但是，总的说来，和东汉中期以前的各种铜镜相比，神兽镜和画像镜都属新兴的铜镜，在花纹的题材和制作的技法方面具有一定的共同性。就有纪年铭文的而言，神兽镜的年代以传世的（东汉和帝）元兴元年镜为最早[10]。画像镜缺乏纪年铭，但就镜的形制、花纹及出土情况看来，其开始出现的年代大约也与神兽镜相仿。由于新兴的、具有浮雕式花纹的神兽镜和画像镜的出现，中国北方（黄河流域）和南方（长江流域）的铜镜，在大体上仍然相同的情况下，开始产生了一定的差别。

在东汉，作为首都，洛阳是全国政治、经济、文化中心之所在。但是，并不是一切新的事物都是从洛阳地区发生的。相反，也许正由于是首都的所在地，有些事物反而容易因袭旧制，不能创新，铜镜便是其中的一例。1952年至1953年，在洛阳烧沟附近发掘了225座汉墓，年代从西汉中期到东汉晚期，共出土铜镜118枚，铁镜7枚，其中属于东汉中晚期的约20余枚，它们都系"内行花纹镜"、"方格规矩镜"、"兽带镜"、"兽首镜"（变形）和"夔凤镜"等，而具有浮雕式花纹的神兽镜却只有 1 枚，其年代属东汉的晚期[11]。1955 年在河南省陕县刘家渠发掘了 46 座汉墓，年代多属东汉的中晚期，共出土铜镜 21 枚，其种类与上述洛阳烧沟出土的大致相同，而神兽镜和画像镜竟 1 枚也没有[12]。在河南省的其他各地陆续发掘的许多汉墓中，虽然都出土了不少铜镜，但也未见有神兽镜和画像镜。1977 年在同省淇县曾发现 1 枚东汉后期的画像镜[13]，这在中原地区是绝无仅有的。总之，作为东汉中期以后新兴的铜镜，神兽镜和画像镜既不是在洛阳首先出现，也不是在洛阳及其附近地区大量流行的。

东汉时，南方的长江流域进一步开发，经济上不断得到发展。地处江南地区的会稽郡，由于各方面的有利条件，逐渐繁荣起来了。浙江省的绍兴是当时的山阴县，是会稽郡的经济、文化中心所在，东汉中叶以后更成为郡的治所。据记载，绍兴附近古时有铜矿和锡矿，是否属实，虽有待研究，但考古发现证明，从东汉以来，这里无疑是铜镜铸造业的一个中心。值得注意的是，和洛阳地区相反，绍兴及其附近发现的铜镜，从东汉中期以后，主要是各种神兽镜和画像镜（图 2-1、6），数量之多，远非其他地区之所能比[14]。因此，可以认为，东汉中期以后新兴的神兽镜和画像镜的大量制作，首先要推长江下游以绍兴地区为中心的会稽郡。当然，长江中游的江夏郡，地理位置重要，经济发达，境内又多铜矿，肯定也是铸造铜镜的重要场所之所在，鄂城的发现便证明了这一点。如前所述，鄂城发现的铜镜也以神兽镜为多，同时也有一些画像镜。联系到上述的元兴元年镜及其他传世镜如延熹二年神兽镜和延熹三年神兽镜都在铭文中记明为西蜀广汉所造[15]，可以认为，神兽镜和画像镜首先是在长江流域产生，并在长江流域不断流行的。这是中国古代铜镜发展史上的一个十分值得注意的事实。

四

东汉中期以后出现的南方和北方在铜镜制作方面的差别，随着三国的分裂而进一步加深。实际上，从汉献帝迁许开始，南北对峙的政治局面已经基本上形成。十分巧合，吴镜和魏镜的显著差别也可以上溯到汉献帝的建安年间。所谓"建安式重列神兽镜"，是长江中下游地区发生和大量流行的一种新式的神兽镜（图2-2）。这种神兽镜，据镜上的纪年铭文，其年代上限为建安元年，下限为吴主孙皓的天纪年间。在鄂城发现的10余枚这种神兽镜中，半数以上都有纪年铭，年号除"建安"以外，还有孙吴的"黄武"、"黄龙"、"嘉禾"和"赤乌"等。从迄今发现的所有的纪年铭镜来看，除了"建安"以外，其他诸如"黄武"、"黄龙"、"嘉禾"、"赤乌"、"永安"和"天纪"，完全是孙吴的年号[16]，可见它们都是吴镜。另一方面，凡有明确出土地点可查的建安式重列神兽镜，其出土地点除了大多数在绍兴和鄂城以外，其他如江苏省的南京[17]、安徽省的芜湖[18]、广东省的广州[19]、广西壮族自治区的贵县等地[20]，亦无不在吴的境内，从而可见它们全部是吴镜无疑。总之，仅就"建安式重列神兽镜"来看，也可以充分说明吴镜与魏镜的区别是如何之明显！

中国古代铜镜，至少自战国时代以来，纹样的设计基本上是对称于镜面的圆心的。西汉中期以后，随着"地纹"的消失以及镜钮由弦纹带状改为半球状，这种以镜面圆心为中心的所谓"心对称"的纹样设计更得到进一步的确定。但是，到了东汉后期，在继续流行"心对称"的纹样设计的情况下，又出现了另一种对称于镜的圆面直径的所谓"轴对称"的新的纹样设计。这种施以"轴对称"的纹样的铜镜，在北方主要是一种有"位至三公"、"君宜高官"或"长宜子孙"等直行文字而在左右两侧各置双头龙凤纹的所谓"双头龙凤纹镜"和"位至三公镜"，在南方则以上述的建安式重列神兽镜为代表，后者在镜面的中间亦往往有"君宜高官"之类的直行文字（图2-2）。总之，从这以后，神兽镜的型式虽有所谓"环状乳神兽镜"（图2-1）、"重列式神兽镜"（图2-2）、"对置式神兽镜"（图2-3）、"同向式神兽镜"（图2-4）、"求心式神兽镜"等，但从神像和兽形等纹样的排配方式来看，大体上可以概括为两大类，一类是"心对称"式的（图2-1、3），一类是"轴对称"式的（图2-2、4）。所有各种型式的神兽镜都是平缘的（图2-1~4）。除了建安式重列神兽镜以外，其余各种神兽镜在内区的外围往往有一周"半圆方格带"，故称"半圆方格带神兽镜"（图2-1、3、4），而有些铜镜在外区接近缘部处饰有由神仙及奇禽、异兽等纹样组成的"画文带"，故又称"画纹带神兽镜"（图2-1）。值得注意的是，各种型式的神兽镜，与建安式重列神兽镜一样，就纪年铭镜而言，除有些

关于日本三角缘神兽镜的问题 ·119·

1. 画文带环状乳神兽镜（浙江绍兴） 　　2. 建安式重列神兽镜（安徽芜湖）

3. 对置式神兽镜（黄初四年） 　　4. 同向式神兽镜（黄初二年）

5. 斜缘二神二兽镜（《岩窟藏镜》） 　　6. 车马神人画像镜（浙江绍兴）

图 2　中国的神兽镜和画像镜

为东汉的以外,所用年号如"黄武"、"赤乌"、"建兴"、"五凤"、"太平"、"永安"、"甘露"、"宝鼎"、"凤凰"、"天纪"[21],加上鄂城新发现的"黄龙"和"嘉禾",可以说全都是孙吴的,从而可以肯定它们都是吴镜。三国以后的纪年铭神兽镜,除"泰始"、"太康"、"元康"系西晋的年号以外,其余如"建武"、"咸康"、"太和"等都系东晋的年号,足证它们仍然是南方吴国故地的产品。传世的"太和镜",应系东晋的"太和",而非曹魏的"太和"[22]。至于所谓西秦的"太初四年镜",实际上是黄初四年的吴镜,这将在后文述及。另一方面,从各类神兽镜的出土地点来说,除绍兴[23]、鄂城以外[24],江苏省的南京[25]、江都[26]、泰州[27]、无锡[28],浙江省的黄岩[29]、安吉[30]、武义[31]、宁波[32],江西省的南昌[33],湖南省的长沙[34]、浏阳[35]、常德[36],广东省的广州[37],广西壮族自治区的全州等地[38],也都在吴的境内,因此,不论是否有纪年铭,说它们都是吴镜,也是不成问题的。湖北省的随县[39],安徽省的合肥[40],地当魏吴交界处,虽属魏境,但出土之镜仍可能是吴的产品,这是不难理解的。

应该特别指出的是,有些神兽镜有魏文帝"黄初"的纪年铭,但它们是吴镜,而不是魏镜。由于鄂城的新发现,到目前为止,发掘出土的和传世的"黄初"纪年铭神兽镜已增至8枚之多,不妨按年份的先后,给它们编排个次序(表)。首先是传世的"黄初二年"镜1枚,传系长沙出土,铭文中有"武昌元作明镜"字样[41],过去认为"武昌元"是作镜者,但我认为"武昌"二字应是地名,据《三国志·孙权传》记载,黄初二年四月孙权自公安迁都于鄂,改名武昌,可见它是黄初二年四月以后在吴都鄂城制作的(图2-4)。其次是近年在鄂城发掘出土的"黄初二年十一月丁卯朔廿七日癸巳"镜2枚,它们的形制、花纹和铭文完全相同,是同范镜,铭文中记明系"扬州会稽山阴师唐豫命作竟",最有力地说明它们是会稽山阴所铸的吴镜。然后又有传世的"黄初三年"镜2枚,亦系同范镜[42],其中1枚传系绍兴出土,故可认为也都是吴镜。最后是鄂城发掘出土的"(黄初)四年五月丙午朔十四日"镜(黄初二字不清楚)、传世的"黄初四年五月壬午朔十四日"镜和传世的"(黄)初四年五月壬申朔十四日"镜各1枚[43],后者由于铭文中"黄"字和其他较多字迹不清楚,过去曾因干支的关系被认为是西秦太初四年所作[44],其实三者形制、花纹和大小都一致,如果铭文中没有"丙午"、"壬午"、"壬申"的不同（查黄初四年五月庚午朔，"丙午"、"壬午"、"壬申"都与实际不符，释文是否有误，暂且不论，但干支错乱是镜铭中常有的，不足为怪），几乎使人疑为同范镜，由于前两者都可以清楚地看出有"会稽师鲍作明竟"的铭文[45]，可以证明它们都是吴国会稽郡的产品（图2-3）。总之，魏文帝曹丕建立魏朝以后，吴主孙权曾表示臣服，奉魏的正朔，而在黄初三年十月才抗魏而自立年号，改元"黄武"，但犹未称帝，而且不久又"与魏文帝相往来，至后年乃绝"（《三国志·孙权传》），这便是吴镜铭文中使用魏的"黄初"纪年的原因。日本学者在1969年古坟时代考古学讨论会上，将有"黄初"纪年铭的神兽镜与有"景初"、"正始"、"甘露"、"景元"等纪年铭的神兽镜、兽首镜、规矩镜并列而加以统计，认为除（正）始元年的1枚因不能确定而除外，10枚纪年的魏镜之中有4枚是"画文带（?）神兽镜"，3枚是兽首镜[46]。其实，如以上所论证的那样，"黄初镜"都算不得魏镜。若将"黄初镜"除去，在纪年的魏镜中，神兽镜所占的比例就会大大减小。总之，将"黄初镜"排除于魏镜之外，这在认识各种神兽镜主要为吴镜而非魏镜的问题上是十分重要的。

表 "黄初"纪年铭神兽镜

次序	纪年	型式	直径（厘米）	有关铭文	出土地
1	黄初二年	同向式	11.6	武昌元作明镜	传长沙
2	黄初二年十一月丁卯朔廿七日癸巳	同向式	13.1	扬州会稽山阴师唐豫命作竟	鄂城
3	黄初二年十一月丁卯朔廿七日癸巳	同向式	13.1	扬州会稽山阴师唐豫命作竟	鄂城
4	黄初三年	同向式	10.3	师卜德□合作明金竟	传绍兴
5	黄初三年	同向式	10.3	师卜德□合作明金竟	不明
6	（黄初）四年五月丙午朔十四日	对置式	13	会稽师鲍作明竟	鄂城
7	黄初四年五月壬午朔十四日	对置式	13	会稽师鲍作明竟	不明
8	（黄）初四年五月壬申朔十四日	对置式	13.05	（字迹不清楚）	不明

这样，在魏的纪年镜中，除日本出土的"景初三年镜"和"（正）始元年镜"不论，就中国的神兽镜而言，便只剩下1枚传世的"正始五年镜"了[47]。应该指出，这枚"正始五年镜"属于所谓"画文带环状乳神兽镜"的型式，但从形制、花纹和铭文来看，在同型式的神兽镜中也是没有类例的，只能说是1枚"异式镜"[48]。对于这一"异式镜"，我在这里不得不采取保留的态度。

如所周知，在孙吴的有纪年铭的神兽镜中，有时在铭文中记明作镜的地点和工匠的姓氏，如云"扬州会稽山阴安本里"、"会稽师鲍作明竟"等[49]。值得注意的是，在鄂城发现的汉末建安年间和孙吴时期的神兽镜中，除上述"扬州会稽山阴师唐豫命作竟"和"会稽师鲍作明竟"的铭文以外，还有"会稽所作"、"大师鲍豫作明竟"等铭文。这充分说明，鄂城的神兽镜至少有相当一部分是绍兴方面的工匠所作，可能是由绍兴方面输入的。由此可见，在汉末、三国时期，会稽郡的山阴进一步成为全国最重要的铜镜铸造中心。当然，在鄂城也有规模较大的铜镜铸造业，这是毫无疑问的。前面已经说过，传长沙出土的1枚同向式神兽镜在铭文中记明"黄初二年武昌元作明镜"，说明它是鄂城的产品（图2-4），也可以作为一个有力的佐证。最有意思的是鄂城出土的1枚有黄武六年纪年铭的重列神兽镜，它在铭文中记明"会稽山阴作师鲍唐"，同时又云"家在武昌思其少"，可见当时绍兴方面的工匠也有到鄂城去作镜的。

应该指出的是，鄂城和绍兴虽然同属孙吴的领域，两地都盛产铜镜，但所产铜镜在种类上有所差异。这主要表现在鄂城方面的铜镜以神兽镜为主，画像镜甚少，而绍兴方面的铜镜除了神兽镜以外，还有大量的画像镜（图2-6）。除了绍兴、鄂城以外，画像镜的出土地点如浙江省的杭州[50]，江苏省的南京[51]、扬州[52]，湖南省的长沙等地[53]，亦都在吴的境内。与神兽镜不同，画像镜缺乏纪年铭，但从出土的地点也可以说明它们是吴镜，而绍兴则是画像镜的最主要的产地[54]。绍兴及其附近地区出土的画像镜，图纹的内容除了"东王父"、"西王母"等神像以外，有时还有有关吴王和伍子胥的历史故事，正显示了地方性的特色。

在孙吴境内的绍兴、鄂城等南方广大地区大量流行各种神兽镜和画像镜的同时，曹魏境内以洛阳为中心的中原、关中和华北各地却继续流行"内行花纹镜"、"方格规矩镜"、"兽首镜"、"夔凤镜"、"盘龙镜"、"双头龙凤纹镜"和所谓"位至三公镜"等。当然，在考古发掘工作中，在洛阳、西安等地，魏晋时期的神兽镜和画像镜也不无发现[55]。但它们为数极少，显然不是当地的主要产品，甚至可以怀疑是从南方输入的。1953年至1955年在洛阳发掘了54座西晋墓[56]，出土铜镜24枚，其中神兽镜仅有1枚，而在以后陆续发掘的洛阳晋墓中竟尚未见有第二枚神兽镜出土，正说明了这一问题。只有一种所谓"三段式神仙镜"，在西安地区颇有发现[57]；这种铜镜在各地发掘工作中极少见，在日本的出土例也是可谓绝无仅有的[58]。

五

如前所说，日本出土的三角缘神兽镜可分为"求心式"的和"同向式"的两大类，前者为大多数（图1-1～4），后者属少数（图1-5、6）。除后者内区的主纹几乎是照搬中国的画文带同向式神兽镜的主纹不论外，前者内区的主纹与中国各种神兽镜的内区主纹亦有显著相似之处。但是，如果从镜的全体来看，日本的三角缘神兽镜与中国的各种神兽镜之间是存在着不少差别的。

首先，日本的三角缘神兽镜，形体远较中国的神兽镜为大。中国也发现过大型镜，例如西安市文管处所藏2枚西汉镜（1979年曾在日本展出），直径分别为25厘米和28厘米[59]。但是，这样的大型镜，在中国毕竟是十分罕见的。就东汉、三国和西晋的神兽镜来说，一般直径只有10余厘米。鄂城西晋墓中发现的最大的1枚画文带对置式神兽镜直径为18厘米，江西省南昌西晋墓中发现的1枚画文带环状乳神兽镜直径为18.2厘米，这已经是相当超群的了。在画文带神兽镜中，虽然也有直径在20厘米以上的[60]，实属不可多得。但是，日本的三角缘神兽镜，一般直径都超过20厘米，有的在25厘米以上。当然，考察铜镜的异同，主要是从镜的形制和纹饰等方面着眼，但形体大小悬殊，也实在是一个不容忽视的问题。

中国战国时代的铜镜，缘部往往有断面呈内凹的弧形的。但是，到了汉代，特别是西汉中叶以后，铜镜缘部的平面形制有时虽因镜的种类不同而有差别，但从它们的断面来看，可以说都是平缘的。大约从东汉中期开始，尤其是到了汉末、三国时期，各种铜镜的缘部，除了平缘的以外，亦有断面呈三角形或接近三角形的。但是，总的说来，平缘的铜镜仍占大多数，三角缘或接近三角缘的属少数。特别是神兽镜，无论是建安式重列神兽镜或半圆方格带神兽镜，包括画文带神兽镜在内，都属平缘镜的范畴。迄今为止，在中国出土的各种神兽镜中，可以说还没有发现缘部断面有呈三角形或接近三角形的（后述的"二神二兽镜"除外）。这是中国各种神兽镜与日本的三角缘神兽镜之间的最主要的区别之一。

与镜缘的形制有紧密联系的，是镜的外区的形制和纹饰。日本的三角缘神兽镜，外区的纹饰千篇一律，都是在两周锯齿纹带之间夹一周复线波纹带（图1），这与中国东汉前期以来的有些"方格规矩镜"或"兽带镜"等的外区是类似的[61]。就纪年铭镜说，传绍兴出土的有东汉永平七年纪年铭的1枚"兽带镜"的外区，便是属于这种纹饰[62]。至于绍兴等地出土的许多画像镜，其外区的纹饰更是如此（图2-6）。但是，问题在于，中国出土的各种神兽镜却偏偏都没有这样的外区（图2-1~4）。

说到这里，我们就不得不提到绍兴等地出土的从东汉中晚期到三国、晋代的许多画像镜了。与中国的各种神兽镜相反，绍兴等地出土的画像镜形体甚大，直径往往在20厘米左右。尤其值得注意的是，这些画像镜的缘部既有系平缘的，亦有不少为三角缘或接近三角缘的。而且，在镜的外区，除饰有流云纹带和兽纹带等的以外，也颇有饰以两周锯齿纹带，其间夹一周复线波纹带的[63]。从以上各方面来看，中国的一部分画像镜，与日本的三角缘神兽镜是颇为相似的。但是，从镜的内区的主纹来看，它们毕竟是画像镜，而不是神兽镜（图2-6）。它们的内区的主纹，既不同于中国的各种神兽镜，也不同于日本的三角缘神兽镜，尽管后者内区的主纹有时包含着画像镜内区主纹的一些因素。如果有人说，日本的三角缘神兽镜是中国画像镜的外区（包括镜缘）与神兽镜的内区相结合，那是很容易使人发生同感的。但是，现实的问题在于，在中国，画像镜与神兽镜虽然同属东汉中期以后新兴的铜镜，花纹的题材与纹样的制作技法都有相似之处，而且都是在绍兴等吴地制作的，但它们却各自成一种类，既没有在绍兴，也没有在中国的其他各地结合起来。因此，两者与日本的三角缘神兽镜相比，尽管都有相似之处，却又都存在着无法掩盖的差别。

这样，中国发现的铜镜，就镜的全体而言，最与日本的三角缘神兽镜近似的，只能数到一种所谓"二神二兽镜"了。这种"二神二兽镜"，在中国发现的并不多，以往见于著录的有2枚传世品[64]，发掘品只有1957年安徽省合肥西晋墓出土的1枚[65]（同省霍邱县张家岗出土的1枚[66]，因形制有异，故不计）。它们的缘部都接近三角缘，外区的纹饰是两周锯齿纹带夹一周复线波纹带，外区和内区之间有一周栉齿纹带和一周铭文带（铭文都以"吾作明镜"开头），内区有四个"乳"，在其间配置神像和兽形，整个镜面的形制和纹样的风格与日本的三角缘神兽镜略相仿佛（图2-5）。但是，同样的"二神二兽镜"在日本发现不少，如所周知，它们被称为"斜缘（或半三角缘）二神二兽镜"，已被排除在三角缘神兽镜的范畴之外。其实，和三角缘神兽镜比较起来，这种铜镜不仅缘部的断面与真正的三角缘尚有差距，而且内区的主纹和外区的锯齿纹带、复线波纹带等也失之简单，镜的形体不大，直径只有15厘米左右，与直径都超过20厘米的三角缘神兽镜相比，只能算中型镜，不能和三角缘神兽镜同日而语。

如果说，将中国有些画像镜的外区（包括镜缘）和神兽镜的内区结合起来，就成为日本的三角缘神兽镜，那么，撇开无论在外区或内区仍然存在着一定的差异不谈，这里至少还有一个重要的欠缺，这就是日本三角缘神兽镜上常见的所谓"笠松形"纹样（图1-1～4）。据研究，这种笠松形是由旆演变而来的[67]。但是，在中国铜镜中，仅个别传世的画像镜上有旆的纹样[68]，而且它与日本三角缘神兽镜上的笠松形有很大的不同。我们可以认为笠松形是由旆演变而来，但不能把旆说成笠松形。所以，我还是要说，在中国发现的各种铜镜上，都没有日本三角缘神兽镜上常见的笠松形。至于传世的1枚曾被认为是孙吴太平元年的神兽镜上的所谓"笠松形"[69]，形状简单，纹样模糊，既不像旆，也不像"笠松"，那毕竟是不能和三角缘神兽镜上的笠松形相提并论的。

六

日本三角缘神兽镜上的各种铭文，大部分是中国出土的同时期的各种铜镜上所常见的。但是，也不是完全没有例外。例如，富冈谦藏据以考证三角缘神兽镜为魏镜的"铜出徐州，师出洛阳"的铭文即如此（图1-1）。

日本三角缘神兽镜中有上述铭文的，约有10枚。其中的大多数，铭文都是四字句，"铜出徐州"、"师出洛阳"两句相连在一起。少数的镜，铭文也是四字句，但仅有上句"铜出徐州"，下句则为"刻镂文章"，而无"师出洛阳"。滋贺县富波山古坟出土的1枚，将"铜出徐州"、"刻镂文章"两句合成"铜出徐州刻镂成"的七字句，亦无"师出洛阳"之句[70]。

必须指出的是，迄今为止，根据可供查考的资料，在中国，"铜出徐州"的铭文仅见于辽宁省辽阳三道壕魏晋墓中所出的1枚铜镜，而"师出洛阳"的铭文则不见于任何铜镜。

前面已经说过，辽阳三道壕魏晋墓中的铜镜，是1枚方格规矩镜[71]，而不是神兽镜或画像镜。它的铭文是"吾作大竟真是好，同（铜）出徐州（清）且明兮"，一共只有两句七字句，较之日本三角缘神兽镜中有相同字句的铭文全文要简单得多。但是，"铜出徐州"四字则是一致的，其意义当然是说铸镜所用的铜出自徐州。

王莽时期及其前后的许多铜镜，常有"汉有善铜出丹阳"或"新有善铜出丹阳"的铭文，可见丹阳（今安徽省当涂）是汉代最有名的铜矿所在地。据《汉书·地理志》记载，汉朝政府在丹阳郡（其治所在宛陵，今安徽省宣城）设铜官。由此可见，"善铜出丹阳"的铭文是完全合乎实际情况的，尽管有此种铭文的镜不见得都是用丹阳的铜所铸。

但是，"铜出徐州"铭文中的徐州，究竟所指何地，则值得研究。按徐州为汉武帝所置十三刺史部之一，辖境相当于今江苏省长江以北及山东省的东南部地区。东汉时，徐州的治所在郯（今山东省郯城），曹魏时移治彭城（今江苏省徐州）。但是，必须指出，今徐州一带，自古不产铜[72]。据《汉书·地理志》、《续汉书·郡国志》记载，彭城及其附近地区，汉时有铁矿，曾置铁官，但未有铜矿。《新唐书·地理志》、《宋书·地理志》等也都说徐州产铁，而不说产铜。只有明清时的有关书籍才说到徐州附近有铜山，"旧曾产铜"，其实并无根据。清雍正时在徐州府置铜山县，而所谓铜山，有名无实。经近代实际勘查，徐州利国驿主要矿石为赤铁矿，而铜山岛南端有铁峰，赤铁矿中杂有黄铜矿，风雨所侵，变为绿色，铜山之名可能由此而起，但决计不是什么可采的铜矿[73]。总之，综上所述，在三国时代，彭城及其附近是绝对不可能产铜的。但是，如果说"铜出徐州"铭文中的徐州是泛指今江苏省长江以北和山东省东南部的广大地区，则今扬州市附近的江都、仪征一带古时有铜矿，相传为汉初吴王刘濞铸钱之处。当然，这里已接近长江，是否即为镜铭中的"徐州"之所指，尚难肯定。总之，"铜出徐州"的铭文是一个比较复杂的问题，有待进一步探讨。至少可以说，在镜上虽有"铜出徐州"的铭文，但不足以说明铸镜之铜必出于徐州，尤其不能说明是出于无铜可采的彭城及其附近。

至于"师出洛阳"的铭文，则显然也是一种矜夸的虚词。虽然镜上有"师出洛阳"的铭文，但并不足以说明它们是洛阳的工匠所造，更不能据以说明它们是洛阳的产品。由于中国出土的各种铜镜，包括洛阳及其附近地区出土的铜镜在内，都没有这种铭文，这也就成了中国铜镜与日本三角缘神兽镜之间的明显的相异点之一。

七

综上所述，不可避免的结论首先是：日本出土的三角缘神兽镜不是魏镜。因为，在中国，各种神兽镜和画像镜主要是在吴的境内铸造，而不是在魏的境内铸造的。

在日本发现的许多中国的神兽镜和画像镜应该是吴镜，因为它们的形制、纹饰是与吴镜相同的，特别是有的铜镜有"赤乌元年"、"赤乌七年"的纪年铭，更可证明其为吴镜无疑[74]。《三国志·孙权传》记载，亶洲（据考证，为日本列岛的一部分[75]）在海中，有数万家，其人民时有至会稽"货市"的。这条记载很值得重视。我们不能因为海上的风浪而对此抱否定的态度。低估古人的航海能力，是没有根据的。要之，以会稽郡为主要产地的吴镜之大量传入日本，是有上述历史记载可证的。但是，我们不能说日本的三角缘神兽镜也是吴镜，因为它们与中国吴地发现的铜镜（包括各种神兽镜和画像镜）也是不相同的。在日本发表的有关论著中，有主张三角缘神兽镜是吴镜，是从中国南方舶载到日本的[76]，其论文虽有可取之处，但这种结论仍是不能令人赞同的。总之，三角缘神兽镜既不是魏镜，也不是吴镜。换言之，它们不是在中国制造，而应该是在日本制造的。在日本大量发现的三角缘神兽镜，在中国至今一无所见，在这种情况下，要说它们为中国所制，实在是难以使人信服的。

但是，如前所述，三角缘神兽镜的确具有中国镜的各种基本特征，与日本的仿制镜大不相同。因此，在目前，我只能提出这样的一种推测：三角缘神兽镜是东渡的中国工匠在日本制作的。当然，应该指出，他们主要是吴的工匠，不是魏的工匠。

但是，既然是由东渡的中国工匠在日本所制作，为什么在有些铜镜的铭文中要用中国"景初"、"正始"的年号呢（图1-5、6）？既然是吴的工匠所制，为什么不用吴的纪年而用魏的纪年呢？这些问题，应该让更有想象力的专家去回答才好。但是，我想，在外国制造的器物铭文上使用中国的年号，这样的事例在别处也曾有过，并不是绝对不可理解的。如所周知，石上神宫的"七支刀"在铭文中记明系在百济所作，但不是也有"泰和四年"的纪年吗[77]？工匠们在国内作神兽镜的时候，是习惯于在铭文中使用各种纪年的。为什么到了日本以后，就不许偶然使用中国的年号呢？中国工匠在国内时，魏和吴的界线是清楚的，而且也不得不分清楚。但是，一旦到了外国，就只知道有中国，是魏是吴，关系也就不大了。在吴主孙权的统治下，吴国的工匠尚且在镜铭中用过魏的"黄初"的纪年（图2-3、4），又何况是东渡以后的工匠？邪马台国与魏交往密切，使用魏的"景初"、"正始"的年号，不是更合理吗？

中国工匠，到了日本，虽然可以发挥自己的技能，遵守自己的工艺传统，但也得服从当地的风尚。倭人重视铜镜，在仿制中国镜时，总是要将镜做得特别大，福冈县平原遗址出土的直径为46.5厘米的"内行花纹镜"便是最突出的一例[78]。为了迎合倭人的爱好，所以工匠们把三角缘神兽镜也做得相当大。

吴的铜镜有神兽镜，也有画像镜，为什么工匠们不作画像镜而只作神兽镜呢？这可能也与当时日本人的爱好有关。试看日本人仿中国镜而制作的"倭镜"，不是神兽镜很多而画像镜较少吗？但是，工匠们毕竟没有忘却画像镜的传统，而将画像镜的三角缘和由锯齿纹带、复线波纹带组成的镜的外区放到神兽镜上面去了。他们有时也将画像镜上常用的"东王父"、"西王母"等的"榜题"使用到三角缘神兽镜上[79]。冈山县车塚古坟、山梨县铫子塚古坟、群马县三本木古坟、奈良县佐味田宝塚古坟及滋贺县大岩山古坟出土的一些三角缘神兽镜，其内区主纹除神像和兽形以外，还有车马的形象（图1-4）[80]，后者不见于中国各地发现的神兽镜，而盛见于绍兴等地发现的画像镜（图2-6）。这就是说，到了日本以后，工匠们终于将画像镜和神兽镜结合起来。当然，结合以后的镜，就其主要方面来说，毕竟还是神兽镜。工匠们到了日本以后，在作镜时增添了一些新的纹样，"笠松形"之类便是其中的一例（图1-1～4），而它的渊源也在于中国的画像镜。

但是，既然三角缘神兽镜不见于中国国内，为什么中国工匠在日本专作这种在国内未曾作过的铜镜呢？关于这个问题的回答是：除了三角缘神兽镜以外，日本出土的其他各种神兽镜，例如有些画文带同向式神兽镜，也并不是完全不可能出于留日的中国工匠之手的。在这一问题上，甚至大阪府黄金塚古坟出土的"景初三年镜"也在可疑之列。

吴的工匠去日本，是出于什么原因，经由什么路途的呢？关于这个问题，日本的学者们在1969年关于古坟时代考古学的讨论会上已有所论及，主要是认为与吴国同辽东的公孙氏政权的交往有关[81]。在没有新的更为成熟的意见之前，我在这里不想多说。

大阪府国分茶臼山古坟出土三角缘神兽镜的铭文是"吾作明竟真大好，浮由天下（敖）四海，用青同（铜）至海东"[82]。滋贺县大岩山古坟出土三角缘神兽镜的铭文是"镜陈氏作甚大工，型模周口用青铜，君宜高官至海东，保子宜孙"[83]。这些铭文，可以视为东渡的中国工匠在日本作镜的佐证（图1-3）。在古代，中国的所谓"海东"主要是指朝鲜半岛方面而言的。但是，镜铭中的"海东"，诚如富冈谦藏在论国分茶臼山古坟出土镜时所说的那样，应该也可以指日本[84]。不过，我觉得，从两镜铭文的含义来看，与其认为是说为向海东输出而作镜，不如认为是说在海东作镜更为妥切。至于梅原末治说神兽镜与神仙思想有关，从而主张镜铭中的"海东"是指东方海中的仙境、乐土之类[85]，则未必妥当；"至海东"的铭文不见于中国出土的神兽镜，便说明了这一问题。东渡的工匠在日本作镜，于镜铭中说"君宜高官至海东"，就像山阴的工匠在鄂城作镜时于镜铭中说"家在武昌思其少"一样，虽然都属偶然即兴之笔，却说明了当时的事实，其情趣是十分相似的。

从《魏志·倭人传》看来，魏朝赠给邪马台国的铜镜，有确实记载可证的，只是百枚。这百枚铜镜，是在景初三年十二月魏帝致卑弥呼女王的诏书中提到,而于次年(正始元年)由带方郡太守弓遵派遣建中校尉梯儁等连同诏书、印绶及其他各种礼品送往倭国的。当然,邪马台国与魏交往多次,特别是最后一次(可能在正始九年)卑弥呼女王的继承者台与遣使到洛阳,并送上礼物,作为答谢,魏朝很可能会再以铜镜之类相赠的。但是,充其量,镜的总数不会超过数百。1700多年以后的今天,这些铜镜当然不可能全部都被发现。然而,另一方面,到目前为止,日本发现的三角缘神兽镜却已超过300枚。如果将它们看作是魏朝的赠品,其数量也未免太大了。曹魏赠镜,这是历史事实。至于所赠之镜属何种类,则可以从除了三角缘神兽镜以外的各种同时期的真正的舶载镜方面去考虑,但基本上不应包括神兽镜和画像镜。

邪马台国所在地,是九州,还是畿内,这当然有待今后继续探讨。但是,我觉得,三角缘神兽镜为东渡的中国工匠在日本所作,这未必会使"畿内说"处于不利的地位。

本文蒙徐苹芳同志协助搜集有关资料,并提出不少好的意见,谨此志谢。

注　释

[1]　水野清一、小林行雄:《図解考古学辞典》第387页,东京创元社,1959年。

[2]　樋口隆康:《古鏡》第243~244页,新潮社,1979年。

[3]　富冈谦藏:《漢代より六朝に至る年号銘ある古鏡に就いて》第307页,《古鏡の研究》,1920年。

[4]　田中琢:《古鏡》第59页,图第36、154,讲谈社,1981年。

[5]　森浩一:《鏡》第391页,《日本古代文化の探究》,社会思想社,1978年。

[6]　森浩一等:《シンポジウム古墳時代の考古学》第130~165页,学生社,1970年。

[7]　a. 青海省文物管理处考古队:《青海省文物考古工作三十年》第162页,图版第拾肆(4),《文物考古工作三十年》,1979年。

　　b. 李虎侯:《齐家文化铜镜的非破坏鉴定》第365页,《考古》1980年第4期。

　　c. 甘肃省博物馆:《甘肃省文物考古工作三十年》第142、151页,《文物考古工作三十年》,1979年。

[8]　高去寻:《殷代一面铜镜及其相关之问题》第685页,《历史语言研究所集刊》(29)下,1958年。

[9]　中国社会科学院考古研究所安阳工作队:《安阳殷墟五号墓的发掘》第72页,图版第

拾贰,《考古学报》1977年第2期。

[10] 梅原末治:《漢三国六朝紀年鏡図説》第14页,图版第五,桑名文星堂,1942年。

[11] 中国科学院考古研究所:《洛阳烧沟汉墓》第160~176页,图版第肆拾伍,科学出版社,1959年。

[12] 黄河水库考古工作队:《河南陕县刘家渠汉墓》第147~150页,《考古学报》1965年1期。

[13] 曹桂岑等:《河南淇县发现一面东汉画像镜》第41页,《文物》1980年第7期。

[14] a. 王士伦:《浙江出土铜镜选集》,文物出版社,1958年。

b. 梅原末治:《绍兴古鏡聚英》,桑名文星堂出版,1939年。

[15] 梅原末治:《漢三国六朝紀年鏡図説》第21页,图版第九,桑名文星堂,1942年。

[16] 樋口隆康:《古鏡》第222~224页,新潮社,1979年。

[17] 南波:《南京西岗西晋墓》第57、60页,图第十九,《文物》1976年第3期。

[18] 王步艺:《芜湖赭山古墓清理简报》第43~47页,《文物参考资料》1956年第12期。

[19] 胡肇椿:《广州市西郊大刀山晋冢发掘报告》第122页,《考古学杂志》,1931年。

[20] 广西壮族自治区文物管理委员会:《广西出土文物》图版第147,图版说明第16页,文物出版社,1978年。

[21] 樋口隆康:《古鏡》第229~232页,新潮社,1979年。

[22] 梅原末治:《漢三国六朝紀年鏡図説》第115~118页,图版第六十五,桑名文星堂,1942年。

[23] a. 梅原末治:《绍兴古鏡聚英》,桑名文星堂出版,1939年。

b. 王士伦:《浙江出土铜镜选集》图版第80上,图版说明第10页,文物出版社,1958年。

c. 王士伦等:《浙江绍兴漓渚考古简报》第35页,图第四,《考古通讯》1955年第5期。

[24] 李树华:《湖北省鄂城县收集两件历史文物》第70页,图第一,《文物》1965年第10期。

[25] a. 屠思华等:《南京梅家山六朝墓清理记略》第14~18页,《文物参考资料》1956年第4期。

b. 李蔚然:《南京南郊六朝墓葬清理》第340页,图版第捌(4),《考古》1963年第6期。

c. 南京市文物保管委员会:《南京人台山东晋王兴之夫妇墓发掘报告》第28页,图版第壹(4),《文物》1965年第6期。

[26] 南京博物院等:《江苏省出土文物选集》图第124,文物出版社,1963年。

[27] 江苏省博物馆等:《江苏泰州新庄汉墓》第540~543页,《考古》1962年第10期。

[28] 朱江:《无锡汉至六朝墓葬清理纪要》第27~30页,图版第五,《考古通讯》1956年第6期。

[29] 浙江省文物管理委员会:《黄岩秀水岭水库古墓发掘报告》第123~124页,图版第贰、第陆,《考古学报》1958年第1期。

[30] 浙江省文物管理委员会：《浙江安吉三官乡的一座六朝初期墓》第 13～17 页，《考古通讯》1958 年第 6 期。

[31] 武义县文物管理委员会：《从浙江省武义县墓葬出土物谈婺州窑早期青瓷》第 52 页，图第二，《文物》1981 年第 2 期。

[32] 林华东等：《宁波慈溪发现西晋纪年墓》第 92、93 页，图第四，《文物》1980 年第 10 期。

[33] a. 江西省文物管理委员会：《江西南昌徐家坊六朝墓清理简报》第 460 页，《考古》1965 年第 9 期。

　　b. 江西省博物馆：《江西南昌晋墓》第 374 页，《考古》1974 年第 6 期。

　　c. 江西省历史博物馆：《江西南昌市东吴高荣墓的发掘》第 225、226 页，图第十二，《考古》1980 年第 3 期。

[34] 湖南省博物馆：《湖南出土铜镜图录》，图版第八十五，附录图版第十五，文物出版社，1960 年。

[35] 高至喜：《浏阳姚家园清理晋墓二座》第 88 页，《文物》1960 年第 4 期。

[36] 湖南省文物管理委员会：《湖南常德西郊古墓葬群清理小结》第 51～56 页，图版第二，《文物参考资料》1955 年第 5 期。

[37] 广州市文物管理委员会：《广州市东郊东汉砖室墓清理纪略》第 63 页，《文物参考资料》1955 年第 6 期。

[38] 广西壮族自治区文物管理委员会：《广西出土文物》图版第 124，图版说明第 14 页，文物出版社，1978 年。

[39] 湖北省文物管理委员会：《湖北随县唐镇汉魏墓清理》第 90 页，图版第陆（13），《考古》1966 年第 2 期。

[40] 安徽省博物馆：《安徽合肥古砖墓清理简报》第 34 页，图版第拾壹（4），《考古通讯》1957 年第 1 期。

[41] 梅原末治：《漢三国六朝紀年鏡図説》第 44～45 页，图版第二十三（1），桑名文星堂，1942 年。

[42] 梅原末治：《漢三国六朝紀年鏡図説》第 45～46 页，图版第二十四，桑名文星堂，1942 年。

[43] 梅原末治：《漢三国六朝紀年鏡図説》第 46～47 页，桑名文星堂，1942 年。

[44] 梅原末治：《漢三国六朝紀年鏡図説》第 118 页，图版第六十六，桑名文星堂，1942 年。

[45] 樋口隆康：《古鏡》第 229 页，图版第九十三（188），新潮社，1979 年。

[46] 森浩一等：《シンポジウム古墳時代の考古学》第 143 页，學生社，1970 年。

[47] 梅原末治：《漢三国六朝紀年鏡図説》第 49～50 页，桑名文星堂，1942 年。

[48] 樋口隆康：《古鏡》第 214～216 页，图版第八十四（169），新潮社，1979 年。

[49] 樋口隆康：《古鏡》第 229 页，图版第九十三（188）、第九十四（190），新潮社，1979 年。

[50] 王士伦：《浙江出土铜镜选集》图第 26，分图说明第 4 页，文物出版社，1958 年。

[51] a. 葛家瑾：《南京栖霞山及其附近汉墓清理简报》第21~23页，《考古》1959年第1期。
b. 南波：《南京西岗西晋墓》第57~60页，图第十八，《文物》1976年第3期。
[52] 蒋缵初：《扬州地区出土的铜镜》第32~34页，《文物参考资料》1957年第8期。
[53] 湖南省博物馆：《湖南出土铜镜图录》，附录图版第12、第13，文物出版社，1960年。
[54] a. 王士伦：《浙江出土铜镜选集》，文物出版社，1958年。
b. 梅原末治：《紹興古鏡聚英》，桑名文星堂，1939年。
[55] 陕西省文物管理委员会：《陕西省出土铜镜》第88页，图第78，文物出版社，1959年。
[56] 河南省文化局文物工作队：《洛阳晋墓的发掘》第179~180页，图第十（4），《考古学报》1957年第1期。
[57] 陕西省文物管理委员会：《陕西省出土铜镜》第85~87页，图第75、76、77，文物出版社，1959年。
[58] 樋口隆康：《古鏡》第227页，新潮社，1979年。
[59] 傅嘉仪：《西安市文管处所藏两面汉代铜镜》第61页，《文物》1979年第2期。
[60] 安徽省文化局文物工作队等：《安徽寿县茶苆马家古堆东汉墓》第142、143页，图第八（4），《考古》1966年第3期。
[61] 梁上椿：《岩窟藏镜》第二集中卷，北京大业印刷局暨商业印刷所铅印暨影印，1941年。
[62] 梅原末治：《漢三国六朝紀年鏡図説》第12页，图版第四，桑名文星堂，1942年。
[63] a. 王士伦：《浙江出土铜镜选集》，文物出版社，1958年。
b. 梅原末治：《紹興古鏡聚英》，桑名文星堂出版，1939年。
[64] 梁上椿：《岩窟藏镜》第二集下卷，图第一、第二，北京大业印刷局暨商业印刷所铅印暨影印，1941年。
[65] 安徽省博物馆：《安徽合肥古砖墓清理简报》图版拾壹（3），《考古通讯》1957年第1期。
[66] 胡悦谦等：《霍邱张家岗古墓发掘简报》第53~55页，《文物参考资料》1958年第1期。
[67] 西田守夫：《三角緣神獸鏡の形式系譜緒説》第210~211页，《東京国立博物館紀要》（六），1971年。
[68] 梅原末治：《日本蒐儲支那古銅精華》（五）第91页，山中商会，1933年。
[69] 梅原末治：《鑑鏡の研究》第85~86页，图版第十四（下），大岡山書店，1925年。
[70] 小林行雄：《三角緣神獸鏡の研究》第100~102、123、153页，《京都大學文學部研究紀要》第十三，1971年。
[71] 东北博物馆：《辽阳三道壕两座壁画墓的清理工作简报》第51~52页，《文物参考资料》1955年第12期。
[72] 章鸿钊：《古矿录》第1~6页，地质出版社，1954年。
[73] 翁文灏：《中国矿产志略》第127、142、143页，农商部地址调查所，1919年。

[74] 梅原末治:《漢三国六朝紀年鏡図説》第67～68页，图版第三十五（下）、第三十六，桑名文星堂，1942年。

[75] 原田淑人:《魏志倭人传から见た古代日中贸易》第234页，《东亚古文化说苑》，原田淑人先生米寿记念会，1973年。

[76] 高坂好:《三角縁神獣鏡は魏の镜にぁらず》第40页，《日本曆史》1968年5月号。

[77] 福山敏男:《石上神宫の七支刀》,《美術研究》第一五八，1951年。

[78] 田中琢:《古鏡》第8页，图第4，讲谈社，1981年。

[79] a. 梅原末治:《佐味田及新山古墳研究》图版第二十九（1），梅原末治·名著出版，1921年。

b. 梅原末治:《椿井大塚山古墳》图版第十三，京都府教育委员会，1964年。

c. 后藤守一等:《静冈县磐田郡松林山古坟发掘调查报告》图版第十四（1），御厨村乡土教育研究会，1935年。

[80] 西田守夫:《三角縁神獣鏡の形式系譜緒説》第205、206页，《東京国立博物館紀要》（六）》，1971年。

小林行雄:《三角縁神獣鏡の研究》第99、151、155页，图第一、第二，《京都大學文學部紀要》（第十三），1971年。

[81] 森浩一等:《シンポジウム古墳时代の考古学》第144～146页，學生社，1970年。

[82] 后藤守一:《漢式鏡》第493页，雄山阁出版，1926年。

[83] 梅原末治:《近江国野州郡小篠原大岩山の一古墳调查报告》第28～29页，《考古学雜誌》第十二卷第一号，1921年。

[84] 富冈谦藏:《日本出土の支那古鏡》第120～121页，《史林》第一卷第四号，1918年。

[85] 梅原末治:《近江国野州郡小篠原大岩山の一古墳调查报告》第28～29页，《考古学雜誌》第十二卷第一号，1921年。

（本文原载《考古》1981年第4期）

关于日本的三角缘佛兽镜

——答西田守夫先生

一

1981年8月初，拙著《关于日本三角缘神兽镜的问题》在《考古》（第4期）发表后，曾寄送日本东京国立博物馆西田守夫先生[1]。西田先生读了以后，于同年8月29日给我写了一封很长的信。他在许多方面对拙著表示首肯，但也提出了一些疑问。其中最重要的，便是关于日本出土的"三角缘佛兽镜"的问题。

如所周知，三角缘佛兽镜可以说是三角缘神兽镜的一种。其不同于一般的三角缘神兽镜之处，仅仅在于用佛像（本文所称的佛像，在较多的场合，是泛指佛、菩萨等与佛教有关的图形和造像，下同）或模仿佛像的神仙像来代替东王父、西王母之类的神仙像。因此，依我看来，三角缘佛兽镜和一般的三角缘神兽镜一样，亦应系由东渡的中国工匠在日本所作，他们主要是吴的工匠，而不是魏的工匠。在《关于日本三角缘神兽镜的问题》中，我把三角缘佛兽镜包括在三角缘神兽镜之内，没有将它特别提出来。如我在给西田先生的回信中所说，这主要是因为拙著的篇幅有限，不能什么都论及。

当然，对于西田守夫先生提出来的问题，我是很重视的。西田先生所提问题的要点，可以用后来他在他的大作《因铅的同位素比值法而产生的对汉式镜研究的期待和杂感》一文的注释中所说的话来表明。他说："若如王仲殊《关于日本三角缘神兽镜的问题》所说，三角缘神兽镜为东渡的吴的工匠在日本所作，那么，佛像或模仿佛像的神仙像实为此前在中国所作的画像镜或其他型式的神兽镜上所未见，而是在日本作此种镜（三角缘神兽镜）时才开始采用的，这很难理解。"[2] 如果允许我代他把话说得更尖锐、更明白些，那就是说："吴的工匠不在中国国内造镜时用佛像作图纹，为什么偏偏要等到东渡以后在日本造镜时才用佛像作图纹呢"？总之，西田先生所提问题是很有意义的。但是，我觉得，这一问题并不难以解答。由于说来话长，不是寥寥数语所能讲清楚，所以当时我在回信中说，我要另写一篇文章，专门谈谈关于日本出土的三角缘佛兽镜的问题。然而，因为各种事务忙碌，竟一直拖延到今天，这是应该告歉的。

自从《关于日本三角缘神兽镜的问题》发表以来，承蒙日本学术界和广大公众对拙著的高度重视，我是十分感谢的。在这一年多的时间内，经过多方面的检验，我愈益相信自己的论点是正确的，从而认为没有必要对拙著作任何重大的修正。然而，我确实感到，不管是由于什么原因，没有在《关于日本三角缘神兽镜的问题》中论及三角缘佛兽镜，这毕竟是一个缺陷。因此，我要特别感谢西田先生向我提出上述的问题，并惠赠有关的资料，促使我写现在写的这篇题为《关于日本的三角缘佛兽镜》的文章。我将本文当作是前著《关于日本三角缘神兽镜的问题》一文的继续和补充，谨就正于西田守夫先生及其他日本学术界的朋友们。

二

我想，为了使广大读者易于了解起见，我应该先将日本出土的三角缘佛兽镜作一简单的介绍。

大家都知道，日本的三角缘佛兽镜，最有名的是奈良县新山古坟出土的1枚[3]。这是1枚可称之为"三佛三兽镜"的三角缘佛兽镜。镜的内区的三个佛像，都是结跏趺坐，两手前置相合，结禅定印。其中一像，头上有肉髻，头后有项光，两肩外侧上方各置莲花，显然是佛像无疑。另外两像，头戴三山冠，头后无项光，与佛像有异，但都系以禅定印的姿态在莲座上结跏趺坐，从大体上说，仍然不失其作为佛像的特征（图1-1）。

可以称为"三角缘三佛三兽镜"的，还有京都府寺户大塚古坟出土的1枚[4]、同府园部垣内古坟出土的1枚和京都市百百池古坟出土的1枚[5]。这3枚铜镜，都属同范镜。镜上的三个神像，头戴三山冠或弁冠，与一般的神仙像相似，但和上述新山古坟出土镜上没有项光的二像

1. 奈良县新山古坟出土镜　　　　4. 群马县赤城塚古坟出土镜

2. 京都府寺户大塚古坟出土镜　　5. 京都市百百池古坟出土境

3. 冈山市天神山一号古坟出土境　6. 同上（局部放大）

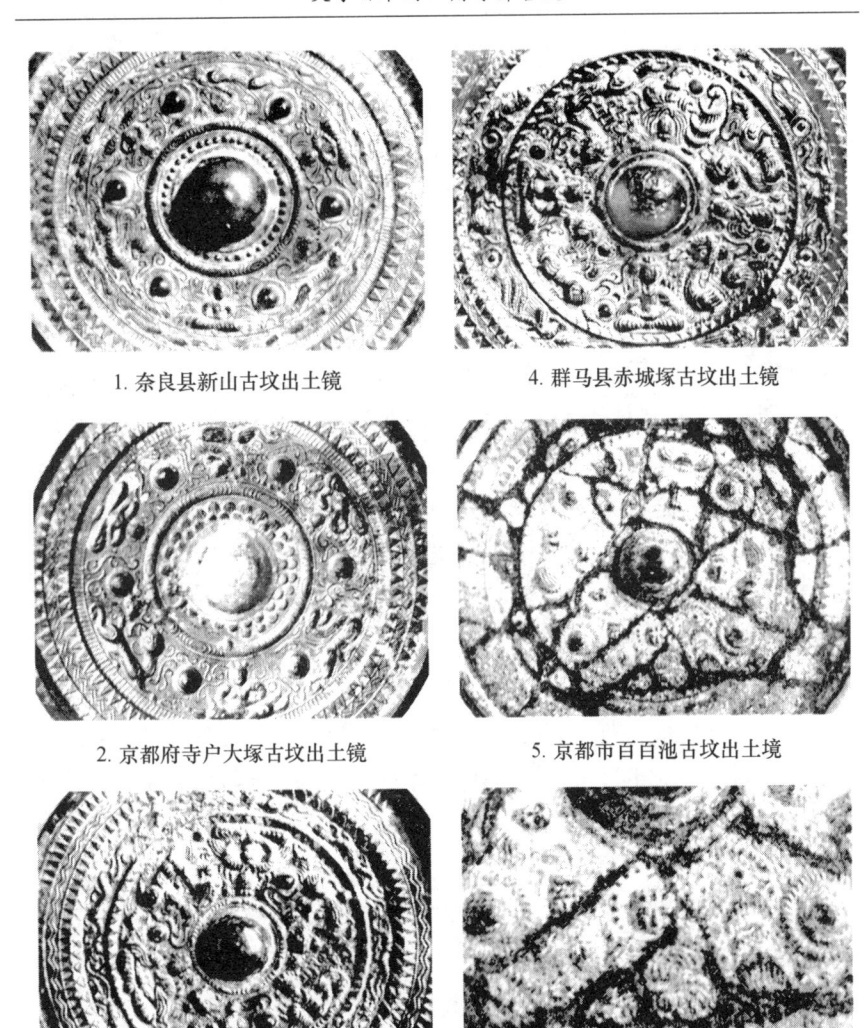

图1　日本的三角缘佛兽镜

一样，都系结跏趺坐，手结禅定印，所以仍可认为它们是模仿佛像的（图1-2）。

我赞成西田守夫先生的意见，认为被称为"三角缘三神三骑兽神镜"的冈山市天神山一号古坟出土镜也可以算作是1枚三角缘佛兽镜[6]。因为，该镜的三个神像都是结跏趺坐，与新山古坟出土镜上没有项光的两个模仿佛像的神仙像是相似的（图1-3）。

此外，如西田先生在他的《黄初四年半圆方形带神兽镜和有圆光背的三角缘神兽镜》一文中所论述的那样，京都市百百池古坟出土的1枚"三角缘二神二兽镜"，在西王母像的头部，有着由十余个凸起的小珠粒组成的圆形项光[7]，这只能认为是出于对佛像的模仿（图1-5、6）。

最后，要特别提到的是，今年5月末，我在东京出席日本第6次古代史讨论会时，承蒙西田守夫先生的厚意，我在会场的休息室里看到了他特意拿来给我看的那枚闻名已久的群马县赤城塚古坟出土的三角缘神兽镜（图1-4）。这枚铜镜，虽然略有破损，但制作精良，图纹清晰。在镜面上的三个主要的神像中，有二像头后有项光，它们都是结跏趺坐，两手前置相合，结禅定印，其中一像座下有莲花，应是佛像无疑。因此，正如西田先生在《因铅的同位素比值法而产生的对汉式镜研究的期待和杂感》中所指出，该镜与其称为三角缘神兽镜，不如称为三角缘佛兽镜更为合适。[8]

以上所举各镜，其直径在20～24厘米之间，都属大型镜。镜的缘部，断面呈三角形。外区的纹饰，都为两周锯齿纹带夹一周复线波纹带。内区和外区之间，往往又有一周栉齿纹带或锯齿纹带（图1-1、2），有时则有一周由飞禽走兽组成的花纹带（图1-3、4）；个别的镜在花纹带内插入小方格形，可能内有"天王日月"字样（图1-5）。内区的主纹，除佛像和神仙像外，主要为兽形。除了配置各种形式的"乳"以外，个别的镜亦有"笠松形"（图1-4～6）。总之，总的说来，各镜的形制、花纹是与一般的三角缘神兽镜相同的。所不同的，已如前文所说，主要是用佛像或模仿佛像的神仙像全部或部分地取代一般的神仙像而已。

各镜所由出土的古坟，据日本学术界的意见，大都是属于4世纪的。但是，无待于言，镜的制作年代应比古坟的年代为早。据研究，新山古坟出土镜的年代约在3世纪中叶[9]。其余各镜，据我看来，其年代或早或晚，多不出3世纪的范围，最晚也不会晚于4世纪初，大体上相当于中国三国时代的后期和西晋时期。

我已说过，和三角缘神兽镜一样，三角缘佛兽镜不是在中国制作的，而是由东渡的吴的工匠在日本制作的，从而不能说是"舶载镜"。事实上，在中国境内（也包括朝鲜半岛境内），到现在为止，既没有发现过三角缘神兽镜,也没有发现过三角缘佛兽镜。但是,必须指出,镜上的佛像却可以在同时期的中国镜上见到,因而不能说唯独它们是最早用佛像作图纹的铜镜。关于这一点,我将在后文详述。

三

佛教传入中国,或谓始于西汉末年[10]。《后汉书·楚王英传》李贤注引袁宏《汉纪》,则谓始于东汉明帝时[11]。到了东汉晚期,对佛教的信仰稍稍趋盛。因此,在东汉晚期的遗迹和遗物上开始出现了与佛教有关的图纹和雕像等,它们主要是佛像。

早在1947年,就发现在四川省乐山城郊的"麻浩享堂"(其实应是一座东汉晚期的大型崖墓的墓室)的门额上刻有一尊佛像[12]。该像似为结跏趺坐,由于头部有项光,右手作施无畏印,使人确信其为佛像无疑(图2)。

大概在1940年前后,在发现"麻浩享堂"佛像之前不久,四川省彭山的一座应该是东汉晚期的崖墓内曾出土1件陶摇钱树座,上面雕塑着三个人像。居中一像是坐像,头上有肉髻,右手似作施无畏印,身着通肩袈裟,衣褶分明,

图2 四川乐山"麻浩享堂"的佛像

显然是佛像。左右各立一夹侍,或以为是菩萨像[13]。

1953年在山东省沂南发掘的一座东汉晚期的画像石墓(即有名的"沂南汉墓")中,雕刻着两个人像。它们都是立像,其特点是头部有明显的项光。如果它们还不能说是真正的佛像,至少也是受到佛像的影响[14]。

此外,在1973年在内蒙古和林格尔发掘的一座东汉晚期的砖室墓(即著名的"和林格尔汉墓")的壁画中,绘有"仙人骑白象"的图像[15]。据考证,这里的所谓"仙人",应是骑在白象身上的佛或菩萨[16],虽然我本人对此持保留的态度。

上述东汉晚期用佛像作图纹、雕像的遗迹和遗物(1955年在河北

省石家庄市北宋村发掘的东汉晚期的砖室墓中曾出土2件铜佛像[17]。但是，由于该墓早期经盗掘，铜像出于乱砖之中，难以判断是否为墓中原有之物。从佛像的造型看来，似亦难以肯定其为东汉的作品[18]，故不计)，其分布东起山东，北及内蒙古，西南达于四川，范围已经相当广大。到了三国、西晋时期，由于佛教信仰的进一步扩大和加深，在长江中游和下游地区开始流行用佛像来装饰各种器物，其种类和数量之多，则远远超过了其他各地。

关于这方面，最明显的是在长江下游的江苏省南部、浙江省北部和中部一带，在吴和西晋时期的墓中，往往有一种陶质或青瓷质的谷仓罐（又称魂瓶）随葬，而谷仓罐上则装饰着佛像。可以确认，根据现有的资料，这种装饰着佛像的谷仓罐，年代最早的大约属于吴的中后期，1957年在江苏省江宁发掘的[19]和1979年在浙江省武义发掘的吴墓中的出土品（前者1981年曾在日本展览）便是例证[20]。到了吴的末年或西晋的初年，则往往进而将佛像置于罐上堆塑的楼阁之中，似乎成了供奉的对象。这里，我只举1958年江苏省南京市甘家巷高场1号墓出土的1件谷仓罐作为例子，来加以说明[21]。该谷仓罐为陶质，施黑褐色釉，通高42厘米。上层的罐顶成方形的房屋，四面各开一门，门内各有一坐佛，屋外四周又置许多坐佛像。中层的罐颈亦呈房屋状，正面开一门，门内有一坐佛，门前双阙两侧小罐的后面又共置坐佛像八尊。在下层的罐腹上，也塑贴着佛像。许多佛像都出于同一模型，其形相的特点是跌坐，合掌，身后有背光（图3）。

图3 南京高场1号墓谷仓罐上的佛像

此外，在长江下游，主要是浙江省境内的绍兴地区，除了陶瓷谷仓罐以外，在吴、晋时期的一般青瓷器皿上有时也装饰着佛像，有项光，有莲座，其形相与上述江苏省江宁等地出土的谷仓罐上贴塑的佛像相似[22]。

在长江中游地区，在三国时期，亦不乏用佛像作装饰的器物。这里，我要举出来的是，1956年在湖北省武昌莲溪寺发掘了一座吴墓，据墓中的铅质买地券所记，墓的年代为永安五年（公元262年），墓主人为校尉彭卢，墓内随葬着一件鎏金的铜带饰，上面刻有佛像[23]。这是一尊立像，立于莲座之上，头上发髻似附饰物，头后有项光，上身裸露，下身着裙，身上披带飘拂，与上述长江下游地区发现的许多谷仓罐上的坐佛像相比，则又别具一种风格（图4）。

总之，在三国时期，在长江中游和下游的吴的境域内，由于佛教渐趋兴盛，加上吴地的风俗关系，在器物上用佛像作图纹和装饰远比同时期的北方地区为多见。这不仅表现在以上所举陶瓷谷仓罐、青瓷器皿和铜带饰上所见的佛像，而且更重要的是，如下文所述，在许多铜镜上也采用了佛像作图纹。

图4　武昌莲溪寺吴墓铜带饰上的佛像

四

根据现有的资料，在铜镜上用佛像作图纹开始于三国时期，而西晋时又有所发展。值得注意的是，从地域上说，用佛像作铜镜的图纹是发祥于长江流域。我认为，明确这一点，是十分重要的。

三国和晋代，在长江流域制作的铜镜，用佛像作图纹的，首先应推平缘的所谓"画文带佛兽镜"。如所周知，迄今发现的画文带佛兽镜，见于著录的，有日本长野县御猿堂古坟出土镜、河内金刚轮寺所藏镜、冈山县王墓山古坟出土镜、千叶县鹤卷古坟出土镜及名古屋市出土镜等（千叶县大塚山古坟出土的一枚，是日本的仿制镜，故不计）[24]。此外，德国柏林民俗博物馆亦藏有一枚画文带佛兽镜[25]。

以上所举各镜，其图纹的配置都作求心式。佛像共有四组。二组各为二尊佛，另二组各为三尊佛，交互、对称地配置在镜面上。二尊佛包括坐像和立像各一。前者坐在莲座或狮首座上，右手作施无畏印，头部有莲花纹的项光；后者立在仰莲上，头上无项光，但有肉髻，左手持莲枝状物。三尊佛包括居中的立像和两侧的坐像。立像有圆形项光，头上施双髻，立于仰莲之上；右侧的坐像正面坐在莲座或狮首座上，左侧的坐像一为翘首向上，一为侧首俯视，头上都无项光（图5-1）。王墓山

1. 日本长野县御猿堂古坟出土镜 
4. 日本东京国立博物馆藏镜
2. 湖北省鄂城寒溪公路出土镜
5. 美国波士顿美术馆藏镜 
3. 同上（局部放大）
6. 湖北省鄂城钢厂五里墩工地出土镜

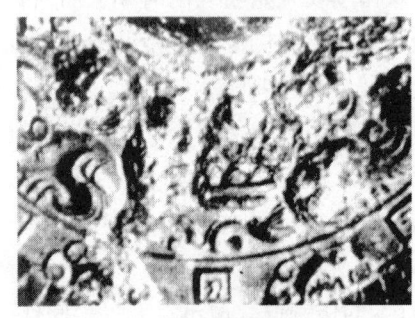

图5 中国制的画文带佛兽镜和佛像夔凤镜

古坟出土镜和鹤卷古坟出土镜，三尊佛中的左侧或右侧的一个坐像作半跏思惟状，二尊佛中的立像脚下无莲。

这些画文带佛兽镜，就其整个形制和纹饰而言，与画文带神兽镜是十分相似的。所以，所谓画文带佛兽镜，实际上是画文带神兽镜的一种。上述各镜虽然都从日本的古坟中出土，其实应为中国所制，是从中国输入的舶载镜，这是毫无疑问的。按照我的看法，和画文带神兽镜一样，它们不是黄河流域所产的铜镜，而是长江流域的吴镜。虽然它们的制作年代很可能是在西晋，但仍然为吴的故地所产，不失其为属于吴镜的系统。

为了进一步证明含有佛像的画文带神兽镜是中国的吴镜，我可以举出一个最有力的证据，那就是解放后在湖北省鄂城寒溪公路出土的1枚画文带神兽镜，它的制作年代约在3世纪中期。该镜直径15厘米，平缘，缘部饰连续的流云纹。外区主要是一周由许多奇禽异兽组成的画文带。内区的主纹由四组神像和四个兽形交互地配置而构成。四组神像之中，有二组各仅一像，分别为东王父或西王母。另二组各为二像，其中一组为二个侍神，而另一组则为二尊佛像。由于佛像的存在，此镜可称画文带佛兽镜。

鄂城寒溪公路出土的这枚画文带佛兽镜上的二尊佛像，一为坐像，一为立像。坐像结跏趺坐，两手的姿势不明，头部可能有项光，只是因镜面锈蚀，项光已模糊不清而已。最明确的是，这尊佛像系坐在莲座上，仰莲的莲瓣十分清楚，足证其为佛像无疑。立像的细部形态虽不甚清晰，但它无疑是坐佛旁边的夹侍（图5-2、3）。

总之，鄂城的这枚铜镜的发现，更明确地证实了画文带佛兽镜确为中国吴地所产的铜镜。考古发掘工作证明，此镜为吴镜，其制作年代约在吴的中后期，不晚于日本出土的三角缘佛兽镜。西田守夫先生说，佛像或模仿佛像的神仙像为此前中国神兽镜上所不见。我想，这主要是因为鄂城等地的资料尚未发表，从而不为西田先生所知的关系。

五

大家都知道，在中国三国和西晋时期的铜镜中，用佛像作镜的图纹的，除了上述属于画文带神兽镜系统的画文带佛兽镜以外，在属于夔凤镜系统的铜镜中亦颇有用佛像作图纹的，后者通常被称为"佛像夔凤镜"。

传世的佛像夔凤镜，见于著录的，共有4枚。它们分别为日本东京国立博物馆、美国哈佛大学福格博物馆、波士顿美术馆和德国柏林国立博物馆的藏品。这4枚夔凤镜，钮座都作柿蒂形。哈佛大学福格博物馆的藏镜，缘部饰一周连弧纹带。东京国立博物馆、波士顿美术馆和柏林国立博物馆的藏镜，都为素缘，但在镜缘的内侧亦有一周连弧纹带。4枚铜镜上所见的佛像，有坐像，有立像，亦有飞天像，头上都有圆圈状的项光（图5-4、5）。

东京国立博物馆的藏镜[26]，在柿蒂的四瓣中都有佛像。其中三瓣各为一尊坐佛，趺坐在莲座上，座的两端附龙首。另外一瓣则为三尊佛，中央的一尊为莲座上的坐佛，两侧的二尊均为立像（图5-4）。

哈佛大学福格博物馆的藏镜[27]，仅在四瓣柿蒂中的一瓣有三尊佛像。中央的一尊为莲座上的坐佛，两侧的二尊似皆为立像。此外，在镜缘的连弧纹带中，有两个弧形内各有一个飞天像。

波士顿美术馆的藏镜[28]，其图纹与福格博物馆的藏镜基本上相同，只是连弧纹带不在镜缘上，而在镜缘的内侧而已（图5-5）。

柏林国立博物馆藏镜的佛像，只见于镜缘内侧连弧纹带中的3个弧形，每一弧形内各有一像，它们应是佛像或飞天像[29]

从东汉后期到三国和晋代，夔凤镜十分流行，它的分布范围也相当广泛。据考古调查发掘所知，从中原地区的洛阳、西安等地，到长江流域各处，甚至到北方和西北的边远地区，都无不有夔凤镜发现，但镜的图纹中有佛像的却廖寥无几。必须指出，上述4枚博物馆的藏镜都系传世品，出土地点不明。因此，究明佛像夔凤镜的产地就成为十分重要的了。

现在，使人感到高兴的是，由于湖北省鄂城的新发现，关于佛像夔凤镜的产地问题也就可以得到明确的解决。我在《关于日本三角缘神兽镜的问题》一文中早已说过，在鄂城发现的汉末、三国和晋代的铜镜中，存在着夔凤镜。值得重视的是，在这些夔凤镜中，有不少是佛像夔凤镜。根据对当地大量的考古发掘资料的研究，可以肯定它们是吴镜而不是西晋的镜，其制作年代应在3世纪中期。

这里，我只举近年在鄂城钢厂五里墩工地出土的1枚，作为代表，来加以说明。这枚佛像夔凤镜，直径为16.3厘米，比上述东京国立博物馆所藏的1枚（直径14.3厘米）略大，但镜上的图纹却彼此相似。在略呈扁平的圆形钮之下，附有四瓣柿蒂形的钮座，每瓣内都有佛像。在柿蒂的各瓣之间，则为镜面的主纹，即四组凤鸟纹，每组各由两只相对的凤鸟构成。在接近镜缘处，则为由16个弧形组成的连弧纹带，每个弧形内各有一龙、一虎或一凤。镜缘平直，素面无纹（图5-6，图6）。

上述存在于四瓣柿蒂中的佛像，有三瓣各为一尊坐像，头上有圆形项光，结跏趺坐在莲花座上，座的两端各附一龙首。另外一瓣中的佛像则为三尊像。中央一尊为坐佛，在莲花座上作半跏思惟状，头上有项光；两侧的二像一立一跪，头上无项光。

图6 鄂城五里墩出土的佛像夔凤镜

总之，由于鄂城的新发现，我们可以明确地说，和画文带佛兽镜一样，佛像夔凤镜的产地也是在长江流域的吴地，而吴都鄂城及其附近地区则应是它的最重要的产地之一。在三国时代，鄂城及其附近存在着规模较大的铜镜铸造业。关于这一点，我已在《关于日本三角缘神兽镜的问题》中有过比较详细的论述，这里不再重复。

六

前面已经不止一次地说过，由于三角缘佛兽镜在总的形制和纹饰方面与三角缘神兽镜十分相似，所以可以说它是三角缘神兽镜中的一种。据估计，到目前为止，日本出土的三角缘神兽镜已多达300余枚，而三角缘佛兽镜则不足10枚。这就更说明了三角缘佛兽镜不能独自成一系统，而是应该包括在大量的三角缘神兽镜的范畴之内。我在《关于日本三角缘神兽镜的问题》一文中列举许多事实，提出各种理由，说明三角缘神兽镜为东渡的吴的工匠在日本所作[30]，这同样适合于三角缘佛兽镜。实际上，和三角缘神兽镜一样，在中国始终没有发现过三角缘佛兽镜，这是不容否认的事实。

如前所述，在三国、西晋时期，中国铜镜在图纹中采用佛像的是平缘的画文带神兽镜和夔凤镜，前者可称画文带佛兽镜，后者称为佛像夔凤镜。考古发掘工作中的出土例证实了画文带佛兽镜和佛像夔凤镜都是吴镜，它们也包括晋代在吴的故地所作之镜。

吴的工匠东渡日本后，将吴地流行的神兽镜和画像镜结合起来，制作了在国内未曾作过的新式的三角缘神兽镜。三角缘神兽镜是从画像镜上采取断面呈三角形的缘部和饰有两周锯齿纹带夹一周复线波纹带的外区，又从神兽镜上采取内区的半立体化的浮雕式主纹，即东王父、西王母等神像和龙、虎等兽形。如我在前文所论述，吴的工匠在国内制作画文带神兽镜和夔凤镜时，已经使用佛像作镜的图纹。因此，东渡以后，工匠们偶然也将佛像使用在三角缘神兽镜的图纹上，这完全是可以理解的。总之，随着新的考古资料的增加，我们决不能认为3世纪中叶或稍后在铜镜上采用佛像作图纹的只限于日本出土的三角缘佛兽镜。

日本出土的平缘的画文带佛兽镜，应该是中国长江流域制作的吴镜（包括晋代在吴的故地所作之镜），是从中国吴地输入日本的。由于在吴都鄂城发现了吴的画文带佛兽镜，更证明了上述的这一观点是正确的。

应该强调指出，在中国的三国时代，用佛像作图纹的铜镜只限于吴镜。在魏的领域内，既缺少用浮雕式的东王父、西王母等神仙像作图纹的神兽镜和画像镜，更绝无用佛像作图纹的画文带佛兽镜和佛像夔凤镜。事实上，在魏的境内，用佛像作纹饰的其他器物亦为至今所未见（这主要是因为手工业工艺方面的风俗不同，而不是说魏地佛教毫无进展）。这就更进一步地证实了包括三角缘佛兽镜在内的三角缘神兽镜决不是魏镜。

长期以来，许多研究者将三角缘神兽镜看作是中国的魏镜。但是，解放以来广泛的考古调查发掘工作证明，在以黄河流域为主的魏的境内，不仅根本不存在日本出土的那种三角缘神兽镜，甚至连各种平缘的神兽镜亦绝无仅有，十分罕见。相反，在以长江流域为主的吴的境内，则发现了大量的、各种形式的神兽镜和画像镜，它们与日本出土的三角缘神兽镜有不少共同之处，但也存在着一定的差别。因此，我的结论是，三角缘神兽镜既不是魏镜，也不是吴镜，而是由东渡的吴的工匠在日本制作的。关于这一问题，我的许多理由已在《关于日本三角缘神兽镜的问题》中详述，这里不再重复。但是，应该指出，对三角缘佛兽镜的研究，进一步加强了我的上述的论点。

七

日本东京国立文化财研究所化学研究室马渊久夫先生等，测定了许多古代铜镜中所含的铅的同位素比值[31]。测定结果表明，三角缘神兽镜和三角缘佛兽镜中所含的铅不属日本的铅矿，而是属于中国的铅矿。我认为，这与我所主张的三角缘神兽镜和三角缘佛兽镜为东渡的吴的工匠在日本所制之说并不抵触。

如所周知，日本弥生时代（约从公元前3世纪到公元3世纪）的铜铎是在日本当地制造的，这早已成为定论。根据马渊先生等的测定，铜铎中所含的铅也都不属于日本的铅矿，而是属于中国的铅矿（个别为朝鲜半岛的铅矿）[32]。这说明，从弥生时代中期（相当于中国西汉中后期和东汉前期）以降，在一个相当长的时期内，日本从中国输入原料（包括广义的材料，下同），用以在日本本地制造青铜器。所以，谁也不会因为三角缘神兽镜和三角缘佛兽镜中所含的铅属于中国的铅矿便断定它们非在中国制造不可。其实，据测定，早被确认为在日本所制的"仿制三角缘神兽镜"中所含的铅亦属中国的铅矿，而且其同位素比值与三角缘神（佛）兽镜中所含的铅十分相似。

按照日本奈良国立文化财研究所坪井清足先生的意见，三角缘神兽镜中所含的铅全属中国北方的铅矿[33]。中国国境辽阔，各地铅矿不少[34]。在被用于实验比较的中国铅矿石资料为数甚少（仅有辽宁省锦西、安东青城子和湖南省常宁水口山等处）的情况下，根据同位素比值来断定铜镜中所含的铅属于中国"北方"的铅矿或"南方"的铅矿，这是否完全可靠，暂且不论（据测定，目前仅知"正始元年"镜、"景初三年"镜及其他许多三角缘神兽镜和三角缘佛兽镜中所含铅的同位素比值与以"赤乌元年"镜为代表的吴镜中所含铅的同位素比值有别[35]，但不能断定前者必属中国北方的铅矿。此外，据测定，京都府椿井大塚山古坟出土的2枚三角缘神兽镜中所含铅的同位素比值则与上述吴镜中所含铅的同位素比值相似[36]）。但是，我认为，纵使三角缘神（佛）兽镜中所含的铅属于中国北方的铅矿，我们也不能因此断定它们必然是中国北方的魏镜。吴的工匠在国内造镜，主要是用吴地所产的铜、锡、铅作原料，这是合乎常情的。但是，东渡的吴的工匠未必会将原料带到日本去（镜铭中的"用青铜至海东"是说在日本用青铜铸镜，不是说将青铜从中国带到日本）。因此，他们在日本，若不是用日本当地所产的原料，而是用从中国输入的原料造镜，那就不必限于吴地所产的原料，而是可以用魏地所产的原料造镜的，就像日本的工匠可以用中国北方所产的原料铸造铜铎和"仿制镜"一样。

坪井清足先生说，吴的工匠用北方魏的原料在日本制造三角缘神兽镜，这难以理解[37]。但是，如上所述，我却认为这是不难理解的。

八

水野清一先生认为，三角缘佛兽镜的年代在3世纪中叶，佛像夔凤镜的年代在3世纪70年代至3世纪末，画文带佛兽镜的年代在3世纪末至4世纪初，与此相应，镜上的佛像由前者的类似神仙像的发展到后者的真正的佛像，而且飞天出来了，半跏思惟像也出来了，到4世纪时各种形式的佛像大致都完备了[38]。

我觉得，从实际情况看来，这种看法虽然大体上是正确的，但未必尽然。首先，从佛像本身的成熟与否来说，前面提到的湖北省武昌莲溪寺永安五年（公元262年）吴墓出土的铜带饰上的佛像已经是真正的佛像了，至少可以说与神仙像不相类似。半跏思惟像的开始出现不是迟在3世纪末或4世纪初，而是早在3世纪的中期，鄂城出土的属于3世纪中期的佛像夔凤镜就证明了这一点。

其次，随着新的考古发掘资料的不断增加[39]，我们不能将画文带神兽镜（包括画文带佛兽镜）的年代估计得过晚。尽管日本出土的各枚画文带佛兽镜的年代很可能晚到西晋，但鄂城出土的画文带佛兽镜的年代确属吴的中后期。总之，从鄂城的出土例看来，画文带佛兽镜和佛像夔凤镜的年代是与日本的三角缘佛兽镜的年代差不多的。日本的三角缘佛兽镜，其年代大体上在3世纪中叶，但不能排除其中有些镜的年代有晚至3世纪后期或4世纪初的可能，从而也许反比鄂城出土的画文带佛兽镜和佛像夔凤镜为晚。

中国早期佛教，是与方士们祠祀神仙之类混合在一起的。佛教的推行，往往依附于神仙道术[40]。各种神兽镜上的图纹，自东汉中期以来，本来是以东王父、西王母等神仙像为主体的；到了三国时期，虽然偶尔采用了佛像，但仍然较多地保留着神仙像，因而产生了佛像与神仙像共存于同一镜面上的现象，这是不足为怪的。至于三角缘佛兽镜上的佛像常与神仙像相混淆，那更是因为它们是由东渡的中国工匠在日本所作的关系。东渡日本以后，吴的工匠离开了佛教渐已兴盛的中国，置身于当时尚不知佛教为何物的异邦，在这种情况下，在制作镜的图纹时忘乎所以地将佛像与神仙像混淆起来，这也是可以理解的。他们不仅常将佛像与神仙像排列在同一镜面上，而且有时竟将神仙的冠戴误加在佛像的头上，或将佛的项光误加在神仙像的头上，等等。但是，应该说，在3世纪的日本，人们既然不知佛教为何物，因而对佛像也是毫无认识的。在当时的日本人看来，三角缘佛兽镜上的佛像与三角缘神兽镜上的神仙像是差不多的。

十分清楚，我们决不能认为中国制的平缘画文带佛兽镜传入日本就是佛教传入了日本，也不能认为东渡的中国工匠在日本制作三角缘佛兽镜是佛教传入日本的开始。但是，不管怎么说，前者表明日本自中国传入了佛像，后者更意味着在日本当地制作了最初的佛像。因此，从这一角度上看，究明三角缘佛兽镜和三角缘神兽镜一样，为东渡的中国工匠在日本所作，其意义是相当重大的。

西田守夫先生在给我的信中说："如果按照你的看法，认为三角缘神兽镜是吴的工匠来到日本制作的，那么，制作三角缘佛兽镜的工匠，纵使不算是将佛教传入了日本，至少也是在日本制作了佛像，这就要牵涉日本古代史上的大问题。从这一点上，也就使我等迄今不能转而下决心肯定三角缘神兽镜系在日本所作之说，即使制作者是中国的工匠也罢"。西田先生的这段话，我是能够理解的。但是，我觉得，不管会牵涉多么大的问题，只要有充分的事实作根据，我们还是应该勇于突破各种旧框框，提出自己的新的论断的。

注　释

[1]　王仲殊：《关于日本三角缘神兽镜的问题》第346～358页，《考古》1981年第4期。

[2]　西田守夫：《鉛同位体比法による漢式鏡研究への期待と雜感——主として吳鏡と三角缘神獸鏡の関係資料について》第17页，注第24，《MUSEUM——東京国立博物館美術誌》，1982年1月号。

[3]　樋口隆康：《古鏡》第266页，图版第一二三（245），新潮社，1979年。

[4]　樋口隆康：《古鏡》第266页，图版第一二三（246），新潮社，1979年。

[5]　后藤守一：《漢式鏡》第352页，图第二〇三，雄山阁出版，1926年。

[6]　樋口隆康：《古鏡》第267页，图版第一三四（267），新潮社，1979年。

[7]　西田守夫：《黄初四年半圆方形带神獸鏡と圆光背のある三角缘神獸鏡——東京国博物館藏の中国古鏡》第26页，图第三，《MUSEUM——東京国立博物館美術誌》1966

年12月号。

[8] 西田守夫:《鉛同位体比法による漢式鏡研究への期待と雜感——主として吳鏡と三角緣神獸鏡の関係資料について》第12、15頁,图第10,《MUSEUM——東京国立博物館美術誌》,1982年1月号。

[9] 水野清一:《中国における佛像のはじまり》第27頁,《中国の佛教美術》,1968年。

[10] 汤用彤:《汉魏两晋南北朝佛教史》上册第14、29、51页,中华书局,1955年。

[11] 《后汉书》卷第四十二第1429页,中华书局,1965年。

[12] a. 闻宥:《四川汉代画像选集》图第五十九,中华书局,1955年。
b. 李复华等:《东汉岩墓内的一尊石刻佛像》第88~90页,《文物参考资料》1957年6期。

[13] 曾昭燏等:《沂南古画像石墓发掘报告》第66、67页,图第42,文化部文物管理局出版,1956年。

[14] 曾昭燏等:《沂南古画像石墓发掘报告》第26、27页,图版第67、68,文化部文物管理局出版,1956年。

[15] 内蒙古自治区博物馆文物工作队:《和林格尔汉墓壁画》第25、26、33、68、118页,文物出版社出版,1978年。

[16] 俞伟超:《东汉佛教图像考》第68~72页,图第一,《文物》1980年第5期。

[17] 河北省文物管理委员会:《石家庄市北宋村清理了两座汉墓》封三图版第2第4,《文物》1959年第1期。

[18] 河北省博物馆等: 《河北省出土文物选集》第168页,图第295,文物出版社,1980年。

[19] 南京博物院:《中华人民共和国南京博物院展》总说第120页,图第50,南京博物院、名古屋博物院,1981年。

[20] 金华地区文管会等:《浙江武义陶器厂三国墓》第378页,图第五,《考古》1981年第4期。

[21] 金琦:《南京甘家巷和童家山六朝墓》304页,图版第叁(2),《考古》1963年第6期。

[22] 小山富士夫:《古越磁について》第224页,图第162,《世界陶磁全集》第八卷,河出书房出版,1955年。

[23] a. 湖北省文物管理委员会: 《武昌莲溪寺东吴墓清理简报》第190页,图版第柒(8),《考古》1959年第4期。
b. 程欣人:《我国现存古代佛教最早的一尊造像》第11、12页,《现代佛学》1964年第2期。

[24] 樋口隆康:《古鏡》236~238页,图第106,图版第一〇八(215、216),图版第一〇九(217),新潮社,1979年。

[25] 梅原末治:《歐米に於ける支那古鏡》第114~118页,图第二十二,刀江书院,1931年。

[26] 后藤守一:《古鏡聚英》上篇图版第三十六(5),大冢巧艺社出版,1942年。

[27] 梅原末治：《欧米に於ける支那古鏡》第112页，图第二十一（2），插图第五，刀江書院，1931年。

[28] 樋口隆康：《古鏡》第192页，图版第六十六（131），新潮社，1979年。

[29] 梅原末治：《欧米に於ける支那古鏡》第114页，图第二十一（1），刀江書院，1931年。

[30] 王仲殊：《关于日本三角缘神兽镜的问题》第346~358页，《考古》1981年第4期。

[31] a. 马渊久夫等：《鉛同位体比法による漢式鏡の研究》第4~10页，《MUSEUM——東京国立博物館美術誌》1982年1月号。
b. 马渊久夫等：《東京国立文化財研究所における測定法と結果》第276~288页，《古文化財に関する保存科学と人文・自然科学（昭和55年度年次報告書）》，1981年3月。
c. 马渊久夫等：《東京国立文化財研究所における測定結果——鉛同位体比》第206~217页，《古文化財に関する保存科学と人文・自然科学（昭和56年度年次報告書）》，1982年3月。

[32] a. 马渊久夫等：《鉛同位体比からみた銅鐸の原料》，《考古学雑誌》第68卷第1号，1982年6月。
b. 马渊久夫等：《（銅鐸）材料は中国、朝鮮產——含有鉛の同位体比で推定》，《每日新聞》1982年7月1日（日刊），第1版。

[33] 坪井清足：《日記から——三角縁神獸鏡》，《朝日新聞》1982年5月22日（夕刊）。

[34] a. 翁文灏：《中国矿产志略》第103~119页，农商部地址调查所，1919年。
b. 章鸿钊：《古矿录》，地质出版社，1954年。

[35] a. 马渊久夫等：《鉛同位体比法による漢式鏡の研究》第8页，《MUSEUM——東京国立博物館美術誌》，1982年1月号。
b. 马渊久夫等：《東京国立文化財研究所における測定結果—鉛同位体比》第209页，《古文化財に関する保存科学と人文・自然科学（昭和56年度年次報告書）》，1982年3月。

[36] 西田守夫：《鉛同位体比法による汉式鏡研究への期待と雑感——主として吴镜と三角縁神獸鏡の関係資料について》第16页，《MUSEUM——東京国立博物館美術誌》，1982年1月号。

[37] 坪井清足：《日記から——三角縁神獸鏡》，《朝日新聞》1982年5月22日（夕刊）。

[38] 水野清一：《中国における佛像のはじまり》第27页，《中国の佛教美術》，1968年。

[39] 安徽省文化局文物工作队等：《安徽寿县茶庵马家古堆东汉墓》第142、143页，图第八（4），《考古》1966年第3期。

[40] 汤用彤：《汉魏两晋南北朝佛教史》上册第51~60页，中华书局，1955年。

（本文原载《考古》1982年第6期）

日本三角缘神兽镜综论

日本出土的所谓"舶载"的三角缘神兽镜[1]被认为是中国三国时代的魏镜，主要是因为有些镜上有"铜出徐州，师出洛阳"的铭文[2]。特别是由于个别镜上有"景初三年"和"正始元年"的纪年[3]，它们更被确认为中国魏朝皇帝赠送给日本邪马台国女王卑弥呼的礼物。三角缘神兽镜的"魏镜说"，与《魏志·倭人传》的记载相结合[4]，有一定的说服力，曾在日本学术界占有很大的优势。

但是，中日两国考古调查发掘工作的继续开展，使我们面对着一个十分发人深思的事实：一方面，在日本，所谓"卑弥呼之镜"不断地从倭人的古坟中出土，其数量已达300余枚之多[5]，大大超过了魏帝诏书中所说的"铜镜百枚"之数。另一方面，在中国，不论是在魏的都城所在地的洛阳，还是在北方和南方的各地，虽然有大量的铜镜从古墓中被发掘出来，却始终不见哪怕是一枚三角缘神兽镜。这一鲜明的事实，与日俱增地使人感到三角缘神兽镜不是来自中国的舶载品，而是日本本地的产品。

在中国，自古以来，铜镜是古物爱好者的重要收藏对象之一。早在12世纪的北宋，金石学家们就开始将传世的古镜著录在有名的《宣和博古图》中[6]。到了18世纪的清代，《西清古鉴》[7]、《宁寿鉴古》[8]和《金索》[9]等金石学书籍又著录了许多古镜。进入20世纪以后，专为著录古镜的图录和书籍相继问世[10]，其中以《岩窟藏镜》收集最广，品类最多[11]。但是，在上述所有这些图书中，都不见有一枚三角缘神兽镜。1949年解放以后，30多年来，中国考古事业迅速发展，田野调查发掘工作广泛开展，各种古代文化遗物，包括各类铜镜在内，都有大量的新的发现，唯独三角缘神兽镜仍然一无所见。在《考古》、《文物》、《考古学报》等定期刊物和各种调查发掘报告书中，乃至在《洛阳出土古镜》[12]、《陕西省出土铜镜》[13]、《湖南出土铜镜图录》[14]、《浙江出土铜镜选集》[15]等图录中，都毫无三角缘神兽镜的影踪。我们到全国各地博物馆去参观，不仅在陈列柜中见不到三角缘神兽镜，而且在库房中也找不出这种铜镜。1981年我在《考古》杂志上发表了《关于日本三角缘神兽镜的问题》的文章[16]，附有三角缘神兽镜的清晰的图版，各地的博物馆工作者都看到了。但是，经过两年多的时间，至今仍然没有人能举出一枚三角缘神兽镜来。总之，事实说明，在中国全境之内，不论是在北方的黄河流域，还是在南方的长江流域，中国古代工匠从来没有铸造过三角缘神兽镜，所以没有遗物可寻。在这种情况下，怎么能说出土的300余枚三角缘神兽镜的原产地是在中国呢？

如所周知，从公元2世纪的东汉中期以降，特别是到了3世纪的三国时代，中国盛行神兽镜，镜的主要纹样是浮雕式的东王父、西王母等神像和龙、虎等兽形。但是，应该说明，中国的神兽镜都是平缘的。为了区别于日本的三角缘神兽镜，我在这里称它们为"平缘神兽镜"。在中国的平缘神兽镜中，包含着所谓"环状乳神兽镜"、"重列式神兽镜"、"对置式神兽镜"、"同向式神兽镜"、"求心式神兽镜"等种类；有的镜在外区靠近缘部处饰有一周所谓"画文带"，所以又称"画文带神兽镜"[17]。各种平缘神兽镜与三角缘神兽镜相比，除了缘部不同以外，在形制和纹饰的其他方面也有许多明显的区别，从而决不能混为一谈。但是，就镜的内区的神像和兽形而言，两者是颇为相似的。因此，可以说，日本的三角缘神兽镜主要是参照中国的各种平缘神兽镜而设计的。

但是，必须指出，从东汉中期以降，直到两晋南北朝，中国的各种平缘神兽镜始终是南方长江流域的产品，不是北方黄河流域的产品。就流行最盛的三国时代的各种平缘神兽镜而言，它们是长江流域的吴镜，不是黄河流域的魏镜[18]。这首先可以从镜的出土地点得到证明。各种平缘神兽镜的出土地点，如江苏省的南京[19]、江都[20]、丹阳[21]、句容[22]、镇江[23]、泰州[24]、无锡[25]、高淳[26]、丹徒[27]，浙江省的绍兴[28]、杭州[29]、余姚[30]、宁波[31]、奉化[32]、黄岩[33]、安吉[34]、淳安[35]、浦江[36]、兰溪[37]、武义[38]、东阳[39]、金华[40]、义乌[41]、永康[42]、衢州[43]、瑞安[44]，安徽省的和县[45]、芜湖[46]，江西省的南昌[47]，湖北省的鄂城[48]、宜昌[49]，湖南省的长沙[50]、浏阳[51]、常德[52]、衡阳[53]，福建省的松政[54]，广东省的韶关[55]、始兴[56]、广州[57]，广西壮族自治区的贵县[58]、梧州[59]、全州等地[60]，都在当时吴的境内，完全足以说明它们是吴镜无疑[61]。过去，有些研究者受到上述《岩窟藏镜》的影响，以为在黄河流域也有许多神兽镜出土。其实，《岩窟藏镜》所记各种铜镜的出土地点是出于古董商的讹传，是不足为信的。三国时代各种平缘神兽镜之为吴镜，还可以从"黄武"、"黄龙"、"嘉禾"、"赤乌"、"建兴"、"五凤"、"太平"、"永安"、"甘露"、"宝鼎"、"凤凰"、"天纪"等纪年镜上的年号都属吴的年号得到证实。有些研究者不能充分认识这一点，主要是由于受到了多枚有"黄初"纪年铭的神兽镜的迷惑。其实，"黄初"虽是魏的年号，但"黄初"纪年镜却都是吴镜，这可以从镜上的铭辞和镜的出土地点得到确证[62]。魏文帝曹丕建立魏朝以后，割据江南的吴主孙权表示臣服，奉魏的年号，至黄初三年十月才抗魏而自立年号，改元"黄武"，但当时孙权尚未称帝，而且不久又与魏通好，至后年始绝[63]。这便是吴镜铭文中使用魏的"黄初"纪年的原因。泰始年间，晋武帝的军队占据了长江北岸的吴的许多领地。当时，吴的将领和官员颇有率众降晋的。因此，传世镜中有西晋"泰始"纪年铭平缘神兽镜[64]，这是不足为怪的。特别应该指出，"泰始十年"纪年铭平缘神兽镜有"吾造作吴刑（型）明镜"的铭文[65]，正无可争辩地说明了平缘神兽镜是吴镜。至于传世的"太康"纪年铭平缘神兽镜，则无疑是西晋灭吴以后在吴的故地所作；有的镜在铭文中有"扬州"字样[66]，有的镜在铭文中记明为"吴郡"所造[67]，便是确证。许多吴的平缘神兽镜，在铭文中记明镜的制作地是在山阴和武昌。前者是吴的会稽郡的治所，即今浙江省的绍兴；后者是吴的前期都城，即今湖北省的鄂城。会稽和武昌所产的平缘神兽镜，除了多有吴的纪年以外，有的还有"吴国孙王"[68]、"吴造明镜"[69]的铭文，突出地标明了吴的国号。至于魏的境内，以首都所在地的洛阳为例，虽然不能说绝对没有发现平缘神兽镜，但其为数之少，完全可以认为是从南方的吴地输入的。总之，在中国三国时代的魏的境内，不仅根本不存在三角缘神兽镜，而且连平缘神兽镜也不流行[70]。这就使得有些研究者所主张的三角缘神兽镜的"特铸说"也难以成立。

关于三角缘神兽镜的所谓"特铸说"，是说中国魏朝皇帝为了赠送日本邪马台国女王，特地铸造了许多三角缘神兽镜，以为礼物[71]。中国有没有必要为外国特铸铜镜？魏的皇帝不为别的外国君主特铸铜镜，为什么偏偏要为卑弥呼特铸铜镜？日本的古坟至今仍有许多未经发掘，如果全部加以发掘，出土的三角缘神兽镜必然还会增加得更多，那么，魏朝方面有没有可能在相当短的时间内特铸数百千枚甚至更多的铜镜？以上种种问题，这里都暂且不论。但是，不管怎么说，纵使是特铸，也不能没有样本。中国工匠从来没有在中国铸造过三角缘神兽镜，又怎能突然凭空设计，大量铸造呢？如果说，中国的各种平缘神兽镜勉强可以当作特铸的样本，那么，遗憾得很，如我在前面所说，它们都是吴镜，不是魏镜。我们不能设想，魏朝的工官会以吴镜为样本来为邪马台国特铸铜镜。

除了上述的各种平缘神兽镜以外，在中国三国时代的铜镜中，与日本的三角缘神兽镜有相似之处的，还有各种画像镜。画像镜盛行于东汉的中后期，三国时代继续流行。值得注意的是，从画像镜的出土地点如绍兴[72]、杭州[73]、宁波[74]、金华[75]、衢州[76]、南京[77]、扬州[78]、鄂城[79]、长沙[80]等地都在长江中下游的吴的境内看来，它们与平缘神兽镜一样，主要也是吴镜。特别是属于当时会稽郡境内的浙江省绍兴等地出土的许多画像镜，缘部断面呈三角形，可称为三角缘画像镜[81]。这种三角缘画像镜，形体大，外区饰两周锯齿纹带夹一周复线波纹带，与日本的三角缘神兽镜颇为相似。在镜的内区，多有车马的形象，"东王父"、"西王母"等神像近旁有时有榜题，这与日本有些古坟中出土的三角缘神兽镜也是相似的[82]。这就是说，日本的三角缘神兽镜主要是参照中国的平缘神兽镜而制作，同时也是参照中国的三角缘画像镜而制作的。由于中国的平缘神兽镜和三角缘画像镜都是吴镜，我们可以明确地说，日本的三角缘神兽镜与中国的吴镜有关联，特别是与长江下游会稽郡的吴镜有密切的关联。

如所周知，日本奈良县新山古坟、京都府椿井大塚山古坟、京都市百百池古坟、群马县赤城塚古坟等不少古坟出土的三角缘神兽镜，用佛像或类似佛像的神仙像作镜的图纹，因而被称为"三角缘佛兽镜"[83]。必须指出，三角缘佛兽镜在总的形制和纹饰上是与一般的三角缘神兽镜相同的，所不同的仅仅在于用佛像或类似佛像的神仙像代替东王父、西王母之类的神仙像。因此，可以确认，三角缘佛兽镜是三角缘神兽镜的一种[84]。那么，在中国，用佛像作器物的装饰，特别是用佛像作铜镜的图纹，其情形又是如何呢？考古调查发掘工作证明，在三国时代的魏的境内，不存在用佛像作图纹的任何铜镜，也不存在用佛像作装饰的其他任何器物。与此相反，在当时吴的境内，不仅陶瓷器[85]和铜带具[86]

等器物有用佛像作装饰的，而且在铜镜上也流行用佛像作图纹。在吴的前期都城所在地的湖北省鄂城[87]、长沙郡境内的湖南省长沙[88]和会稽郡境内的浙江省武义等地[89]，发现了许多用佛像作图纹的所谓"佛像夔凤镜"，也发现了用佛像作图纹的平缘"画文带佛兽镜"[90]，它们的年代都在3世纪中期，是确实无疑的吴镜。这就更进一步证实了包括三角缘佛兽镜在内的三角缘神兽镜决不是魏镜，同时也更进一步证实了它们与吴镜有十分密切的关联。

三角缘神兽镜不是中国的魏镜，也不是中国的吴镜，那么，它们与吴镜之间的密切关联又意味着什么呢？明确地说，这意味着它们是中国的吴的工匠东渡日本，在日本制作的。大阪府国分茶臼山古坟出土的三角缘神兽镜的铭文说："吾作明镜真大好，浮游天下敖四海，用青铜至海东"[91]。滋贺县大岩山古坟出土的三角缘神兽镜的铭文说："镜陈氏作甚大工，型模彫刻用青铜，君宜高官至海东"[92]。中国古代的所谓"海东"，一般是指朝鲜半岛，但也可以指日本。三角缘神兽镜在日本大量出土，在朝鲜半岛却一无所见，所以上述镜铭中的"海东"显然是指日本。在中国发现的大量平缘神兽镜和其他各类铜镜上，虽然多有详细的铭文，但始终不见有"至海东"之句。这就足以证明"至海东"的镜铭是说东渡的中国工匠在日本制作三角缘神兽镜。

在中国《三国志》等史书里，有着3世纪时日本与中国的吴交往的记载。《三国志·孙权传》说："（黄龙二年）春正月，遣将军卫温、诸葛直将甲士万人浮海求夷洲及亶洲。亶洲在海中，长老传言秦始皇遣方士徐福将童男童女数千人入海，求蓬莱神山及仙药，止此洲不还，世相承有数万家。其上人民，时有至会稽货市。会稽东冶县人海行，亦有遭风流移至亶洲者"。据考证，亶洲是当时日本列岛的一部分[93]。日本各地出土的许多吴镜，便是这一历史记载的物证。无待于言，山梨县鸟居原古坟出土的"赤乌元年"对置式神兽镜[94]和兵库县安仓古坟出土的"赤乌七年"对置式神兽镜[95]当然是中国的吴镜。应该指出，冈山市新庄上庚申山出土的对置式神兽镜[96]和神户市兵库区梦野町丸山古坟出土的重列式神兽镜[97]也显然是吴镜无疑。此外，经过与中国出土铜镜的仔细对照，我认为，京都府椿井大塚山古坟[98]和熊本县船山古坟[99]出土的画文带对置式神兽镜，京都府八幡市车塚古坟[100]、奈良县新山古坟[101]、熊本县宇土郡国越古坟[102]、静冈县清水市梅谷古坟[103]

和香川县稜歌郡蛇塚古坟[104]出土的画文带环状乳神兽镜，以及熊本县船山古坟出土的神人车马画像镜[105]和大阪府茨木市出土的二神二兽画像镜等[106]，也应该是吴镜（图1，图2）。大量吴镜存在于日本各地的

1.赤乌元年对置式神兽镜（山梨县鸟居原古坟） 2.赤乌七年对置式神兽镜（兵库县安仓古坟）

3.对置式神兽镜（冈山市新庄上庚申山） 4.重列式神兽镜（神户市兵库区梦野町丸山古坟）

5.画文带对置式神兽镜（京都府椿井大塚山古坟） 6.画文带对置式神兽镜（熊本县船山古坟）

图1 日本出土的中国的吴镜（一）

7. 画文带环状乳神兽镜(京都府八幡市车塚古坟)　8. 画文带环状乳神兽镜(奈良县新山古坟)

9. 画文带环状乳神兽镜(静冈县清水市梅谷古坟)　10. 画文带环状乳神兽镜(香川县绫歌郡蛇塚古坟)

11. 神人车马画像镜(熊本县船山古坟)　12. 二神二兽画像镜(大阪府茨木市)

图2　日本出土的中国的吴镜（二）

古代遗迹中，这正是亶洲人民渡海到吴的会稽郡进行贸易的结果。既然亶洲人民可以西渡到吴的会稽郡去，那么，包括铸镜工匠在内的会稽郡的吴人自然也可以东渡到日本来。事实上，如上所述，据《三国志》等文献记载，东冶等地的吴人就有到达亶洲的，不管他们是"遭风流移"，还是蓄意东渡。

3世纪时，孙权在江南立国，先是建都于武昌（今湖北省鄂城），以后则定都于建业（今江苏省南京），国号为"吴"。4世纪以降，东晋和南朝继吴之后在江南建立政权，以建康（即吴时的建业）为都城，5世纪时与日本有正式的外交关系[107]。《古事记》和《日本书纪》称东晋和南朝为"吴国"，称其人民为"吴人"，溯其渊源，无疑在于3世纪时的孙吴。《记》、《纪》所载来自东晋、南朝的人员和物件如"吴织"、"吴衣缝"、"吴服"、"吴床"等都无不冠以"吴"字，甚至东渡的"吴人"在日本的定居地亦称为"吴原"，正说明了3世纪时日本与孙吴的民间交往的密切[108]。没有3世纪时日本与孙吴的密切交往，在日本的古文献中是不会有这许多"吴"字的，不管日本方面对"吴"字的训读是怎样[109]。

东渡的吴的工匠在日本作镜，必须遵守自己的工艺传统。但是，由于地移境迁，他们所作的三角缘神兽镜和中国的吴镜比较起来，又不免有新的变化[110]。在中国，神兽镜和画像镜虽然同属吴镜，但两者各自成一种类，泾渭分明，不相混淆。但是，工匠们在日本制作三角缘神兽镜，却将神兽镜和画像镜结合起来。三角缘神兽镜主要是采取平缘神兽镜的内区和三角缘画像镜的外区，可以说是合两者于一体，这在中国国内是没有类例的。与中国的各种平缘神兽镜相比，三角缘神兽镜的特点还表现在镜的形体庞大。镜的缘部虽仿自中国的三角缘画像镜，但显得又高又尖，十分醒目。有些镜在镜面上配置许多乳状突起，其特点也是又高又尖，使人有异样之感[111]。尤其是普遍存在的"笠松形"纹样，虽说是由中国个别画像镜上所见的旄演变而来，但有其独特的样式，为任何中国镜上所不见[112]。凡此种种，说明了三角缘神兽镜虽为中国吴的工匠所作，具有吴镜的风格，但就其具体的形制和纹饰而言，确实不同于中国的吴镜，更不同于魏镜和其他任何中国镜。

前面已经说过，吴的工匠在国内制镜时，已经开始用佛像作镜的图纹。因此，在制作三角缘神兽镜时，有时也用佛像代替东王父和西王母之类的神仙像，这是不足为怪的。但是，东渡以后，工匠们置身于当时尚不知佛教为何物的异邦，因而在制作镜的图纹时，往往忘乎所以地将佛像与神仙像混淆起来，有时竟将神仙的冠戴误加在佛像的头上，或将佛的项光误加在神仙像的头上。这也说明了境地的变迁使得镜的图纹也起了变化[113]。

那么，既然三角缘神兽镜为东渡的吴的工匠在日本所作，为什么有些镜上有"铜出徐州，师出洛阳"的铭文呢？如所周知，"铜出徐州，师出洛阳"的铭文之被作为"魏镜说"的主要依据，本来是由于"徐州"、"洛阳"的地名及"师"字的使用可以说明镜的制作年代不在汉代，也不在晋代，而是在三国时代[114]。但是，这与镜的产地问题无关。现在的问题是，徐州、洛阳都在中国三国时代的魏的境内，从而与东渡的吴的工匠在日本作镜之说似乎有矛盾。其实，这里并不存在什么矛盾。首先，就"铜出徐州"来说，"徐州"的地名有广义的和狭义的两种。广义的徐州是汉武帝以后全国十三刺史部之一，其辖境相当于今江苏省长江以北及山东省东南部的广大地区。东汉时，徐州的治所在郯（今山东省郯城），魏时移至彭城（今江苏省徐州）。狭义的徐州便是指它的治所彭城，即今江苏省徐州市。许多研究者将镜铭中的徐州看成是狭义的徐州。但是，不论是根据古代文献的记载，还是根据近代的实地考察，今徐州市及其附近自古不产铜[115]。有的研究者因徐州又名铜山，便深信其地产铜而不疑。其实，这只是一种误解。只要查阅一下中国的地方志，就可以知道，在徐州府设铜山县，那是18世纪清代的事[116]，不足为据。如果镜铭中的徐州是指广义的徐州，则今江苏省长江北岸的江都、仪征、六合一带古代有铜矿[117]，但这里在三国时代不属魏境而属吴境。总之，"铜出徐州"的铭文不能说明三角缘神兽镜是魏镜。至于"师出洛阳"的铭文，那只是一种矜夸的虚辞，不足以说明三角缘神兽镜是洛阳的工匠所造，更不足以说明它们是洛阳的产品。

中国古代铜镜，多有"尚方作镜"的铭文。这说明，设在首都的尚方工官制造各种御用和官用的器物，其中包括铜镜。但是，许多私营的作坊也在其所铸铜镜上滥用"尚方作镜"的铭文，以资招徕；许多所谓"尚方镜"在铭文中有"买此镜者大富"之类的词句[118]，便是很好的说明。应该指出，汉、魏、西晋尚方分中、左、右三部分[119]。就魏代而言，作镜的主要是右尚方。所以，魏代尚方所作之镜如"甘露四年"兽首镜、"甘露五年"兽首镜和"景元四年"规矩花纹镜都在铭文中记明"右尚方作镜"[120]，而不是笼统地称"尚方作镜"。要之，三角缘神兽镜上"尚方作镜"的铭文，作为矜夸的虚辞，其性质正与"师出洛阳"的铭文相似。总而言之，中国古代铜镜上的铭文，其辞义有实有虚，必须加以分析，才能得到正确的理解。

既然三角缘神兽镜为东渡的中国工匠在日本所作，为什么有些镜上有"景初三年"、"正始元年"的纪年呢？既然是吴的工匠所制作，为什么不用吴的年号而用魏的年号呢？对于这个问题，我的回答是：中国人留居国外，仍然使用中国的年号，这样的事例不少，不足为怪。四世纪时，乐浪郡陷落，朝鲜半岛北部高句丽境内的中国人营建坟墓，在墓壁题记和墓砖铭文中仍然使用"泰宁"、"咸和"、"建元"、"永和"、"元兴"等中国东晋的年号[121]。日本石上神宫的七支刀，在铭文中记明是百济王为倭王而作，但也使用了中国东晋"泰和四年"的纪年[122]。中国工匠在国内制作平缘神兽镜，习惯于在铭文中使用各种年号。为什么到了日本以后，就不许偶然在其所制的三角缘神兽镜的铭文上使用中国的年号呢？中国工匠在国内时，魏和吴的界线是清楚的。但是一旦到了外国，就只知道有中国，是魏是吴，关系也就不大了。在三国时代，北方的魏是大国，其首都洛阳是中国传统的都城，象征着正统之所在。因此，东渡日本的中国工匠在镜铭中不用吴的年号而用魏的年号，这是可以理解的。事实上，如我在前面所说，在吴主孙权的统治下，吴国的工匠尚且在镜铭中使用过魏的"黄初"的年号[123]，又何况是东渡以后的工匠？

综观300余枚三角缘神兽镜的铭文，有纪年的只是寥寥四枚。铭文涉及镜的制作者，除少数套用"尚方作镜"以外，多为"陈氏作镜"、"张氏作镜"和"王氏作镜"，更多的则是"吾作明镜"或"新作明镜"，这与中国一般铜镜没有什么区别。铭文的内容除上述"铜出徐州"、"师出洛阳"之句为中国镜铭中极少见或不见，"至海东"之句为中国镜铭中所不见以外，其他也多是一般中国镜铭中常见的普通习惯语。如若三角缘神兽镜是中国魏朝皇帝为赠送日本邪马台国女王卑弥呼而特铸的，那么，在已经发现的300余枚的镜的铭文中应该对此事有所反映。百济王为倭王造了一把七支刀，尚且要在铭文中明记其事，更何况中国皇帝为"亲魏倭王"特铸数以百计的大量铜镜？但是，事实说明，在所有的三角缘神兽镜的铭文中，找不到丝毫足以说明特铸的迹象。所以，我要说，从铭文的内容来看，三角缘神兽镜也决不是什么中国的特铸品。

三角缘神兽镜不是魏镜，不是魏朝赠给日本邪马台国女王的礼物。那么，邪马台国从中国方面所得的铜镜，又是什么种类的铜镜呢？考古调查发掘工作证明，魏和西晋时中国北方流行的铜镜是方格规矩镜、内行花纹镜、兽首镜、夔凤镜、盘龙镜、双头龙凤纹镜、"位至三公镜"等。因此，可以说，邪马台国从魏和西晋所得的铜镜不会超出以上所举的这些铜镜的范围。事实上，上述各种铜镜在日本都有发现[124]，便是明证。

有的研究者也许觉得方格规矩镜、内行花纹镜、兽首镜、夔凤镜等都不甚精致，有的镜在日本虽有出土，但数量不是很多，特别是"位至三公镜"太小了，不像是中国皇帝送给倭王的礼品。其实，这是一种先入为主的成见，未必切合实际。

从东汉后期开始，以黄河流域为主的中国北方地区长期处于战乱之中，经济受到严重的破坏。建安元年汉献帝迁许以后，曹操当政，北方稍稍安定，但战争依然不断。魏文帝曹丕即位后，魏与吴、蜀的交战仍是长期的。在这种情况下，魏的经济困难，手工业不振，这是可以理解的。据记载，曹魏提倡节约，实行薄葬，陵墓不筑坟丘，不设寝殿，两汉以来长期成为制度的玉衣等丧葬用品也禁止不用[125]，正反映了上述的历史事实。从考古调查发掘来看，魏的铜镜铸造业，与南方的吴相比，确实很不发达。因此，我认为，魏朝不仅没有必要，而且也不可能为邪马台国女王特铸大量的、前所未见的新式铜镜。从魏的景初三年到西晋的泰始二年，邪马台国的使者多次访问中国。但是，中国向倭方赠镜，有确实记载可证的，只是景初三年、正始元年的一次。我们不能认为，每次倭使往访，中国方面每次都要赠镜；更不能想象，每次都要为倭方特铸铜镜。从景初三年十二月魏帝诏书中所示赠卑弥呼的礼品清单来看，首先列举的礼品是绛地交龙锦、绛地绉粟罽、蒨绛、绀青、绀地句文锦、细班华罽、白绢等大量的纺织品，最后才提到铜镜、真珠和铅丹[126]。铜镜百枚与真珠、铅丹各50斤相提并论，正说明镜的数量虽不少，但质量未必十分精美[127]。

注　释

[1] 日本的三角缘神兽镜，分"仿制镜"和"舶载镜"两大类。前者是模仿中国镜而作的倭镜，一般称"仿制三角缘神兽镜"。后者被认为是中国镜，是从中国输入的，为了区别于前者，往往称为"舶载的三角缘神兽镜"。通常所说的三角缘神兽镜，不加"仿制"二字，主要是指后者而言的。其实，三角缘神兽镜是中国三国时代东渡的吴的工匠在日本所作，所以不是什么"舶载镜"。见王仲殊《关于日本三角缘神兽镜的问题》，《考古》1981年第4期。

[2] 在迄今发现的300余枚三角缘神兽镜中，有"铜出徐州，师出洛阳"的铭文的，约有10枚，分别出土于日本奈良县佐昧田宝塚古坟、京都府椿井大塚山古坟、冈山市车塚古坟、兵库县森尾古坟、滋贺县织部山古坟、大阪府国分茶臼山古坟等古坟。有的镜仅有上句"铜出徐州"，下句以"彫缕文章"代替"师出洛阳"，滋贺县富波山古坟出土镜则合并为"铜出徐州刻缕成"的7字句。日本学者认为徐州汉时称彭城，魏时改称徐州，刘宋永初三年复称彭城，又因汉代雒阳魏时改为洛阳，晋代避司马师讳而禁用"师"字，故判断有上述铭文的镜为中国的魏镜，并进而断定所有的三角缘神兽镜都是魏镜。见富冈谦藏：《古镜の研究》第307页，1920年（又，临川书店，1974）；小林行雄：《古镜》第49页，学生社，1965年；田中琢：《日本の原始美术》8《古镜》第60页，讲谈社，1979年。应该指出，彭城县（其治所在今江苏省徐州市）自秦代始置以来，至元代才废。就汉、魏而言，彭城县始终为彭城郡或彭城国（西汉地节元年改楚国为彭城郡，黄龙元年复为楚国，东汉章和二年改为彭城国，刘宋又改为彭城郡）的治所，并无改变。只是东汉徐州刺史部（辖东海郡、琅邪国、彭城国、广陵郡、下邳国）的治所在郯（今山东省郯城），魏时移治彭城，故称彭城为徐州而已。东晋初失淮北地，徐州治所南移。后得淮北，乃于义熙七年分淮北为北徐州，治所仍在彭城。刘宋永初二年改北徐州为徐州，治所不变。总之，不能用镜铭中的"徐州"这一地名从时代上考证三角缘神兽镜为魏时所制作。

[3] 有"景初三年"纪年铭的三角缘神兽镜仅岛根县神原神社古坟出土的1枚，铭文中的"景"字明确，但"初"字的写法与一般不同，故在日本学术界亦不无争议（见季刊《邪马台国》1982年冬号第16页森浩一氏讲话）。有"正始元年"纪年铭的三角缘神兽镜共3枚，分别出土于群马县柴崎古坟、兵库县森尾古坟和山口县竹岛御家老屋敷古坟，铭文中的"始"字确实，但"正"字都是缺失或损坏不明的，所以不能最后断定其年号究竟是不是"正始"。

[4] 日本学术界称《三国志·魏书·东夷传》中关于倭人的部分为《魏志·倭人传》。据此传记载，景初二年（据研究，二年应为三年之误，下同）日本邪马台国使者经带方郡到达魏都洛阳，正始元年魏朝方面由带方郡派官员随同邪马台国使者回访日本。魏帝于景初二年十二月颁发致该国女王卑弥呼的诏书，封她为"亲魏倭王"，并赠以许多礼物，其品类、数量都详见于诏书，其中包括"铜镜百枚"。

[5] 日本出土的所谓"舶载"的三角缘神兽镜，到现在为止，其总数或谓已有370余枚，或谓将近400枚。根据水野清一、小林行雄编《图解考古学辞典》（東京創元社，1959年）中樋口隆康执笔的"三角緣神獸鏡"条，至少在1959年已超过300枚。

[6] 《宣和博古图》成书于北宋宣和五年，旧题王黼撰，著录当时皇室在宣和殿所藏古代铜器共20类839件，其中铜镜113件。

[7] 《西清古鉴》为梁诗正等所编，成书于清乾隆年间，著录清宫所藏古代铜器1529件，其中铜镜93件。又王杰等编《西清续鉴》，分甲乙两编，共著录铜器1885件，其中铜镜200件。

[8] 《宁寿鉴古》成书于清乾隆年间，著录清宫所藏古代铜器600件，其中铜镜101件。

[9] 《金石索》为冯云鹏、冯云鹓合撰，成书于清道光年间。其中《金索》著录古代铜器，包括铜镜174件，内有日本的铜镜（称为"和镜"）11件。

[10] 从18世纪后期以来，主要是本世纪的前期，我国著录并研究古代铜镜的书籍有钱坫《浣花拜石轩镜铭集录》（1779年）、梁廷枏《藤花亭镜谱》（1845年）、罗振玉《古镜图录》（1916年）、陈介祺《簠斋藏镜》（1925年）、徐乃昌《小檀欒室镜影》（1930年）、刘体智《善斋藏镜》（1934年），等等。

[11] 梁上椿：《岩窟藏镜》分四集，第二集又分上、中、下三卷，1940年至1942年出版。共著录先汉式镜95枚、汉式镜298枚、隋唐式镜136枚、宋金元明清镜51枚，又有先汉式镜、汉式镜、隋唐式镜补遗共44枚。

[12] 洛阳市文物管理委员会：《洛阳出土古镜》，文物出版社，1959年。

[13] 陕西省文物管理委员会：《陕西省出土铜镜》，文物出版社，1958年。

[14] 湖南省博物馆：《湖南出土铜镜图录》，文物出版社，1960年。

[15] 王士伦：《浙江省出土铜镜选集》，中国古典艺术出版社，1958年。

[16] 王仲殊：《关于日本三角缘神兽镜的问题》第346～358页，图版拾壹，《考古》1981年第4期。

[17] 王仲殊：《关于日本三角缘神兽镜的问题》第349～350页，图版拾贰，《考古》1981年第4期。

[18] 在中国古代史上，三国时代是从魏文帝曹丕即位的黄初元年（公元220年）开始的。这一年，也就是魏的开国之年。吴的开国之年在黄武元年（公元222年），当时孙权尚未称帝，但已自立年号。但是，从中国铜镜发展史来说，汉献帝建安元年（公元196年）出现了所谓"建安式重列神兽镜"，故可以此年为三国时代的开始。应该说明，这与历史事实并不违背。建安元年（公元196年）曹操挟献帝迁许，东汉名存实亡，而曹氏则已建立了事实上的政权。同样，当时孙策已在江南建立政权，建安二年（公元197年）受封为吴侯，实际上已初步成立了吴国。总之，本文所称的魏镜是指汉建安元年（公元196年）至魏咸熙二年（公元265年）的70年间在以黄河流域为主的北方地区所制的铜镜，本文所称的吴镜是指汉建安元年（公元196年）至吴天纪四年（公元280年）的85年间在江南地区所制的铜镜。

[19] a. 屠思华等：《南京郎家山六朝墓清理纪略》，《文物参考资料》1956年第4期。

b. 金琦：《南京甘家巷和童家山六朝墓》，《考古》1963年第6期。

c. 李蔚然：《南京南郊六朝墓葬清理》，《考古》1963 年第 6 期。

d. 南京市文物管理委员会：《南京人台山东晋王兴之墓发掘报告》，《文物》1965 年第 6 期。

e. 南京市博物馆：《南京象山 5 号、6 号、7 号墓清理简报》，《文物》1972 年第 11 期。

f. 南波：《南京西岗晋墓》，《文物》1976 年第 3 期。

g. 南京博物院：《南京市卫岗西晋墓清理简报》，《文物》1983 年第 10 期。

[20] 南京博物院等：《江苏省出土文物选集》图第 124 图，文物出版社，1963 年。

[21] 镇江博物馆：《镇江东吴西晋墓》，《考古》1984 年第 6 期。

[22] 南波：《江苏句容西晋元康四年墓》，《考古》1976 年第 6 期。

[23] 镇江博物馆：《镇江东吴西晋墓》，《考古》1984 年第 6 期。

[24] 江苏省博物馆等：《江苏泰州新庄汉墓》，《考古》1962 年第 10 期。

[25] 朱江：《无锡汉至六朝墓葬清理纪要》，《考古》1955 年第 6 期。

[26] 镇江博物馆：《镇江东吴西晋墓》，《考古》1984 年第 6 期。

[27] 镇江博物馆：《镇江东吴西晋墓》，《考古》1984 年第 6 期。

[28] 王士伦等：《浙江绍兴漓渚考古简报》，《考古》1955 年第 5 期。

[29] 王士伦：《杭州铁佛寺清理了一座东汉墓葬》，《文物参考资料》1954 年第 6 期。

[30] 余姚出土的平缘神兽镜，现藏宁波市文物管理委员会。

[31] 林华东等：《宁波慈溪发现西晋纪年墓》，《文物》1980 年第 10 期。

[32] 奉化出土的平缘神兽镜，现藏宁波市文物管理委员会。

[33] 浙江省文物管理委员会：《黄岩秀岭水库古墓发掘报告》，《考古学报》1958 年第 1 期。

[34] 浙江省文物管理委员会：《浙江安吉三官乡的一座六朝初期墓》，《考古》1958 年第 6 期。

[35] 新安江水库考古队：《浙江淳安古墓发掘》，《考古》1959 年第 9 期。

[36] 浦江出土的平缘神兽镜，现藏浦江县文化馆。

[37] 兰溪出土的平缘神兽镜，现藏兰溪县文化馆。

[38] 武义县文物管理委员会：《从浙江省武义县墓葬出土物谈婺州窑早期青瓷》，《文物》1981 年第 2 期。

[39] 东阳出土的平缘神兽镜，现藏东阳县文化馆。

[40] 金华出土的平缘神兽镜，现藏金华地区文物管理委员会和金华市文物管理委员会。

[41] 义乌出土的平缘神兽镜，现藏义乌县文化馆。

[42] 永康出土的平缘神兽镜，现藏永康县文化馆。

[43] 衢州出土的平缘神兽镜，现藏衢州市文物管理委员会。

[44] 浙江省文物管理委员会：《浙江瑞安桐溪与芦蒲古墓清理》，《考古》1960 年第 10 期。

[45] 和县的平缘神兽镜，出土于西晋墓，由安徽省文物工作队发掘。

[46] 王步艺：《芜湖赭山古墓清理简报》，《文物参考资料》1956 年第 12 期。

[47] a. 江西省文物管理委员会：《江西南昌徐家坊六朝墓清理简报》，《考古》1965 年第

9期。

  b. 江西省博物馆：《江西南昌晋墓》，《考古》1974年第6期。

  c. 江西省历史博物馆：《江西南昌东吴高荣墓的发掘》，《考古》1980年第3期。

  d. 江西省博物馆：《江西南昌市郊的两座晋墓》，《考古》1981年第6期。

  e. 唐昌朴：《江西南昌东吴墓清理》，《考古》1983年第10期。

[48] a. 湖北省鄂城县文化馆：《湖北鄂城收集两件历史文物》，《文物》1965年第10期。

  b. 鄂城县博物馆：《湖北鄂城四座吴墓清理记》，《考古》1982年第3期。

[49] 卢德佩：《湖北宜昌发现一面神兽纹铜镜》，《文物》1982年第10期。

[50] a. 湖南省博物馆：《湖南出土铜镜图录》图版第85、附录图版第15，文物出版社，1960年。

  b. 李正光：《湖南长沙砚瓦池古墓清理》，《考古》1957年第5期。

[51] 高至喜：《浏阳姚家园清理晋墓两座》，《文物》1960年第4期。

[52] 湖南省文物管理委员会：《湖南常德西郊古墓葬群清理小结》，《文物参考资料》1955年第5期。

[53] 湖南省博物馆：《湖南衡阳道子坪东汉墓发掘简报》，《文物》1981年第12期。

[54] 卢茂树：《福建松政县发现西晋墓》，《文物》1975年第4期。

[55] 杨豪：《广东韶关市郊的晋墓》，《考古学集刊》第1集，1981年。

[56] 广东省博物馆：《广东始兴晋—唐墓发掘报告》，《考古学集刊》第2集，1982年。

[57] a. 麦英豪等：《广州西郊晋墓清理报导》，《文物参考资料》1955年第3期。

  b. 广州市文物管理委员会：《广州东郊东汉砖室墓清理纪略》，《文物参考资料》1955年第6期。

  c. 广州市文物管理委员会：《广州六朝砖室墓清理简报》，《考古》1956年第3期。

  d. 区泽：《广州西郊发现晋墓》，《考古》1957年第6期。

  e. 广州市文物管理委员会等：《广州汉墓》图版第一七一（5），文物出版社，1981年。

[58] 广西壮族自治区文物管理委员会：《广西出土文物》图版第147，文物出版社，1978年。

[59] 梧州市博物馆：《广西壮族自治区梧州市富民坊南朝墓》，《考古》1983年第9期。

[60] 广西壮族自治区文物管理委员会：《广西出土文物》图版第124，文物出版社，1978年。

[61] 以上所举各地出土的平缘神兽镜，绝大多数都是吴镜。少数的镜虽出土于所谓汉墓，但墓的年代实际上在汉末或三国时代。有的镜出土于晋墓，但镜的制作年代在吴时。有的镜为晋代所制，但仍属吴的故地的产品，故一并举出。

[62] 传世的和发掘出土的黄初纪年铭神兽镜，迄今共有8枚。计传长沙出土的"黄初二年武昌元作明镜"1枚，鄂城发掘出土的"黄初二年十一月廿七日扬州会稽山阴师唐豫命作镜"2枚，传绍兴出土的"师卜德□合作明镜"2枚，传世的和鄂城发掘出土的"黄初四年五月十四日会稽师鲍作明镜"3枚。从镜的出土地点在长沙、鄂城、绍兴以及镜铭中的武昌、山阴、会稽等都为吴的地名看来，它们应全属吴镜无疑。见王仲

殊：《关于日本三角缘神兽镜的问题》第 350~351 页（《考古》1981 年第 4 期）。

[63] 《吴书·吴主传》第 1125、1126 页，《三国志》（卷第四十七），中华书局，1959 年。

[64] 梅原末治：《漢三国六朝紀年鏡図説》第 101~105 页，图版第五六~五九，桑名文星堂，1942 年。

[65] 据梅原末治氏释文，泰始十年纪年铭平缘神兽镜的铭文为："泰始十年正月九日壬寅，吾造作吴刑明竟清且明，服者得吉寿长生"。见梅原末治：《漢三国六朝紀年鏡図説》第 105 页，图版第五九（1）（桑名文星堂，1942 年）从图版可以看出，"吴刑"二字十分清楚。"刑"即"型"，可确认无疑。日本滋贺县大岩山古坟出土三角缘神兽镜有"刑莫周□用青铜"的铭文，"刑莫"即"型模"，见梅原《近江国野州郡小篠原大岩山の一古墳调查报告》第 28~29 页，《考古学雜誌》第十二卷第一号，1921 年。

[66] 太康三年纪年铭对置式神兽镜的铭文为："太康三年十二月八日□贺史为扬州平士，三公九卿十二大夫，宜吏人訾财千万，子孙富"。见梅原末治：《漢三国六朝紀年鏡图说》第 111 页，图版第六一（2），桑名文星堂，1942 年。

[67] 太康二年纪年铭对置式神兽镜的铭文为："太康二年三月八日，吴郡□清□造之□，东王公西王母，□人豪贵，士患高迁，三公丞相九卿"。见梅原末治：《漢三国六朝紀年鏡図说》第 108 页，桑名文星堂，1942 年；樋口隆康：《古鏡》图版第九十九（199），新潮社，1979 年。

[68] 浙江省衢州市文物管理委员会藏有当地出土的重列式神兽镜 1 枚，直径 15.5 厘米。其铭文为："黄武五年，太岁在丙午，五月辛未朔七日，天下太平，吴国孙王治□□，太师鲍唐而作；吾作明竟，宜□□章，□□作□，□安吉祥，位至公美侯王，富禄寿当万年，而愿即得长"。

[69] 湖北省鄂城涂镇出土画文带对置式神兽镜 1 枚，直径 14.1 厘米，现藏湖北省博物馆。其铭文为："吴造明镜，神圣设容，服者公卿"。

[70] 黄河流域及华北地区发现的平缘神兽镜，除个别变形的以外，目前仅知有以下 4 枚：河南省洛阳东汉晚期墓出土的 1 枚，见中国科学院考古研究所：《洛阳烧沟汉墓》（科学出版社，1959 年）；洛阳西晋墓出土的 1 枚，见河南省文物工作队《洛阳晋墓的发掘》，《考古学报》1957 年第 1 期；陕西省西安东汉晚期墓出土的 1 枚，见陕西省文物管理委员会：《陕西省出土铜镜》（文物出版社，1959 年）；北京市首都博物馆亦藏有 1 枚，据说系在北京市郊区发现，但出土情况不明。以上 4 枚平缘神兽镜，全属所谓"环状乳神兽镜"。

安徽省寿县东汉晚期墓出土 1 枚画文带同向式神兽镜（见安徽省文物工作队：《安徽寿县茶菴马家古堆东汉墓》，《考古》1966 年第 3 期），但寿县在淮河南岸，基本上已属中国的南方。安徽省合肥和湖北省随县，地当三国时代魏吴交界处，两地魏晋墓出土的"画文带环状乳神兽镜"更可能是吴的产品（见安徽省博物馆：《安徽合肥古砖墓清理简报》，《考古通讯》1957 年第 1 期；湖北省文管会《湖北随县唐镇汉魏墓清理》，《考古》1966 年第 2 期）。

[71] 1982 年 9 月 12 日在日本大阪国民会馆为纪念大阪文物中心设立 10 周年而举行的学术讨论会上，日本学者小林行雄氏提出了最新的特铸说，其要旨如下：为了赠送邪马台

国女王，魏朝的实权人物司马懿实行铜镜的制作。因为是皇帝的赐品，所以下令新铸百枚直径都为一尺的大镜，即三角缘神兽镜。要新铸百枚铜镜，首先必须新制百枚镜范。由于制作量大，时间又紧迫，所以除少数熟练工人以外，还不得不起用不熟练的徒工也参加工作。即使是熟练工人，过去也只制造过六寸、八寸的镜。要制造一尺的大镜，首先要把小镜的图纹放大。于是，就采取了特别的方法。这种方法的要点是，在镜背上划出十字交叉的分割线，并在分割线上配置"乳"。这样一来，因为有了基准，所以在摹绘并放大图纹时就容易得多了。虽然采用了以上的新方法，但由于制造量太大，时间还是来不及，所以更采取了铸造同范镜这一最后的解决办法。详见小林行雄：《倭人傳と三角緣神獸鏡》第18~20页，《邪馬台國の謎を解く》，中岛弘文堂印刷所，1982年。

其实，如所周知，各个时代制作同范镜是常有的事，并不限于三角缘神兽镜。从战国时代说起，长沙仰天湖楚墓出土的"山字纹镜"与前苏联阿尔泰山西麓出土的"山字纹镜"及日本京都大学所藏的"山字纹镜"属同范镜；贵县罗泊湾、西安十里铺西汉初年墓出土的"山字纹镜"与日本出光美术馆所藏的"山字纹镜"属同范镜；长沙桂花园、月亮山、沙胡桥及常德德山、安徽寿县等地出土的"羽状兽纹地叶纹镜"共8枚亦都属同范镜（见樋口隆康：《古鏡》第49~54页，新潮社，1979年）。就三国时代的吴镜而言，"黄初二年十一月廿七日"平缘神兽镜2枚属同范镜，"黄初三年"平缘神兽镜2枚属同范镜，"黄初四年五月十四日"平缘神兽镜3枚亦很可能属同范镜（见王仲殊：《关于日本三角缘神兽镜的问题》，《考古》1981年第4期）。就唐代而言，西安唐独孤思贞墓出土镜与日本高松塚古坟出土镜等共6枚海兽葡萄镜都属同范镜（见日本橿原考古学研究所：《考古学論考》第八册，1982年12月）。以上所举许多同范镜的制作，显然不是由于造镜时间紧迫的关系。

[72] 王士伦：《浙江省出土铜镜选集》图第9~25，中国古典艺术出版社，1958年。

[73] 王士伦：《浙江省出土铜镜选集》图第26，分图说明第4页，中国古典艺术出版社，1958年。

[74] 宁波出土的画像镜，现藏宁波市文物管理委员会。

[75] 金华出土的画像镜，现藏金华地区文物管理委员会和金华市文物管理委员会。

[76] 衢州出土的画像镜，现藏衢州市文物管理委员会。

[77] a. 葛家瑾：《南京栖霞山及其附近汉墓清理简报》，《考古》1959年第1期。
b. 南波：《南京西岗西晋墓》，《文物》1976年第3期。

[78] 蒋缵初：《扬州地区出土的铜镜》，《文物参考资料》1957年第8期。

[79] 鄂城出土的画像镜，现藏湖北省博物馆。

[80] 湖南省博物馆：《湖南出土铜镜图录》附录图版第12、13，文物出版社，1960年。

[81] 浙江省绍兴等地出土的三角缘画像镜，见王士伦：《浙江出土铜镜选集》图第9、10、12、13、16、17（文物出版社，1958年）；梅原末治：《绍兴古镜聚英》图第8、13、22、49（桑名文星堂出版，1939年）。

[82] 有"东王父"、"西王母"等榜题的三角缘神兽镜，有京都府椿井大塚山古坟出土镜、奈良县新山古坟出土镜、静冈县松林山古坟出土镜等。见梅原末治：《椿井大塚山古墳》

图版第十三（京都府教育委员会，1964 年），梅原末治：《佐味田及新山古坟研究》图版第二十九（名著出版，1931 年）；后藤守一等：《静冈縣磐田郡松林山古墳發掘調查報告》图版第十四（静冈県磐田郡御厨村郷土教育研究会，1939 年）。

有车马图纹的三角缘神兽镜，有冈山县车塚古坟、山梨县铫子塚古坟、群马县三本木古坟、奈良县佐味田宝塚古坟、滋贺县大岩山古坟及福冈市藤崎遗迹 6 号方形周沟墓的出土镜等。见小林行雄：《三角緣神獸鏡の研究》第 99、151、155 页，图第一、图第二〔《京都大學文學部研究紀要（十三）》，1971 年〕；西田守夫：《三角緣神獸鏡の形式系譜緒説》第 205、206 页〔《東京国立博物館紀要（六）》，1971 年〕；福冈市教育委员会：《藤崎遗迹》第 40、41 页，卷头图版第一（1982 年）。

[83] 据目前所知，在日本的三角缘神兽镜中，可以称为"三角缘佛兽镜"的，共有 8 枚：奈良县新山古坟出土镜 1 枚，京都府椿井大塚山古坟出土镜 1 枚，同府寺户大塚古坟出土镜 1 枚，同府园部垣内古坟出土镜 1 枚，京都市百百池古坟出土镜 2 枚，冈山市天神山一号坟出土镜 1 枚，群马县赤城塚古坟出土镜 1 枚。见樋口隆康：《古鏡》图版第一〇四（227）、第一二三（245）（246）、第一三四（267）（新潮社，1979）；后藤守一：《漢式鏡》图第二百三（雄山閣，1926 年）；西田守夫：《黃初四年半圓方形帶神獸鏡と圓光背のある三角緣神獸鏡》第 26 页（《東京国立博物館美術誌》1966 年 12 月号）；西田守夫：《鉛同位体比法による漢式鏡研究への期待と雜感》第 17 页（《東京国立博物館美術誌》1982 年 1 月号）。

[84] 王仲殊：《关于日本的三角缘佛兽镜》第 630 页，《考古》1982 年第 6 期。

[85] 吴的陶瓷器饰有佛像的，首推当时在长江中下游地区流行的"谷仓罐"，它们在江苏省的南京、江宁、吴县和浙江省的绍兴、萧山、武义等地的吴和西晋墓中多有发现。见《中华人民共和国南京博物院展》图第 50、总说第 120 页（南京博物院、名古屋博物院，1981 年）；金华地区文物管理委员会：《浙江武义陶器厂三国墓》第 378 页，图第 5（《考古》1981 年第 4 期）；金琦：《南京甘家巷和童家山六朝墓》第 304 页，图版第三（2）（《考古》1963 年第 6 期）；吴县文管会：《江苏吴县狮子山四号晋墓》第 708 页，图版第捌（1）（《考古》1983 年第 8 期）。此外，在浙江省绍兴等地发现的青瓷器皿上，也有用佛像作装饰的，见小山富士夫：《古越磁について》第 224 页，图第 162（《世界陶磁全集》第八卷，1955 年）。

[86] 饰有佛像的铜带具发现于湖北省武昌莲溪寺的吴墓。见湖北省文物管理委员会：《武昌莲溪寺东吴墓清理简报》（《考古》1959 年第 4 期）；程欣人：《我国现存古代佛教最早的一尊造像》（《现代佛学》1964 年第 2 期）。

[87] 湖北省鄂城发掘的吴墓中，出土了数枚"佛像夔凤镜"，其中 1 枚已发表，其形制、花纹与日本东京国立博物馆所藏的佛像夔凤镜相似，见后藤守一：《古鏡聚英》上篇，图版第三十六、5（大冢巧艺社，1942 年）。王仲殊：《关于日本的三角缘佛兽镜》（《考古》1982 年第 6 期）。

[88] 在长沙西晋墓中发现的 1 枚佛像夔凤镜，其制作年代可上溯到吴。此镜形制、花纹亦与日本东京国立博物馆所藏的 1 枚相似，见刘廉银：《湖南省长沙左家塘西晋墓》（《考古》1963 年 2 期）。

[89] 在浙江省武义的吴墓中，发现了 1 枚佛像夔凤镜，见武义县文管会：《从浙江省武义县墓葬出土物谈婺州窑早期青瓷》第 52 页，图第一（《文物》1981 年第 2 期）。此镜现藏武义县文化馆，经观察，其形制、花纹与美国波士顿美术馆所藏的 1 枚（见樋口隆康：《古鏡》图版第 123，新潮社，1979 年）相似。

[90] 在湖北省鄂城寒溪公路的吴墓中，发现了 1 枚画文带佛兽镜。见王仲殊：《关于日本的三角缘佛兽镜》第 634 页，图版第拾貳 2、3（《考古》1982 年第 6 期）。

[91] 后藤守一：《漢式鏡》第 493 页，雄山閣，1926 年。

[92] 梅原末治：《近江国野州郡小篠原大岩山の一古墳調査報告》第 28、29 页，《考古学雜誌》第十二卷一号，1921 年。

[93] 据日本学者原田淑人氏等考证，亶洲即今日本九州南面的种子岛，见原田淑人：《魏志倭人傳から見た古代日中貿易》，（《東亞古文化説苑》，1973 年）。其实，亶洲为当时日本列岛的一部分，未必仅限于种子岛这一小岛。

[94] 赤乌元年五月廿五日纪年铭对置式神兽镜，1896 年出土于日本山梨县鸟居原古坟。见后藤守一：《赤鳥元年鏡發見の古墳》（《考古学雜誌》第十四卷第六号，1923 年）；梅原末治：《漢三國六朝紀年鏡圖説》第 66 页，图版第三十五（2）（桑名文星堂，1942 年）。

[95] 赤乌七年对置式神兽镜，1936 年出土于日本兵库县安仓古坟。已残破，"赤"字缺失。见梅原末治：《漢三國六朝紀年鏡圖説》第 68 页，图版第三十六（桑名文星堂，1942 年）。

[96] 冈山市新庄上庚申山出土的对置式神兽镜，原载《吉備考古》八十五集。本文图版所用的照片为田边昭三氏转请该镜收藏者玉井义郎氏所提供（葛原克人氏撮影），谨致谢意。

[97] 神户市兵库区梦野町丸山古坟出土的重列式神兽镜，原载《兵庫縣文化財調査報告（Ⅱ）》，见樋口隆康：《古鏡》第 223、225 页，图第 101，新潮社，1979 年。

[98] 樋口隆康：《古鏡》图版第一〇〇（201），新潮社，1979 年。

[99] 樋口隆康：《古鏡》图版第一〇〇（202），新潮社，1979 年。

[100] 后藤守一：《古鏡聚英》上篇，图版第四十五（4），大冢巧艺社，1942 年。

[101] 后藤守一：《古鏡聚英》上篇，图版第四十五（2）、（7），大冢巧艺社，1942 年。

[102] 樋口隆康：《古鏡》第 218 页，图第 97，新潮社，1979 年。

[103] 后藤守一：《古鏡聚英》上篇，图版第四十五（5），大冢巧艺社，1942 年。

[104] 樋口隆康：《古鏡》图版第八十五（172），新潮社，1979 年。

[105] 后藤守一：《古鏡聚英》上篇，图版第七十三（5），大冢巧艺社，1942 年。

[106] 樋口隆康：《古鏡》图版第五十九（117），新潮社，1979 年。

[107] 据《晋书·安帝纪》、《宋书·夷蛮传》和《南史·东夷传》记载，自晋安帝义熙九年（公元 413 年）至宋顺帝昇明二年（公元 478 年），讃、珍、济、兴、武等倭五王先后约十次遣使中国，来到东晋和宋的首都建康，宋朝多次授倭王以封号和官职。据《南齐书·蛮夷传》和《梁书·武帝纪》等记载，齐高帝建元元年（公元 479 年）和梁武帝天监元年（公元 502 年），中国方面又曾授倭王武以封号和官职。中国

史书所记的倭五王各相当于日本史书中的何代天皇，诸说不一。但倭王武之为雄略天皇，似已近于定论。见田边昭三：《卑弥呼以後》第 151 页（德间书店，1982年）。

[108] 《古事记》（应神段）："（百济国）又贡上手人韩锻，名卓素，亦吴服西素二人也"。《古事记》（雄略段）："此时吴人参渡来，其吴人安置于吴原，故号其地谓吴原也"；"于其处（吉野）立大御吴床，而坐其御吴床，弹御琴"。
《日本书纪》（应神天皇卅七年春二月）："由是得通吴。吴王于是与工女兄媛、弟媛、吴织、穴织四妇女"。《日本书纪》（应神天皇四十一年春二月）："是月，阿知使主等自吴至筑紫。时胸形大神乞工女等，故以兄媛奉于胸形大神，是则今在筑紫国御使君之祖也。既而率其三妇女，以至津国，及于武库，而天皇崩之不及，即献于大鷦鷯尊。是女人之后，今吴衣缝、蚊屋衣缝是也"。
《日本书纪》（雄略天皇十四年春正月）："身狭村主青等共吴国使，将吴所献手末才伎汉织、吴织及衣缝兄媛、弟媛等泊于住吉津。是月，为吴客道，通磯齿津路，名吴坂。三月，命臣连迎吴使。即安置吴人于桧隈野，因名吴原。以衣缝兄媛奉大三轮神，以弟媛为汉衣缝部也。汉织、吴织、衣缝，是飞鸟衣缝部、伊势衣缝之先也"。
见岸俊男：《古代日本人の中國觀》第 319~321 页（《角田文衞博士古稀記念古代学叢論》，1983 年）。

[109] 日本将"吴"字训读为"Kure"，与"暮"字的读法相同。一般认为这是由于中国吴地在日本之西，日本人以为是太阳没落处之故。见喜田贞吉：《吴をクレといふ事》第 218 页（《読史百話》，1912 年）。

[110] 在日本考古学上，"三角缘神兽镜"这一名词不是指所有缘部断面呈三角形的神兽镜，而是必须具備以下的各种条件：（1）多为直径超过 20 厘米的大型镜；（2）镜的外区饰两周锯齿纹带夹一周复线波纹带；（3）内区的外围有一周铭文带或花纹带，后者为兽纹带、唐草纹带、波纹带或半圆方枚带；（4）主纹区由四个或六个"乳"均称地分隔开，其间配置神像和兽形；（5）图纹的配置有求心式和同向式两种；（6）铭文带内的铭句有各种形式（略）。见樋口隆康：《古鏡》第 243~244 页（新潮社，1979 年）。

[111] 三角缘神兽镜除了在主纹区有 4 四个或 6 六个乳以外，有时在内区外围的铭文带或花纹带中又配置许多较小的"乳"。有些镜的"乳"甚多，其形状又高又尖，为一般中国镜所不见。例如，大阪府真名井古坟出土的"兽纹带三神三兽镜"即如此。见小林行雄：《三角缘神獸鏡の研究》第 168 页，图第四十二〔《京都大學文學部研究紀要（第十三）》，1971 年〕。

[112] 三角缘神兽镜上往往有"笠松形"纹样，据研究，应是图案化的庑。在中国的铜镜中，仅个别传世的画像镜上有庑的纹样，它是写实的庑，与三角缘神兽镜上的"笠松形"大不相同。或以为传世的吴太平元年纪年铭平缘神兽镜（见梅原末治：《鑑鏡の研究》第 85~86 页，图版十四，大冈山书店，1925 年）上有"笠松形"，其实不然。

[113] 王仲殊：《关于日本的三角缘佛兽镜》第637~638页，《考古》1982年第6期。

[114] 在迄今发现的300余枚三角缘神兽镜中，有"铜出徐州，师出洛阳"的铭文的，约有10枚，分别出土于日本奈良县佐味田宝塚古坟、京都府椿井大塚山古坟、冈山市车塚古坟、兵库县森尾古坟、滋贺县织部山古坟、大阪府国分茶臼山古坟等古坟。有的镜仅有上句"铜出徐州"，下句以"彫缕文章"代替"师出洛阳"，滋贺县富波山古坟出土镜则合并为"铜出徐州刻缕成"的7字句。日本学者认为徐州汉时称彭城，魏时改称徐州，刘宋永初三年复称彭城，又因汉代雒阳魏时改为洛阳，晋代避司马师讳而禁用"师"字，故判断有上述铭文的镜为中国的魏镜，并进而断定所有的三角缘神兽镜都是魏镜。见富冈谦藏：《古鏡の研究》第307页，1920年（又，臨川書店，1974）；小林行雄：《古鏡》第49页（學生社，1965年）；田中琢：《日本の原始美術8 古鏡》第60页（讲谈社，1979年）。应该指出，彭城县（其治所在今江苏省徐州市）自秦代即置以来，至元代才废。就汉、魏而言，彭城县始终为彭城郡或彭城国（西汉地节元年改楚国为彭城郡，黄龙元年复为楚国，东汉章和二年改为彭城国，刘宋又改为彭城郡）的治所，并无改变。只是东汉徐州刺史部（辖东海郡、琅邪国、彭城国、广陵郡、下邳国）的治所在郯（今山东省郯城），魏时移治彭城，故称彭城为徐州而已。东晋初失淮北地，徐州治所南移。后得淮北，乃于义熙七年分淮北为北徐州，治所仍在彭城。刘宋永初二年改北徐州为徐州，治所不变。总之，不能用镜铭中的"徐州"这一地名从时代上考证三角缘神兽镜为魏时所制作。

[115] a. 章鸿钊：《古矿录》第1~6页，地质出版社，1954年。

b. 翁文灏：《中国矿产志略》第127、142、143页，农商部地址调查所，1919年。

[116] 章世嘉修、王开孚纂：《铜山县志·沿革表》（卷三）"雍正十一年升州为府，增置铜山县为府治"。

[117] 章鸿钊：《古矿录》第2页，地质出版社，1954年。

[118] 梅原末治：《漢三國六朝紀年鏡図説》第25~30页，桑名文星堂，1942年。

[119] 杜佑：《通典》卷二十七"汉末分尚方为中左右三尚方，魏晋因之。自过江左，唯置一尚方"。

[120] 梅原末治：《漢三國六朝紀年鏡図説》第51~53页，图版第二十三(2)、第二十七(1)(2)，桑名文星堂，1942年。

[121] a. 洪晴玉：《关于冬寿墓的发现和研究》，《考古》1959年第1期。

b. 野守健等：《樂浪帯方郡時代紀年銘塼集錄》，《昭和七年度古蹟調査報告》第一册，1933年。

[122] 福山敏男：《石上神宮の七支刀》，《美術研究》第一五八，1951年。

[123] 传世的和发掘出土的黄初纪年铭神兽镜，迄今共有8枚。计传长沙出土的"黄初二年武昌元作明镜"1枚，鄂城发掘出土的"黄初二年十一月廿七日扬州会稽山阴师唐豫命作镜"2枚，传绍兴出土的"师卜德□合作明镜"2枚，传世的和鄂城发掘出土的"黄初四年五月十四日会稽师鲍作明镜"3枚。从镜的出土地点在长沙、鄂城、绍兴以及镜铭中的武昌、山阴、会稽等都为吴的地名看来，它们应全属吴镜无疑。见王

仲殊：《关于日本三角缘神兽镜的问题》第 350~351 页（《考古》1981 年第 4 期）。

[124] 樋口隆康：《古鏡》第 123~161 页，第 187~210 页，新潮社，1979 年。

[125] 魏文帝曹丕作《终制》，其言有谓"封树之制，非上古也，吾无取焉。寿陵因山为体，无为封树，无立寝殿、造园邑、通神道"。又谓"棺但漆际会三过，饭含无以珠玉，无施珠襦玉匣，诸愚俗所为也"。

[126] 见《魏书·东夷传》第 857 页，《三国志》卷三十，中华书局，1959 年。

[127] 三角缘神兽镜的"魏镜说"，早在 20 世纪 10 年代末、20 年代初即已正式提出。当时，中国的考古调查发掘工作尚未开展，日本的考古调查发掘工作虽已有所开展，但也很不充分。要之，"魏镜说"的提出，主要不是依靠以调查发掘工作为基础的现代考古学的丰富成果，而只是根据从文字上对少数铜镜铭文的解释，特别是出于对《魏志·倭人传》的文献记载的主观上的附会，却先入为主，长期因袭，一度几乎成为定说。但是，到了今天，中日两国考古调查发掘工作的大量展开，证实了在中国根本不存在三角缘神兽镜，而日本出土的三角缘神兽镜却越来越多，大大超过了《魏志·倭人传》所记的"铜镜百枚"之数。这就使得坚持"魏镜说"的研究者不得不完全采取所谓"特铸说"，事实上是不得不采取"倭使每次来访，中国方面每次都赠镜，每次都是特铸，每次都单一地特铸三角缘神兽镜这种镜式"的如此令人难以理解的说法。其实，众所周知，日本的古坟至今仍有许多未经发掘。今后继续发掘，出土的三角缘神兽镜必然还会大量的增多。因此，即使采取魏和西晋每次都赠镜，每次都特铸，每次都特铸三角缘神兽镜的说法，也是无济于事的。

另一方面，由于当初中国的考古调查发掘未曾开展，学术界对吴镜和魏镜的差异缺乏了解，对三角缘神兽镜所显示的许多吴镜的因素认识不足。以后，吴镜的发现虽不断增加，但由于种种误解，仍然不能认清其与魏镜的区别。尤其是因为《魏志·倭人传》的记载早已在观念上占了唯一的统治地位，看不到、甚至不承认吴与日本列岛之间存在交通关系的可能性，这就使得 60 多年前提出的三角缘神兽镜的"魏镜说"竟沿袭到今天。

（本文原载《考古》1984 年第 5 期）

景初三年镜和正始元年镜的
铭文考释

在日本迄今发现的300余枚三角缘神兽镜之中，有纪年铭的是景初三年镜和正始元年镜[1]。前者仅1枚，出土于岛根县神原神社古坟。后者共3枚，分别出土于群马县柴崎古坟、兵库县森尾古坟和山口县竹岛古坟，它们的大小、形状、铭文、图纹完全相同，属所谓"同范镜"。按图纹中神像和兽形的排列方式不同，三角缘神兽镜可分"求心式"和"同向式"两大类。景初三年镜和正始元年镜都属同向式三角缘神兽镜（图1）。

图1 景初三年镜（1）和正始元年镜（2）

据《三国志·魏志·东夷传》记载，景初三年[2]，日本邪马台国遣使经带方郡至洛阳，与魏朝通好。魏帝于景初三年十二月颁发致邪马台国女王卑弥呼的诏书，封她为"亲魏倭王"，赠以金印和许多礼物，其中包括铜镜百枚。次年正始元年，魏朝由带方郡派官员随同该国使者回访日本，向卑弥呼送致诏书、印绶和礼品。因此，上述"景初三年"和"正始元年"的纪年镜便成为日本学者长期以来所主张的三角缘神兽镜为中国魏镜之说的最有力的依据。

从1981年以来，我连续写了《关于日本三角缘神兽镜的问题》、《关于日本的三角缘佛兽镜》和《日本三角缘神兽镜综论》等论文，从各个方面论证三角缘神兽镜（包括求心式三角缘神兽镜和同向式三角缘神兽镜）不是中国的魏镜，也不是中国的吴镜，而是东渡的吴的工匠在日本所作[3]。我认为，景初三年镜和正始元年镜的存在虽然十分令人瞩目，但不足以说明三角缘神兽镜为中国的魏镜。现在，为了进一步阐明我的论点，特就景初三年镜和正始元年镜的铭文试作考释。

依照日本学者福山敏男氏的判读和隶定，景初三年镜的铭文是：

景初三年，陈是作镜，自有经述，本是京师，杜［地］□出，吏人□□，［位］［至］三公，毋人诂之，保子宜孙，寿如金石兮。

正始元年镜的铭文是：

□始元年，陈是作镜，自有经述，本自菏师，杜地命出，寿如金石，保子宜孙。

我虽三次访问日本，但没有机会仔细观察镜的实物。但是，根据图版和拓本所见，除景初三年镜上的所谓"杜"字以外，我完全同意以上的判读和隶定（图1，图2）。然而，对于铭文的解释，我却有自己的看法。福山敏男氏认为，镜铭中的"京师"是指当时的长安，"杜地"是指长安附近的杜县（杜陵），从而断定它们是来自长安杜县的工匠在洛阳所作之镜[4]。对此，我是不能赞同的。

福山敏男氏根据《三国志·魏志·文帝纪》注引《魏略》"改长安、谯、许昌、邺、洛阳为五都"的记载，认为长安是魏的京师之一，从而判定镜铭中的"京师"是指长安无疑（图2-1）。我对福山氏的论点提出异议，首先要从"京师"二字说起。《公羊传·桓公九年》说："京师者，天子之居也。京者何，大也；师者何，众也"。中国古代虽有复都之制，但"京师"之称大抵限于首都，不包括陪都或其他有名无实的都城。就此前的汉代而言，西汉都长安，雒阳属河南郡，不称东都，故"京师"独指长安，自无疑义。东汉都雒阳，长安实际上已非都城，只因是西汉刘氏旧都所在，故称西京或西都，但不称"京师"。

1. 景初三年镜铭文（局部放大）

2. 正始元年镜铭文（局部放大）

3. 绍兴出土"周是"所作神人车马画像镜铭文（局部放大）

图2　景初三年镜、正始元年镜及相关铜镜的铭文

《后汉书》中凡述东汉当代之事而言"京师"者，指的都是雒阳，不是长安（汉献帝初平年间居长安，建安年间居许，故史书中偶尔有称当时的长安和许县为"京师"的，应属例外）。就此后的隋唐而言，隋代称

大兴为"京师",称洛阳为东都。唐代长安、洛阳并称两京,唯前者有"京师"之称,后者多称东都。曹丕称帝,魏的首都在洛阳,称"京师"(晋陈寿避司马师讳,《三国志》中多作"京都"),而所谓"五都"中的其他四都则皆无"京师"之称,这可以从《三国志》的本文和裴注的记载中得到证明。事实上,当时凡言"京师",往往仅用"京师"二字,不附加长安、洛阳等地名。这样,若有两个以上的"京师"同时并存,岂不互相混淆,使人不知其所指?总之,谓长安为魏的五都之一则可,谓为魏的京师之一则不可。因此,我要说,将景初三年镜铭文中的"京师"视为长安,这是不妥的。"京师"不是指长安,"杜地"二字当然也就不是指长安附近的杜县了。

　　景初三年镜和正始元年镜同为陈是所作,铭文的内容也基本上相同。因此,要判断景初镜铭文中"京师"二字的含义是什么,就必须参照正始镜的铭文。发人深省的是,正始镜上相应的铭文不是"京师"而是"茆师"。如图版所示,"茆"字的铸出非常清楚,毫无含糊之处(图2-2)。它的上部显然是"草字头",下部是明确无疑的"州"字。因此,梅原末治氏早在其所著《汉三国六朝纪年镜图说》中将此字隶定为"茆"[5],至今没有任何人提出异议。福山敏男氏在《景初三年、正始元年三角缘神兽镜铭中的陈氏与杜地》的论文中,也将此字隶定为"茆"。他说,"茆"是草的名称,但镜铭中不会使用这样的字(若镜铭中的"茆"为草名,则"茆师"二字在文义上亦不可通)。对此,我是完全同意的。但是,福山氏为了将正始镜铭文中的"茆师"与景初镜铭文中的"京师"看齐,主张"茆"字是"荆"字的误写,并说"荆"字与"京"字同音,"荆师"便是"京师"。为什么会将"荆"误写成"茆"呢?福山氏说,这是因为镜工陈是头脑里有着魏吴争夺的"荆州"二字,心不在焉,所以就写错了。福山氏用心极细,构思甚巧,但所说未免过于牵强,使人不敢赞成。在中国的任何文献资料和实物资料中,都没有"荆"字与"京"字通用的例子;把"京师"写成"荆师",这是难以想象的。至于说因为头脑里有着"荆州"二字,所以又把"荆"误写成"茆",那更是无论如何也不能置信的。

　　我认为,正始元年镜铭文中的"茆"显然是"州"的异体字,"草字头"是镜工无意或有意加上去的。只要稍稍检查一下中国东汉、三国和两晋铜镜的铭文,就可以知道,在当时的镜铭中,许多字往往被多余地加上"草字头",如"長"之为"萇"[6], "樂"之为"藥"[7], "央"之为"英"[8], "加"之为"茄"[9], "青"之为"菁"[10], "新"之为"薪"[11], "己"之为"芑"[12], 等等。作为铜镜的铭文,这是屡见不鲜的事,不足为奇。就日本的三角缘神兽镜而言,在滋贺县大岩山古坟出土的陈氏所作镜的铭文中也可以见到将"刑莫"(型模)的"刑"写成"荆"的实例[13]。当然,谁也不会认为这与魏吴对荆州的争夺有任何关系。总之,正始镜铭文中的"茄师",其实便是"州师"。

那么,"州师"二字的含义又是什么呢?无待于言,"州师"就是州的镜师。早在秦汉之前,中国就有"九州"或"十二州"之说,但它们是传说中的地方行政区划,实际上是不存在的。汉武帝为了加强中央集权,才开始具体地将京师(长安)及三辅地区以外的全国各地划分为十三个监察区,称"十三州",各置刺史,巡视境内,即所谓"十三刺史部"。东汉末年,州又进一步成为郡以上的正式的行政区划,魏晋沿袭不变。因此,在东汉、三国和两晋的史书文籍中,常常可以看到"州牧"[14]、"州宰"[15]、"州尊"[16]、"州司"[17]、"州将"[18]、"州兵"[19]、"州民"[20]、"州人"[21]等名词,而镜铭中的"州师"在语法结构上正与上述各名词相同。在当时铜镜的铭文中,"师"是极为常见的字,其意义完全是指作镜的工匠,即所谓镜师。有时是单独地用一个"师"字,如云"师陈世"[22]、"师郑豫"[23]、"师朱酉"[24]、"师徐伯"[25], "其师命长"[26], "师出洛阳"[27], 等等。有时则在"师"字之前加各种修饰语和限定词,如加矜词而称"名师"[28]、"大师"[29], 加工官之名而称"右尚方师"[30], 加工场所在地名而称"会稽师"[31]、"山阴师"[32], 加工匠的姓氏而称"朱师"[33]、"杜师"[34]、"柏师"[35], 等等。正始镜铭文中的"州师",便属在"师"字之前加限定词的,而所加"州"字的意义则与上述"州牧"、"州宰"、"州尊"、"州司"等许多名词中的"州"字无异。

然则,正始元年镜铭文中的"州师",实质上是指哪一州的镜师呢?我认为,他应该是扬州的镜师。大家都知道,有"黄武七年"和"黄龙元年"纪年的吴的平缘神兽镜在铭文中记明为"大师陈世严"和"师陈世"所造[36]。诚如樋口隆康氏所说,陈是与陈世等可能属同一宗族。陈世等是吴的镜师,所以陈是也应该是吴的镜师[37]。吴的铜镜铸造业中心如会稽郡的山阴(今浙江省绍兴)和吴郡的吴县(今江苏省苏州）都在扬州境内，而湖北省鄂城（即吴的前期都城武昌）出土的"会稽山阴师"所作的铜镜则在铭文中冠"扬州"二字[38]。要之，陈是在镜铭中所称的"州师"，无疑是指吴地扬州的镜师。

　　说到这里，我想对陈是的"是"字略作考证。如所周知，陈是即陈氏，这早已成为定论。《后汉书·李云传》谓"得其人则五氏来备"，李贤注"是与氏，古字通"。福山敏男氏在论文中引娄机《汉隶字源》"汉碑多以氏为是"之说，这当然是正确的。其实，除汉"韩敕修孔庙后碑"、"督邮斑碑"等将"於是"写成"於氏"以外，《汉书·地理志》所载酒泉郡表是县在《续汉书·郡国志》中作表氏县，这也是很好的说明。但是，以上所举各例都系"以氏为是"，而这里要讨论的则系"以是为氏"。就铜镜的铭文而论，工匠姓氏之"以是为氏"，至今只见于吴镜。瑞典原喜龙仁（Osvald Siren）氏所藏吴的重列式神兽镜有"殷是作明镜"的铭文[39]，浙江省绍兴出土的神人车马画像镜有"吴向阳周是作镜"的铭文[40]，便是例证（图2-3）。我觉得，吴镜中"以是为氏"的铭文较多，应与吴国大官是仪的改姓有关。《三国志·吴志·是仪传》说："是仪字子羽，北海营陵人也，本姓'氏'。初为县吏，后仕郡。郡相孔融嘲仪，言'氏'字'民'无上，可改为'是'，乃遂改焉。"后来，是仪迁江南，至会稽，应孙权之征先后在吴县、京城、建业等吴的都城典军国机要，颇有声名，其改姓之事必为吴会一带人民所共知，故可作以上推测。要之，从陈是"以是为氏"看来，他也应该是吴地扬州的镜师。

　　考定了正始元年镜铭文中的"苎师"为"州师"之后，应该回过头来，再看看景初三年镜铭文中的"京师"究竟是指什么而言的。毫无疑问，从图版上可以看出，"京师"二字十分明确，绝对不容怀疑（图2-1）。我在前面已经否定了"京师"为长安的可能性。然而，把镜铭中的"京师"二字看成为当时魏的首都洛阳，又将如何呢？应该说，如果不存在正始元年镜，那么，把景初镜铭文中的"京师"当作洛阳，这是任何人也不敢遽加反对的。但是，我已说过，景初三年镜和正始元年镜同为陈是所作，两者年代相连，不仅镜的形状、花纹相似，而且铭文的辞句也基本上相同。所以，我们决不能认为正始镜铭文中的"州师"是指州的镜师而景初镜铭文中的"京师"是指都城洛阳。相反，我们必须认识，"京师"的"师"字应与"州师"的"师"字一样，是指作镜的工师，而"京"字则为加在"师"字之前的限定词，其含义应与"州"字相近，至少不能与之抵触。

于是，人们也许会问，景初镜铭文中的"京师"二字可否解释为首都的镜师？在三国时代，吴境扬州的治所在建业，而建业正是吴的都城。但是，在《三国志·吴志》里，吴的都城一般不称"京都"或"京师"。这不仅是由于作者陈寿视曹魏为正统，视孙吴为僭主之故。实际上，在陈寿《三国志》本文和裴松之注文所引孙吴的诏令和奏疏等文书里，亦只称武昌和建业等为"都"，而不称"京都"或"京师"。因此，我们不能把景初镜铭文中的"京师"解释为吴都建业的镜师。事实上，在两汉、三国时代，也缺乏将"京都"的"京"字作为限定词而加在各类人员名称之前的例子。就铜镜铭文的实例而言，魏都洛阳的镜师为"右尚方师"，不称"京师"。

值得注意的是，在今江苏省镇江市附近，三国时代有一个城邑，因城西的京岘山而得名，称为"京"。建安十三年至十六年，孙权在此建都，此后一直是吴的重要城邑，命官驻守，称为"京督"。东晋和南朝改称"京口"，其城凭山临江，乃长江下游的军事重镇，经济亦甚繁荣，户口众多，人才荟集，为仅次于首都建康的江左名邑，当时的徐州和南徐州先后设治所于此。必须指出，此城在吴时仅称"京"，这可以从《三国志·吴志》的许多记载得到说明。《吴志·胡综传》说"（孙）权为车骑将军都京"，《吴志·周瑜传》说"（刘）备诣京见（孙）权"，《吴志·孙权传》注引《江表传》所载孙权的诏书说"建业宫乃朕从京来所作将军府寺"，等等，都是例证。按照中国汉语的习惯，由于单独一个"京"字难读，所以有时加一"城"字，称为"京城"。总之，我认为，景初三年镜铭文中的"京师"是指吴的京城的镜师。可以说，只要"师"是指镜师，"京师"就不能不是吴的京城的镜师。陈是在其所作镜的铭文中自称本是"京师"，就像会稽郡的镜师在镜铭中自称"会稽师"，山阴县的镜师在镜铭中自称"山阴师"一样，这是完全可以理解的。京城属吴的扬州。因此，陈是在景初镜的铭文中自称"京师"，在正始镜的铭文中又自称"州师"，两者不仅毫不矛盾，而且起到互相补充的作用，足见其用意甚明，不是因为疏忽而误写。

根据许多铜镜的铭文，吴郡的治所吴县是吴的铜镜铸造业中心之一，其重要性不亚于会稽郡的山阴和江夏郡的武昌。所作铜镜有盘龙镜、神兽镜和画像镜等种类，上述绍兴出土的"周是"所作神人车马画像镜即为吴县的产品[41]。孙权自建安六年在吴县建都，达八年之久。可以设想，建安十三年自吴县迁京，吴县的镜师必有随之而往的。这使得京城也有不少的镜师。近年在镇江地区发掘了许多吴墓和晋墓，墓中存在着对置式神兽镜、环状乳神兽镜和画文带环状乳神兽镜等各种吴镜[42]，它们可能便是当时京城（京口）的产品。

考定了"京师"是京城的镜师，"芇师"是扬州的镜师之后，现在要对"杜地命出"四个字作解释了。我要重复地说一句，"京师"不是指长安，"杜地"二字当然也就不是指长安附近的杜县。其实，如我在本文开头时所说，景初镜铭文中"京师"后面的那个所谓"杜"字，因锈蚀而漫漶不清，不宜依照正始镜上的相应铭文而贸然加以肯定。而且，必须指出，就残存的笔划而论，该字左边下部是一短竖加二点，右边主要是一斜勾并二竖，也实在不像是"杜"字（图2-1）。这就使得"杜地"为杜县之说更无从成立。因为没有看到镜的实物，我不便在这里猜测它究竟是什么字，但相信该字虽非"杜"字，其意义则可能与"杜"字近似。总之，景初镜铭文中的所谓"杜地命出"，其实只能判读为"□地□出"。

当然，正始镜铭文中的"杜地命出"四字是确凿无疑的。在两汉、三国时代的语言里，"杜"是一个常用的动词。有时是与其他的字配合为由两个字组成的动词，如"杜闭"[43]、"杜塞"[44]、"杜隔"[45]、"杜绝"[46]，意为闭塞、隔绝。有时则单独使用，如云"杜口"[47]、"杜门"[48]、"杜津"[49]"杜道"[50]，其意仍为闭塞、隔绝。因此，镜铭中的"杜地"可以释为"隔绝境地"。至于"命出"二字，从字面上便能解释，无非是"令其外出"，别无他意。总之，依我看来，"杜地命出"是镜工陈是说的通俗话，在语法上或有不够通顺、妥善之处，但其基本含义是清楚的。

我在前面曾经说到日本滋贺县大岩山古坟出土的三角缘神兽镜，它的铭文为"镜陈氏作甚大工，型模雕刻用青铜，君宜高官至海东，保子宜孙"[51]。陈是即陈氏，两者至少应为同族之人。陈是所作之镜在铭文中说"杜地命出"，陈氏所作之镜在铭文中说"至海东"，可见"杜地命出"导致了"至海东"的结局。中国古代之所谓"海东"，一般是指朝鲜半岛，但也可以指日本[52]。要而言之，与"至海东"的铭文相联系，"杜地命出"四个字实有"绝于故地，亡命而出"的含义。

应该指出，景初镜和正始镜铭文中"陈是作镜自有经述"的"经述"二字与"尚方作镜自有纪"、"吾作明镜自有纪"等一般镜铭中的"纪"字相比，意义有所不同[53]。"纪"字是指法则、规范，"自有纪"是镜工自夸的习惯语，谓其作镜有方，按照一定的成规。"经述"二字是指经历和记述，"自有经述"是陈是自述其作镜的经历。陈是作镜的经历是什么呢？他在镜铭中将自己的经历归纳为"本是京师，□地□出"或"本自州师，杜地命出"八个字，可以说是简明扼要之极。陈是使用了通常叙述经历时所用的"本"字，以表明他过去曾是京师或州师，但在造作景初三年镜和正始元年镜时已经是时过境迁了。这八个字和"至海东"三字一样，不见于任何中国出土铜镜的铭文，正体现了在日本作镜的陈是（陈氏）有其特殊的经历！

为了说明三国时代吴与日本列岛之间存在交通关系，我曾在《日本三角缘神兽镜综论》中列举山梨县鸟居原古坟的赤乌元年对置式神兽镜、兵库县安仓古坟的赤乌七年对置式神兽镜、冈山市新庄上庚申山的对置式神兽镜、神户市丸山古坟的重列式神兽镜、京都府椿井大冢山古坟和熊本县船山古坟的画文带对置式神兽镜、京都府八幡市车冢古坟和奈良县新山古坟的画文带环状乳神兽镜以及熊本县船山古坟的神人车马画像镜和大阪府茨木市的二神二兽画像镜等日本各地遗迹出土的大量中国的吴镜，作为物证。过去，学者们局限于《三国志·魏志·东夷传》、《晋书·安帝纪》、《宋书·夷蛮传》、《南史·东夷传》等文献记载，只知道邪马台国与曹魏有交通关系，"倭五王"（即《晋书》、《宋书》、《南史》等中国史书中所记的讚、珍、济、兴、武等倭国五王）与东晋、南朝有交通关系，所以除了赤乌元年镜和赤乌七年镜以外，上述许多铜镜及其他类似的铜镜被看成是曹魏的产品，或被看成是东晋和南朝的产品。有的学者还以为，赤乌镜虽为吴镜，但传入日本的年代可能迟在东晋或南朝，即日本的"倭五王"时期。但是，根据近年来在中国北方地区和南方地区的调查发掘及对出土铜镜的研究，可以断言，以上各种看法都是不切实际的[54]。种种事实说明，上述日本出土的许多平缘神兽镜和画像镜，与两枚赤乌纪年镜一样，只能是三国时代的吴镜，它们传入日本的年代决不会迟至东晋后期和南朝。而且，从三国时代中国南北敌对的政治形势来看，它们应该是由江南的吴地直接传入日本，而不是经北方的魏境而传入日本的。在中国北方地区的调查发掘中，极少发现神兽镜和画像镜等南方的吴镜，也完全足以说明这一问题。

《三国志·吴志·孙权传》说："（黄龙二年）遣将军卫温、诸葛直将甲士万人浮海求夷洲及亶洲。亶洲在海中，长老传言秦始皇遣方士徐福将童男童女数千人入海，求蓬莱神山及仙药，止此洲不还，世相承有数万家。其上人民，时有至会稽货市。会稽东县人海行，亦有遭风流移至亶洲者"。据考证，亶洲是当时日本列岛的一部分[55]。前面所说大量吴镜存在于日本各地的古代遗迹中，这正是亶洲人民渡海到吴的会稽郡进行贸易的结果。既然亶洲人民可以西渡到吴的会稽郡来，包括铸镜工匠在内的吴地人民自然也可东渡到日本去。事实上，据上述《吴志·孙权传》等文献记载，会稽东县的吴人就有渡海到达亶洲的。我要特别指出，从《三国志·吴志·华覈传》的记载看来，东县人民之渡往亶洲，未必都是由于"遭风流移"。华覈在其《谏吴主孙皓盛夏兴工疏》中有"昔海房窥窬东县，多得离民，地习海行，狃于往年"等语，正说明了当地的吴人有与海外来客勾结而蓄意东渡的。把《吴志·孙权传》、《吴志·华覈传》的记载和《后汉书·东夷传》的相应记载结合起来，可以判断，东县吴人东渡亶洲之事主要发生在汉末建安年间，而当时孙权已在广大的吴地建立了政权，事实上是已经成立了吴国。正是因为入海的"离民"甚多，孙权乃于黄龙二年派舰队前往搜索亶洲。当然，我不是说陈是东渡日本必从东县出发，但也不排除这一可能性[56]。应该知道，即使是在古代，各方面的社会事态也是极其复杂的。当时中国的文献记载虽然已甚详备，但不可能将所有发生在民间的事情都加以记录。我引证以上关于会稽东县和亶洲的记载，只是为了说明吴与日本列岛之间确实存在交通关系，而吴地人民也确有流亡到日本的。

东渡的吴的工匠在日本作镜，为什么要在铭文中使用"景初三年"、"正始元年"的纪年呢？关于这个问题，我早在《关于日本三角缘神兽镜的问题》和《日本三角缘神兽镜综论》等论文中已有所阐述。我认为，中国人留居国外，仍然使用中国的年号，这样的事例不少，不足为怪。中国工匠在国内时，魏和吴的界线是清楚的，但一旦到了国外，就只知道有中国，是魏是吴，关系也就不大了。在三国时代，魏是大国，其首都洛阳是中国传统的都城，象征着正统之所在。因此，东渡的吴的工匠不用吴的年号而用魏的年号，这是可以理解的。吴与日本的交通限于民间，工匠们对离国以后的吴的政情是不清楚的。相反，邪马台国与魏的官方关系十分密切，身处异域的工匠亦能得知发生于倭、魏之间的重大事件。应该说，这些都是合乎情理的，决不是什么牵强附会之辞。现在，经过对铭文的考释，我要说，景初三年镜和正始元年镜的存在不仅不足以说明三角缘神兽镜是中国的魏镜，而且更进一步地证实了它们是东渡的吴的工匠在日本所作。信从福山氏考释的近藤乔一氏说，把三角缘神兽镜都看成为东渡的吴的工匠在日本所作，这是无视"历史的迥转"[57]。但是，我觉得，以景初三年镜和正始元年镜的纪年为根据，把三角缘神兽镜当作中国的魏镜，这不能不说是一种"历史的误会"。

我在《关于日本三角缘神兽镜的问题》中曾经表示，大阪府黄金冢古坟出土的景初三年铭画文带同向式神兽镜亦应为陈是在日本所作。我的这一看法，至今不变。关于日本各地出土的许多画文带同向式神兽镜（其中包括20余枚"同范镜"）之为吴的工匠在日本所作的问题，我曾于1984年3月在东京举行的日本第7次古代史讨论会上发言时述及[58]。今后，若有可能，我想就这一问题另写文章，作进一步的讨论。

附记：本文仅限于对景初三年镜和正始元年镜的铭文作考释。关于日本出土的300余枚三角缘神兽镜不是中国的魏镜，也不是中国的吴镜，而是东渡的吴的工匠在日本所作的详细论证，请参阅拙著《关于日本三角缘神兽镜的问题》、《关于日本的三角缘佛兽镜》和《日本三角缘神兽镜综论》等论文。

注　释

[1]　景初三年镜铭文中的"景"字明确，但"初"字的写法与一般不同。正始元年镜铭文中的"始"字确实，但"正"字都是缺失或损坏不明的。因此，在日本学术界，亦有不承认镜铭中的年号为"景初"、"正始"的。但是，从铭文的内容看来，两者都为陈是所作，字句也基本上相同，可见其制作年代相连。从中国历代年号考察，它们只能是"景初三年"和"正始元年"。

[2]　据《三国志·魏志·东夷传》记载，邪马台国使者初次访魏在景初二年。但是，从各方面的历史事实看来，二年应为三年之误。《日本书纪》和《翰苑》所引《魏志》亦

曰景初三年。

[3] a. 王仲殊：《关于日本三角缘神兽镜的问题》，《考古》1981年第4期。
　　b. 王仲殊：《关于日本的三角缘佛兽镜》，《考古》1982年第6期。
　　c. 王仲殊：《日本三角缘神兽镜综论》，《考古》1984年第5期。

[4] 福山敏男：《景初三年・正始元年三角缘神獣鏡銘の陈氏と杜地》，《古代文化》第26卷第11号，1974年。

[5] 梅原末治：《漢汉三国六朝紀年鏡図説》第48页，图版第二十五、第二十六，桑名文星堂，1942年。

[6] 梅原末治：《漢三国六朝紀年鏡図説》第41、80页，图版第二十二（1）、第四十三（2），桑名文星堂，1942年。

[7] 梅原末治：《漢三国六朝紀年鏡図説》第66页，桑名文星堂，1942年。

[8] 梅原末治：《漢三国六朝紀年鏡図説》第15、21、117页，图版第五、九（1）、第六十五（2），桑名文星堂，1942年。

[9] 梅原末治：《漢三国六朝紀年鏡図説》第75、117页，图版第四十一（1）、第六十五（2），桑名文星堂，1942年。

[10] 罗振玉：《汉两京以来镜铭集录》，《辽居杂著》（镜录第6页），1933年。

[11] 罗振玉：《汉两京以来镜铭集录》，《辽居杂著》（镜录第14页），1933年。

[12] Bernhard Karlgren, "Early Chinese Mirror Inscriptions", Bulletin of the Museum of Far Eastern Antiquiues, No. 6, 1934, p75.

[13] 后藤守一：《古镜聚英》上篇图版第五十七（2），大冢巧艺社出版，1942年。

[14] 《三国志・魏志・武文世王公传》注引《魏氏春秋》"且今之州牧、郡守，古之方伯诸侯，皆跨有千里之土。"蔡邕《太尉杨秉碑》"其时免州牧、郡守五十余人，饔戾是绌，英才是列"（《蔡中郎集》）。

[15] 《后汉书・韦彪传》"宜简尝历州宰素有名者"；《后汉书・左雄传》"州宰不覆，竞共辟召"。

[16] 《三国志・蜀志・秦宓传》"卞和衔玉以耀世，宜一来与州尊相见"。

[17] 《后汉书・史弼传》"州司不敢纠弹，傅相不能匡辅"；《三国志・吴志・孙权传》注引《江表传》"轻犯汉制，残害州司"；李密《陈情表》"州司临门，急于星火"（《文选》卷三十七）。

[18] 《后汉书・张奂传》"小人不明，得过州将"；《三国志・蜀志・先主传》注引《献帝春秋》"州将殂殒，生民无主"。

[19] 《三国志・魏志・公孙度传》注引《吴书》"猥兴州兵，图害臣郡"；《后汉书・张奂传》"州兵围之急，（张）猛耻见擒，乃登楼自烧而死"。

[20] 《三国志・吴志・周鲂传》"鲂以千载徼幸，得备州民"。

[21] 《三国志・蜀志・先主传》"（陶）谦死，（糜）竺率州人迎先主"；《三国志・蜀志・彭羕传》"羕起徒步，一朝处州人之上，形色嚣然"。

[22] 吴"黄龙元年"纪年铭重列式神兽镜2枚，各有"师陈世造三湅明镜"或"师陈世造作百湅明镜"的铭文。见梅原末治：《漢三国六朝紀年鏡図説》第61、62页，图版

第三十三(1)(桑名文星堂,1942年)。

[23] 浙江省绍兴出土的"建安廿二年"纪年铭重列式神兽镜2枚(同范镜),有"师郑豫作明镜"的铭文。见梅原末治:《绍兴古镜聚英》图版第一(上)(下)(桑名文星堂出版,1939年)。

[24] 吴"赤乌元年"纪年铭对置式神兽镜有"师朱酉作"的铭文。见梅原末治:《漢三国六朝紀年鏡図説》第65页,图版第三十四(2)(桑名文星堂,1942年)。

[25] 吴"天纪元年"纪年铭对置式神兽镜有"师徐伯所作明镜"的铭文。见梅原末治:《漢三国六朝紀年鏡図説》第97页,图版第五十四(2)(桑名文星堂,1942年)。

[26] 东汉永寿二年兽首镜和延熹七年兽首镜等有"师命长"的铭文,见梅原末治:《漢三国六朝紀年鏡図説》第20页,图版第八(1);第22页,图版第十(桑名文星堂,1942年)。

[27] 在日本出土的300余枚三角缘神兽镜中,约10枚有"铜出徐州,师出洛阳"的铭文。它们分别出土于奈良县佐味田宝冢古坟、京都府椿井大冢山古坟、冈山市车冢古坟、兵库县森尾古坟、滋贺县织部山古坟、大阪府国分茶臼山古坟等古坟。有的镜仅有上句"铜出徐州",下句以"彫缕文章"代替"师出洛阳"。见小林行雄:《三角縁神獣鏡の研究》第100~102、123、153页,图版第四、第十一〔《京都大學文學部研究紀要》(第十三),1971年〕。

[28] 朝鲜平壤石岩里200号墓出土的东汉初期的方格规矩镜有"名师作之出雒阳"的铭文。见小场恒吉等:《乐浪汉墓》第一册第64页,图版第七十二(大正十三年发掘调查报告,乐浪汉墓刊行会,1974年)。

[29] 吴"黄武七年"纪年铭对置式神兽镜有"大师陈世严作明镜"的铭文,见梅原末治:《漢三国六朝紀年鏡図説》第60页,图版第三十二(2),桑名文星堂,1942年。传世的1枚画文带对置式神兽镜有"大师得铜合涷五金成"的铭文,见后藤守一:《古鏡聚英》(上篇)图版第四十六(1)(大冢巧艺社出版,1942年)。浙江省衢州市文物管理委员会所藏当地出土的"黄武五年"纪年铭重列式神兽镜有"太师鲍唐而作"的铭文,"太师"即"大师",见王仲殊:《日本三角缘神兽镜综论》注释68,第476页(《考古》1984年第5期)。

[30] 魏"甘露四年"纪年铭兽首镜2枚(同范镜)和"甘露五年"纪年铭兽首镜1枚有"右尚方师作镜"的铭文。见梅原末治:《漢三国六朝紀年鏡図説》第51、52、53页,图版第二十七、第二十八、第二十九(桑名文星堂,1942年)。

[31] "黄初四年"纪年铭对置式神兽镜(吴镜)3枚,有"会稽师鲍作明镜"的铭文,见樋口隆康:《古鏡》第229页,图版第九十三(188)(新潮社,1979年);王仲殊:《关于日本三角缘神兽镜的问题》第350、351页(《考古》1981年第4期)。

[32] 湖北省鄂城出土的"黄初二年"纪年铭同向式神兽镜(吴镜)2枚(同范镜),有"扬州会稽山阴师"的铭文。见王仲殊:《关于日本三角缘神兽镜的问题》第350、351页(《考古》1981年第4期)。

[33] 浙江省绍兴出土的"神人画像镜"在内区图纹间有"王女朱师作兮"的铭文,"王女"为西王母的侍女,"朱师"为镜师。见梅原末治:《绍兴古镜聚英》图版第六

(桑名文星堂，1939 年)。

[34] 传绍兴出土的"天马白虎画像镜"在内区图纹间铸出"杜师"二字，应为镜师。见梁上椿：《岩窟藏镜》第二集（下）第三十图（北京大业印刷局暨商业印刷所铅印暨影印，1941 年）。

[35] 绍兴出土的"画像兽带镜"在内区图纹间有"柏师作"三字。见王士伦：《浙江出土铜镜选集》图第27、分图说明第4页（中国古典艺术出版社，1958 年）。

[36] 吴"黄龙元年"纪年铭重列式神兽镜2枚，各有"师陈世造三涑明镜"或"师陈世造作百涑明镜"的铭文。见梅原末治：《漢三国六朝紀年鏡図説》第61、62 页，图版第三十三（1）（桑名文星堂，1942 年）。吴"黄武七年"纪年铭对置式神兽镜有"大师陈世严作明镜"的铭文，见梅原末治：《漢三国六朝紀年鏡図説》第60页，图版第三十二（2）（桑名文星堂，1942 年）。传世的1枚画文带对置式神兽镜有"大师得铜合涑五金成"的铭文，见后藤守一：《古鏡聚英》（上篇）图版第四十六（1）（六月大冢巧艺社出版，1942 年）。浙江省衢州市文物管理委员会所藏当地出土的"黄武五年"纪年铭重列式神兽镜有"太师鲍唐而作"的铭文，"太师"即"大师"，见王仲殊：《日本三角缘神兽镜综论》注释第68 第476页（《考古》1984年第5期）。

[37] 樋口隆康：《卑弥呼の銅鏡百枚》第388 页，《展望アジアの考古学—樋口隆康教授退官記念論集》（単行本），新潮社1983年。

[38] 湖北省鄂城出土的"黄初二年"纪年铭同向式神兽镜（吴镜）2枚（同范镜），有"扬州会稽山阴师"的铭文。见王仲殊：《关于日本三角缘神兽镜的问题》第350、351 页（《考古》1981年第4期）。

[39] 该重列式神兽镜的铭文为"殷是作明镜四夷服，多贺国家人民息，胡房斩灭天下复……"。见梅原末治：《欧米に於ける支那古鏡》第30~31页，插图第五（刀江書院，1931年）。

[40] 该"神人车马画像镜"1982年出土于绍兴上灶公社，现藏绍兴文物管理委员会。镜铭全文为"吴向阳周是作竟四夷服，多贺国家人民息，胡房殄灭天下复，风雨时节五谷熟，长保二亲得天力，传告后世乐无极"。

[41] 绍兴文物管理委员会所藏盘龙镜、神兽镜和画像镜有"吴向阳周是作竟"、"吴郡胡阳张元"、"吴向里柏师作竟"、"吴向里柏氏作镜"等铭文，应为吴县的产品，见王士伦：《浙江出土铜镜选集》第九图，分图说明第2页，中国古典艺术出版社，1958年。梁上椿《岩窟藏镜》第二集（下）图第三十一图中的车马神人画像镜有"吴胡阳里"的铭文，亦应为吴县所产。见梁上椿：《岩窟藏镜》（北京大业印刷局暨商业印刷所铅印暨影印，1941 年）。

[42] a. 镇江博物馆：《镇江东吴西晋墓》第528~545 页，图版第柒，《考古》1984年第6期。

b. 刘建国：《镇江东晋墓》第16~39 页，图版第叁、第肆，《文物资料丛刊》，1983年，第8集。

[43] 《汉书·刘向传》"杜闭群枉之门，广开众正之路"。

[44] 《后汉书·申屠刚传》"亲疏相错，杜塞间隙"。

[45] 《后汉书·申屠刚传》"外戚杜隔,恩不得通"。
[46] 《后汉书·桓帝纪》"杜绝邪伪请讬之原,令廉白守道者得信其操";《后汉书·窦融传》"一旦缓急,杜绝河津,足以自守"。
[47] 《汉书·贾捐之传》"佞人用事,则诤臣杜口";《后汉书·张皓传》"天下杜口,塞谏诤之源";《后汉书·曹节传》"群公卿士,杜口吞声,莫敢有言"。
[48] 《汉书·孔光传》"光退闾里,杜门自守";《后汉书·周䥽传》"䥽耻交报之,因杜门自绝";袁宏《三国名臣序赞》"杜门不用,登坛受讥"(《文选》卷四十七)。
[49] 《汉书·叙传》"塞隘杜津,王基以张"。
[50] 《三国志·魏志·锺会传》"南杜走吴之道,西塞成都之路,北绝越逸之径"。
[51] 梅原末治:《近江国野州郡小篠原大岩山の一古坟调查报告》第28、29页,《考古学雜誌》,第十二卷一号,1921年。
[52] 关于"至海东"的铭文,我曾于1984年3月在东京举行的日本第7次古代史讨论会上发言时有较详的阐述,主要是批判"海东"为仙界之说。大意如下:

　　根据《三国志》及裴注,"海东"和"海西"一样,是当时的地理名词。《魏志·东夷传(倭人条)》注引《魏略·西戎传》说:"大秦国在安息、条支西,大海之西。其国在海西,故俗谓之'海西'"。毫无疑问,"海西"是地理名词,不是仙界。同样,"海东"也是地理名词。据《魏志·明帝纪》等记载,当时称辽东郡、玄菟郡、乐浪郡、带方郡等为"海东诸郡"。又据《魏志·东夷传(沃沮条)》记载,朝鲜半岛东北部高句丽和沃沮等地也称"海东"。玄菟太守王颀追高句丽王至沃沮,问当地父老说:"海东复有人不"?他所说的"海东",除了指高句丽和沃沮之地以外,还指沃沮以东的海中。总之,辽东郡及朝鲜半岛北部的乐浪郡、带方郡等都称"海东",朝鲜半岛北部的高句丽和沃沮等地及其以东的海中也称为"海东"。《魏志·东夷传(韩条)》说:"倭韩属带方"。可见朝鲜半岛南部的韩和日本列岛的倭也属广义的"海东"。《晋书·宣帝纪》称日本为"东倭",其实也含有海东之意。

　　根据以上的资料,可以认为,中国古代所称的"海东",主要是指朝鲜半岛,但也可以指日本。由于三角缘神兽镜在日本大量出土,在朝鲜半岛一无所见,所以镜铭中的"海东"显然是指日本。在中国、朝鲜和日本发现的大量的平缘神兽镜及其他各类中国铜镜上,虽然多有详细的铭文,但始终不见有"至海东"之句。这就足以说明"至海东"的镜铭是说东渡的中国工匠在日本制作三角缘神兽镜。大阪府国分茶臼山古坟出土镜的"用青铜至海东"的铭文,正是中国工匠在日本作镜的绝好证据。学术界有主张镜铭中的"海东"是指所谓"仙界"的,实在没有什么根据,不足为信。

[53] 应该说明,"经述"的"述"字不无争议。西田守夫氏根据竹岛古坟出土(正始元年)镜的铭文,将此字隶定为"匨"。西田氏说,若"匨"是反写字,则为"番"字的古体,可解为"播"的假借字(见西田守夫:《竹岛御家老屋敷古坟出土の正始元年三角缘阶段式神獸镜と三面の镜》第33、35页,東京國立博物館美術誌《MUSE-UM》1980年12月号)。我不知道西田氏之说是否能成立。若能成立,则"播"字应为"播迁"之意。《后汉书·献帝纪赞》说"献生不辰,身播国屯",便是例证。但是,从神原神社古坟出土(景初三年)镜的铭文看来,该字确与一般的"述"字无

甚差异,(图2-1)。故本文从福山氏之说,将此字释为"述"。

[54] 徐苹芳:《三国两晋南北朝的铜镜》,《考古》1984年第6期。

[55] 原田淑人:《魏志倭人伝から見た古代日中貿易》,《東亜古文化説苑》,1973年。

[56] 《三国志·吴志·孙权传》记述会稽东县人海行,有遭风流移至亶洲者。《后汉书·东夷传》中有相同的记述,但改"东县"为"东冶县",《三国志·魏志·东夷传》(倭人条)亦谓倭地"计其道里,当在会稽东冶之东"。一般认为,东冶在今福建省福州市,但也有主张是在今浙江省境内的。见叶国庆:《古闽地考》第81、82页,《燕京学报》1934年第十五期。

[57] 近藤乔一:《三角縁神獣鏡製作の契機について》,《考古学雑誌》第69卷第2号,1983年。

[58] 王仲殊等:《三角縁神獣鏡の謎》(第七回古代史シンポジウム),角川书店,1985年。

(本文原载《考古》1984年第12期)

景初三年镜和正始元年镜铭文补释

1984年9月我写了题为《景初三年镜和正始元年镜的铭文考释》的论文（以下简称《考释》），发表在同年第12期《考古》杂志上[1]。我考定景初三年镜铭文中"本是京师"的"京师"为吴的京城（今江苏省镇江市）的镜师，正始元年镜铭文中"本自荊师"的"荊师"（即"州师"）为吴地扬州的镜师；同时还考明了正始镜铭中"本自荊师"后面的"杜地命出"四字是说"绝于故地，亡命而出"，而亡命所到之处则为海东的日本。

我在《考释》中指出，景初镜铭中"本是京师"后面的四个字不能判断为"杜地命出"，而只能暂定为"□地□出"。其后，我反复用放大镜从图版和拓本上观察这两个锈蚀不清的字，并与其他同时期的金石文字对照，终于认定为"绝"字和"亡"字，补足了"□地□出"中的两个空白的方框，使之成为"绝地亡出"的四字句。这进一步证实了我在《考释》中所作结论是正确的。但是，由于"绝"、"亡"两字的认定，我要对《考释》作一些补充，所以就写了现在的这篇《补释》。

首先，我要说一说"绝"字是怎样认定的。在《考释》中，我根据残存的笔划，指出该字不是"杜"，但其意义则应与"杜"字近似。事实上，当时我已认为它应是"绝"字，只是为了慎重起见，没有明确地说出来。后来，我将两汉三国时代所有铜镜铭文中的"绝"字都加以检查，发现湖北省鄂城出土的吴"黄龙二年"纪年铭重列式神兽镜铭文中的"绝"字与此字相似[2]。黄龙二年镜铭中有"灭绝孚秽"四字，"绝"字的字形清楚。景初镜铭中的"绝"字虽因锈蚀而漫漶不清，但仔细观察，仍可看出其残存部分与上述黄龙二年镜铭中的"绝"字一致，故可判定其为"绝"字无疑[3]。

其次，我要说一说"亡"字是怎样认定的。其实，我在写《考释》

时已认识到此字应该是"亡"。正是由于认识到景初镜铭中有"亡出"二字，我才将正始镜铭中"杜地命出"的"命出"释为"亡命而出"。但是，因为当时忙于杂务，来不及拿它与其他同时期的金石文字对照，所以不得不暂加保留。后来，我将"帝尧碑"、"衡方碑"等东汉后期碑文中的"亡"字检了出来[4]，作为比较，终于认定此字确实是"亡"。与现今的"亡"字相比，其特点是下面一横比上面一横为长[5]。由于两横之间的一竖偏在右侧，此字应为反写字（三角缘神兽镜铭中反写字不少，正始元年镜铭中的"石"字即为一例）。诚如福山敏男氏在他的论文中所说，此字也有些像"工"。但是，镜铭中"工"字的一竖多曲折而居中，不是偏在一侧，而且"工出"二字在文义上亦不可通。当然，福山氏不以此字为"工"，而是为了与正始镜铭看齐，把它当作"命"字[6]。但是，从字形上看，此字与"命"字毫无相似之处，这是显而易见的。

说明了"绝"字和"亡"字是怎样认定的之后，我要进而对景初三年镜铭中的"绝地亡出"四字加以解释。其实，与正始元年镜铭中的"杜地命出"相比，"绝地亡出"的含义是十分易懂的，即使不加解释，大家也会明白。"绝"是动词，意为断绝、隔绝，所以"绝地"可解释为"绝于故地"。但是，"绝"字也可以由动词转化为形容词，从而使"绝地"二字相合，成为一个如所周知的名词。在中国的汉语中，"地"字和"域"字往往相通，所以"绝地"也就是"绝域"。《汉书·韩安国传》称匈奴之地为"绝地"，《后汉书·马援传》称交阯之地为"绝地"，《后汉书·班超传》称西域之地为"绝域"，指的都是远方阻隔难通的"异域"。这样，不言而喻，景初镜铭中的"绝地"，无疑是指海东的倭地。"亡出"二字的意义又是什么呢？许慎《说文解字》指出："亡，逃也"。《汉书·韩信传》说："（萧）何闻信亡，不及以闻，自追之"。无待于言，"亡出"就是亡命而出。总而言之，景初三年镜铭中的"绝地亡出"可以释为"亡命而出，至此绝域"。

考明了景初镜铭中"绝地亡出"的含义之后，正始镜铭中的"杜地命出"四个字也就可以不解自通了。我在《考释》中将"杜地"二字释为"绝于故地"，这是因为"杜"是动词，其意义与"绝"相同，但不能像"绝"字那样由动词转化为形容词之故。然而，正始镜和景初镜同为陈是所作，年代相连，铭文的用字虽有差异，但铭辞的内容却完全相同。因此,"杜地"应与"绝地"一样,也是指远方隔绝之地,亦即"绝域",实际上是海东的倭地。至于"命出"二字,我在《考释》中明确地释为"亡命而出",已经没有什么可以补充的了。从字面上来看,景初镜铭中的"亡出"和正始镜铭中的"命出"合在一起,也正是"亡命而出"。要之,正始元年镜铭中的"杜地命出"与景初三年镜铭中的"绝地亡出"的含义是完全相同的。

  我在《考释》中说:景初镜和正始镜铭文中"陈是作镜自有经述"的"经述"二字是指经历和记述,"自有经述"是陈是自述其作镜的经历。陈是作镜的经历是什么呢?他在镜铭中将自己的经历归纳为"本是京师,绝地亡出"或"本自州师,杜地命出"八个字,可以说是简明扼要之极。陈是使用了通常叙述经历时所用的"本"字,以表明他过去曾是京师或州师,但在造作景初三年镜和正始元年镜时已经是时过境迁了。这八个字和"至海东"三字一样,不见于任何中国出土铜镜的铭文,正体现了在日本作镜的陈是(陈氏)有其特殊的经历!

  也许有人会问:"本自州师"的"本自"与"本是京师"的"本是",有无差别?我说:"是"指身份,"自"指出身,两者有所不同。加上"本"字以后,"本是"主要也指出身,其与"本自"的差别就不大了,但仍略有差别。"京师"是相当偏狭的名称,须用"本是";"州师"是比较广泛的名称,可用"本是",也可用"本自"。《后汉书·何进传(赞)》说"进自屠羊",李贤注"进本屠家子也"。这是对"本自"二字的绝好解释。

  在江南的吴地扬州,三国时代姓陈的镜师不少。我在《考释》中曾举吴"黄武七年"和"黄龙元年"的平缘神兽镜铭中的"陈世严"和"陈世"为例,这是人所共知的。此外,应该指出,就已发表的资料而言,江苏省南京市发掘出土的吴的平缘神兽镜有"陈建作镜"的铭文,说明镜师也姓陈[7]。

  最后,我要交代一下,因为本文是《补释》,所以就不将景初镜和正始镜铭文的图版和拓本重新发表了。希望读者费神参照刊登在1984年第12期《考古》上的《考释》。

注 释

[1] 王仲殊:《景初三年镜和正始元年镜的铭文考释》,《考古》1984年第12期。

[2] 鄂城出土镜现藏湖北省博物馆，发掘报告正在编写中。
[3] 王仲殊：《景初三年镜和正始元年镜的铭文考释》图版第陆（1），《考古》1984年第12期。
[4] "衡方碑"请见文明书局影印孙星衍旧藏本（清初拓）；"帝尧碑"中的"亡"字请见嘉庆十五年重刻淳熙《隶韵》卷三，页三十（下）。
[5] 王仲殊：《景初三年镜和正始元年镜的铭文考释》图第一，图版第陆（1），《考古》1984年第12期。
[6] 福山敏男：《景初三年・正始元年三角縁神獣鏡銘の陳氏と杜地》，《古代文化》第26卷第11号，1974年。
[7] 李蔚然：《南京南郊六朝墓葬清理》，《考古》1963年第6期。

（本文原载《考古》1985年第3期）

论日本出土的景初四年铭三角缘盘龙镜

  1986年10月8日，日本国京都府福知山市教育委员会从该市东羽合广峰古坟群中的15号坟发掘出1枚有"景初四年"纪年铭的三角缘盘龙镜（又称三角缘龙虎镜）（图1-1）。从当日开始，日本各报纸对这一重要的考古发现作迅速的报道，受到各方面的注意。无独有偶。兵库县西宫市辰马考古资料馆于四天后的10月12日宣称，该馆所藏的1枚"景初四年"铭三角缘盘龙镜在大小、形状、图纹和铭文等各方面都与广峰15号坟出土的三角缘盘龙镜相同（图1-2）。经鉴定，两镜确属"同范镜"。于是，日本全国各报又进一步广泛报道有关专家对这两枚铜镜的看法和论议，引起了学术界和广大公众的重视。

图1 景初四年铭三角缘盘龙镜
1. 京都府广峰15号坟出土 2. 兵库县辰马资料馆所藏

  蒙日本国文部省邀请，我从1986年10月21日起在日本作为期两星期的访问。10月25日和26日在奈良访问时，承蒙奈良国立文化财研究所田中琢先生、辰马考古资料馆高井悌三郎先生和福知山市教育委员会诸先生的厚意，我看到了这 2 枚"景初四年"纪年镜的实物。10 月 26 日我应邀在奈良国立文化财研究所作题为《吴镜师陈世所作神兽镜论考》的公开讲演，在原有的讲演稿之外，又作了补充，指出这 2 枚新发现的三角缘盘龙镜和过去在日本大量出土的三角缘神兽镜一样，为中国三国时代东渡的吴的工匠在日本所制作，并对镜铭的文字作了考订，对铭辞的含义作了解说。10 月 27 日，日本《奈良新闻》、《京都新闻》、《每日新闻》、《读卖新闻》、《产经新闻》等许多报纸在记事文章中报道了讲演的基本内容。11 月 3 日，日本广播协会（NHK）又在"文化日"的电视节目中将我的讲演向全国观众作了详细的录像广播。

现在，我在那次讲演的基础上，写作这篇论文，进一步对这 2 枚重要的铜镜作全面的论述。

如本文图版所示，福知山市广峰 15 号坟出土镜完整无缺，图纹和铭文十分清晰（图 1-1）。西宫市辰马考古资料馆藏镜碎为数块，但经过修复，仍可清楚地看到镜的全貌和细部（图 1-2）。我和许多日本学者一样，确认这 2 枚三角缘盘龙镜为"同范镜"无疑。镜的直径约 17 厘米。钮作半球状，钮座为圆形。内区的主纹是四躯高浮雕的兽类，两两相对。如图版所示，上部相对的两兽为侧面脸，头上有角，应是龙。下部相对的两兽为正面脸，是龙是虎，难以确认。镜的缘部隆起，断面呈三角形。外区绕一周复线波状纹和一周锯齿纹。在内区和外区之间，又有一周栉齿纹。铭文带在内区的外围，由左旋的 35 个字组成铭辞。经我仔细观察，铭辞全文如下："景初四年五月丙午之日，陈是作镜。吏人诸之，位至三公；母人诸之，保子宜孙，寿如金石兮"（其中"陈"字和"孙"字为反写字，后者写法别扭）（图 1）。

首先，应该指出，制作这 2 枚三角缘盘龙镜的工匠为陈是（即陈氏，下同），他与制作景初三年铭同向式三角缘神兽镜（岛根县神原神社古坟出土）的陈是为同一人。作出这样的判断，是基于以下的事实：（1）两者姓氏相同，而且都以"是"为"氏"（"是"与"氏"，古字通）；（2）景初四年与景初三年在时间上是相连的；（3）两者所作镜铭的字体十分相似；（4）铭辞中都有"吏人诸之，位至三公，母人诸之，保子宜孙，寿如金石兮"的字句。总之，景初三年铭同向式三角缘神兽镜（图 2-2）和景初四年铭三角缘盘龙镜（图 1）都为陈是一人所制作，这是毋庸置疑的。

我在过去所写的多篇论文中指出，日本出土的 300 余枚所谓"舶载的"三角缘神兽镜（包括同向式三角缘神兽镜和求心式三角缘神兽镜）其实是中国吴地的工匠东渡日本，在日本制作的。我在《景初三年镜和正始元年镜的铭文考释》[1]和《景初三年镜和正始元年镜铭文补释》[2]中考定，制作景初三年铭同向式三角缘神兽镜（1 枚，岛根县神原神社古坟出土）的陈是和制作正始元年铭同向式三角缘神兽镜（3 枚，分别出土于群马县柴崎古坟、兵库县森尾古坟、山口县竹岛古坟，属"同范镜"）的陈是为同一人，他本是中国吴地扬州京城（京，地名，今江苏省镇江市）的镜师，自故地亡命而出，在海东的异域制作铜镜。要之，根据我的研究，景初三年铭和正始元年铭同向式三角缘神兽镜（图 2-2、3）既为陈是在日本所制作，景初四年铭三角缘盘龙镜（图 1）当然也应该为陈是在日本所作。

我要强调指出，2 枚景初四年铭三角缘盘龙镜的发现，又为我已往的研究提供了新证据。我认为，就景初四年铭三角缘盘龙镜本身而论，判断它们为陈是在日本所作，最有力的证据便是镜铭中的"景初四年"的纪年。

据《三国志·魏志》〈明帝纪〉[3]和〈少帝（齐王芳）纪〉[4]记载，魏明帝是在景初三年（公元 239 年）正月丁亥朔日（即正月初一日，其干支为丁亥）死去的。明帝死后，齐王芳立刻即皇帝位。按照自汉武帝以来西汉、东汉和魏朝关于皇帝嗣位的当年仍沿用先帝年号的一贯制度（东汉灵帝死后，少帝刘辩即位，改"中平六年"为"光熹元年"，虽属破例，但同年十二月献帝复称"中平六年"；皇帝被废黜，新帝即位，当年便改用新年号，应除外），齐王芳即位的当年仍称景初三年。景初三年十二月，魏朝颁发了一道诏书说："烈祖明皇帝以正月弃背天下，臣子永惟忌日之哀。其复用夏正。虽违先帝通三统之义，斯亦礼制所由变改也。又夏正于数为得天正。其以建寅之月为正始元年正月，以建丑月为后十二月"。我们可以从这道诏书的内容，知道以下的事实：

因为魏明帝是在景初三年正月初一日死去的，为了表示哀悼，翌年正月初一日就不便举行新年的庆典。因此，决定在景初三年十二月之后增加一个月，称为"后十二月"，以解决国家元旦庆典和先帝忌日丧礼之间的矛盾。这样，景初三年就有了两个十二月。在此前的青龙五年（公元 237 年）三月，魏明帝改"青龙"的年号为"景初"，并采用新

1. 陈是作景初三年铭画文带同向式神兽镜
4. 三角缘盘龙镜（大分县高森赤塚古坟） 
2. 陈是作景初三年铭同向式三角缘神兽镜 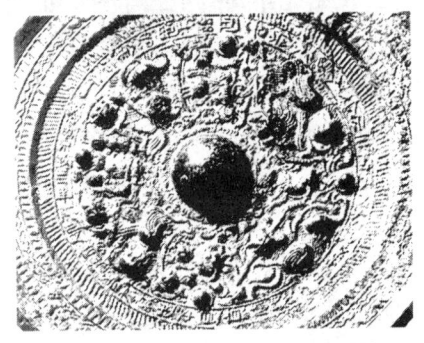
5. 三角缘盘龙镜（奈良市富雄丸山古坟） 
3. 陈是作正始元年铭同向式三角缘神兽镜 
6. 三角缘盘龙镜（奈良县池之内五号坟） 

图 2　陈是作景初三年铭和正始元年铭神兽镜及日本出土盘龙镜

的"景初历"，将原来的青龙五年三月改为景初元年四月[5]。所以，景初元年、景初二年、景初三年的月份都往前提早了一个月，景初二年和景初三年都以原来的十二月（丑月）为正月，这便是诏书中所说明帝之"通三统"〔夏为黑统，以寅月（一月）为正月，商为白统，以丑月

（十二月）为正月，周为赤统，以子月（十一月）为正月，是为"三统"；西汉董仲舒等人主张历史循环论，认为天之道终而复始，黑、白、赤三统循环往复，而东汉《白虎通义》等书更发挥其说，故魏明帝从高堂隆之议而有"通三统"而改历法之举］。景初三年（公元239年）在十二月之后增加一个"后十二月"，这就恢复了汉武帝以来以丑月为十二月的旧制，翌年正始元年（公元240年）也就恢复了汉武帝以来以寅月为正月的旧制。这便是诏书中的所谓"复用夏正"。

如上所述，与常年不同，从正月到"后十二月"，景初三年共有十三个月。与常年相同，从正月到十二月，正始元年共有十二个月。正始元年的正月与景初三年的"后十二月"直接相连，根本不存在所谓"景初四年"。1986年10月8日、9日《朝日新闻》、《读卖新闻》、《日本经济新闻》、《东京新闻》、《中国新闻》等许多日本报纸在报道中引述日本某学者的意见，说景初四年以一月告终，其后便改为正始元年。这是完全错误的。

总之，按照汉武帝以来的一贯制度，每一个皇帝死后，其年号只能沿用于当年，决不能延用到翌年。魏明帝是景初三年（正月初一日）死去的，所以绝对不可能有"景初四年"。魏明帝景初三年的翌年是齐王芳（少帝）的正始元年，而不是什么"景初四年"。这是有关国家体制的大事，是不允许任何人胡乱更改的。因此，十分明显，如果广峰15号坟出土的和辰马资料馆所藏的三角缘盘龙镜为陈是在中国的洛阳所制作，那就决不可能在镜的铭辞中出现"景初四年"的纪年。

主张"魏镜说"的日本学者，认为景初四年铭三角缘盘龙镜与以景初三年铭、正始元年铭同向式三角缘神兽镜为首的许多三角缘神兽镜（包括同向式和求心式三角缘神兽镜）一样，是中国魏朝的皇帝赠送给日本邪马台国女王卑弥呼的礼物[6]。坚持"魏镜说"的小林行雄先生还主张所谓"特铸说"，近年曾强调包括三角缘龙虎镜（即三角缘盘龙镜）在内的大量三角缘神兽镜是在当时魏国最有力的实权人物司马懿的主持下，作为中国皇帝给"亲魏倭王"的下赐品而特铸的[7]。但是，我不禁要问，既然是由魏国官方发布命令而隆重特铸的皇帝的御礼品，又怎能违反国家体制，在镜的铭辞中使用根本不允许存在的"景初四年"的纪年呢？

有的日本学者，承认"景初四年"在历史上是不存在的，但为了坚持"魏镜说",却新倡一种"预制说",说这2枚"景初四年"铭三角缘盘龙镜是魏国为了赠送倭王,在景初三年预先制作的[8]。必须指出,在景初三年制作的铜镜铭文中使用"景初四年"的纪年,这本来就是说不通的。特别是如我在前面所论述,根据史书的明确记载,魏明帝是在景初三年正月初一日死去的,新皇帝立刻即位,谁都知道来年必定要改元。什么是"改元"呢?无待于言,改元就是要停止使用"景初"这一旧年号,改用别的新年号。不论改用什么新年号,"景初"这一旧年号是绝对不能继续使用的。因此,纵使这2枚三角缘盘龙镜是魏国为赠送邪马台国卑弥呼女王而在景初三年"预制"的,也决不可能在镜铭中使用"景初四年"的纪年。坦率地说,这是常识问题,而不是什么需要讨论的问题。

前面已经说过,我在《关于日本三角缘神兽镜的问题》[9]、《关于日本的三角缘佛兽镜》[10]和《日本三角缘神兽镜综论》[11]等多篇论文中,根据大量的材料,从各方面论证日本出土的三角缘神兽镜是中国吴地的工匠东渡日本,在日本制作的。我在《景初三年镜和正始元年镜的铭文考释》[12]和《景初三年镜和正始元年镜铭文补释》[13]等论文中通过对镜铭的研究,进一步指出制作景初三年铭和正始元年铭同向式三角缘神兽镜的陈是本来是吴地扬州京城(京,地名,今江苏省镇江市)的镜师,他自故地亡命到日本,在日本作镜。这样,不言而喻,广峰15号坟出土的和辰马资料馆所藏的景初四年铭三角缘盘龙镜当然也为陈是在日本所作。正是因为陈是其人远在海东的"绝域",不能及时得知魏朝已改用"正始"的年号,所以继在其所作三角缘神兽镜的铭辞中使用"景初三年"的纪年之后,又在其所作三角缘盘龙镜的铭辞中使用"景初四年"的纪年。这是完全可以理解的。

我在《日本三角缘神兽镜综论》[14]等论文中早就说过,中国人留居国外,仍然使用中国的年号,这样的事例不少,不仅限于镜工陈是在日本使用"景初"、"正始"等年号一例。我曾着重指出,4世纪时,乐浪郡陷落,朝鲜半岛北部高句丽境内的中国人营建坟墓,在墓砖铭文和墓壁题记中仍然使用"泰宁"(晋明帝)、"咸和"(晋成帝)、"建元"(晋康帝)、"永和"(晋穆帝)、"元兴"(晋安帝)等中国东晋的年号。值得注意的是,由于朝鲜半岛北部远离中国的江南,道路阻隔,消息难通,不能及时得知东晋皇帝改元之事,所以往往将上述各年号的年数

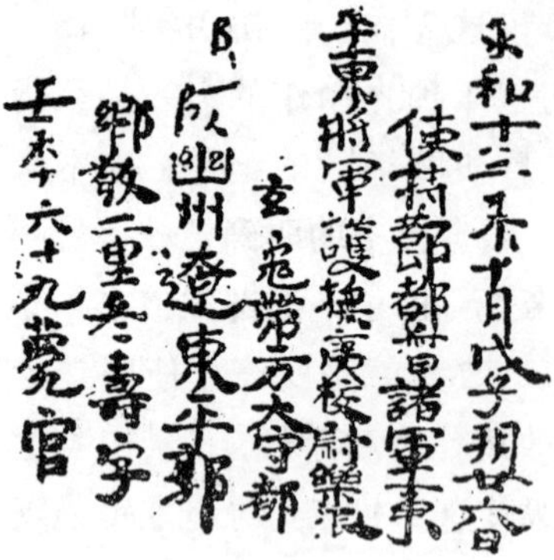

延长1年。据史书确切记载，"泰宁"共四年（公元323~326年），"咸和"共九年（公元326~334年），"建元"共二年（公元343~344年），"元兴"共二年（公元403~404年），而朝鲜黄海北道和黄海南道各处古墓所用墓砖铭文却有作"泰宁五年"、"咸和十年"、"建元三年"、"元兴三年"的[15]。晋穆帝的"永和"共十二年（公元345~356年），以后改元为"升平"（公元357~361年），但黄海北道安岳三号墓

图3 安岳三号墓（冬寿墓）的墨书题记

（冬寿墓）的墓壁题记却使用"永和十三年"的纪年（图3），"永和十三年"其实是升平元年（公元357年）[16]。魏明帝的"景初"一共只有三年（公元237~239年），但远在日本的陈是却在其所作铜镜的铭辞中使用"景初四年"的纪年，"景初四年"其实是正始元年（公元240年）。这与上述朝鲜半岛北部高句丽境内中国人所作墓砖铭文和墓壁题记纪年有误的情形是相同的。

福知山广峰15号坟出土镜和辰马考古资料馆藏镜铭辞记作镜的日期为"景初四年五月丙午之日"。如所周知，五月丙午为铸镜的大吉日（有的镜铭记作镜日期为"正月丙午"或"某月丙午"，可见"丙午"之为铸镜的吉日不仅限于五月的丙午日）。许多铜镜在铭辞中记作镜的日期为"五月丙午"，这也许是择吉日而铸镜的真实之辞，也许是假借吉日之名而作的虚托之辞，而后者又有"五月"为真实、"丙午"为虚托或"五月"、"丙午"全为虚托之分，不可一概而论。查陈垣先生著《二十史朔闰表》，正始元年五月没有丙午日[17]。因此，这2枚景初四年铭三角缘盘龙镜铭辞所记"五月丙午之日"的作镜日期之是否真实，只有以下的两种可能性：①铭辞全属虚托，两镜不是丙午日所铸，也不是五月所铸；②虽非丙午日所铸，但确实铸于五月。

据《三国志·魏志·东夷传》[18]记载，景初三年（公元239年）六月邪马台国所遣使者难升米、都市牛利等自日本至带方郡，同年十二月在中国的首都洛阳接受皇帝的封赏，完成了使命。纵使难升米、牛利等早在正始元年（公元240年）正月便从洛阳启程返国，恐怕也要到此

年六月以后才能经带方郡回到日本（据《三国志·魏志·明帝纪》及裴松之注引《晋纪》记载，景初二年，司马懿讨公孙渊，自洛阳出发，行军至辽东，约需三个多月；据《魏志·东夷传》记载，倭地自不弥国经投马国至邪马台国，水行三十日，陆行一月，共需两个月）。我们很难判断陈是是在什么时候得知魏朝定此年为正始元年的。如果要到以难升米为首的邪马台国使节团回抵本国（带方郡太守弓遵遣建中校尉梯儁率中国代表团携诏书、印绶及各种礼物随同到达）后才得知此事，那么这2枚"景初四年"纪年镜铸于正始元年五月（无丙午日）的可能性就不是没有的。

当然，在邪马台国使者未归的情况下，陈是早在正始元年较早的月份（五月之前）便制作了这2枚三角缘盘龙镜，这样的可能性也是充分存在的。这样，镜铭中的"五月丙午之日"就全属虚辞。但是，必须指出，如我在前面已经说到的那样，至少自东汉以降，铸镜的重大吉日除了"五月丙午"之外，还有"正月丙午"。仅以我记忆所及而言，在铭辞中记明为"正月丙午"所作的铜镜就有永寿二年兽首镜、延熹九年兽首镜、永康元年兽首镜、永康元年环状乳神兽镜、建宁二年兽首镜、熹平二年兽首镜、熹平二年环状乳神兽镜、熹平三年兽首镜、熹平七年环状乳神兽镜、中平六年方铭四兽镜（熹平二年兽首镜和熹平七年环状乳神兽镜见湖北省博物馆、鄂州市博物馆编《鄂城汉三国六朝铜镜》，其余各镜见梅原末治著《汉三国六朝纪年镜图说》）等10余枚之多。这说明，"正月丙午"之为铸镜的重大吉日，实可与"五月丙午"相提并论。因此，如若广峰15号坟出土镜和辰马资料馆藏镜铸于正始元年的正月，那就应该在铭辞中直书"正月丙午之日"，而不必虚托为"五月丙午之日"了。要之，纵使两镜铸于五月之前，亦应排除其铸于正月的可能性。陈是得知中国定此年为正始元年后，或许是为了补"景初四年"纪年失误之过，又造作了有"正始元年"纪年铭的同向式三角缘神兽镜（图2-3）。我们不能判断"正始元年"铭同向式三角缘神兽镜是在正始元年何月何日铸造的，但可以断定它们的铸造日期必然晚于广峰15号坟出土的和辰马资料馆所藏的景初四年铭三角缘盘龙镜。

我早在过去所写的论文[19]中表示，中国工匠在日本作镜，不应只作三角缘神兽镜。就常情而论，除了三角缘神兽镜之外，他们必然也制造别的种类的铜镜。现在，由于广峰15号坟出土镜和辰马考古资料馆藏镜的发现，可以证明，以陈是为代表的中国吴地的工匠在日本所作之镜，除三角缘神兽镜外，还包括三角缘盘龙镜。在中国，盘龙镜有系平缘的，也有系三角缘的，它们流行于黄河流域，更流行于长江流域。如我在《吴县、山阴和武昌——从铭文看三国时代吴的铜镜产地》[20]和《"青羊"为吴郡镜工考——再论东汉、三国、西晋时期吴郡所产的铜镜》[21]等论文中所述，地处长江下游的吴郡吴县（今江苏省苏州市）盛行制作盘龙镜。因此，东渡的吴的工匠在日本制作盘龙镜，这是理所当然的。其实，据我看来，在日本所作的盘龙镜，与在中国所作的盘龙镜相比，虽然大体上相似，但亦不无差别。这主要表现在图纹中的龙、虎以所谓"四头式"（多为二龙二虎或三龙一虎）的为多，镜体甚大，其形制类似三角缘神兽镜（图2-4）。尤其是有些大型的三角缘盘龙镜，如兵库县吉岛松山古坟、大阪府枚方万年山古坟、奈良县池之内五号坟、奈良市富雄丸山古坟等古坟出土的大型三角缘盘龙镜，在图纹中也有"笠松形"（图案化的旄）的纹样[22]，足见它们和三角缘神兽镜一样，也是在日本制作的（图2-5、6）。因为，如我在《关于日本三角缘神兽镜的问题》一文中早已强调指出的那样，在任何中国出土铜镜的图纹中，都是没有"笠松形"的纹样的[23]。

事实说明，除了三角缘神兽镜和三角缘盘龙镜之外，吴的工匠还在日本制造画文带同向式神兽镜。首先，如我在《关于日本三角缘神兽镜的问题》[24]和《景初三年镜和正始元年镜的铭文考释》[25]中所说，大阪府黄金冢古坟出土的景初三年铭画文带同向式神兽镜（图2-1）必然是在日本制作的。这是因为该镜与景初三年铭同向式三角缘神兽镜一样，都为陈是在景初三年所作，而景初三年铭同向式三角缘神兽镜的铭辞说明它是陈是在日本制作的。现在，由于景初四年铭三角缘盘龙镜的发现，我的上述判断又得到了进一步的证实。因为，从镜铭的文字和辞句来看，制作景初三年铭画文带同向式神兽镜的陈是与制作景初四年铭三角缘盘龙镜的陈也无疑是同一人。

1984年3月，我在东京举行的日本第7次古代史讨论会上曾经指出[26]，在日本的熊本县、宫崎县、广岛县、冈山县、兵库县、大阪府、奈良县、福井县、三重县、爱知县、静冈县、长野县的各地古坟中，共出土"同范"的画文带同向式神兽镜达19枚之多，加上另2枚出土地点不明的"同范镜"，总数竟达21枚[27]。这21枚"同范镜"，大小、形状、图纹、铭文都完全相同，它们的铸造必然出于同一个模型（指最初的"母模"），从而可以说基本上是同时铸造的。我们很难设想，数量如此之多的"同范镜"会是从中国输入的。从当时中日两国的政治、经济关系以及两国各自的社会情况来看，日本方面既不可能一次性地从中国全部输入这21枚（由于今后可能还要继续出土，原来的数目应更多）"同范镜"，也不可能在较长的时期内分若干次输入这批"同范镜"。因此，我判断它们也许是在日本制作的。正是由于它们是在日本制作的，所以它们能在日本被一一发掘出来。现在，按照我的研究，既然大阪府黄金冢古坟出土的画文带同向式神兽镜已被证明系在日本铸造，这21枚画文带同向式神兽镜当然也很可能是在日本铸造的。

综上所述，由于福知山广峰15号坟出土镜和辰马考古资料馆藏镜的发现，可以判明为陈是在日本所作的纪年铭铜镜已增至7枚之多。它们是：①景初三年铭画文带同向式神兽镜（大阪府黄金冢古坟出土）1枚；②景初三年铭同向式三角缘神兽镜（岛根县神原神社古坟出土）1枚；③景初四年铭三角缘盘龙镜（京都府福知山广峰15号坟出土和辰马考古资料馆所藏）2枚；④正始元年铭同向式三角缘神兽镜（群马县柴崎古坟、兵库县森尾古坟、山口县竹岛古坟出土）3枚。由于2枚景初四年铭三角缘盘龙镜和3枚正始元年铭同向式三角缘神兽镜各属"同范镜"，它们不仅大小、形状、图纹完全相同，而且铭文也是完全相同的。

因为这7枚铜镜都为陈是在日本所作，作镜的时间又同为景初三年或次年正始元年，所以它们的铭辞内容是彼此相似的。过去由于镜的锈蚀，镜铭中的若干文字因漫漶而难以肯定。我在《景初三年镜和正始元年镜铭文补释》[28]中考明了景初三年铭同向式三角缘神兽镜铭辞中的"绝"字和"亡"字，但仍有个别文字因锈蚀而不明。现在，由于新发现的广峰15号坟出土镜和辰马资料馆藏镜的铭辞十分完整和清晰，能补各镜铭文之欠缺，从而使7枚纪年铭铜镜的铭辞可以全部判读如下：

（1）景初三年铭画文带同向式神兽镜（图2-1）铭辞为"景初三年，陈是作诰（'诰'字为'镜'字的误刻）。诰之，保子宜孙"（图4）。

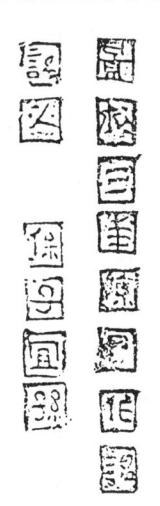

图4 大阪府黄金冢古坟出土镜铭文

（2）景初三年铭同向式三角缘神兽镜（图2-2）铭辞为"景初三年，陈是作镜，自有经述。本是京师，绝地亡出。吏人［詺］［之］，［位］至 三公；母人詺之，保子宜孙，寿如金石兮"。

（3）景初四年铭三角缘盘龙镜（图1）铭辞为"景初四年五月丙午之日，陈是作镜。吏人詺之，位至三公；母人詺之，保子宜孙，寿如金石兮"。

（4）正始元年铭同向式三角缘神兽镜（图2-3）铭辞为"［正］始元年，陈是作镜，自有经述。本自芇（'芇'字同'州'字）师，杜地命出。寿如金石，保子宜孙"。

我在《景初三年镜和正始元年镜的铭文考释》[29]和《景初三年镜和正始元年镜铭文补释》[30]两篇论文中已经对景初三年铭和正始元年铭同向式三角缘神兽镜铭辞中的"经述"、"京师"、"芇师"、"绝地亡出"和"杜地命出"等词句作了解说，这里不再重复。本文所要着重考释的，如10月26日我在奈良所作讲演中所述，主要是各镜铭辞中的"詺"字和"母"字。

日本各报在报道福知山市广峰15号坟出土镜时，将该镜铭辞中的"詺"字隶定为"铭"，意为铭刻[31]。这也许是按照某学者的意见。但是，我认为，若将镜铭中的"詺"字释为铭刻之"铭"，则各镜有关铭辞的含义就会显得完全不通。事实上，根据中国古代辞书，"詺"、"铭"二字互不相通，是不能混而为一的。如所周知，铜镜铭辞中的文字往往有省略偏旁的，有时也有赘添偏旁的，后者如"乔"之为"侨"，"成"之为"诚"[32]，"昌"之为"倡"，"番"之为"潘"[33]，便是例证。因此，可以认为，陈是所作各镜铭辞中的"詺"字是"名"字的赘添偏旁。总之，镜铭的中"詺"字同"名"字，而不同"铭"字。那么，"名"字的意义是什么呢？《汉书·食货志（上）》[34]说"限民名田，以澹不足"，颜师古注"名田，占田也"。《史记·佞幸（邓通）列传》[35]、《汉书·佞幸（邓通）传》[36]和《论衡·骨相》[37]都说"（邓通）不得名一钱"（《论衡·骨相》作"不名一钱"）。所谓"不名一钱"，用现代汉语来说，就是"一个钱也没有"。直到今天，中国日常用语中仍流行"不名分文"一词，其含义是人所共知的。总之，"名"是一个动词，意为使财产、物品为己所有，即是"占有"。

日本学者曾将景初三年铭同向式三角缘神兽镜铭辞中的"母"字

释为"毋"字，谓其意为"无"[38]。但是，这样一来，各镜有关铭辞的含义又会弄得完全不通。我这次在日本访问，亲自观察了广峰15号坟出土的和辰马资料馆所藏的景初四年铭三角缘盘龙镜的实物，细审铭文，确认此字显然为"母"，而决不是"毋"。至于"母"字的意义，则无待于言，就是指生儿育女的母亲，这可以从铭辞的全文含义得到证实。

此外，应该说明，对照各镜的铭辞，并考核词句的意义，可以确定，大阪府黄金冢古坟出土的画文带同向式神兽镜铭辞中的"陈是作諮"应为"陈是作镜"的误刻，这无疑是镜工陈是一时不慎所致。

现在，在考定了镜铭中的文字及其含义之后，我就可以将各镜的铭辞翻译为现代汉语如下：

（1）景初三年铭画文带同向式神兽镜铭辞为"景初三年，（我）陈氏造（此）镜。（谁若）有了此镜，便可保子宜孙"。

（2）景初三年铭同向式三角缘神兽镜铭辞为"景初三年，（我）陈氏造（此）镜，自有经历须述。（我）本来是京（城）的镜师，亡命而出，至此绝域。做官的人有了此镜，官位可至三公（太尉、司徒、司空）；做母亲的人有了此镜，可以保子宜孙，寿如金石"。

（3）景初四年铭三角缘盘龙镜铭辞为"景初四年五月丙午之日，（我）陈氏造（此）镜。做官的人有了此镜，官位可至三公（太尉、司徒、司空）；做母亲的人有了此镜，可以保子宜孙，寿如金石"。

（4）正始元年铭同向式三角缘神兽镜铭辞为"正始元年，（我）陈氏造（此）镜，自有经历须述。（我）本来从（扬）州的镜师出身，因绝于故地，亡命而出。（祈愿）寿如金石，保子宜孙"。

从以上各镜及其铭辞可以看出，寄身海东的陈是努力作镜，以其精巧的工艺为倭人服务，同时又不忘自己的经历，心怀故国，流露出思乡之情。今天，在经过一千七百数十余年之后，看他所铸之镜，读他所铭之辞，深感他为古代中日两国文化交流所作的贡献是大的。为此，特作七律一首，以咏其人其事：

    远别神州终不归，暮云遥望思依依[39]。
    海东异域关山险，江左故乡消息稀。
    倭国使人频北去，魏朝书檄忽南飞[40]。
    巧磨盈尺青铜镜，长照千秋生彩辉。

附记：承蒙日本奈良国立文化财研究所田中琢先生、辰马考古资料馆高井悌三郎先生和福知山市教育委员会诸先生惠赠景初四年铭三角缘盘龙镜的照片，谨致谢。

注　释

[1] 王仲殊：《景初三年镜和正始元年镜的铭文考释》第 1118～1126 页，《考古》1984 年第 12 期。
[2] 王仲殊：《景初三年镜和正始元年镜铭文补释》第 267～268 页，《考古》1985 年第 3 期。
[3] 《魏书·明帝纪》第 114 页，《三国志》卷第三，中华书局，1962 年。
[4] 《魏书·三少帝纪》第 117～119 页，《三国志》卷第四，中华书局，1962 年。
[5] 《魏书·明帝纪》第 108 页，《三国志》卷第三，中华书局，1962 年。
[6] 日本《朝日新闻》1986 年 10 月 9 日（日刊）(22)、《读卖新闻》1986 年 10 月 9 日 (23)。
[7] 小林行雄：《倭人傳と三角緣神獸鏡》，《邪馬台国の謎を解く》，中岛弘文堂印刷所，1982 年。
[8] 日本《每日新闻》1986 年 10 月 11 日（夕刊）(10)、1986 年 10 月 12 日（日刊）(12)。
[9] 王仲殊：《关于日本三角缘神兽镜的问题》第 346～358 页，《考古》1981 年第 4 期。
[10] 王仲殊：《关于日本的三角缘佛兽镜》第 630～639 页，《考古》1982 年第 6 期。
[11] 王仲殊：《日本三角缘神兽镜综论》第 468～479 页，《考古》1984 年第 5 期。
[12] 王仲殊：《景初三年镜和正始元年镜的铭文考释》第 1118～1126 页，《考古》1984 年第 12 期。
[13] 王仲殊：《景初三年镜和正始元年镜铭文补释》第 267～268 页，《考古》1985 年第 3 期。
[14] 王仲殊：《日本三角缘神兽镜综论》第 472 页，《考古》1984 年第 5 期。
[15] 野守健等：《樂浪、带方郡時代紀年銘塼集录》附录第 6～7 页，《昭和七年度古迹调查报告》（第一册），1933 年。
[16] 洪晴玉：《关于冬寿墓的发现和研究》第 33 页，图第十四，《考古》1959 年第 1 期。
[17] 陈垣：《二十史朔闰表》第 18 页，古籍出版社出版，1956 年。
[18] 据《三国志·魏志·东夷传》记载，邪马台国使者访魏在景初二年。但是，从各方面的历史事实来看，二年应为三年之误。《日本书纪》引《魏志》及《梁书·东夷传》所记亦为景初三年。
[19] 王仲殊：《关于日本三角缘神兽镜的问题》第 356 页，《考古》1981 年第 4 期。
[20] 王仲殊：《吴县、山阴和武昌——从铭文看三国时代吴的铜镜产地》第 1025～1026 页，图版第陆 (1)，《考古》1985 年第 11 期。
[21] 王仲殊：《"青羊"为吴郡镜工考——再论东汉、三国、西晋时期吴郡所产的铜镜》

第 639~646 页，图版第肆，《考古》1986 年第 7 期。
[22] 樋口隆康：《古镜》第 269~271 页，图版第一三九（277）（278），新潮社，1979 年。
[23] 王仲殊：《关于日本三角缘神兽镜的问题》第 353 页，《考古》1981 年第 4 期。
[24] 王仲殊：《关于日本三角缘神兽镜的问题》第 356 页，《考古》1981 年第 4 期。
[25] 王仲殊：《景初三年镜和正始元年镜的铭文考释》第 1123~1124 页，《考古》1984 年第 12 期。
[26] 王仲殊等：《三角緣神獸鏡の謎》第 207、208 页，角川书店，1985 年。
[27] 樋口隆康：《古镜》第 241~242 页，图版第一〇四（208），新潮社，1979 年。
[28] 王仲殊：《景初三年镜和正始元年镜铭文补释》第 267~268 页，《考古》1985 年第 3 期。
[29] 王仲殊：《景初三年镜和正始元年镜的铭文考释》第 1118~1126 页，《考古》1984 年第 12 期。
[30] 王仲殊：《景初三年镜和正始元年镜铭文补释》第 267~268 页，《考古》1985 年第 3 期。
[31] 日本《朝日新闻》1986 年 10 月 9 日（日刊）（22）。
[32] 传世的"袁氏镜"有"山人子侨"的铭文，"山人"为"仙人"，"子侨"为"子乔"，见罗振玉：《汉两京以来镜铭集录》，《辽居杂著》，1933 年。东汉、三国时期的铜镜多有"巧工刻之成文章"的铭句，而绍兴出土的"周仲作神人龙虎画像镜"的铭句则作"巧工刻之诚文章"，见梅原末治：《绍兴古镜聚英》图版第二十五，桑名文星堂出版，（昭和 14 年）1939 年。
[33] 东汉、三国时期的铜镜多有"子孙番昌"的铭句，而湖南省衡阳道子坪出土镜的铭句则作"子孙潘倡"。参见湖南省博物馆：《湖南衡阳县道子坪东汉墓发掘简报》第 35 页，《文物》1981 年第 12 期。
[34] 《食货志（上）》第 1137~1138 页，《汉书》卷二十四上，中华书局，1962 年。
[35] 《佞幸（邓通）列传》第 3193 页，《史记》卷一百二十五，中华书局，1959 年。
[36] 《佞幸（邓通）传》第 3724 页，《汉书》卷九十三，中华书局，1962 年。
[37] 《骨相篇》第 26 页，《论衡》卷三，《四部备要》（子部），中华书局。
[38] 福山敏男：《景初三年・正始元年三角緣神獸鏡銘の陳氏と杜地》第 598 页，《古代文化》第 26 卷第 11 号，1974 年。
[39] 唐杜甫《春日忆李白》诗有"渭北春天树，江东日暮云"之句，后世遂以"春树暮云"表示对远方的思念。陈是故乡在江东，故去"春树"而取"暮云"。又日本自古将"吴"字训读为"Kure"，音与"暮"字相同，这是由于中国吴地在日本之西，日本人以为是太阳没落处之故。因此，"暮云"可指中国吴地之云。
[40] "书檄"指魏朝景初三年、正始六年的诏书和正始八年的檄文。诏书作于洛阳，檄文作于带方郡，皆由带方郡越海而南达倭地，尤其是正始八年檄文至急，故云"书檄南飞"。

（本文原载《考古》1987 年第 3 期）

论日本出土的青龙三年铭方格规矩四神镜

——兼论三角缘神兽镜为中国吴的工匠在日本所作

1994年3月17日，日本国京都府竹野郡弥荣町、中郡峰山町两教育委员会发表了坐落在京都府北部沿海丹后半岛弥荣、峰山两町之间的大田南古坟群5号坟的发掘情况。据新闻报道，大田南5号坟的坟丘呈方形，南北长18.8米，东西宽12.3米。坟丘中央埋凝灰岩的组合式石棺，长1.77米。石棺内的尸骨虽朽，犹存牙齿10余枚，可据以鉴定死者的年龄为30~60岁，但性别不明。由于尸体足部右侧置铁刀一柄，或可推测其为男性。据估计，此古坟的年代在4世纪后半，属日本古坟时代的前期。

特别引起学术界和广大公众高度重视的是，大田南5号坟的随葬品中有着1枚中国制的铜镜，完整无缺，保存极为良好。铜镜的直径为17.4厘米，扁平圆钮，素圆钮座。镜的内区由方格区和圆形区组成。方格区内有"子"、"丑"、"寅"、"卯"、"辰"、"巳"、"午"、"未"、"申"、"酉"、"戌"、"亥"的十二支文字，十二个乳状突起分别插入各字之间。圆形区为镜的主要图纹之所在，其中有青龙、白虎、朱雀、玄武的"四神"纹样，并有所谓L、T、V形的几何状图案，八个较大的乳状突起分别置于四个T形图案的两侧。内区的外侧为一周由三十九个字组成的铭文带及一周紧密的栉齿纹带。铭文带内的铭辞为"青龙三年，颜氏作竟（镜）成文章，左龙右虎辟不详（祥），朱爵玄武顺阴阳，八子九孙治中央，寿如金石宜侯王"。镜的外区饰二周锯齿纹带，其间夹一周复线波状纹带。最外侧的镜缘狭窄，平素无纹（图1，图2-1）。

应该说明，此类铜镜在中国和日本发现甚多，考古学上称为"方格

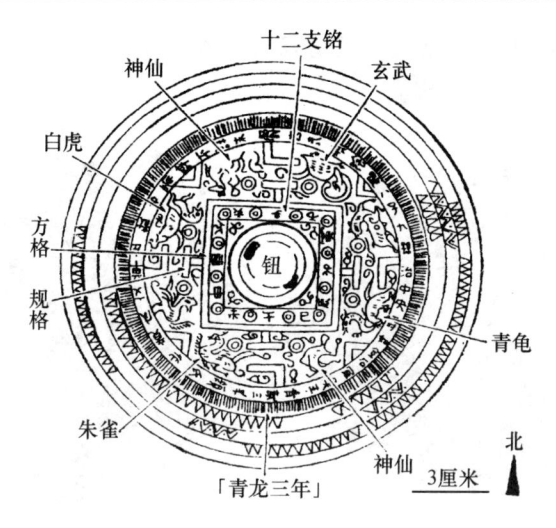

图1　青龙三年铭方格规矩四神镜（采自日本《产经新闻》）

规矩镜"。其实，镜上所谓L、T、V形的几何图案不是表示匠人所用的圆规和方矩，而是表示六博的盘局。因此，近年以来，中国考古学者颇有主张应改称此类铜镜为"博局纹镜"的。这里，为了便于在讨论中引用以往的资料，我按照过去的传统习惯，仍称其为"方格规矩镜"。由于构成镜的主要图纹的动物纹样为青龙、白虎、朱雀、玄武的"四神"，故称此镜为"方格规矩四神镜"，以区别于不含"四神"纹样的方格规矩镜。与中国出土的绝大多数方格规矩镜相比，青龙三年镜图纹中的L形纹样是"逆置"的，但"逆置"的L形纹样在中国出土镜的图纹中不是完全没有[1]。

大田南5号坟的青龙三年铭方格规矩四神镜发现之后，日本全国的新闻报纸立刻以显著的位置和大幅的版面作了十分详细的报道，并加评论。中国的《人民日报》也以一定的篇幅迅速地加以介绍，可谓破天荒之举[2]。日本有的考古学者认为，青龙三年镜是中国三国时代魏王朝的皇帝于景初三年（公元239年）、正始元年（公元240年）赐给倭国女王卑弥呼的百枚铜镜中的1枚。对此，我深表同意。事实上，如弥荣、峰山两町教育委员会的考古学者所指出，在日本各地出土的百余枚中国制的方格规矩四神镜之中，京都府相乐郡山城町椿井大塚山古坟出土的1枚在形状、图纹上与大田南5号坟出土的青龙三年镜最为相似[3]，而我则早在拙著《从中国看古代日本》之书中就判定椿井大塚山古坟出土的方格规矩四神镜是景初三年（公元239年）、正始元年（公元240年）魏帝所赐的"卑弥呼之镜"[4]（图2-2）。

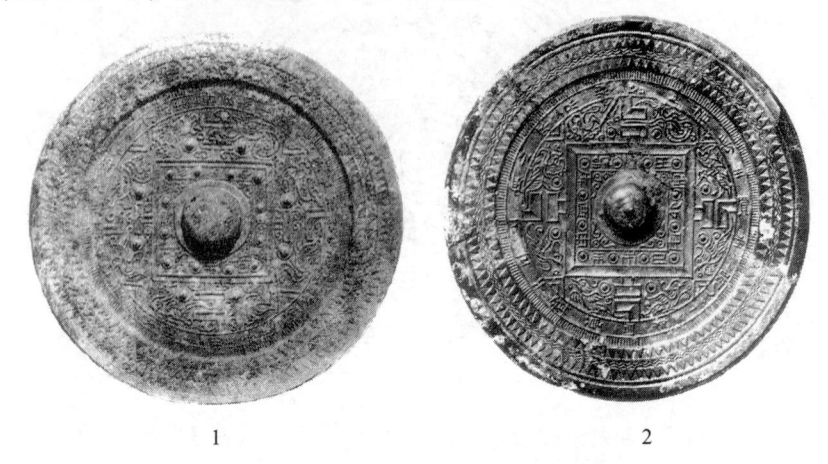

图2　日本京都府出土的方格规矩四神镜
1. 大田南5号坟出土的青龙三年铭四神镜　2. 椿井大塚山古坟出土的四神镜

据《三国志·魏书》记载，黄初七年（公元226年）五月，魏文帝曹丕死去，其子曹叡继皇帝位，是为魏明帝。明帝于翌年改元，称太和元年（公元227年）。自太和二年（公元228年）以降，蜀国丞相诸葛亮屡次兴兵犯境，多赖大将司马懿用兵有方，保全疆土。太和七年（公元233年）正月传说有青龙见于郏（今河南省郏县）之摩陂的井中，故于同年二月改太和七年为青龙元年（公元233年）。青龙二年（公元234年）八月，出兵渭南的诸葛亮病逝，使魏王朝在军事上消除了西顾之虑。因此，青龙三年（公元235年）可称魏王朝的太平之年。魏明帝乃在都城洛阳大兴土木，扩建宫殿、园囿，著名的芳林园便是在此年兴建的。儒臣高堂隆等以劳民伤财为由，上表谏阻，而未受采纳。虽然灾、疫频起，但明帝乐而忘忧，倍增奢侈。同年八月，魏明帝还始封皇子曹芳为齐王。京都府大田南5号坟出土的青龙三年铭方格规矩四神镜，便是在此种历史背景下铸造的。镜铭中虽不记镜的制作地何在，但可以推想是在洛阳铸造的。在河南省洛阳及其附近地区出土的许多方格规矩四神镜之中，亦颇有与这枚青龙三年镜相似的[5]。

这里，我必须论及魏明帝改历法之事，以便准确叙述当时各种重大历史事件在时间上的缘由始末。黄初元年（公元220年）十月魏文帝曹丕建立魏王朝，仍沿用东汉的"四分历"，其以寅月（一月）为正月则与西汉武帝以来的历法相同，是为"夏正"。青龙五年（公元237年）三月，魏明帝从高堂隆之议，改"青龙"的年号为"景初"，并采用新的"景初历"，以青龙五年春三月为景初元年孟夏四月，从而使次年景初二年（公元238年）以原来的十二月（丑月）为正月。按中国古代历法，夏为黑统，以寅月（一月）为正月，商为白统，以丑月（夏历十二月）为正月，周为赤统，以子月（夏历十一月）为正月，是为"三统"。如上所述，自西汉武帝以来，长期以寅月（一月）为正月，而"景初历"则以丑月（十二月）为正月，这便是魏明帝之所谓"通三统"。西汉董仲舒等人主张历史循环论，认为天道终而复始，黑、白、赤三统来回往复，而东汉《白虎通义》等书更宣扬其说，故魏明帝曹叡从高堂隆之议而有"通三统"之举[6]。此事与后述景初三年（公元239年）十二月之再改历法有因果关系，故先述及之。

早在汉献帝初平元年（公元190年），公孙度割据今辽宁省大凌河以东地区的辽东郡，以郡治襄平（今辽宁省辽阳市）为都城，建立独自的政权，遣兵越海占领位于今山东半岛的东莱郡诸县，并接管中国设在朝鲜半岛的乐浪郡。建安九年（公元204年）公孙度之子公孙康继位，又分乐浪郡南部之地而置带方郡。魏明帝太和二年（公元228年），公孙康之子公孙渊成为辽东政权的继承者，不断扩充势力，并于景初元年（公元237年）七月号称燕王，自立年号而称此年为绍汉元年，不承认篡汉立国的曹魏政权的正当性，以示威势。因此，魏王朝在解除西蜀的威胁之后不久，又面临来自辽东公孙氏政权的挑战。

景初二年（公元238年）正月，魏明帝任命司马懿为主帅，率数万大军自陆路赴辽东，于同年八月攻破襄平，消灭公孙渊，控制了辽东的广大地区。同时又以鲜于嗣为乐浪郡太守、刘昕为带方郡太守，率海军由今山东半岛渡海，迅速收复设在朝鲜半岛的乐浪、带方二郡。

东北亚形势的急剧变化，不仅使辽东和朝鲜半岛北部的高句丽及半岛南部的诸韩人深受影响，而且也震动了远海中的倭人。为了借重作为东亚第一大国的中国的威望以巩固、提高其在日本列岛上的政治地位，善于审时度势的倭邪马台国女王卑弥呼决定向魏王朝朝贡，以求亲善。据《三国志·魏书·东夷传》记载，景初三年（公元239年）六月，卑弥呼派遣以难升米为大使、都市牛利为副使的使节团，携男女生口及班布等贡品，首先来到带方郡。此时带方郡已改由刘夏任太守，特派官吏护送难升米等前赴首都洛阳觐见皇帝。必须说明，魏明帝曹叡已于此年正月初一日死去，由其子曹芳继位，是为魏王朝的三少帝之一。前已述及，曹芳早在青龙三年（公元235年）被魏明帝封为齐王，其居帝位虽达16年之久，最后终于被司马氏废黜，故史书多称齐王芳。当时齐王芳年幼，魏王朝的政权操纵于司马懿之手。魏明帝虽早已死去，但按传统习惯，此年仍称景初三年（公元239年）。同年十二月，魏王朝以皇帝的名义发布致女王卑弥呼的诏书，封其为"亲魏倭王"，授金印紫绶，并以各种珍贵的物品相赐，其中包含"铜镜百枚"。日本学术界称所赐铜镜为"卑弥呼之镜"。

由于魏明帝是在景初三年（公元239年）正月初一日死去的，为了表示哀悼，翌年正月初一日就难以举行新年的庆典。因此，据《三国志·魏书·三少帝纪》记载，魏王朝于景初三年（公元239年）十二月发布诏书，通告全国，决定在此年十二月之后增加一个月，称为"后十二月"，其目的在于使明帝死亡之日由正月初一日变为十二月初一日，以消解国家元旦庆典与先帝忌日丧礼之间的矛盾。诏书明确规定，景初三年（公元239年）"后十二月"之后便是正始元年（公元240年）的正月。这样，魏王朝的景初三年（公元239年）便有了两个十二月，全年共计十三个月，可称史无前例。景初三年（公元239年）"后十二月"的增加，使汉武帝以来以丑月为十二月的旧制得以恢复，而翌年正始元年（公元240年）也随而恢复了汉武帝以来以寅月为正月的旧制，这便是诏书所说的"复用夏正"[7]。

可以推想，倭国使者难升米等于景初三年（公元239年）十二月魏帝发布致"亲魏倭王"的诏书之后不久，便离开洛阳，同年"后十二月"或许在洛阳至带方郡的途中。当时，带方郡太守又改由弓遵担任。据《三国志·魏书·东夷传》记载，正始元年（公元240年），弓遵遣带方郡官员建中校尉梯儁奉诏书、印绶，随难升米等同赴倭地，直至邪马台国，以授倭女王卑弥呼，并赍送各种下赐的物品，包含百枚铜镜在内。

京都府大田南5号坟出土的青龙三年铭方格规矩四神镜铸造于魏明帝的青龙三年（公元235年），在时间上比景初三年（公元239年）早四年。当时，公孙渊割据辽东，并占领设在朝鲜半岛的乐浪郡和带方郡，倭女王卑弥呼不得与魏王朝通交，故此镜不可能是在景初三年（公元239年）之前传入倭国的。我在前面所述的种种历史事实充分说明，这枚青龙三年纪年铭铜镜便是景初三年（公元239年）十二月魏帝致亲魏倭王卑弥呼的诏书中所举百枚铜镜中的1枚，它于次年正始元年（公元240年）被送到卑弥呼所在的邪马台国。

自1981年以来，我写作了10余篇关于日本出土的三角缘神兽镜及中国和日本出土的其他各种古代铜镜的论文，发表在中国的《考古》杂志上，以后被编译成题为《三角缘神兽镜》一书，在日本出版[8]。我还在日本和韩国多次作关于日本邪马台国与中国魏王朝交往历史的学术讲演，着重论及铜镜的问题[9]。我在论文和讲演中反复强调指出，从以河南省洛阳地区为中心的中国黄河流域各地出土的东汉和魏晋时代的铜镜种类判断，魏王朝赐给卑弥呼的百枚铜镜应该是"方格规矩镜"、"内行花文镜"、"夔凤镜"、"兽首镜"、"双头龙凤纹镜"、"位至三公镜"等。这次青龙三年铭方格规矩四神镜在日本出土，证实了我的意见无误。如前所述，我还曾在日本刊行的《从中国看古代日本》的著书中明确认定日本京都府椿井大塚山古坟出土的方格规矩四神镜为魏帝所赐"卑弥呼之镜"，此镜的形状、图纹与大田南5号坟出土的青龙三年纪年镜酷似，足证我的判断是正确的（图2）。

许多日本学者坚持认为，日本出土的三角缘神兽镜是景初三年（公元239年）、正始元年（公元240年）魏帝所赐的"卑弥呼之镜"，这便是三角缘神兽镜的所谓"魏镜说"。但是，如所周知，三角缘神兽镜在日本出土至今已达四百数十枚之多[10]，而在中国全境却连1枚也没有发现。当时中国在朝鲜半岛设有乐浪郡和带方郡，所以中国的铜镜在朝鲜境内多有出土，但其中也绝无三角缘神兽镜[11]。这说明，三角缘神兽镜的制作地在日本，不在中国。主张"魏镜说"的日本学者面对这不可动摇的事实，不得不提出一种称为"特铸说"的奇怪学说，声称三角缘神兽镜是魏王朝为下赐倭女王卑弥呼而于景初三年（公元239年）乃至正始元年（公元240年）特铸的[12]，借以辩解三角缘神兽镜在日本大量出土而在中国本地却毫无发现的无法回避的大问题。对此，我早就列举魏王朝没有必要为倭人特铸铜镜，更不可能为倭人特铸从来不曾在中国流行的三角缘神兽镜等各种理由，指出所谓"特铸说"是完全不合情理的，绝对不能成立[13]。这次青龙三年铭方格规矩四神镜之在日本出土，说明魏帝所赐之镜铸于景初三年（公元239年）之前，从而从根本上否定了日本学者的所谓"特铸说"。"特铸说"之被否定，也说明了三角缘神兽镜不是魏王朝所赐的"卑弥呼之镜"。就古代铜镜的类型学而论，方格规矩四神镜在形状、图纹上与三角缘神兽镜判然有别，泾渭分明，这是人所共知的。

长期以来，我确认三角缘神兽镜是当时中国吴的工匠东渡日本，在日本制作的[14]。我的这种观点，正与日本学者所主张的"魏镜说"完全相反。兹将我的理由重新扼要简述如下：

（1）自12世纪的北宋时代以降，中国的金石学书籍著录了许多铜镜，其中没有1枚是三角缘神兽镜。与此相反，早在20世纪初期，日本出土的三角缘神兽镜的数量已在其他各类铜镜之上。最近数十年来，中日两国考古学的调查发掘广泛开展，更明确地说明了这一问题。如前所述，在日本，三角缘神兽镜不断从古坟中出土，总数已达四百数十枚，大大超过了《三国志·魏书·东夷传》所记"铜镜百枚"之数。然而，在中国，不论是魏王朝都城所在的洛阳，还是北方和南方的其他各地区，都绝无三角缘神兽镜出土。汉、魏、西晋时期中国在朝鲜半岛设乐浪郡和带方郡，故中国的铜镜在朝鲜多有出土，但其中也完全没有三角缘神兽镜。总之，只在日本大量出土的三角缘神兽镜应该是在日本制作的，决非来自中国的所谓"舶载品"[15]。

（2）与中国出土的同时期的铜镜相比，三角缘神兽镜的缘部隆起甚高，其断面呈尖锐的等腰三角形。镜的内区的图纹之间和铭文带的文字之间往往有许多乳状突起，引人注目。尤其是称为"笠松形"的图案化的旄的纹样，不见于中国出土的任何铜镜。由此可见，三角缘神兽镜在形状和图纹上都具独特的风格，与中国的各类铜镜有显著的差异[16]。

（3）镜的形状和图纹虽云独特，但除"笠松形"的纹样以外，三角缘神兽镜与中国的神兽镜、画像镜等颇多相似之处。特别是"陈氏作镜"、"张氏作镜"、"王氏作镜"等铭文说明它们虽系在日本制作，却是出于中国工匠之手。要之，三角缘神兽镜在性质上与日本出土的许多"仿制镜"（包括"仿制的三角缘神兽镜"）大不相同，不能与"仿制镜"一同被称为"倭镜"[17]。

（4）三角缘神兽镜的铭文与同时期的中国镜的铭文多相类似，但仔细考察，却不是完全没有区别的。大阪府国分茶臼山古坟出土镜的铭文为"吾作明镜真大好，浮由天下（敖）四海，用青铜，至海东"；滋贺县大岩山古坟出土镜的铭文为"镜陈氏作甚大工，型模周（刻）用青铜，君宜高官，至海东"。两镜的"至海东"铭文，不见于中国出土的任何铜镜，便是最好的例子。在汉和魏晋时代，中国之称"海东"，主要是指朝鲜半岛。但是，就地理状况而论，"海东"当然亦可指日本。十分明显，从"至海东"的铭文亦可推定三角缘神兽镜为东渡的中国工匠在日本所制作[18]。

（5）三角缘神兽镜内区的图纹为东王父、西王母等神像和龙、虎等兽形，与中国神兽镜内区的图纹相似；外区的纹饰为二周锯齿纹带夹一周复线波状纹带，与中国画像镜外区的纹饰类同。中国的神兽镜皆属平缘，故可称"平缘神兽镜"；中国的画像镜有缘部断面略呈三角形的，可称"三角缘画像镜"。因此，大体上可以说，日本的三角缘神兽镜是由中国平缘神兽镜的内区与三角缘画像镜的外区（包括缘部）相结合而成的。考古学的调查发掘证明，东汉、三国时代的平缘神兽镜和三角缘画像镜的出土地点集中在长江中下游的江南地方，而镜的铭文有时则明记其为江南的吴郡（吴县）、会稽郡（山阴）和江夏郡（武昌）所出产[19]。因此，可以判断，三角缘神兽镜不是中国的魏镜，而是江南吴地的工匠东渡日本，在日本制作的。

（6）在三国时代，江南吴地流行用佛像作器物的装饰。在铜镜方面，画文带佛兽镜和佛像夔凤镜皆在长江中下游的江南地方出土，足证其为吴镜无疑。相反，在黄河流域的魏的境内，至今未发现以佛像为装饰的任何器物，铜镜亦不在例外。如所周知，在日本的三角缘神兽镜中，颇有以佛像代替东王父、西王母的神仙像而成为镜的主要纹样的，这便是所谓三角缘佛兽镜。考虑到中国的画文带佛兽镜和佛像夔凤镜皆属吴镜，可证三角缘神（佛）兽镜决非魏镜。三角缘神（佛）兽镜虽亦非吴镜，却具有吴镜在图纹上的特色[20]。由此可知三角缘神（佛）兽镜不是魏的工匠，而是吴的工匠在日本制作的。

说到这里，我要将话题转到日本出土的景初三年铭和正始元年铭的三角缘神兽镜。日本岛根县神原神社古坟出土的三角缘神兽镜的铭文为："景初三年，陈是作镜，自有经述。本是京师，［绝］地亡出。吏人詺之，［位］［至］三公，母人詺之，保子宜孙，寿如金石兮"。群马县柴崎古坟、兵库县森尾古坟、山口县竹岛古坟出土的三角缘神兽镜（三者属"同范镜"）的铭文为："[正]始元年，陈是作镜，自有经述。本自荆师，杜地命出。寿如金石，保子宜孙"。镜铭中的"景初三年"、"正始元年"的纪年，与前述《三国志·魏书·东夷传》所记难升米等倭国使者访问魏王朝的年份相一致。因此，日本学者认为这便是判定三角缘神兽镜为魏帝所赐"卑弥呼之镜"的确证。

日本学者福山敏男对上述景初三年镜和正始元年镜的铭文作了考释。福山氏认为，景初三年镜铭文中的"京师"是指魏王朝的五都（洛阳、长安、谯、许昌、邺）之一的长安，正始元年镜铭文中的"荊师"为"荆师"的误刻，"荆师"即"京师"，亦是指长安，而"杜地"则指长安附近的杜县。这样，福山敏男站在"魏镜说"的立场上，主张工匠陈是（即陈氏，下同）本是长安杜县之人，受命而在洛阳从事三角缘神兽镜的制作[21]。

但是，据我看来，福山氏的考释完全是错误的。如所周知，黄初二年（公元221年）魏王朝虽规定了"五都"之制，但"京师"只指首都洛阳，不能指非首都的长安。西晋陈寿著《三国志》，因避司马师之讳，改称"京师"为"京都"。通读《三国志·魏书》本文及裴松之注文，文中所称"京都"皆指洛阳，便可为证。至于"荊师"为"荆师"的误刻，而"荆师"即为"京师"云云，则更是纯属臆想，没有任何根据。这样，"京师"不是指长安，"杜地"当然也不可能是指长安附近的杜县[22]。

如我在发表于1984、1985年的《景初三年镜和正始元年镜的铭文考释》和《景初三年镜和正始元年镜铭文补释》两篇论文中所指出，通观许多铜镜的铭文，可以断定"京师"和"荊师"的"师"字是指作镜的工匠。三国时代孙权吴国的都城最初在吴县（今江苏省苏州），以后移至京城（"京"为地名，今江苏省镇江），故景初三年镜铭文中的"京师"是指京城的作镜工匠。鉴于铜镜铭文中的许多字往往被多余地冠以草字头（如"長"之为"萇"，"樂"之为"藥"，"央"之为"英"，"加"之为"茄"，"青"之为"菁"，"新"之为"薪"，"己"之为"芑"，"畜"之为"蓄"等等，其例不胜枚举），故可认定"荊"为"州"的异体字，而正始元年镜铭文中的"荊师"其实同"州师"。与"京师"之为京城的作镜工匠相对照，"州师"应指扬州〔吴的扬州主要包括今安徽、江苏二省南部及江西、浙江、福建三省之地，以建业（今南京市）为州治〕的作镜工匠[23]。

　　景初三年镜铭文中的"绝"、"亡"二字因锈蚀而不清晰，但仔细观察，仍然是可以认识的。尤其是"亡"字，除上端的一"点"有所欠损以外，其余二"横"一"竖"的笔划齐全，可以确认无疑。据东汉后期的石碑，当时的"亡"字有作"亡"的，而镜铭中的"ㄣ"则是所谓反体字（在铜镜的铭文中，反体字屡见不鲜，无足为怪）。"绝地"指异域，"亡出"指亡命而出，这是无须多言的。正始元年镜铭文中的"杜地命出"虽稍为难解，但与景初三年镜铭文中的"绝地亡出"相对照，可知其意亦为"亡命而出，至于绝地"。至于景初三年镜和正始元年镜铭文中的"自有经述"，则是明指工匠陈是自述其作镜的经历[24]。

　　必须强调指出，"本是京师，绝地亡出"和"本自州师，杜地命出"的语句不见于中国出土的任何铜镜的铭文。这是因为在日本作镜的陈是本人有其特殊的经历，故特意在镜铭中叙明自己本来是扬州京城的工匠，自故国亡命而出，在异域制作此铜镜。要之，景初三年镜和正始元年镜的铭文不仅说明三角缘神兽镜不是魏镜，而且还证实了它们是东渡的吴的工匠在日本所制作[25]。

　　然而，工匠陈是究竟为什么要在镜的铭文中使用"景初三年"和"正始元年"的中国魏王朝的年号呢？对于这个问题，我的回答是景初三年和正始元年为倭国开始与魏王朝通交之年，含有重大的政治意义，所以寄身倭地的陈是特意在镜铭中纪之[26]，这不是不可以理解的。事实上，我的这一见解的正确性已因京都府广峰15号坟的景初四年铭盘龙镜的发现而得到证明。

　　1986年10月8日，日本京都府福知山市教育委员会在该市东羽合广峰古坟群中的15号坟发掘出1枚景初四年铭盘龙镜，轰动了全国。无独有偶，三天后的10月11日，长期秘藏于兵库县西宫市辰马考古资料馆的另1枚景初四年铭盘龙镜也终于公之于世。经鉴定，两镜的大小相同，形状、图纹和铭文也完全一致，属所谓"同范镜"无疑。景初四年铭盘龙镜直径17厘米，圆钮，素圆钮座，内区的主纹为二龙二虎，外区饰锯齿纹带和复线波状纹带各一周，缘部断面略呈三角形。铭文带在内区的外侧，铭辞为："景初四年五月丙午之日，陈是作镜。吏人诣之，位至三公，母人詺之，保子宜孙，寿如金石兮"。

同年10月下旬，我在日本访问，见到了广峰15号坟出土镜和辰马考古资料馆藏镜的实物，并在奈良市作公开的讲演，主要是就镜的铭文作解释，进而推定其制作地。归国后，我在讲演的基础上写作题为《论日本出土的景初四年铭三角缘盘龙镜》的详细论文，广泛地从各个方面作深入的考证。兹将讲演和论文的要旨再简述如下：

（1）从"吏人詺之，位至三公，母人詺之，保子宜孙"（"詺"同"名"，意为占有、持有；铭文中用"詺"字，为陈是所作镜的特点之一）的铭句看来，制作景初四年铭盘龙镜的陈是（即陈氏，下同）与制作景初三年铭三角缘神兽镜的陈是为同一人（当然亦与制作正始元年铭三角缘神兽镜的陈是为同一人），他本是中国吴地扬州京城的工匠，已如前述[27]。

（2）根据前述《三国志·魏书》所载景初三年（公元239年）十二月魏王朝通告天下的诏书，景初三年（公元239年）的"后十二月"与翌年正始元年（公元240年）的正月直接相连，故镜铭中的"景始四年"在历史上是不存在的。1986年10月8日、9日日本各新闻报纸引用某学者的意见说景初四年以一月告终，以后改元为正始元年[28]，这是完全错误的。

（3）必须指出，陈是东渡日本，远离故国，不知魏王朝改元之事，故继在其昨年所作三角缘神兽镜的铭文中使用"景初三年"的纪年之后，又在其新作盘龙镜的铭文中使用"景初四年"的纪年，这便是解决问题的关键所在。四世纪乐浪、带方二郡陷落后，留居朝鲜半岛高句丽境内的中国人在墓砖铭文和墓壁题记中沿用东晋王朝"太宁"、"咸和"、"建元"、"永和"等年号而将年数各延长一年乃至二年，这与陈是在日本作镜而用"景初四年"纪年的原因是相同的。不言而喻，镜铭中的"景初四年"其实是齐王芳的正始元年（公元240年），就像朝鲜黄海南道安岳3号墓（冬寿墓）墓壁题记中的"永和十三年"其实是晋穆帝的升平元年（公元357年）一样[29]。

（4）查《二十史朔闰表》等中国历史年表，正始元年（公元240年）五月没有丙午之日。因此，镜铭中的"五月丙午"或许全属虚托，也或许"丙午"为虚托而"五月"则是实在的。从当时的行程计算，女王卑弥呼所遣难升米等使者大约须在此年六月以后才能回到倭国的邪马台国。所以陈是制作景初四年铭盘龙镜的日期应在正始元年（公元240年）难升米等归来之前的某月，不完全排除其在五月的可能性[30]。

（5）难升米等偕中国带方郡官员梯儁到达邪马台国以后，陈是始知魏王朝早已改元。或许是为了弥补盘龙镜铭文中的"景初四年"纪年的错误，更是为了纪念中国使者的首次来访，陈是又制作了多枚正始元年铭三角缘神兽镜（"同范镜"）。后者的制作月日虽不明，但可以判断必然迟于前者的制作日期[31]。

综上所述，京都府广峰15号坟的景初四年铭盘龙镜的发现不仅说明此镜本身为东渡的吴的工匠陈是在日本所制作，同时也进一步证实了景初三年铭和正始元年铭三角缘神兽镜亦为陈是在日本所制作。我在《论日本出土的景初四年铭三角缘盘龙镜》的论文中还引申论及，吴的工匠陈是在日本所作的铜镜应包含大阪府黄金塚古坟出的景初三年铭画文带神兽镜，此镜铭文明记作镜者为陈是，而铭辞中亦用可视为陈是所作镜的特点之一的"詺"字[32]。无待于言，工匠陈是所作各镜铭文中的"景初三年"、"景初四年"和"正始元年"的纪年与当时倭国向中国魏王朝遣使通交的重大历史事件有着不可分割的关系。

自1981年我发表《关于日本三角缘神兽镜的问题》的论文，初次提出三角缘神兽镜不是中国的魏镜，而是东渡的吴的工匠在日本所作的主张以来，已经过去了整整13年的时间。为了检验是非，在这13年的长时期之中，中日两国考古学者都密切注视着在调查发掘中的古代铜镜的新发现。可以坦率地说，所有新发现都在不同程度上有利于"吴的工匠在日本所作说"，而不利于日本学者所坚持的"魏镜说"。其中，对"魏镜说"最为不利的重大发现共有2次。第1次是上述1986年10月8日日本京都府广峰15号坟景初四年铭盘龙镜的发现，第2次则是最近1994年3月17日京都府大田南5号坟青龙三年铭方格规矩四神镜的发现。如我在本文中所叙明，这两次发现都证明了三角缘神兽镜为中国吴的工匠在日本所制作，而魏帝所赐"卑弥呼之镜"则是方格规矩四神镜等流行于以河南省洛阳为中心的黄河流域各地的属于中国中原及华北系统的铜镜。

最后，我想译述1994年3月18日《日本经济新闻》在报道大田南5号坟青龙三年铭方格规矩四神镜时所作的题为《向偏重三角缘神兽镜敲警钟》的解说[33]，以为本文的结束：

京都府北部发现的青龙三年铭方格规矩四神镜，给对于被称为"卑弥呼之镜"的三角缘神兽镜的争论投了新的一石（将引起震动）。

据《魏志·倭人传》，卑弥呼于239（景初三年）至240（正始元年）年向魏遣使而被下赐以铜镜百枚，三角缘神兽镜曾是其有力的候补者。由于镜的出土分布的中心在近畿，故也被视为邪马台国畿内说的大物证。

但是，由于此类铜镜在中国本土完全没有出土，以及因（魏的）改元而不存在的'景初四年'的纪年镜之被发现等等，主张三角缘神兽镜为在日本所作之说也是强有力的。

中国的学者指出，神兽镜是与魏敌对的吴的铜镜，魏镜为方格规矩镜、内行花文镜、盘龙镜、位至三公镜等，故主张卑弥呼所受之镜不是三角缘神兽镜，而是上述的各种魏镜，从而使争论国际化。

这次的青龙三年铭方格规矩四神镜正属于中国方面所说的一群，所纪年号亦仅为卑弥呼遣使的四年之前。若魏集手头现成之镜以赠卑弥呼，则此镜（指青龙三年镜）为其中之一，亦是不足为怪的。

注　释

[1]　查中国的方格规矩镜图纹中有"逆置"的L形纹样的，计有浙江省嵊州出土镜（《浙江出土铜镜》图版第16，文物出版社，1987年）、湖北省鄂城出土境（《中国铜镜图典》第268页，文物出版社，1992年）、北京市顺义县出土镜（《文物》1983年第10期）等。

[2]　《日本出土1700年前中国古镜》，《人民日报》1994年3月20日第七版。

[3]　《『青龙3年』（西历235年）銘文の鏡》，日本《每日新闻》1994年（平成6年）3月18日（金曜日）。

[4]　王仲殊：《中国からみた古代日本》第33、34页，图第8，学生社，1992年。

[5]　洛阳市文物管理委员会：《洛阳出土古镜》图第78，文物出版社，1959年。

[6]　王仲殊：《论日本出土的景初四年铭三角缘盘龙镜》第266页，《考古》1987年第3期。

[7]　王仲殊：《论日本出土的景初四年铭三角缘盘龙镜》第266页，《考古》1987年第3期。

[8] 王仲殊：《三角缘神兽镜》，学生社，1992年。

[9] a. 王仲殊：《古代の日中關系—志贺岛の金印から高松塚の海獣葡萄鏡まで》第16页，《古代日本の国際化》，朝日新闻社，1990年。

b. 王仲殊：《三世纪的东亚细亚》第1·1～16页，"The 4th Seoul Symposium of Asia History Academy"（第四届首尔的亚洲历史学会研讨会），三星美术文化财团，1993年。

[10] 王仲殊：《三角缘神兽镜》第333～352页（日本出土三角缘神兽镜总表），学生社，1992年。

[11] 王仲殊：《关于日本三角缘神兽镜的问题》第346～347页，《考古》1981年第4期。

[12] 小林行雄：《倭人傳と三角缘神獣鏡》第18～20页，《邪马台国の谜を解く》，中岛弘文堂印刷所，1982年。

[13] 王仲殊：《日本三角缘神兽镜综论》第469、470页，《考古》1984年第5期。

[14] 王仲殊：《关于日本三角缘神兽镜的问题》第355页，《考古》1981年第4期。

[15] 王仲殊：《日本三角缘神兽镜综论》第468页，《考古》1984年第5期。

[16] 王仲殊：《日本三角缘神兽镜综论》第471、472页，《考古》1984年第5期。

[17] 王仲殊：《中国からみた古代日本》第36页，学生社，1992年。

[18] a. 王仲殊：《关于日本三角缘神兽镜的问题》第356页，《考古》1981年第4期。

b. 王仲殊：《日本三角缘神兽镜综论》第470、471页，《考古》1984年第5期。

[19] a. 王仲殊：《吴县、山阴和武昌——从铭文看三国时代吴的铜镜产地》第1025～1031页，《考古》1985年第11期。

b. 王仲殊：《"青羊"为吴郡镜工考——再论东汉、三国、西晋时期吴郡所产的铜镜》第639～646页，《考古》1986年第7期。

c. 王仲殊：《吴镜师陈世所作神兽镜论考》第1017～1025页，《考古》1986年第11期。

d. 王仲殊：《黄初、黄武、黄龙纪年镜铭辞综释》第635～645页，《考古》1987年第7期。

e. 王仲殊：《建安纪年铭神兽镜综论》第348～357页，《考古》1988年第4期。

[20] a. 王仲殊：《关于日本的三角缘佛兽镜——答西田守夫先生》第630～639页，《考古》1982年第6期。

b. 王仲殊：《论吴晋时期的佛像夔凤镜——为纪念夏鼐先生考古五十年而作》第636～643页，《考古》1985年第7期。

[21] a. 福山敏男：《景初三年·正始元年三角缘神獣鏡銘の陳氏と杜地》，《古代文化》第26卷11号，1974年。

b. 福山敏男：《景初銘と正始銘の神獣鏡》第331～335页，《中国建築と金石文の研究》，中央公论美术出版，1983年。

[22] 王仲殊：《景初三年镜和正始元年镜的铭文考释》第1118～1126页，《考古》1984年第12期。

[23] 王仲殊：《景初三年镜和正始元年镜的铭文考释》第1118～1126页，《考古》1984年第12期。

[24] 王仲殊:《景初三年镜和正始元年镜铭文补释》第 267~268 页,《考古》1985 年第 3 期。

[25] a. 王仲殊:《中国からみた古代日本》第 41 页,学生社,1992 年。
b. 王仲殊:《三角縁神獣鏡》第 20 页,学生社,1992 年。

[26] 王仲殊:《景初三年镜和正始元年镜的铭文考释》第 1123 页,《考古》1984 年第 12 期。

[27] 王仲殊:《论日本出土的景初四年铭三角缘盘龙镜》第 265~266 页,《考古》1987 年第 3 期。

[28] 日本《朝日新闻》1986 年 10 月 9 日第 14 版,《读卖新闻》1986 年 10 月 9 日第 14 版,《日本经济新闻》1986 年 10 月 8 日(夕刊)第 4 版,《东京新闻》1986 年 10 月 8 日(夕刊)第 E 版。

[29] 王仲殊:《论日本出土的景初四年铭三角缘盘龙镜》第 267、268 页,《考古》1987 年第 3 期。

[30] 王仲殊:《论日本出土的景初四年铭三角缘盘龙镜》第 268、269 页,《考古》1987 年第 3 期。

[31] 王仲殊:《论日本出土的景初四年铭三角缘盘龙镜》第 269 页,《考古》1987 年第 3 期。

[32] 王仲殊:《论日本出土的景初四年铭三角缘盘龙镜》第 270、271 页,《考古》1987 年第 3 期。

[33] 《日本经济新闻》1994 年(平成 6 年)3 月 18 日(金曜日)第 13 版。

(本文原载《考古》1994 年第 8 期)

论日本"仿制三角缘神兽镜"的性质及其与所谓"舶载三角缘神兽镜"的关系

一

日本是周围皆海的岛国，其古代对外往来交通工具唯船，故以"舶载"二字表示从国外的输入。日本考古学上所称的"舶载镜"，是指从国外输入之镜。在古代日本的邻近诸国中，只有中国盛行制作铜镜（有时亦铸铁镜）。所以，"舶载镜"实际上是专指从中国输入的铜镜（偶尔亦有铁镜[1]）。与"舶载镜"相对应，日本考古学上所称的"仿制镜"是指日本工匠模仿输入的中国镜而在日本国内制作的铜镜。

根据日本考古学界长期以来的定论，日本各地出土的三角缘神兽镜亦可分为"舶载"的和"仿制"的两大类。前者称"舶载三角缘神兽镜"（图1-1、2），后者称"仿制三角缘神兽镜"（图1-3~6）。

我觉得，总的说来，在日本考古学上，"舶载镜"和"仿制镜"的区分和定名大体上是正确的。例如，中国汉代的连弧纹镜（日本称"内行花文镜"）和方格规矩镜（其实应称"博局纹镜"）等在日本多有出土，其形制、花纹与中国国内出土的完全相同，这便是从中国输入的"舶载镜"。然而，日本出土的另一些内行花文镜和方格规矩镜，在形制、花纹上虽大致与中国镜相似，但亦有显著的差异，主要表现在花纹粗率，纹样呆滞、稚拙，这便是日本工匠模仿输入的中国镜而在日本国内制作的"仿制镜"。

但是，就三角缘神兽镜而言，问题却很复杂。按照我本人的见解，所谓"舶载"的三角缘神兽镜，其实为中国三国时代（公元220~265年、公元280年）东渡的吴地工匠在日本所制作，本非"舶载"之镜。"仿制"的三角缘神兽镜为日本工匠在日本国内制作，这本来没有什么

1. "舶载"三角缘神兽镜
（大阪府国分茶臼山古坟）

2. "舶载"三角缘神兽镜
（冈山市汤迫车冢古坟）

3. "仿制"三角缘神兽镜
（滋贺县天王山古坟）

4. "仿制"三角缘神兽镜
（大阪府紫金山古坟）

5. "仿制"三角缘神兽镜
（佐贺县谷口古坟）

6. "仿制"三角缘神兽镜
（佐贺县谷口古坟）

图1 日本所谓"舶载"的和"仿制"的三角缘神兽镜

异议，但最近日本学者车崎正彦提出破天荒的新说，主张它们也是来自中国的"舶载镜"[2]。如我在下文所述，这真是所谓众说纷纭，莫衷一是，有迅速加以澄清之必要。

自1981年以来，对于所谓"舶载三角缘神兽镜"的问题，我已经发表近20篇论文。我的观点至今不变，而且自信程度不断提高。由于最近日本学术界出现了主张"仿制三角缘神兽镜"亦是来自中国的"舶载镜"的新说，我在此文中要着重就"仿制三角缘神兽镜"的性质及其与所谓"舶载三角缘神兽镜"的关系等等作详细的论述。

二

日本发现的所谓舶载三角缘神兽镜共计多少枚，未有确数。在1980年前后，据说已经有280枚左右[3]。以后不断发现，特别是因1997年、1998年奈良县天理市黑冢古坟的大量发掘出土，以及此前兵库县神户市西求女冢等古坟的陆续发掘出土[4]，至今已增至大约350枚之多（图1-1、2）。日本学者之所以使用"舶载三角缘神兽镜"的名称，是由于他们从镜的形制、花纹和铭文等各方面考察，认为这许多铜镜是中国镜，是从中国传入的。长期以来，日本学者参照《三国志·魏书·东夷传》中的有关记载，认定它们是中国三国时代魏国皇帝于景初（公元237~239年）、正始（公元240~249年）年间作为对遣使前来朝贡的邪马台国女王卑弥呼（魏帝册封其为"亲魏倭王"）的下赐品而送往日本的。这便是所谓舶载三角缘神兽镜的"魏镜说"。作为"魏镜说"的主要依据之一，个别所谓舶载三角缘神兽镜在铭文中有"景初三年"、"正始元年"的纪年。

然而，与"魏镜说"相反，从20世纪60年代开始，乃至70年代和80年代以来，日本学者亦有主张所谓舶载三角缘神兽镜其实是在日本国内制造的，这便是所谓舶载三角缘神兽镜的"国产说"。如前所述，从1981年以来，我连续发表近20篇论文，详细论证所谓舶载三角缘神兽镜是中国三国时代江南吴地的工匠东渡日本，在日本制作的。所以，我的主张可称"吴的工匠在日本制作说"，与"魏镜说"完全相反，与一般的"国产说"亦有差别。日本学者古田武彦、奥野正男等所主张的"国产说"，被持"魏镜说"的车崎正彦称为"倭镜说"[5]。所谓"倭镜"，顾名思义，是指古代日本（倭）的工匠在本国自制之镜。因此，必须声明，我的"吴的工匠在日本制作说"与"倭镜说"是大不相同的。

日本学术界所称的"仿制三角缘神兽镜"在日本各地多有出土，其数量亦无十分精确的统计。在1980年前后，据说已接近120枚[6]。经约略估计，至今已增至150枚左右，约占全部三角缘神兽镜（包括所谓"舶载"的和"仿制"的，共约500枚）总数的30%。从镜的大体上的形制、花纹看来，仿制三角缘神兽镜与所谓舶载三角缘神兽镜有许多相似之处，镜的大小亦与所谓舶载三角缘神兽镜类同，大多数直径在20～25厘米之间。以数量最多的所谓"仿制三角缘三神三兽镜"为例，镜的内区主纹为三个神像与三个兽像交互配置，其外侧为一周花纹带，内含兽、禽、鱼、蛙等动物纹样，外区绕两周锯齿纹带夹一周复线波状纹带，在内区的主纹和花纹带中的纹样间，穿插许多尖挺的乳状突起（图1-3～6）。这样的花纹和图案设计是与所谓舶载三角缘神兽镜相同的。

但是，细察仿制三角缘神兽镜内区主纹中的神像、兽像及其外侧花纹带中的各个动物纹样，就雕刻技术的水平而言，它们都显得呆滞、笨拙，这是十分清楚的（图1-3～6）。除极少数例外，仿制三角缘神兽镜通常没有汉字铭文，这也是其与所谓舶载三角缘神兽镜的重要差别之一。此外，据日本学者樋口隆康等的鉴定，仿制三角缘神兽镜铜质粗劣，铸工不良，应该也是事实。从以上各种情形出发，长期以来，在日本学术界中，不论对所谓舶载三角缘神兽镜的产地问题持"魏镜说"或"国产说"，众多的考古学者一致认为仿制三角缘神兽镜为日本工匠在日本国内所制作。有的学者在称所谓舶载三角缘神兽镜为"中国镜"的同时，强调仿制三角缘神兽镜应称"倭镜"[7]，以进一步突出其与所谓舶载三角缘神兽镜的区别。

三

1998年6月，日本早稻田大学文化财整理室调查员车崎正彦在东京举行的称为《前方后圆坟的出现》的考古学讨论会上，以"随葬品的组合"为主题，"古坟出土镜的构成"为副题，作详细的讲演[8]，接着又以问答的方式在集体讨论中发言[9]，其主要结论是仿制三角缘神兽镜与所谓舶载三角缘神兽镜一样，也都是来自中国的"舶载镜"。日本雄山阁出版社将讨论会的全部记录编印成一本同名的书刊，作为《季刊考古学》的"别册"，于1999年2月发行。此后，车崎又将讨论会上的讲演、发言整理成为一篇以《三角缘神兽镜是国产还是舶载》为题的论文,登载在日本新人物往来出版社于1999年6月发行的《古坟研究最前线》特刊上[10]。在此期间,日本《朝日新闻》记者宫代荣一在该《新闻》1999年4月1日的夕刊上就发表于《前方后圆坟的出现》一书中的车崎氏的讲演和讨论、发言的梗概作了报导,并有所评论。

车崎的论文及讲演所涉问题颇多。他断定仿制三角缘神兽镜为中国镜的最直接的依据是,据他看来,日本的仿制三角缘神兽镜与中国两晋时期以降江南地方出现的一些称为"四神四乳镜"、"五神五乳镜"、"八神八乳镜"等形制、花纹趋向粗简化的铜镜有相似之处。车崎氏嫌这些中国出土镜的年代多在4世纪的东晋以降,比日本的三角缘神兽镜为晚,所以特别重视浙江省新昌县西晋太康元年(280年)墓出土的"四神四乳镜"[11](图2)。新昌县的墓为砖室墓,所用之砖有"太康元年"的纪年铭,故被称为"太康元年墓"。

车崎正彦认为,仿制三角缘神兽镜是所谓舶载三角缘神兽镜退化

图2 新昌"太康元年墓"出土铜镜

的产物,而上述以新昌"太康元年墓"出土镜为代表的中国浙江省各地出土的"四神四乳镜"、"五神五乳镜"、"八神八乳镜"之类亦属中国神兽镜的退化品,从而主张这些铜镜的存在可证日本所谓仿制三角缘神兽镜亦属中国的产品。

然而,就车崎氏最为重视的太康元年墓出土的"四神四乳镜"而论(图2),首先是镜的直径仅10.4厘米,与日本出土的三角缘神兽镜直径一般皆在20厘米以上大相径庭。其内区主纹有神像而无兽像,外区亦无锯齿纹带和复线波状纹带,乳状突起只有四个,与仿制三角缘神兽镜往往有十余个尖挺的"乳"相比,亦属寥寥[12]。可以说,新昌出土的此镜与日本的三角缘神兽镜差异极大,完全不能相提并论。其他浙江省境内出土的东晋以降的"四神四乳镜"、"五神五乳镜"、"八神八乳镜"等[13]更是不在话下,它们的存在根本不能成为日本仿制三角缘神兽镜是来自中国的舶载镜的理由依据。

四

除上述中国两晋时期以降江南地方存在形制、花纹趋于粗简化的铜镜以外，车崎正彦在讨论会上的讲演、发言及以后经过整理的论文中所述的主要理由还有以下二点。

第一点是仿制三角缘神兽镜不是完全没有可读的汉字铭文。车崎举佐贺县谷口古坟等古坟出土的仿制三角缘神兽镜在内区外侧的铭文带上所刻"吾作明竟甚独，保子宜孙富无訾，奇"的铭辞（图1-6），指出其字句完全仿自静冈县松林山古坟出土的所谓舶载三角缘神兽镜的铭辞，只是遗漏了首句"甚独奇"的"奇"字，而在铭辞的末尾追补之[14]。如所周知，上述有"甚独奇"等铭文的"同范镜"共有5枚，除佐贺县谷口古坟出土的1枚外，还有福冈县铫子冢古坟和大阪府谷北古坟出土的各2枚[15]。但是，在总数约150枚的仿制三角缘神兽镜之中，这5枚有成句铭文的"同范镜"也只能被视为极少数。

此外，车崎氏又举出大阪府御旅山古坟出土的仿制三角缘神兽镜在内区有"陈氏"和"虎"的榜题文字，佐贺县伊万里市杢路寺古坟出土的仿制三角缘神兽镜在内区外侧的花纹带上有"陈是"的榜题[16]。他认为这些事例说明制作仿制三角缘神兽镜的工匠不是不识汉字，尤其是他们与制作所谓舶载三角缘神兽镜的工匠一样，其姓氏亦有称"陈氏"、"陈是"（"是"与"氏"，古字通）的，而"陈氏"、"陈是"应是中国的工匠无疑。

其实，车崎氏所举少数仿制三角缘神兽镜存在上述值得注意的铭文和榜题，这是人所共知的。但是，必须指出，这只能表明仿制三角缘神兽镜与所谓舶载三角缘神兽镜有密切的关系，却不能证明其为中国工匠在中国所作之镜。如前面屡次所说，按照我的见解，所谓舶载三角缘神兽镜不是来自中国的"舶载镜"，而是中国三国时代东渡的吴地工匠在日本所制作（图1-1、2）。因此，仿制三角缘神兽镜与所谓舶载三角缘神兽镜之间存在密切的关系，完全不足以说明它们是来自中国的"舶载镜"。相反，由于仿制三角缘神兽镜历来被公认是在日本国内所制作（图1-3~6），正可由此证明所谓舶载三角缘神兽镜亦属在日本国内所作之镜，尽管作镜的工匠主要是来自中国。

至于车崎正彦的第二点理由，则是在于近年以来，据几位日本学者的研究，所谓舶载三角缘神兽镜与仿制三角缘神兽镜在形制、花纹等各方面有明显的连贯性，两者的制作应是前后连续而不是截然分隔的。我认为，这无疑是重要的研究成果，必须予以重视。对此，我将在下文第五节中作详细叙述，并发表我本人的相关见解。但是，我要先在这里声明，这些研究成果不仅不能说明仿制三角缘神兽镜为中国镜，反而可证所谓舶载三角缘神兽镜实为中国工匠在日本所制作，根本不是什么"舶载镜"。率直地说，日本学术界的这些新的研究成果其实不能成为车崎新说的所谓理由。

五

进入20世纪90年代，首先是冈山大学副教授新纳泉在兵库县权现山51号古坟的发掘报告书中，就三角缘神兽镜的分期提出了新的见解[17]。他着重对三角缘神兽镜的断面作考察，认为镜的外区厚度逐渐由厚变薄的演化过程即是镜的制作在年代上的延续过程。在此基础上，新纳氏将全部三角缘神兽镜的制作分为5期，属于前4期的皆为所谓舶载三角缘神兽镜，属于第5期的则全是仿制三角缘神兽镜（图3）。结合镜面上的"笠松形"纹样及铭文带、花纹带的变化，新纳氏认为三

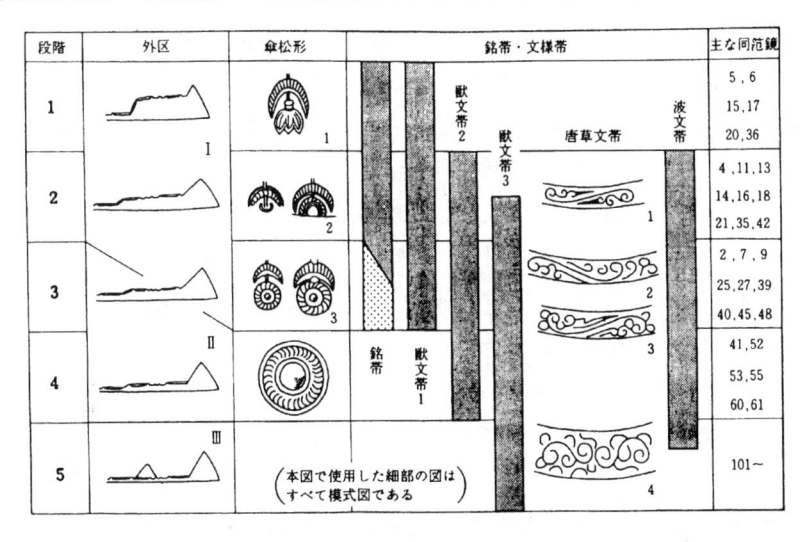

图3 三角缘神兽镜的演变

角缘神兽镜型式、花纹的演变过程显示了一贯的退化倾向，而从第 4 期的所谓舶载镜到第 5 期的仿制镜的退化则是飞跃式的，但不可过分强调其间有什么隔离、断绝的现象。

此后，大阪大学副教授福永伸哉、奈良国立文化财研究所技官岸本直文等亦相继按照镜的形制、花纹等的演变，划分舶载三角缘神善镜的制作为 4 期或 5 期[18]。与新纳泉一样，岸本、福永等亦认为舶载三角缘神兽镜的演变过程是渐进的，其与仿制三角缘神兽镜之间的连贯性是明确的。福永强调制作"舶载镜"的工匠与制作"仿制镜"的工匠有密切关系[19]，岸本则指出前述仿制镜的榜题文字所见"陈氏"、"陈是"像是中国工匠的姓氏，并声称以往所谓"舶载"、"仿制"二者之间的差别其实是不存在的[20]。此外，京都大学文学部的森下章司除强调所谓"舶载"的和"仿制"的三角缘神兽镜可在放大的眼光之下视为一体以外，还指出仿制三角缘神兽镜虽被归类为"仿制镜"，却与其他各类铜镜中的仿制镜几乎无共通之处[21]。他们所说的这些观点，或许稍有过激之偏，但其主旨是可以理解并值得肯定的。

于是，由于仿制三角缘神兽镜与所谓舶载三角缘神兽镜之间存在不可分割的连贯性，这就正如记者宫代荣一在 1999 年 4 月 1 日《朝日新闻》夕刊中的评论所说，制作"舶载镜"的工匠与制作"仿制镜"的工匠属于同一系统，从而使讨论的焦点集中在它们（指所谓舶载三角缘神兽镜和仿制三角缘神兽镜）要么全是来自中国的"舶载镜"，要么全是在日本制作的"国产镜"。由于此前日本学者一致主张仿制三角缘神兽镜应是在日本国内所制作，这样，纵使仅从逻辑上说，所谓舶载三角缘神兽镜自然亦应为在日本国内所作之镜了。

但是，车崎正彦是所谓舶载三角缘神兽镜"魏镜说"的坚持者。为了挽救"魏镜说"面临的上述危机，车崎氏终于独自挺身而出，干脆把仿制三角缘神兽镜也说成是来自中国的所谓"舶载镜"，这就不能不引起有关学者的强烈反应[22]。

六

早在 15 年前的 1984 年 3 月，在东京举行的、有中日两国学者共同参加的关于三角缘神兽镜的盛大讨论会上，针对与会日本学者的提问，我作了即席的发言，以阐明在日本制作三角缘神兽镜的中国三国时代的吴的工匠与日本所谓"仿制三角缘神兽镜"的关系如何的问题[23]，大意如下：

日本出土的大量的三角缘神兽镜，主要可区分为两大类。一类约在100枚以上，其特征与其他的'倭镜'相似，学术界一致认为是在日本国内模仿输入的中国镜所作的'仿制镜'（图1-3～6）。

另一类约有300枚之多，从形制、花纹看来，显然不是'倭镜'，而是与中国镜多有相似之点，故被日本学者看作是来自中国的'舶载镜'（图1-1、2）。但是，必须指出，在上述的两大类之外，还有一部分三角缘神兽镜不能确定其为'仿制镜'或'舶载镜'。例如，小林行雄认为是'舶载镜'的，樋口隆康却认为是'仿制镜'，反之亦然。

据樋口隆康在其所著《古镜》中所述，在全部三角缘神兽镜之中，凡铜质粗劣，铸工不良，纹样显得呆滞、稚拙的，皆属日本工匠在国内模仿中国镜而制作的'仿制镜'。典型的'舶载镜'与典型的'仿制镜'之间的差别明显，容易识别。但是，也有一部分三角缘神兽镜处于过渡状态，不能明确判别其为'舶载镜'抑或'仿制镜'。要之，三角缘神兽镜由制作良好趋向制作粗陋的演变，其过程是渐进的、无间断的。因此，要划分所谓'舶载镜'与'仿制镜'二者的界线，这是很困难的。

以上这种现象可以解释为，东渡的中国吴的工匠来到日本，先由自己制作三角缘神兽镜，而日本工匠则在以后参与作镜。在5世纪以降的古坟时代中后期，来自朝鲜半岛的陶工集团与日本本地的土师部民各自在日本制作须惠器和土师器[24]，这虽与3世纪东渡的中国工匠和日本工匠共同在日本作镜有所区别，但双方同时并存的情形却是相似的。

十分明显，上述我在15年前发表的见解，不仅与近年来日本学者新的研究成果不相矛盾，而且还可用以对这些新的研究成果作相应的解释。我认为，早在3世纪前期，中国江南吴地的工匠开始来到日本作镜。在3世纪前期后半段（30、40年代）至后期前半段（60、70年代），他们制作的主要是三角缘神兽镜，由于镜的形制、花纹等与中国镜相似，故被日本学者视为从中国输入的所谓"舶载镜"（图1-1、2）。可以设想，中国吴的工匠在日本制作铜镜，自有日本本地的工匠参与，他们主要是起助手的作用。以后，大约到了3世纪后期的后半段（80、

90年代），随着吴的工匠年龄老化乃至死亡等种种原因，参与作镜的日本工匠终于由助手转变为主干，继续制作三角缘神兽镜，至于4世纪前期。这便是日本学术界所称的"仿制三角缘神兽镜"（图1-3～6）。当然，吴的工匠及继承其作镜事业的子孙与日本工匠的交替是逐渐的，不是突然的。

按照我的观点，称中国吴的工匠在日本所作的三角缘神兽镜为"舶载镜"，这当然是错误的。称日本工匠继吴的工匠而制作的三角缘神兽镜为"仿制镜"，基本上是可以理解的。但是，考虑到前述岸本、森下等学者对"仿制三角缘神兽镜"的"仿制"二字持异议，我拟假称其为"续制三角缘神兽镜"。至于所谓"舶载三角缘神兽镜"，则宜删除"舶载"二字而径称"三角缘神兽镜"。

七

在以上各节中，我已就仿制三角缘神兽镜的性质及其与所谓舶载三角缘神兽镜的关系作了论述。现在，为了使问题更趋明朗化，我还必须回过头来，再就我所主张的所谓舶载三角缘神兽镜其实为中国东渡的吴的工匠在日本制作的论点作说明。

所谓舶载三角缘神兽镜，从其形制、花纹、铭文等各方面看来，确实与中国三国时代及其前后的铜镜有相似之处，但它们不是中国的魏镜，也不是中国的吴镜，而是吴的工匠东渡日本，在日本制作的。我的理由简述如下。

第一，与中国出土的同时期的铜镜相比，三角缘神兽镜的缘部隆起甚高，断面呈等腰三角形，在内区的花纹之间和铭文带的文字之间常有许多尖挺的乳状突起，使人一见而生奇异之感。特别是称为"笠松形"的旆的图案化纹样不见于任何中国出土镜，足见制作于日本的三角缘神兽镜独具特色[25]（图1-1、2）。

第二，镜的形制虽有独特之处，但除"笠松形"以外，三角缘神兽镜的花纹与中国镜的花纹多有共通的组成因素。尤其是铭文中书写良好的汉字及"陈氏作竟"、"张氏作竟"、"王氏作竟"等铭句表明三角缘神兽镜虽在日本制作，却是出于中国工匠之手[26]（图1-1、2）。

第三，三角缘神兽镜的铭文与同时期中国镜的铭文虽多相类同，但亦不无相异之处。大阪府国分茶臼山古坟和滋贺县大岩山古坟出土镜的铭文中有"用青铜","至海东"的语句,即是其例。"用青铜"指制作铜镜,"至海东"指来到日本,这是不言可喻的。在中国出土的大量古代铜镜中绝无"至海东"之类的铭句,最能说明问题[27]。

第四,三角缘神兽镜的内区花纹主要由东王父、西王母等神像和龙、虎等兽像构成,与中国神兽镜内区的花纹相似。其外区饰锯齿纹带和复线波状纹带,则与中国画像镜外区的纹饰类同(图1-1、2)。中国神兽镜皆为平缘,故可称平缘神兽镜。中国画像镜中有缘部断面略呈三角形的,可称三角缘画像镜。因此,从大体上说,日本三角缘神兽镜是中国平缘神兽镜的内区与三角缘画像镜的外区(包括缘部)相结合。据调查发掘,中国东汉至三国时代的平缘神兽镜和三角缘画像镜的出土地点集中在长江中下游的江南地区,而镜的铭文亦表明它们的产地是在当时江南吴郡的吴县(今江苏省苏州)、会稽郡的山阴(今浙江省绍兴)和江夏郡的武昌(今湖北省鄂城)。相反,在黄河流域及北方地区,平缘神兽镜和三角缘画像镜的出土例是绝无仅有的。因此,日本出土的350枚左右的所谓"舶载三角缘神兽镜"决不是中国的魏镜,而是中国江南吴地的工匠东渡日本,在日本制作的[28]。

第五,在中国的三国时代,江南吴地流行用佛像作器物的装饰。就铜镜而言,称为画文带佛兽镜和佛像夔凤镜的铜镜在长江中下游的江南各地出土,可证它们为吴镜无疑。相反,在黄河流域的魏国境内,至今未见有用佛像作器物装饰的,铜镜亦不例外。值得注意的是,在日本的三角缘神兽镜之中,有些铜镜在花纹中以佛像替代东王父、西王母的神像,从而被称为"三角缘佛兽镜"。这说明,三角缘神(佛)兽镜虽非中国的吴镜,却具有吴镜花纹的特点。因此,可以进一步判断,它们不是由魏的工匠,而是由吴的工匠在日本制作的[29]。

八

说到这里,我要一转话题,专就日本出土的景初三年和正始元年的纪年铭三角缘神兽镜的问题展开讨论。

日本岛根县神原神社古坟出土镜铭文所见"景初三年"和群马县柴崎古坟、兵库县森尾古坟、山口县竹岛古坟出土镜(共3枚,属

"同范镜"）铭文所见"［正］始元年"的年份，与《三国志·魏书·东夷传》所记日本邪马台国卑弥呼女王派遣难升米等使者来到魏的都城洛阳进行访问的年份一致。因此，日本学者认为，这是判断三角缘神兽镜为中国三国时代魏国皇帝所赐之镜的确证。

然而，据我考证，"景初三年"和"［正］始元年"纪年铭三角缘神兽镜的铭文内容却说明它们是东渡的吴的工匠在日本所制作。景初三年镜铭文的主要部分为："景初三年，陈是作竟，自有经述，本是京师，绝地亡出"（图4-2）。正始元年镜铭文的主要部分为："［正］始元年，陈是作竟，自有经述，本自苅师，杜地命出"（图4-1）。我确信，"京师"是指吴国京城（"京"，地名，东晋、南朝称"京口"，今江苏省镇江市）的师匠，"苅（州）师"指吴国主要领域扬州（包括今江苏、安徽二省的南部和浙江、江西、福建三省的全部，治所在今江苏省南京市）的师匠[30]，

1. "本自苅师，杜地命出"　2. "本是京师，绝地亡出"
图4　（1）和（2）铭文

而"绝地亡出"和"杜地命出"意为亡命而出，至于异域。镜铭中"绝地"的"绝"字锈损，不很清晰，但右旁的"色"有一条斜勾，则是清楚的（图4-2）。在东汉后期的碑文中，"亡"字有写作"亡"的，而镜铭中的"亾"则为反写字（图4-2），日本学者称为"左文字"或"镜文字"，这在铜镜铭文中屡见不鲜，不足为奇。镜铭中的"陈是作镜，自有经述"则指工匠陈是（即陈氏）自述其作镜的经历，而作镜的经历归纳为"本是京师，绝地亡出"或"本自苅师，杜地命出"8个字，可谓简明扼要之极（图4）。应该指出，这样的铭辞不见于中国出土的任何铜镜，正表明在日本作镜的陈是（陈氏）有其特殊的

经历[31]。

据《后汉后·东夷传》和《三国志·吴书·孙权传》记载，会稽郡（包括今浙江省中、南部和福建省全部）海外有澶洲，其上人民时有到会稽（指会稽郡郡治所在地，今浙江省绍兴市）来作贸易的，会稽郡东部各县人入海，亦有遭风漂流至澶洲者。日本学者曾作考证，主张澶洲为日本列岛的一部分。可以说，上述《后汉书》和《三国志》的记载，在一定程度上可视为"吴的工匠在日本作镜说"的文献依据[32]。

九

据《三国志·魏书·东夷传》记载，日本邪马台国女王卑弥呼于景初三年（公元239年）派遣难升米等使者来到洛阳，向魏的皇帝朝贡。完成使命之后，难升米等于翌年正始元年（公元240年）返回邪马台国。这对邪马台国来说，是重大的政治事件。因此，寄身邪马台国的中国工匠陈是在其所作三角缘神兽镜的铭文中使用魏的"景初三年"、"正始元年"的纪年，决不是什么不可思议之事。实际上，我的这一见解早已被1986年10月日本京都府福知山市广峰古坟群第15号坟出土的"景初四年"纪年镜的铭文所证实[33]。

广峰15号坟出土镜是1枚称为"盘龙镜"的铜镜，它与长期秘藏在兵库县西宫市辰马考古资料馆中的、相传为宫崎县出土的另1枚景初四年铭盘龙镜属"同范镜"。景初四年纪年镜虽为"盘龙镜"，但铭文证明它与上述景初三年铭、正始元年铭的三角缘神兽镜同为工匠陈是一人所制作。

如我在题为《论日本出土的景初四年铭盘龙镜》的论文中所指出，魏明帝死于景初三年正月初一，齐王芳当即继位，而景初三年的年号则按逾年改元的惯例而被延续使用。同年十二月，魏的朝廷发布诏书，通令全国，在景初三年十二月之后增加一个月，称为"后十二月"，其目的是将魏明帝的死亡日由正月初一改变为十二月一日，以消解国家元旦庆典与先帝忌日丧礼之间的矛盾。这样，景初三年从正月至"后十二月"，共有十三个月。"后十二月"过后，才是新年号正始元年的正月。景初三年的"后十二月"与正始元年的正月直接相连，其间不存在所谓"景初四年"。这说明，身在日本的工匠陈是（陈氏）因远离祖国，消息不通，不知中国魏王朝改元之事，故继其在三角缘神兽镜的铭文中使用"景初三年"的纪年之后，又于其所作盘龙镜的铭文中使用"景初四年"的纪年。待到使者难升米等返回邪马台国，陈是才发现所作之镜的纪年有误，故又作"正始元年"纪年铭三角缘神兽镜以弥补之。要之，三角缘神兽镜铭文中的"景初三年"、"正始元年"以及盘龙镜铭文中的"景初四年"的纪年，不仅不足以说明它们是中国的魏镜，反而为吴的工匠在日本作镜之说增添了证据[34]。

十

从12世纪的北宋后期开始，直到19世纪、20世纪的清代晚期，中国的金石学书籍著录了各种古代铜镜，其中皆无三角缘神兽镜。与此相对照，早在20世纪初期，包括传世品和发掘出土品在内，日本发现的三角缘神兽镜的数量之多，已居日本发现的其他各种铜镜之上。最近数十年来，中日两国的考古调查发掘工作都广泛开展。在日本，三角缘神兽镜不断从各地古坟出土，包括所谓"舶载"的和所谓"仿制"的两大类，总数已多达500枚左右。与此相反，在中国，不论是在汉、魏的都城所在地洛阳，或是在北方和南方各地，虽然都有各种各样的大量铜镜出土，却没有哪怕是1枚三角缘神兽镜。汉和魏晋时期的中国，在朝鲜半岛设置乐浪郡和带方郡，所以中国的铜镜在朝鲜和韩国多有发现，但其中也绝无三角缘神兽镜。要之，长期以来，直至今日，三角缘神兽镜始终只在日本出土，其产地岂能不是在日本而在中国？

面对上述不可动摇的事实，坚持"魏镜说"的日本学者提出一种称为"特铸说"的学说，声称三角缘神兽镜是中国魏王朝的皇帝为下赐日本邪马台国女王卑弥呼而于景初三年、正始元年特别铸造的。研究三角缘神兽镜的权威学者小林行雄，更是具体地认定三角缘神兽镜的"特铸"是在魏王朝最有权势的大臣司马懿的亲自主持下实施的[35]。

魏国皇帝是否有必要为卑弥呼特铸铜镜，暂且不论。但是，若是为其特铸，必须有既成的铜镜作为铸造的样品。中国工匠从来不曾在国内铸造三角缘神兽镜，又怎能为外国特铸这种未曾有过的全新的铜镜呢？退一千步说，假如魏帝为下赐女王卑弥呼而大举特铸三角缘神兽镜，这在已经发现的数以百计的三角缘神兽镜的铭文中总应该有所反映。4世纪立国于朝鲜半岛西南部的百济王为倭王制作一把"七支刀",尚且要在刀的铭文中记明其事,更何况是中国魏王朝皇帝为"亲魏倭王"特铸如此大量的三角缘神兽镜?但是,在所有的三角缘神兽镜的详细的铭文之中,完全没有涉及所谓"特铸"的片语只字,这难道还不足以说明问题吗[36]?上述主张"特铸说"的小林行雄,曾限定所有数百枚三角缘神兽镜都是在景初、正始年间的大约10年之内制造的[37]。然而,如前所述,据近年来日本学者的研究,所谓舶载的三角缘神兽镜按其形制、花纹等的演变可划分为4期或5期,其制造过程大约须历50年左右,纠正了小林氏10年为限的臆说。但是,在长达半个世纪的时期内,中国魏王朝及其以后的西晋王朝始终不渝地、不断地为日本的女王(卑弥呼及其宗女台与)特铸三角缘神兽镜,这样的构想岂能令人信服?若按车崎氏的新说,所谓"仿制"的三角缘神兽镜亦属来自中国的舶载品,则全部三角缘神兽镜在中国的制作过程更须自3世纪30年代、40年代延至3世纪末[38],甚至晚到4世纪的前期和中期[39]。在如此漫长的年代过程中,虽有"八王之乱"和"永嘉之乱"等的大动乱,西晋王朝继魏王朝之后,仍然为了东倭的女王或男王,坚持三角缘神兽镜的"特铸"事业而不变,这实在是难以置信的。

应该说明,车崎正彦主张"魏镜说"而不主张"特铸说",而且强调说他所主张的是"魏晋镜说"而不仅是"魏镜说"。但是,小林的"魏镜说"只是指当时统计为300枚左右的所谓舶载三角缘神兽镜,而车崎的"魏晋镜说"则兼指所谓"舶载"的和所谓"仿制"的三角缘神兽镜全部,总数已达500枚之多,可说是比小林又提高了一大步。

车崎正彦在其论文的末尾说:"虽然尚有不少未曾论及之点,我却梦见三角缘神兽镜在中国出土之日的到来而就此搁笔"。这或许只是一句常套语,却也道出车崎氏深知三角缘神兽镜在中国至今一无所见。我觉得,车崎虽非"特铸说"的主张者,却也必须就他所深知的上述事实作出解释。

注　释

[1]　例如日本岐阜县国府町名张一之宫神社古坟出土铁质夔凤镜1枚,考古学者八贺晋认

为是在中国制造的。见《新・古代史發掘》第 76 页（1983～1987 年新遺跡カタログ），朝日新闻社，1998 年。

[2] a 车崎正彦：《副葬品の組み合わせ—古墳出土鏡の構成》第 53～74 页，见《前方後圓墳の出現》（石野博信编），雄山阁，1999 年。

b 车崎正彦：《三角緣神獸鏡は国産か舶載か——魏晋鏡说の立場から》第 28～35 页，《図説・古墳研究最前綫》（大塚初重编），新人物往来社，1999 年。

[3] 田中琢：《古鏡》第 59 页，讲谈社，1981 年。

[4] 奈良县天理市黑冢古坟出土 33 枚（包括三角缘盘龙镜 1 枚），兵库县神户市西求女冢古坟出土 7 枚，皆属所谓"舶载三角缘神兽镜"。

[5] 车崎正彦：《三角緣神獸鏡は国産か舶載か——魏晋鏡说の立場から》第 31 页，《図説・古墳研究最前綫》，新人物往来社，1999 年。

[6] 田中琢：《古鏡》第 63 页，讲谈社，1981 年。

[7] 田中琢：《古鏡》第 62 页，讲谈社，1981 年。

[8] 车崎正彦：《副葬品の組み合わせ—古墳出土鏡の構成》第 53～74 页，《前方後圓墳の出現》，雄山阁，1999 年。

[9] 车崎正彦：《副葬品の組み合わせ—古墳出土鏡の構成》第 76～98 页，《前方後圓墳の出現》，雄山阁，1999 年。

[10] 车崎正彦：《三角緣神獸鏡は国産か舶載か——魏晋鏡说の立場から》第 28～35 页，《図説・古墳研究最前綫》，新人物往来社，1999 年。

[11] a. 车崎正彦：《副葬品の組み合わせ—古墳出土鏡の構成》第 68 页，《前方後圓墳の出現》，雄山阁，1999 年。

b. 车崎正彦：《三角緣神獸鏡は国産か舶載か——魏晋鏡说の立場から》第 35 页，《図説・古墳研究最前綫》，新人物往来社，1999 年。

[12] 王士伦：《浙江出土铜镜选集》图版第 80 上，图版说明第 10 页，文物出版社，1957 年。

[13] a. 王士伦：《浙江出土铜镜选集》图版第 81、82，图版说明第 10 页，文物出版社，1957 年。

b. 浙江省文管会：《黄岩秀水岭水库发掘报告》，《考古学报》1958 年第 1 期。

[14] a. 车崎正彦：《副葬品の組み合わせ—古墳出土鏡の構成》第 66 页，《前方後圓墳の出現》，雄山阁，1999 年。

b. 车崎正彦：《三角緣神獸鏡は国産か舶載か——魏晋鏡说の立場から》第 35 页，《図説・古墳研究最前綫》，新人物往来社，1999 年。

[15] 樋口隆康：《古鏡》第 311 页，图版第 158 上，新潮社，1979 年。

[16] a. 车崎正彦：《副葬品の組み合わせ—古墳出土鏡の構成》第 68 页，《前方後圓墳の出現》，雄山阁，1999 年。

b. 车崎正彦：《三角緣神獸鏡は国産か舶載か——魏晋鏡说の立場から》第 35 页，《図説・古墳研究最前綫》，新人物往来社，1999 年。

[17] 新纳泉：《権現山鏡群の型式学的位置》第 176～185 页，《権現山 51 号墳》，1991 年。

[18] a. 福永伸哉：《三角緣神獸鏡の歴史的意义》第349～361页，《倭人と鏡その二》，埋藏文化財研究会，1994年。

b. 岸本直文：《三角緣神獸鏡の編年と前期古墳の新古》，《展望考古学》，1995年。

[19] 福永伸哉：《三角緣神獸鏡の系譜と性格》第35～38页，《考古学研究》第38卷1号，1991年。

[20] a. 岸本直文：《三角緣神獸鏡研究の現状》第52～55页，《季刊考古学》第43号，1993年。

b. 车崎正彦：《三角緣神獸鏡は国産か舶載か——魏晋鏡说の立場から》第35页，《図説・古墳研究最前綫》，新人物往来社，1999年。

[21] 森下章司：《古墳时代の鏡》第22页，《倭人と鏡その二》，埋藏文化財研究会，1994年。

[22] 主张三角缘神兽镜"国产说"的日本学者森浩一，先是在1999年4月1日《朝日新闻》夕刊上应记者采访对车崎新说表示难以接受，以后又在讲谈社《日録20世紀》周刊1999年8月3日号《20世紀の発見・発掘物語》中撰文说："至今还有人主张三角缘神兽镜全部为中国制造，这是研究史上的污点"。

[23] 王仲殊：《吳の渡来工人と仿制鏡との關係》第166～170页，《三角緣神獸鏡の謎》，角川书店，1985年。

[24] 在日本考古学上，5世纪古坟时代中期以降的"须惠器"以登窑（与中国的"龙窑"相似）高温烧成，质地坚实，始称"陶器"，其制作技术通过朝鲜半岛传入。绳文、弥生时代数千年来以低温烧成的软质陶器皆称"土器"，而古坟时代的"土师器"则为弥生土器的延续。

[25] 王仲殊：《日本三角缘神兽镜综论》第469、470页，《考古》1984年第5期。

[26] 王仲殊：《中國からみた古代日本》第36页，学生社，1992年。

[27] 王仲殊：《关于日本三角缘神兽镜的问题》第365页，《考古》1981年第4期。

[28] a. 王仲殊：《吴县、山阴和武昌——从铭文看三国时代吴的铜镜产地》第1025～1031页，《考古》1985年第11期。

b. 王仲殊：《"青羊"为吴郡镜工考——再论东汉、三国、西晋时期吴郡所产的铜镜》第639～646页，《考古》1986年第7期。

c. 王仲殊：《吴镜师陈世所作神兽镜论考》第1017～1025页，《考古》1986年第11期。

d. 王仲殊：《黄初、黄武、黄龙纪年镜铭辞综释》第635～645页，《考古》1987年第7期。

e. 王仲殊：《建安纪年铭神兽镜综论》第348～357页，《考古》1988年第4期。

[29] a. 王仲殊：《关于日本的三角缘佛兽镜——答西田守夫先生》第630～639页，《考古》1982年第6期。

b. 王仲殊：《论吴晋时期的佛像夔凤镜——为纪念夏鼐先生考古五十年而作》第636～643页，《考古》1985年第7期。

[30] 铜镜铭文中的许多字往往被多余地冠以草字头，如"長"之为"萇"，"樂"之为"藥"，"央"之为"英"，"加"之为"茄"，"青"之为"菁"，"新"之为"薪"，"己"之为"芑"，"畜"之为"蓄"等，其例不胜枚举。故可认定"茄"为"州"

的异体字，而正始元年镜铭辞中的"苰师"实同"州师"。见注［31］所引《景初三年镜和正始元年镜的铭辞考释》。

［31］ a. 王仲殊：《景初三年镜和正始元年镜的铭辞考释》第 1118～1126 页，《考古》1984 年第 12 期。
b. 王仲殊：《景初三年镜和正始元年镜铭辞补释》第 267～268 页，《考古》1985 年第 3 期。

［32］ 王仲殊：《倭と中国・江南地方との交流》第 50～58 页，《中国からみた古代日本》，学生社，1992 年。

［33］ 王仲殊：《论日本出土的景初四年铭盘龙镜》第 265～266 页，《考古》1987 年第 3 期。

［34］ 王仲殊：《景初四年銘盘竜鏡》第 41～49 页，《中国からみた古代日本》，学生社，1992 年。

［35］ 小林行雄：《「倭人伝」と三角縁神獣鏡》第 18～20 页，《邪馬台国の謎を解く》，大阪文化財センター，1982 年。

［36］ 王仲殊：《三角縁神獣鏡の产地》第 16～19 页，《三角縁神獣鏡と邪馬台国》，梓书院，1997 年。

［37］ 小林行雄：《三角縁神獣鏡をめぐつて》，《史跡——森将军塚古坟》，1992 年。

［38］ 车崎正彦主张所谓"舶载"的和"仿制"的三角缘神兽镜皆为魏晋时代的中国镜，由中国传入日本。他定所谓"舶载三角缘神兽镜"制作年代的下限为景景元四年（公元 263 年），而"仿制三角缘神兽镜"的制作年代则为 3 世纪 70 至 90 年代，亦可延续到 4 世纪初期。车崎认为，直至西晋的建兴元年（公元 313 年），日本仍有可能向西晋朝贡而获得他主张是在中国制作的"仿制三角缘神兽镜"。至于他定所谓"舶载三角缘神兽镜"的制作年代下限为景元四年，则是由于大阪府紫金山古坟出土的"舶载三角缘神兽镜"上的"唐草纹带"与传世的魏景元四年纪年铭"规矩花文镜"上的"唐草纹带"相同。其实，如我早在 1984 年所指出，湖北省鄂城出土的吴的对置式神兽镜上亦有与此相同的所谓"唐草纹带"。因此，以景元四年为所谓舶载三角缘神兽镜制作年代的下限，这是不可置信的。见王仲殊等：《三角縁神獣鏡の謎》第 166～167 页（角川书店，1985 年）。又见湖北省博物馆等：《鄂城汉三国六朝铜镜》图版第 47（文物出版社，日译版，1987 年）。

［39］ 根据福永伸哉的分期、断代，所谓舶载三角缘神兽镜的制作年代约为 3 世纪 40 年代到 90 年代，而仿制三角缘神兽镜的制作年代则开始于 4 世纪的第一个 25 年（1/4 世纪）间。必须说明，福永氏虽坚持所谓舶载三角缘神兽镜"魏镜说"，但他主张仿制三角缘神兽镜为日本工匠在本国所制作，故不受西晋末年大乱的影响。4 世纪初期乐浪、带方二郡的陷落（公元 313 年）亦无碍于日本工匠在国内自作仿制三角缘神兽镜。

（本文原载《考古》2000 年第 1 期）

关于日本古代都城制度的源流

一

说起日本的古代都城，人们就会首先想到坐落在奈良盆地北部的平城京（图1）。平城京始建于元明天皇和铜元年（公元708年），和铜三年（公元710年）正式成为都城。自元明天皇至光仁天皇，以平城京为都城凡7代70余年。平城京不仅是当时日本的政治、经济和文化中心，而且与中国唐长安城同为8世纪中日两国文化交流的枢纽。日本古代都城，以平城京为代表，其形制仿自唐长安城（图2），这早已成为通说。1907年，日本建筑学者关野贞在其所著《平城京及大内裏考》中举出长安城与平城京的若干差别，但仍然肯定后者的形制大体上是模仿前者[1]。

在定都平城京之前，日本自持统天皇八年（公元694年）至元明天皇和铜二年（公元709年）在藤原京建都已有3代15年之久。藤原京在

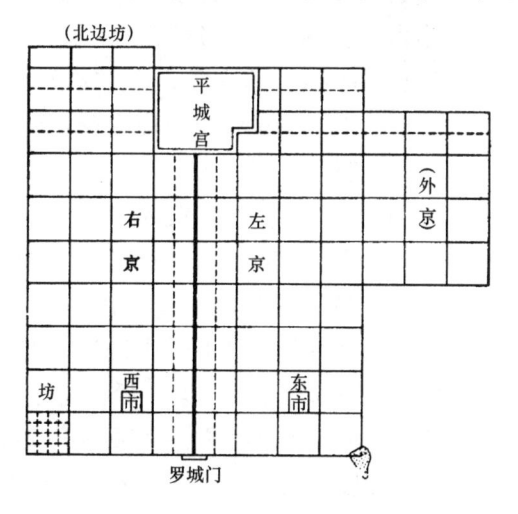

图1　日本平城京平面示意图

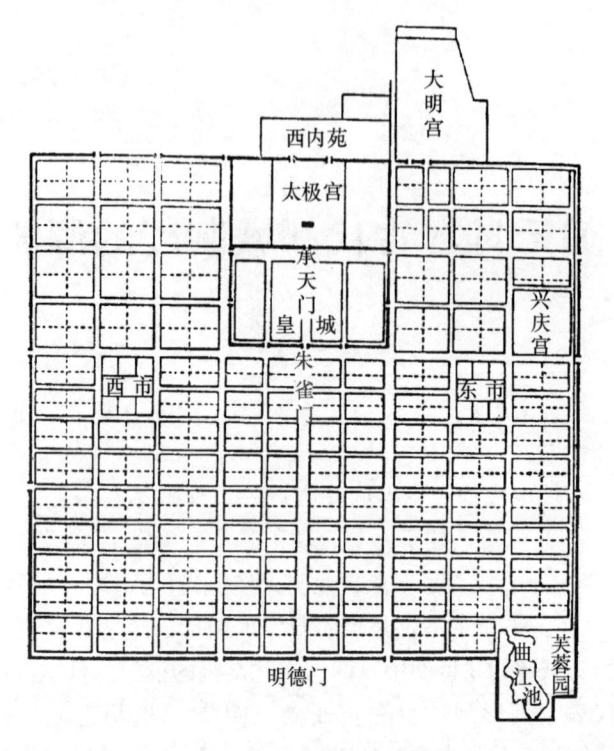

图 2 唐长安城平面示意图

平城京之南近20公里，北负耳成山，东接香久山，西依亩傍山，南面较远处则有吉野的群山。在都城未曾营建之前，早已有若干重要的古道在这里通过，它们分别称为"上道"、"中道"、"下道"和"横大路"等（图3）。总之，藤原京地址的选定，是具备地形和交通等方面的条件的。

从1934年开始，日本学术单位曾对藤原京遗址做过调查发掘[2]。1966年以后，又进一步在遗址上开展调查发掘工作，终于确定了藤原京的位置和范围，并根据对遗迹的研究，就都城的形制和布局作了全面的复原[3]。在这些工作中，日本京都大学教授岸俊男先生作出了卓越的成绩，从而将日本古代都城的研究推进到一个新的阶段。

据岸俊男先生研究，藤原京以上述的"中道"为东界，"下道"为西界，"横大路"为北界，而以作为"上道"延长线的"山田道"为南界。都城南北长约3086米（相当于六里），东西宽约2118米（相当于四里），平面成规整的长方形。全城以朱雀大路为中轴线，划分为左京和右京。左右两京南北共十二条，东西各四坊（日本古代都城实行

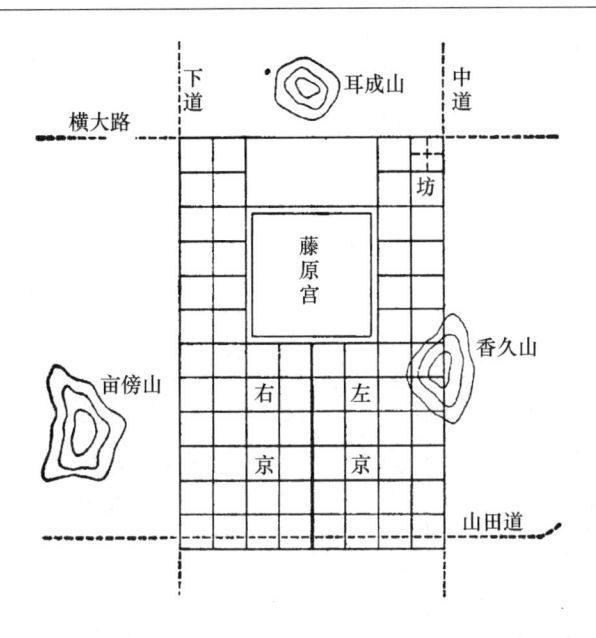

图3 日本藤原京平面示意图

"条坊制",全城由纵横垂直交叉的街路划分为许多方格,东西向的各排称"条",南北向的各列称"坊")。城内大路以宫城南侧的东西向大路(称"六条大路")为最宽,宽约21米。朱雀大路次之,宽约19米。其余大路的宽度大致都相等,各约为15米。由各条大路纵横交叉划分而成的坊,都成正方形,每边长约265米(以街路中心之间的距离计算,相当于半里)。坊内有十字交叉的小路(宽约5.4米),将全坊均分成四坪。宫城在全城中央偏北,平面成正方形,约占十六坊之地。宫城与都城北界之间有两"条"余地,据出土的木简推测,应为包括药园、菜园在内的苑池之所在(图3)[4]。

主要是从上述藤原京的形制出发,岸俊男先生对日本古代都城的源流问题提出了新的见解。岸先生认为,藤原京不是模仿中国唐代的长安城,而是模仿中国北魏的洛阳城。其主要论点如下[5]:

(1)首先,藤原京的外形是东西4里,南北6里的纵长方形,而唐长安城的外形是东西约18里,南北约15里的横长方形(图2),两者外形有异。因此,不如说,藤原京的那种纵长方形的外形是与东西约6里,南北约9里的北魏洛阳城内城(图4)或东西6里,南北8里的东魏邺都南城相似的。

（2）其次，藤原京的宫城位于都城的中央而稍为偏北，其与都城北界之间有两"条"余地，为苑池之所在。长安城的宫城（太极宫）则紧靠都城的北面城墙，宫城北面的西内苑在都城之外（图2），与藤原京不同。与此相反，北魏洛阳城（内城）的宫城与都城的北面城墙之间有华林园（图4），这与藤原京是相似的。

（3）藤原京的坊，每边长约半里，平面成正方形。唐长安城的坊与藤原京不同，除朱雀大街两侧的坊近于正方形以外，其余所有的坊都成横长方形，与长安全城平面形状之为横长方形相似（图2）。与此相反，北魏洛阳城的坊都是一里见方，平面成正方形（图5），这与藤原京是相似的。

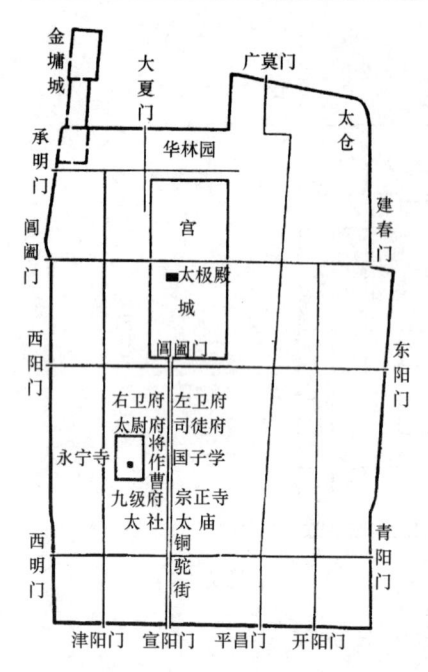

图4 北魏洛阳内城平面示意图

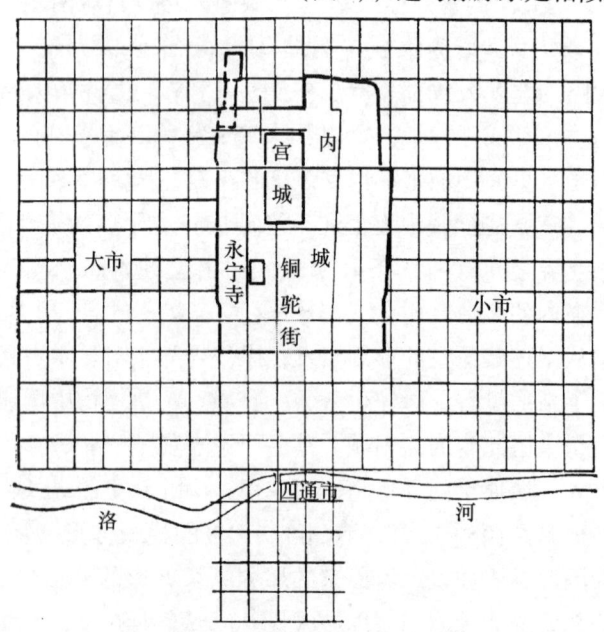

图5 北魏洛阳城平面示意图

（4）从平城京、平安京的情形逆推，可以认为藤原京的东市和西市都是相当于一坊之地，其平面为正方形，市内设十字交叉的小路。唐长安城的东市和西市则不然，它们都为二里见方（占二坊之地），虽然平面为正方形，但与城内的坊相异，四面各开二门，市内有井字形街（图2）。与此相反，设于北魏洛阳（内城）城外东西两面的大市和小市的构造虽不清楚，但隋代洛阳城的大同市是一里见方，四面各开一门，市内有十字街，而北魏洛阳城的大市和小市则应是它的原型。因此，从市的形制来说，藤原京也与唐长安城相异，而与北魏洛阳城相近。

总之，如上所述，岸俊男先生从都城的平面形状、宫城的位置、坊的形制和市的形制等各方面着眼，认为日本的藤原京不是模仿中国唐代的长安城，而是模仿北魏的洛阳城[6]。

如所周知，日本藤原京以后的平城京等都城在形制上与藤原京多有类似之处。特别是据岸先生研究，藤原京实际上是平城京的"原型"，后者只不过是前者在地点上的移动，在面积上的扩大[7]。因此，岸先生所主张的藤原京是模仿北魏洛阳城而不是模仿唐长安城之说，在相当大的程度上也就否定了平城京是模仿唐长安城的通说[8]。所以，这一问题不仅是关于古代都城形制的考古学问题，而且已经进而成为古代中日两国文化交流史上的一个更为重大的问题。

二

但是，我认为，日本藤原京与中国北魏洛阳城相比，在形制上有许多重大的差异。由于这许多重大差异的存在，我们不能认为藤原京是模仿北魏的洛阳城。兹举数端如下：

大家都知道，北魏孝文帝太和十九年（公元495年）迁都洛阳后，经过6年，到了宣武帝景明二年（公元501年），从司州牧广阳王嘉之议，在京师兴筑320坊，在东汉、魏晋的洛阳城（即北魏时的内城）的四面大加扩充，形成了所谓外郭城[9]。据记载，320坊都是一里见方。所以，《洛阳伽蓝记》说："京师东西二十里，南北十五里"。我认为，在考察北魏洛阳城的外形时，首先应该从都城的全体着眼，不能只看它的内城。特别是岸先生有时将藤原京的宫城比作北魏洛阳的内城[10]，那就更应该将藤原京的外形与北魏洛阳的外郭城相比了。外郭城东西

20里，南北15里，其平面形状当然是东西横长方形，而不是南北纵长方形（图5）。因此，可以说，北魏洛阳城的外形与藤原京的外形其实是不相同的。

诚然，不管怎样，岸俊男先生说的是内城，不是外城。但是，即使就北魏洛阳城的内城而言，它的平面形状与藤原京的平面形状也有一定的差别。藤原京的平面是一个规整的长方形，北魏洛阳内城的平面虽然基本上近于长方形，却很不规整（图4）。特别是在城的西北部有金墉城突出，在城的东北部广莫门附近又有很大的曲折和偏斜[11]，这与藤原京北界之为一条直线相比，是很不相同的。总之，不论是外城或内城，就都城的平面形状说，不能认为藤原京与北魏洛阳城相似。

其次，就宫城而言，北魏洛阳城与藤原京亦有很大的差异。藤原京的宫城，每边各长约2里，其平面成正方形（图3）。北魏洛阳的宫城，根据对遗迹的实测，南北长约1400米（近三里半），东西宽约660米（约一里半），宽度不到长度的二分之一，平面成狭长的南北纵长方形[12]，与藤原京宫城平面之为正方形大不相同。藤原宫的宫城门（朱雀门）在宫城南面正中，宫内的太极殿与宫城门对直，居于宫城的中央（图6）。但是，北魏洛阳宫城的正南门（阊阖门）却偏在西侧，正殿太极殿亦随之而居宫城中央偏西处（图4）。这与藤原宫相比，显然又是一个重要的不同之点。

岸先生指出，根据《大宝令》，藤原宫内已设有曹司（官衙）。总之，据岸先生研究，与平城京等日本其他都城一样，藤原京的官衙被包括在宫城之内，其位置多在宫城的南部，从而也可以说是在朱雀大路起点（宫城门）之北（图6）。北魏洛阳城的官署，据《洛阳伽蓝记》记载，左卫府、右卫府、司徒府、太尉府、国子学、将作曹、宗正寺、九级府等，都分布在宫城之外，主要是在贯通于宫城南门（阊阖门）与都城南门（宣阳门）之间的铜驼街的两侧（图4）[13]。我认为，这是北魏洛阳城与藤原京（也包括此后的平城京等）的许多重要相异点之一，不能加以忽视。诚然，如前所述，岸先生有时将藤原京的宫城比作北魏洛阳城的整个内城。但是，在洛阳内城之内，除了宫室、府曹以外，还有许多佛寺和民里（主要是贵族的私邸），又有许多长而宽广的大街，这又怎么能与藤原京的宫城相比呢？

藤原京以朱雀大路为中轴线，将全城划分为左右两京。左京和右京

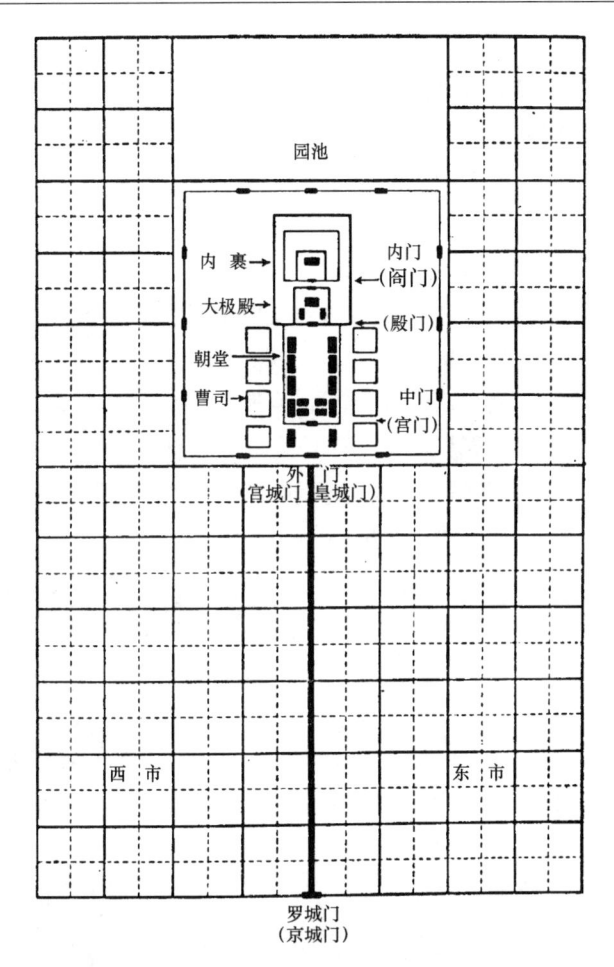

图 6　日本宫室、都城模式图（采自岸论文）
（主要为藤原京，并参考平城京与平安京等）

南北十二条，东西各四坊，完全对称（图3）。如果与平城京一样，在藤原京的南面也有一个罗城门（京城门）的话，那么，此门的位置也应正好居于都城南面的正中（图6）。但是，如上所说，北魏洛阳城的宫城在都城的北部偏西，与此相对，都城的南面正门（宣阳门）也偏在西侧而不居正中（据《水经注》记载，北魏洛阳内城南面有四个城门，宣阳门为自东而西的第三门，已得到考古勘察工作的证实），这就使得作为全城中轴线的铜驼街也偏在城的西部而不居正中（图4）[14]。这是北魏洛阳城与藤原京在布局上的又一重大的差别，决不是无关大体的。

　　岸先生以隋代洛阳城的大同市是一里见方、四面各开一门、内设十字街为根据，判断北魏洛阳城的市也应该是四面各开一门，内设十字街，从而与藤原京的东市和西市相同。其实，藤原京的市，既没有在调查发掘工作中发现其遗迹，也没有明确的记载可据以了解其结构。因此，拿藤原京的市来与北魏洛阳城的市作比较，这是很困难的。据《洛阳伽蓝记》记载，北魏洛阳小市在内城以东孝义坊之东，其面积虽不能确知，但从其名为"小市"看来，应是一里见方，占一坊之地，市内很可能设十字街。但是，必须注意，洛阳大市在内城西阳门外四里处，市的周回8里，即二里见方，占四坊之地，这就不能排除市的四面各开二门、市内有设井字街的可能性。北魏洛阳大市占四坊之地，与岸先生推定为占一坊之地的藤原京的市相比，不能不说有很大的区别。特别是大市面积为小市的四倍，两市大小悬殊，与岸先生推定的藤原京东、西市面积相等（各占一坊之地）相比较，则又成了都城形制上的另一重要的差别。如果加上洛河以南的"四通市"，则北魏洛阳共有三市（图5）[15]，与藤原京等日本都城之仅有东西二市相比，那就更不可等量齐观了。我认为，如果如岸先生所推断，藤原京的市在形制和结构上与隋代洛阳城的大同市相同，那就应该说藤原京有模仿隋代洛阳城之处，而不必说它是模仿北魏洛阳城的市。

　　如所周知，至少从藤原京开始，日本历代都城都不在四周全面筑城墙。这是日本都城与中国都城的最明显的不同之点。但是，岸先生根据《洛阳伽蓝记》记载，推断北魏洛阳外郭城仅在东面筑城墙，南面、北面和西面都是利用地形而不筑城墙，从而认为这与四周不筑城墙的藤原京等日本都城没有绝对的差异[16]。其实，《洛阳伽蓝记》并没有说北魏洛阳外郭城南、北、西三面都不筑城墙。最近，中国社会科学院考古研究所洛阳工作队已经发现了北魏洛阳外郭城的东面城墙和北面城墙的遗迹（其基部宽度约8米左右），这就充分说明了藤原京不在四周筑城墙决不是仿效北魏洛阳的外郭城。

　　总之，综上所述，北魏洛阳城在各方面都与日本藤原京有着很大的差别。所以，要说后者在形制上是模仿前者，那是不能令人信服的。

三

那么，拿中国唐长安城与日本的藤原京相比，又是怎样呢？我觉得，两者虽有差别，但相同之处是主要的。

首先，据诸书记载，唐长安城东西18里115步，南北15里175步。经近年实测，都城自东而西长9721米，自南而北宽8652米，四周共计36746米，平面成东西横长方形[17]。这与藤原京平面形状之为南北纵长方形相比，确有区别。但是，应该看到，除了东北部的大明宫和东南隅的芙蓉园以外，长安全城形状极为规整（图2），这与藤原京等日本都城的平面形状是非常相似的。

其次，长安城的宫城和皇城都居全城北部的正中，既不偏东，也不偏西，这与藤原京等日本都城中的宫城位置也是相同的。长安宫城与皇城之间，有明确的界线。但是，必须注意，宫城自东而西的宽度与皇城自东而西的宽度完全相等，宫城的东墙、西墙各与皇城的东墙、西墙同在一条直线上而互相连接（图2）。而且，皇城北面无墙，只以一条"横街"与宫城相隔。这就是说，长安的宫城与皇城虽然是分开的，但实际上仍然不失为一个整体。这样，宫城与皇城合在一起的方形的区域（包括承天门前的横街），南北长3335米（约6里），东西宽2800米（约5里），长与宽的比例为6:5，基本上接近正方形[18]，与藤原京宫城的平面形状是甚为近似的。如所周知，日本的藤原宫，实际上既是宫城，也是皇城，所以宫城的南面正门既称宫城门，有时也称皇城门（图6）。要之，藤原京宫城是合长安宫城与皇城于一体而略为简化，所以它的平面形状与长安宫城、皇城合在一起的平面形状近似，这是理所当然的。

岸俊男先生说，宫室区（包括"内裏"和大极殿）与官衙区不相分隔的日本的宫城（图6），是保持了中国隋唐长安城以前的古代都城的原形[19]。但是，我觉得，事实并非如此。从西汉的长安城说起，未央宫中虽有卫尉寺及少府所属诸署等官署，但自总揽政务的丞相府以下，许多重要的官府都不在宫中。东汉的雒阳城，司徒府、太尉府和司空府等高级行政机构都在南宫之外（图7），其他的官署则散在各处，亦有与民居杂处的。从曹魏的邺城开始，都城中的官署渐渐集中[20]。

北魏洛阳的官署多聚集在宫城之南、铜驼街的两侧（图4），但附近仍有佛寺与居民[21]。总之，将官署集中在宫城南面的皇城之内，是从隋初才开始的。所以，宋敏求《长安志》（卷七）说"自两汉以后，至于晋、齐、梁、陈，并有人家在宫阙之间，隋文帝以为不便于民，于是皇城之内惟列府寺，不使杂人居止，公私有便，风俗齐肃，实隋文新意也"。前面已经说过，藤原京的宫城实际上也是皇城。因此，我要说，日本的官衙集中于宫城（即皇城）之内，正是模仿中国隋唐之"新意"，而不是效法隋唐之前的"古制"。

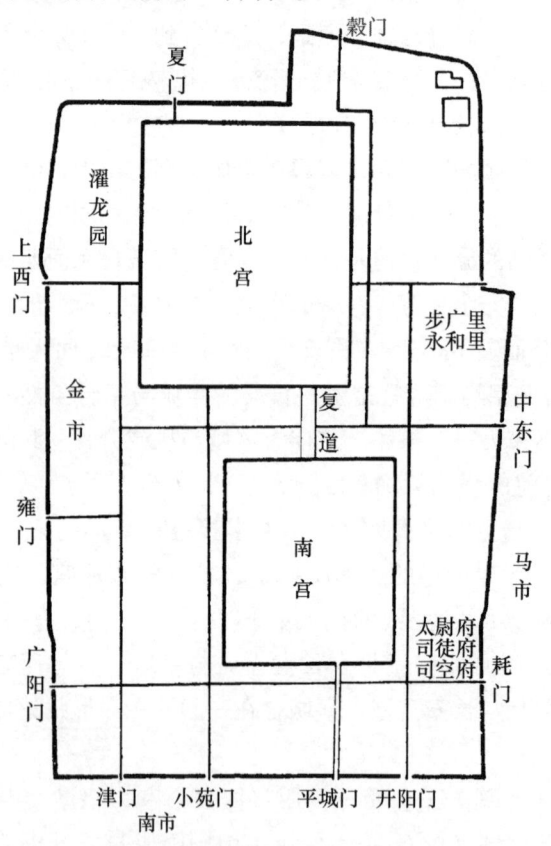

图7 东汉雒阳城平面示意图

藤原宫与平城宫、平安宫等日本其他都城中的宫城一样，在大极殿前设朝堂院（图6）。这是日本宫城的主要特点之一。据《唐六典》（卷七）记载，长安大明宫含元殿左右有"翔鸾"、"栖凤"两阁，阁前即朝堂，置"肺石"、"登闻鼓"，如承天门之制。经中国社会科学院考古研究所西安工作队近年勘察，翔鸾阁和栖凤阁前的两座朝堂，位置对称，面积相等（各约为 69×17 平方米）[22]。太极宫承天门前的朝堂，其遗迹虽未经探出，但据上述《唐六典》所记，应与含元殿两阁前的朝堂相似。据程大昌《雍录》（卷三）"唐西内太极宫图"所示，承天门东朝堂前置肺石，西朝堂前置登闻鼓。就东都洛阳而论，宫城应天门（相当于长安的承天门）前亦有朝堂，据《资治通鉴》记载，其位置在皇城之内[23]。《永乐大典》（卷九五六一）引《元河南志》"隋都城图"和"唐东都图"都标明东朝堂、西朝堂各在皇城门下外省、中书外省的近侧[24]。总之，朝堂设在太极宫前的皇城之内，其位置正与日本宫城（亦称皇城）大极殿前的朝堂院相似。

当然，日本宫城中的朝堂院在形制和规模方面有其自身的特点。就藤原宫而言，朝堂院内已有十二堂之多（图6），与长安皇城内仅有东西两堂相比，自然颇有不同。但是，如所周知，日本朝堂院中的十二堂，除了是举行各种朝仪的场所以外，同时也是太政官及八省（中务省、式部省、治部省、民部省、兵部省、刑部省、大藏省、宫内省）、一台（弹正台）等大臣执政、议事的政厅，所以平安宫中的朝堂院又有"八省院"之称。特别是曹司与朝堂的关系极为密切，作为政厅的十二堂各有相应的曹司与之配合，成为它们的附属设施（图6）。因此，日本学者有认为日本的朝堂院是中国朝堂与尚书省的一体化的[25]。中国两汉的朝堂[26]，主要是百寮集会议事的场所。此后，经魏晋南北朝至于隋唐，朝堂的性质已有改变，但名称如旧。我认为，日本朝堂院中的朝堂，除了具有中国朝堂之名以外，实与其所附属的各曹司一样，兼有唐长安皇城中的省、寺、台、监等政务机构的性质。所以，我要再一次说，包括内裏、大极殿和朝堂院在内的日本的宫城（亦称皇城），实际上是唐长安城中宫城和皇城的结合体。

唐长安城内的朱雀大街，作为中轴线，完全居于全城的中央，将全城均称地划分为东西两城，东城属万年县，西城属长安县（图2）。除去大明宫和芙蓉园以外，东城和西城的坊市配置情形完全相同（东城翊善、永昌两坊之被分隔，永嘉坊之被缩小，是由于大明宫和兴庆宫的关系，应视为例外）。藤原京由朱雀大路划分为左右两京，左京和右京的街坊配置情形也完全相同（图3），这无疑是出于对唐长安城的模仿。

事实上，自两汉以迄隋唐，在中国的历代都城之中，只有唐长安城不仅其区划完全是东西对称的，而且东西两城分属于万年、长安两县，就像日本都城的左右两京分属于左京职和右京职一样（《大宝令》规定设左右京职，《续日本纪》记藤原京时已有左京职和右京职）。

诚然，唐长安城的东市和西市，各占二坊之地，每面开二门，市内有井字街（图2），这与岸俊男先生根据平城京、平安京的情形逆推的藤原京的东西两市的形制有所不同。但是，不能忽视，长安城东市和西市面积相等，位置对称，这却是与平城京、平安京等日本都城中的东西两市相同的（平城京东市在左京八条三坊，西市在右京八条二坊，位置基本上对称；日本学术界也有认为西市与东市一样，亦在八条三坊的[27]，若然，则两市的位置就更为对称了）。相反，如果拿北魏洛阳城的市与日本都城中的市相比，其差异就会更大。这在前面已经说过，这里不再重复。

四

当然，不能否认，诚如岸俊男先生所指出，藤原京与唐长安城之间是存在着一定的区别的。这主要表现在：①藤原京的外形为南北纵长方形，长安城的外形为东西横长方形。②藤原京的坊都为正方形，长安城的坊多为横长方形。③藤原京宫城北面的苑池在京界之内，长安城宫城北面的西内苑在都城的北面城墙之外。我友徐苹芳认为，上述藤原京与唐长安城不同的三点，都可以在隋唐洛阳城方面找到相似之处[28]。对此，我是深以为然的。

隋唐洛阳城的平面形状，已经考古勘察工作究明。据实测，洛阳城东面城墙长7312米，北面城墙长6138米，全城平面形状基本上呈南北纵长方形，长与宽的比例约为5∶4（图8）[29]。因此，我们认为，藤原京平面形状之为南北纵长方形，可以从隋唐洛阳城方面求其来源，而不必上溯北魏洛阳的内城。固然，藤原京南北长3086米，东西宽2118米，长与宽的比例约为3∶2，其平面形状显得比隋唐洛阳城为狭长。但是，我认为，这是因为藤原京的四界受到"中道"、"下道"、"横大路"和"山田道"等四条古道限制的关系（图3）。就平城京的主体部分而论，其长宽比例几乎与隋唐洛阳城完全相等（图1），就说明了这一道理。

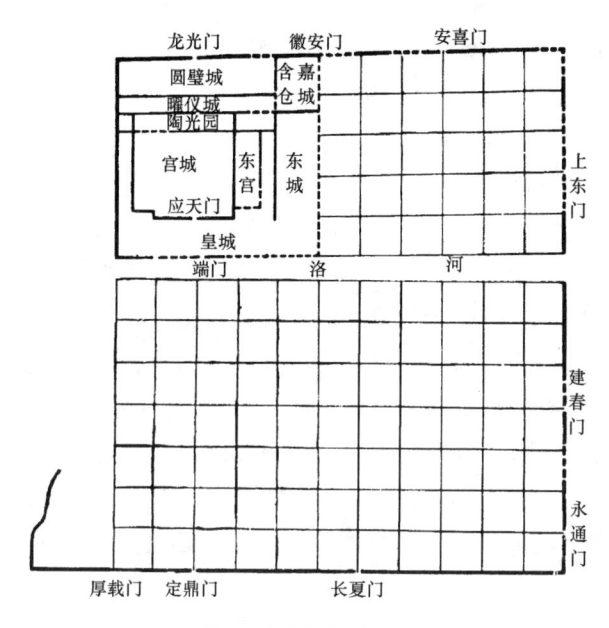

图 8 唐洛阳城平面图

其实，都城平面形状之为东西横长方形或南北纵长方形，这固然是不容忽视的差异，但并不是本质上的区别。试看平城京，如上所述，除了左京东面扩出的所谓"外京"和右京北面扩出的所谓"北边坊"以外，都城的主体部分是南北九条，东西八坊，平面亦呈南北纵长方形（图1）。但是，如岸先生所指出，在平城京的东南隅，现今有一个"五德池"，当时称为"越田池"（图1）。从这个越田池的位置看来，谁也不能否认它是模仿唐长安城东南隅的曲江池而作[30]。这就是说，平城京的平面形状虽为南北纵长方形，但造平城京司的设计者们仍将它的东南隅比作是唐长安城的东南隅，尽管唐长安城的平面形状为东西横长方形。

据《元河南志》（卷一）引韦述《两京新记》记载，隋唐洛阳城的坊四面各广300步，开十字街，四出趋门，其平面成正方形（图8）。据近年来的实际勘探，至少洛河以南的绝大多数的坊是正方形的，每边平均长530~540米[31]，约合当时的1里，与《两京新记》的记载相符。藤原京的坊，都成正方形，四面各开一门，内设十字路（图3），已如前述。因此，如果它们不是模仿唐长安城朱雀大街两侧的少数的坊（坊内仅有一横街），那就是模仿隋唐洛阳城的绝大多数的坊。

但是，我还是要说，坊制的模仿不能绝对拘泥于正方形或长方形。平城京的坊都作正方形，长安城的坊多作长方形，两者平面形状固然有异，但不能否认前者是模仿后者。如所周知，平城京的坊由纵横各三条小路划分为十六坪（此后平安京的坊亦如此）（图1）。岸俊男先生将平城京的这种坊制看作为中国都城制度中所不见的"变形"。至于为什么会出现这种"变形"，岸先生则认为是出于藤原京一坊四坪（图3）的加倍[32]。但是，事实证明，平城京一坊十六坪之制既不是什么"变形"，也不是藤原京一坊四坪的加倍。北京大学教授宿白根据《两京新记》、《长安志》等文献关于长安城各坊内衙、宅、寺、观等所在方位的用词，指出各坊内都有一组十字街，又有四组十字巷，从而将全坊划分为十六区，它们在坊内的方位各被称为"东北隅"、"东门之北"、"北门之东"、"十字街东之北"、"东门之南"、"东南隅"、"十字街东之南"、"南门之东"、"北门之西"、"十字街西之北"、"西北隅"、"西门之北"、"十字街西之南"、"南门之西"、"西门之南"、"西南隅"（图9）[33]。中国社会科学院考古研究所近年在唐长安城遗址所作的实际勘察，究明了东城永宁坊等坊的遗迹情形是十字街宽为15米，十字巷残宽约2米余，它们将全坊划分为十六区，与上述《两京新记》、《长安志》等的记载完全符合[34]。因此，我们完全有理由认为，平城京一坊十六坪之制是出于对唐长安城一坊十六区的模仿，尽管永宁坊等坊的平面都为横长方形，与平城京的坊的平面都为正方形不同。

	北门		
西北隅 | 北门之西	北	北门之东 | 东北隅
西门之北 | 十字街西之北	街	十字街东之北 | 东门之北
西门　　西街		东街　　东门
西门之南 | 十字街西之南	南	十字街东之南 | 东门之南
西南隅 | 南门之西	街	南门之东 | 东南隅
	南门		

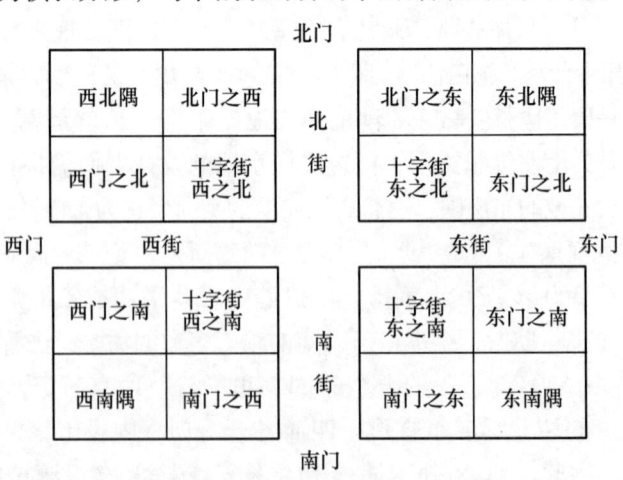

图9　唐长安城坊内区划图

据岸先生研究，藤原京宫城北面有两"条"余地，由于出土木简颇有与"典药寮"有关的，有的木简还有"薗司"、"薗官"、"薗职进大豆"等的字样[35]，所以推测其地应为包括药园、菜园在内的苑池之所在[36]，已如前述（图3，图6）。岸先生指出，唐长安城宫城北面的西内苑处在都城的北面城墙之外（图2），与藤原京的苑池之在京界之内不同，而北魏洛阳城内的华林园则在都城北面城墙与宫城北墙之间（图4），正与藤原京的苑池位置相当。但是，我们认为，藤原京在宫城北面设苑池，这也可以从隋唐洛阳城找到类似之点。据《元河南志》（卷四）等诸书记载，洛阳宫城北部有陶光园，东西数里，园中有水渠。陶光园之北则有曜仪城与圆璧城，从而使得宫城与都城北面城墙之间有大约相当于两排坊的距离（图8）[37]。这是隋唐洛阳城与长安城的不同之处，但与藤原京的情形却是类似的。

总之，综上所述，日本藤原京的形制和布局，主要是模仿唐长安城（即隋大兴城），同时也模仿隋唐洛阳城，而不是模仿北魏的洛阳城。当然，必须指出，日本都城应该有日本自己的特点。这就是说，藤原京与平城京、平安京等日本其他都城一样，虽是模仿隋唐长安和洛阳，但与隋唐两京相比，仍有一定的差异，这是不足为怪的。

五

我觉得，为了证明日本藤原京是模仿中国唐代长安和洛阳而不是模仿北魏的洛阳，我们还应该对日本都城中的城郭、门阙、宫殿、街路、商市的名称作一番考证。

首先，我要说的是关于"罗城"的问题。就藤原京本身而言，虽然在文献上没有关于罗城的记载，在调查发掘工作中也没有发现罗城的遗迹，但据《日本书纪》（卷廿九）记载，早在此前的天武朝，就曾在难波筑罗城。据《续日本纪》（卷十七）记载，此后的平城京在都城的南面正中设罗城门（据发掘所知，其基坛东西38米，南北20米），经发掘，门的两侧有罗城的遗迹[38]。又据《延喜式》（卷四十二）记载，平安京南面罗城门的两侧亦筑有类似的罗城（墙基宽六尺）[39]。因此，我们不能排除藤原京南面也有罗城门及其两侧罗城的可能性。尽管日本都城的罗城极为短促，与中国都城四周都筑有城墙不同，但"罗城"

和"罗城门"相当中国都城的城墙和城门,这是无待于言的。那么,中国都城的城墙,是从什么时候开始称罗城的呢?据《旧唐书》(卷四)记载,唐长安城的外郭城称罗郭[40]。据《元河南志》(卷三)记载,东都洛阳的外郭城始筑于隋大业元年(公元605年),当时称为罗郭城,东面有城门曰罗门,当取罗郭之义以名[41]。据《唐会要》(卷八十六)及《太平御览》(卷一九二)引《唐书》记载,唐天宝二年(公元743年)又筑洛阳罗城,号称金城[42]。总之,"罗城"之称始于隋唐的两京,故此后北宋汴梁外城亦称罗城[43]。据《魏书》(卷五十八)记载,南北朝时期有些地方城镇已有罗城[44],但从《水经注》和《洛阳伽蓝记》等文献看来,北魏首都洛阳内城和外城的城墙则都无罗城之称。由此可见,从难波京开始,日本古代都城的"罗城"是采用中国隋唐都城的名称。

其次,我想说一说"皇城"。如前面屡次说到,藤原京的宫城实际上也是皇城,所以正如《续日本纪》所记,宫城门有时亦称皇城门[45]。那么,在中国,"皇城"这一名称又是从什么时候开始出现的呢?可以明确地说,中国都城中设皇城,也开始于隋唐。在以《唐六典》(卷七)、《旧唐书》(卷三十八)和《新唐书》(卷三十八)为首的各种史书文籍中,都有关于隋唐两京皇城的记载[46]。相反,在隋唐之前,中国历代都城皆仅有宫城,而无皇城。北魏洛阳城内无皇城,这可以从《洛阳伽蓝记》、《水经注》等书籍得到确证。所以,诚如《长安志》(卷七)所说,在都城中设皇城是"隋文之新意"。不言而喻,日本藤原京的宫城又称皇城,无疑是模仿隋唐两京,而不是模仿北魏洛阳城。

大家都知道,藤原宫的正殿,与平城宫、平安宫中的正殿一样,称大极殿。据《三国志》及其注文记载,魏明帝青龙三年(公元235年)于汉南宫崇德殿处起太极殿[47]。这便是中国古代皇宫中采用太极殿名称的开始,而为后世所承袭。所以,《初学记》(卷二十四)说"历代殿名或沿或革,唯魏之太极,自晋以降,正殿皆名之"。北魏洛阳宫中正殿称太极殿,这是人所共知的。但是,唐长安城的宫城称太极宫,其正殿称太极殿,这才是藤原京大极殿名称的直接由来。

如所周知,日本平城宫和平安宫的南正门都称朱雀门。藤原宫南正门的名称,史籍未有明载,但仍可按照平城宫、平安宫的实情推定亦称朱雀门。特别是由于藤原京朱雀路的存在,可以确信藤原宫的南正门称朱雀门。在中国古代都城中，早有分别用青龙、朱雀、白虎、玄武等四神之名以称宫城四面门阙的，东汉雒阳城的南宫和北宫即如此[48]。但是，从魏晋以降，情形有所改变。就洛阳城而言，魏明帝在东汉的旧基上重建南宫，在建太极殿的同时，又建立阊阖门[49]，这可能是仿照西汉长安建章宫的阊阖门之名[50]。此后，到了北魏，除了内城西面北头的城门称阊阖门（据《洛阳伽蓝记》记载，魏晋时改称东汉的上西门曰阊阖门，北魏因之）之外，宫城的南面正门亦称阊阖门，这可以从《洛阳伽蓝记》（卷一）、《水经注》（卷十六）等书籍记载中得到确证。到了唐代，长安宫城的南面正门称承天门，而皇城的南正门才称朱雀门。由此可见，日本宫城（亦是皇城）南正门之称朱雀门，决不是仿效北魏洛阳城，而是仿效唐长安城无疑。

我在前面常常将藤原京内作为中轴线的大路称为朱雀大路。应该说明，这并不是按照平城京和平安京的朱雀大路来推定的，而是根据《续日本纪》（卷五）关于藤原京本身的确切记载[51]。十分明显，朱雀路的名称完全是仿照唐长安城中的朱雀街。从两汉以迄隋唐，在中国都城中，自宫城的南正门通至都城南面城门的大街，由无发展到有，由短发展到长，终于发展成为全城的中轴线。西汉长安城内无上述的中轴大街，自可不论（长安城中八街，名称可考，但都不称朱雀街）。东汉、魏晋洛阳城内的大街，也都没有朱雀街之称[52]。北魏洛阳城的中轴大街，据《水经注》记载，则称铜驼街[53]。总之，只有唐长安城的中轴大街才称朱雀街。无待于言，藤原京内的朱雀路之名是仿照唐长安城的朱雀街，决不是仿自北魏洛阳城的铜驼街。

最后，我想就"东市"和"西市"的名称，说一说我的看法。日本平城京和平安京中各有两市，分别称"东市"和"西市"。藤原京内的市，文献未有记载，既不明其形制，亦不知其名称。但是，从平城京和平安京的情形逆推，认为藤原京内亦设两市，各称"东市"和"西市"，这是可信的（据《续日本纪》记载，早在和铜五年，平城京内已存在东市和西市[54]）。然而，东市和西市名称的由来，又是怎样呢？据各种书籍记载，西汉长安城内有九市，三市在街道之东，称东市，六市在街道之西，称西市（图10）。但是，到了东汉和魏晋，雒（洛）阳城内外有三市，各称金市、马市和南市（图7）。北魏洛阳亦有三市，各称大市、小市和四通市（图5）[55]。总之，自西汉以后，只有唐长安城

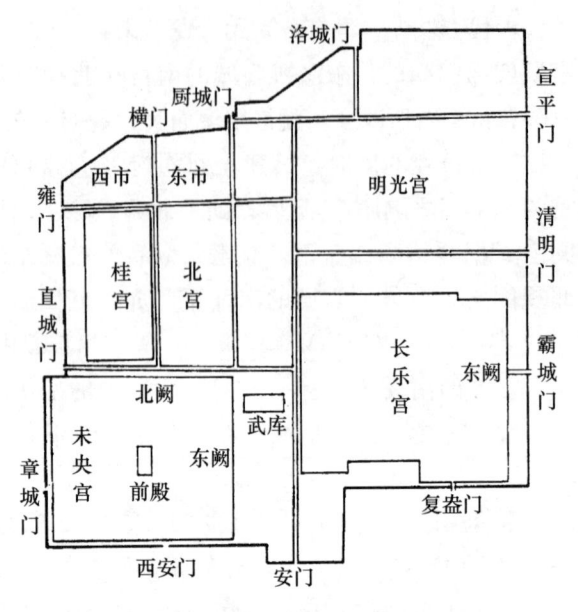

图 10　西汉长安城平面示意图

中的两市各称东市（隋称都会市）和西市（隋称利人市）。因此，十分清楚，日本都城中的东市和西市是模仿唐长安城而不是模仿北魏的洛阳城。

六

以上从藤原京分别与北魏洛阳城、唐长安城、唐洛阳城在形制、布局以及各种名称上所作比较中得出的结论，可以由都城兴废和中日关系的历史事实方面得到证明。

如前所述，北魏洛阳城是孝文帝太和十七年（公元493年）开始营建的，太和十九年（公元495年）正式成为都城。宣武帝景明二年（公元501年），增筑320坊，都城规模至此大备。自孝文帝太和十九年（公元495年）至孝武帝永熙三年（公元534年），北魏以洛阳为都城凡40年。孝静帝天平元年（公元534年），自洛阳迁都于邺。元象元年（538年），侯景围攻独孤信于金墉城，悉烧洛阳宫寺民居。武定五年（公元547年），《洛阳伽蓝记》作者杨衒之重到洛阳，目睹"城郭崩毁，宫室倾覆，寺观灰烬，庙塔丘墟，墙被蒿艾，巷罗荆棘，野兽穴于荒阶，山鸟巢于庭树，游儿牧竖踯躅于九逵，农夫耕稼艺黍于双阙"，其情形是满目疮痍，毁废无遗[56]。

如所周知，唐长安城的前身是隋大兴城，是隋文帝于开皇二年（公元582年）命高颎、宇文恺等在汉代以降的长安故城东南面的龙首原上兴建的新都。唐代仍以此城为首都，改名长安，都城形制和布局基本上仍隋代之旧，但亦颇有新建。另一方面，因北魏洛阳城久已废弃，隋炀帝又于大业元年（公元605年）命宇文恺等在北魏故城以西约18里处建新城，称为东京，后又改称东都。唐初废东都，降为洛州都督府。唐高宗显庆二年（公元657年）以后，仍以洛阳为东都。安史之乱，东都洛阳于天宝十四载（公元755年）和乾元二年（公元759年）两次被攻陷，兵燹之余，此后渐见萧条，但城市形貌犹在。至于京师长安，虽亦不无战乱，尤以晚唐为甚，但始终为唐代首都所在，规模不变，至天祐元年（公元904年）朱温挟唐昭宗迁洛时才遭严重破坏。

日本藤原京的始建年代，诸说略有出入。据《日本书纪》（卷三十）记载，天武天皇所葬桧隈大内陵的营建始于持统天皇元年（公元687年）十月。据岸俊男先生研究，大内陵的位置正好坐落在藤原京朱雀大路的南面延长线上，所以可以认为在持统天皇元年（公元687年）十月之前已有营建藤原京的具体计划。但是，一般认为，藤原京的营建其实应以持统天皇四年（公元690年）十月太政大臣高市皇子率贵族、官员等视察藤原宫地址为起始。至于正式定都于藤原京，则据《日本书纪》（卷三十）记载，无疑是在持统天皇八年（公元694年）十二月。15年之后，元明天皇于和铜三年（公元710年）三月迁都平城京，已如前述。

从以上历史事实看来，日本营建藤原京之时，北魏洛阳城早已废弃达一百五六十年之久。与此相反，其时唐长安城和洛阳城自隋代始建以来，已达100年左右，城郭整齐，宫殿宏伟，街市繁荣，人口兴旺，正处在最昌盛的时期。因此，要说藤原京不是模仿当时正在兴盛繁荣的唐代长安和洛阳，而是模仿久已废为丘墟的北魏洛阳城，这是很难设想的。

据《隋书·东夷传》和《北史·倭国传》记载，日本于隋文帝开皇二十年（公元600年）首次遣使通隋，来到大兴城[57]。此后，据《日本书纪》（卷廿二）和《隋书》（卷三）等记载，小野妹子于隋炀帝大业（公元605～617年）年间两度使隋，曾到过东都洛阳[58]。据《日本书纪》（卷廿二）记载，推古天皇二十二年（公元614年）日本又遣犬上御田锹等使隋。

据《日本书纪》（卷廿二）记载，推古天皇十六年（公元608年）小野妹子再度使隋时，同行有倭汉直福因、奈罗译语惠明、高向汉人玄理、新汉人大国等留学生和新汉人旻、南渊汉人请安、志贺汉人惠隐、新汉人广齐等学问僧。此外，僧惠光、医惠日、僧灵云、胜鸟养、僧惠云等则可能是推古天皇二十二年（公元614年）随犬上御田锹入隋的[59]。这些留学生和学问僧等人，在中国居留甚久，回国时多已在中国的唐代。

到了唐代，日本从舒明天皇二年（公元630年）到天智天皇八年（公元669年）又先后派过遣唐使达6次之多。遣唐使团的大使和副使等人，往往对中国十分熟悉。例如，舒明天皇二年（公元630年）的大使犬上三田耜（即御田锹）曾任遣隋使，副使药惠日曾为留隋学生。孝德天皇白雉五年（公元654年）的押使高向玄理曾是留隋学生，副使惠日既曾为留隋学生，又曾任遣唐副使。随行的留学生和学问僧等，就白雉四年（公元653年）的第2次遣唐使团而言，就有道岩、道通、道光、惠施、弁正、惠昭、僧忍、道昭、定惠、安达、道观、知辨、义德、巨势药、冰老人、坂合部石积、高黄金等许多人，有的在唐居留近30年之久[60]。总之，无论是在隋代也好，唐代也好，日本使臣及留学生、学问僧等在中国访问期间，悉心了解中国的政治经济、努力学习中国的典章制度，对于长安、洛阳的规模、形制更是身临目睹，十分熟悉。他们归国以后，在不同程度上受到日本政府的重用，在日本朝野有很大的影响。日本政府多次派遣遣隋使和遣唐使，其目的主要在于吸取中国隋唐的文化。事实上，从7世纪以来，日本律令的制定、佛教的传承、文学艺术的创新、建筑样式的变革，等等，在充分保持日本自身的民族特色的同时，都无不深受隋唐文化的影响。因此，7世纪日本都城在形制和布局上模仿隋唐两京，这是理所当然的。

但是，将北魏洛阳城看作是7世纪日本都城的模仿对象，这在中日关系史上又能找到什么根据呢？

北魏洛阳的内城，始建于东汉，曹魏、西晋又继续在此建都。诚然，据《后汉书》（卷八十五）、《三国志》（卷三十）和《晋书》（卷九十七）记载，在1世纪和2世纪的东汉、3世纪的曹魏和西晋，日本的使者曾数次来中国，到过当时的首都雒（洛）阳。但是，由于年代太早了，这显然与7世纪都城制度的模仿无关。实际上，限于当时的社会条件，日本使节及其随行人员未必能充分理解中国的都城制度。《三国志·魏志·东夷传》记邪马台国女王卑弥呼的居处是"宫室楼观，城栅严设"，但从发掘出来的日本弥生时代后期的许多遗址看来，可以断言，其规模与中国的洛都决不会有任何相似之处。

4世纪的日中关系，史籍未有记载。到了5世纪，两国关系转趋密切。据《晋书》（卷十）、《宋书》（卷九十七）等记载，自晋安帝义熙九年（公元413年）至宋顺帝昇明二年（公元478年），赞、珍、济、兴、武等倭五王（《宋书》中的倭五王各相当于《日本书纪》中的何代天皇，诸说不一，但倭王武之为雄略天皇，似已近于定论[61]），曾先后约10次遣使中国，来到过东晋和南朝的首都建康。据《南齐书》（卷五十八）和《梁书》（卷二）记载，齐高帝建元元年（公元479年）和梁武帝天监元年（公元502年），中国方面又都曾授倭王武以封号和官职。但是，可能是由于4世纪以来中国北方长期处于动乱状态，所以5世纪时日本只与中国南方的东晋、南朝有外交关系，却从来不曾派使节到中国的北方诸国。5世纪末，北魏孝文帝迁都洛阳，北方出现了相对的安定局面，但终究没有招致日本的使者来访。总而言之，历史事实说明，没有任何日本人来过北魏的首都洛阳。自《后汉书》、《三国志》以降，《晋书》、《宋书》、《南齐书》、《梁书》皆于《东夷传》中记倭国倭人之事，唯《魏书》独无，这决不是偶然的。等到隋炀帝大业四年（公元608年）小野妹子来到东都洛阳时，伊阙"宾阳三洞"等佛窟虽保存如旧，且正待补新，但北魏的洛阳故城则早已于70年前成为丘墟。

岸俊男先生说，日本营造百济大宫、大寺的大匠是书直县，营造难波长柄丰碕宫的将作大匠是荒井直比罗夫，造平城京司的大匠是坂上忌寸忍熊，他们都是倭汉氏出身。岸先生又说，倭汉氏一族中，倭汉直福因曾随推古朝遣隋使小野妹子入隋，书直麻吕曾随孝德朝遣唐使高向玄理入唐，东汉长直阿利麻和东汉草直足岛则随齐明朝遣唐使坂合部石布入唐，他们都在中国学得了新的技术和知识[62]。岸先生所说的这些话，无疑都是事实。但是，没有任何根据可以说明倭汉氏出身的这些技术师和学问家会使得日本都城的营造不是模仿中国隋唐的两京，而是模仿北魏的都城。种种事实说明，拓跋魏这个朝代在日本人的心目中并不重要。实际上，不仅在中国《魏书》、《北齐书》和《周书》中没有任何有关日本的记载，而且在《日本书纪》、《续日本纪》等日本历代的文献中也都没有关于北魏的记载（《日本书纪》中颇有关于"吴国"的记载；所谓"吴国"，应指中国的南朝）。这又怎么能证明7世纪日本的都城是模仿中国北魏的洛阳城呢？

七

《考工记》说："匠人营国，方九里，旁三门，国中九经九纬，经涂九轨，左祖右社，面朝后市，市朝一夫"。这是中国古代都城的一种理想化的规制。

据现代学者考证，《考工记》为东周齐国所记录的官书[63]。但是，应该指出，上述《考工记》中关于"匠人营国"的记述，在春秋战国时代的都城营造计划中并没有付诸实施。解放以来，各有关单位对春秋战国时代的都城遗址进行了勘察，说明了当时列国都城的营造多不符合《考工记》的规制。《考工记》虽被考证为齐国的官书，但就齐国的临淄城来说，宫城偏在都城的西南隅，其西部和南部都突出于都城之外[64]，与《考工记》的记述不类（图11）。古代学者多认为《考工记》所述为周的王城的制度，但洛阳东周的王城与上述齐国的临淄城相似，宫城亦偏在都城的西南隅[65]。考古调查发掘工作证明，春秋战国时代的列国都城，包括周的王城在内，在城内都有规模甚大的陵墓区，这也是不见于《考工记》的规制的。

但是，也许是由于《考工记》的规制在西汉初年受到重视而在设计首都长安城时被充分参照，相反，也可能是由于汉儒从长安城的实际情况出发，增改了《考工记》的"匠人营国"部分，总之，从考古调查发掘并结合文献记载来看，西汉长安城的形制和布局在一定程度上的确是与《考工记》的规制相符合的。这主要表现在：汉长安城的平面形状虽不甚规整，但基本上近于正方形，经纬相等（"方九里"）。十二个城门平均分布在四面，每面各三个城门（"旁三门"）。每个城门各有三个门道，其宽度按车轨计算；经由城门的主要大街都分为平行的三

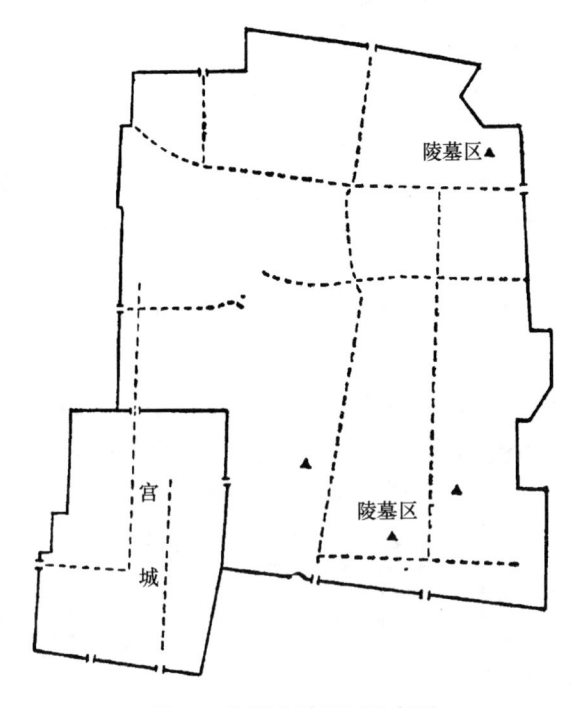

图 11 临淄齐城平面示意图

股，中央的一股是专供皇帝行走的"驰道"（"九经九纬，经涂九轨"）。长乐宫和未央宫在城的南部，东市和西市在城的北部（"面朝后市"）（图 10）[66]。

西汉河间献王刘德将《考工记》作为"冬官"补入《周礼》以后，被历代统治阶级奉为经典。但是，从东汉雒阳城的实际情况看来，与西汉的长安城相比，除了宗庙在左、社稷在右的"左祖右社"之制得到进一步遵守以外[67]，《考工记》所述的其他各方面反而被逐渐摆脱了。首先，东汉雒阳城的平面形状不是近于正方形，而是近于长方形。十二个城门不是平均分布在四面，而是东面和西面各三个城门，南面四个城门，北面二个城门。虽然城门的形制仍是一门三道，城内的主要大街也都划分为平行的三股，但由于都城四面城门的数目不等，所谓"九经九纬"之制也就不能严格存在了。雒阳城内的南宫和北宫分别在城的南部和北部，而马市和南市则各在城外的东郊和南郊，只有金市在城内，其位置在南宫的西北，勉强保留着"面朝后市"的遗意（图 7）[68]。

必须指出，到了北魏，洛阳城的形制和布局离《周礼·考工记》

的规定更远了。北魏洛阳的内城,是东汉、魏晋的旧城,城的平面形状和城门的分布本来不合《考工记》的规定,已如上述。孝文帝初到洛阳时,为了出入方便,在城的西面北头新辟了一个承明门,使得全城共有十三个城门(图4),这更是与"方九里,旁三门"的制度相违背的。曹魏时兴建的金墉城,北魏时曾大加修筑。孝文帝在金墉城内建光极殿,名金墉城门为光极门,又作重楼飞阁,高耸其间。这个本来是出于军事上的需要而兴建的堡垒式的宫城突出在洛阳城的西北角,可以说完全不合《考工记》的礼制。北魏洛阳的大市、小市和四通市,分别在内城之外的西郭、东郭和南郭,三市的方位无不在宫城以南(图5),而东汉以来唯一保留着"后市"遗意的金市又被废弃而在其地建佛寺(长秋寺),这就完全脱离了《考工记》的"面朝后市"的老传统[69]。凡此种种,又怎么能如岸俊男先生所说,说北魏洛阳城(内城)是最符合《周礼·考工记》的理想化的都城呢?

关于"面朝后市",历来有所谓"宫在正中,朝在其南,市在其北"的解释。即使按这种解释来说,北魏洛阳的宫城也不居都城的正中,而是居于都城的北部。应该指出,宫的位置是与市的位置相对而言的。大市、小市和四通市都在宫城以南,这无论如何也是与"面朝后市"之制背道而驰的。至于宫城北面的华林园(图4),那只能说是皇宫的"后园",是北魏皇帝兴学、讲武、听讼、游观之所,与《考工记》中所说的"后市"毫无共同之处。

从都城的总的形制和布局来说,北魏洛阳城和两汉以来的都城相比,出现了划时代的变革,而为此后隋代的大兴城、唐代的长安城和隋唐的洛阳城开创了先例。隋唐两京继承了北魏洛阳城的形制和布局,而又加以发展。因此,拿北魏洛阳城与隋唐两京相比,在形制和布局上既有不少相似之处,也有许多不同之点。但是,若以《考工记》的规制为标准,则毋宁说北魏洛阳城和隋唐两京一样,基本上是属于新型的都城,而不属此前旧的传统的都城。

岸俊男先生认为倭汉氏一族从中国方面学得了许多知识和技术,这当然是可信的。但是,没有任何证据可以说明倭汉氏的营造师们与中国的宇文恺等人相比,更是都城制度的复古主义者。相反,如果他们高度尊崇《周礼·考工记》而必欲在7世纪的日本全面地付诸实施,那么,日本都城的模仿对象就不应该是北魏的洛阳。因为,如上所述,北魏洛阳城在很大程度上是脱离了《考工记》的规制的。当然，如果拿日本的都城与中国两汉的都城相比，那就更是大相径庭，不可同日而语了。

八

最后，我想简单地谈一谈关于日本难波京的问题。因为，既然是讨论日本古代都城的源流，就不可避免地要涉及难波京。当然，这里要谈的是前期难波京，不是后期难波京。

如所周知，据《日本书纪》（卷廿五）记载，孝德天皇大化元年（公元645年）迁都难波。到了白雉三年（公元652年），在难波建成长柄丰碕宫。据日本学者研究，1954年以来在日本大阪市东区法圆坂町一带的多次调查发掘工作中发现的前期难波宫遗迹，也许便是这个长柄丰碕宫（经改修，延续到天武朝，朱鸟元年焚毁）的遗迹[70]。但是，重要的问题在于，在孝德朝时，除了难波宫之外，是否已经存在着条坊制的难波京（日本古代，在一个很长的时期内，仅有宫室，而无都城）？有的日本学者明确主张难波京的始建可以上溯到孝德朝，但迄今未能得到学术界的普遍承认[71]。

据《日本书纪》（卷廿九）记载，天武天皇八年（公元679年）十一月，"初置关于龙田山、大阪山，仍难波筑罗城"。如前文所述，这里的所谓罗城，无疑是指都城的城墙，尽管其遗迹未在调查发掘工作中被发现。因此，正如岸俊男先生所指出，《日本书纪》的这一记载，意味着当时的难波已经有了一定的"京域"。岸先生说，难波京的存在，纵使不能上溯到孝德朝，至少也应该是在相当早的时期[72]。要之，按照日本学术界的意见，至少在天武天皇时，前期难波京是确实存在的。所以，我们可以明确地说，日本最早的条坊制都城是前期难波京，而不是藤原京。因此，我认为，在探究日本都城的源流时，必须以前期难波京为主要出发点。遗憾的是，在现代建筑物林立的大阪市，要在考古调查发掘工作中究明难波京的形制和布局，这是十分困难的。但是，日本学者沢村仁、藤冈谦二郎和长山雅一等还是根据地面上的各种形迹和四天王寺的位置等等，对前期难波京的形制和布局作了复原。应该说，他们的复原方案是不尽相同的。但是，在他们所作的平面复原图中，难波宫（宫城）皆在难波京的北部，紧靠都城的北界，并不像藤原京那样在宫城与都城北界之间有两"条"余地，这却是一致的[73]。只有岸先生提出在难波宫的北面是否还设有两"条"余地的问题[74]，但迄今未有明确的依据。这就是说，难波宫在难波京内的位置未必与藤原宫在藤原京内的位置相同。此外，关于都城的规模，日本学者也曾提出过南北16条，东西16坊（后来修正为南北16条，东西12坊）的复原方案[75]，从而认为前期难波京的平面形状成正方形，而不是南北纵长方形[76]。我觉得，在探究日本古代都城制度的源流时，这些都是值得注意的问题，尽管在目前的情况下，谁也不可能绘制出一幅绝对可靠的前期难波京的平面图。

据《日本书纪》（卷廿九）记载，天武天皇十二年（公元683年）十二月，下诏以难波为副都。诏书说："凡都城宫室非一处，必造两参。故先欲都难波，是以百寮者各往之请家地"。诚如岸俊男先生所说，这显然是采用了中国式的"复都制"，宣告以难波为副都（陪都）[77]。

那么，中国的复都制是从什么时候开始的呢？如所周知，中国古代的复都制是从距今约3000年前的西周开始的。当时，文王都丰，武王都镐，乃是西周的首都。另一方面，武王伐纣灭殷以后，成王为了控制东方诸国，特别是为了控制商殷的遗民，便在雒邑建王城和成周，是为西周的东都。总之，这是中国最初的复都制。

到了西汉，以长安为首都，而雒阳属河南郡，不称东都。汉高祖五年（公元前202年）曾在雒阳建都，但为期不过三个月，即从娄敬、张良之议，迁往关中。新莽始建国四年（公元12年），准备迁都雒阳，遂效法西周，以长安为西都，雒阳为东都，但迁都未成事实。东汉都雒阳，称东都或东京，而称长安为西都或西京。但是，这主要是为了表示承认西汉刘氏的正统。实际上，除了宗庙祭祀活动以外，从政治、经济和文化等各方面来看，东汉的长安不能认为是都城。总之，严格地说，两汉长安和雒阳，不成其为真正的复都制。

此后，魏晋南北朝各代都没有真正的复都之制，北魏亦不例外。北魏道武帝于天兴元年（公元398年）自盛乐迁都于平城。孝文帝太和十九年（公元495年）迁都洛阳以后，平城只是恒州、代郡的治所，完全失去了都城的地位。到了孝明帝孝昌二年（公元526年），"六镇"的军旅攻陷平城，连州郡也一并废止了。

如前所述，隋文帝始建大兴城以为首都，隋炀帝继而建洛阳城以为东都。唐代继隋代之后，以大兴为首都，改名长安，是为京师。洛阳在唐初降为洛州都督府，但唐高宗显庆二年（公元 657 年）以后仍为东都。高宗在位期间（公元 650～683 年），曾 7 次往洛阳。武周天授二年（公元 691 年）更大量徙移民户，以充实洛阳。武则天在其执政的 20 余年中，只有两年的时间在长安，其余都在东都洛阳。东都和京师一样，有宫城和皇城，在皇城和东城内也有一整套的中央级官署。百寮往往在京师和东都两地皆有住宅[78]。总之，综上所述，中国自上古的西周以后，要到隋唐时才重新实行真正的复都制。这样，不言而喻，日本天武天皇时采用中国式的复都制这一事实本身，无疑就是仿效隋唐的两京。因此，我要说，7 世纪后期日本都城形制模仿唐代长安和洛阳，这是完全可以理解的。

注　释

[1]　关野贞：《平城京及大内裏考》第三编，《東京帝国大学紀要》，1907 年。
[2]　足立康、岸熊吉：《藤原宫阯伝説地高殿の調査》一、二，《日本古文化研究所報告》二・一一，1936、1941 年。
[3]　奈良县教育委员会：《藤原宫》，《奈良県史迹名勝天然紀念物調査報告》第 25 册，1969 年。
[4]　岸俊男：《日本の古代宮都》第 49～52、103 页，（NHK 大学講座）日本放送協会，1981 年。
[5]　岸俊男：《日本の古代宮都》第 125～128 页，（NHK 大学講座）日本放送協会，1981 年。
[6]　岸俊男：《日本の宮都と中国の都城》第 121～122 页，《都城》，社会思想社，1976 年。
[7]　岸俊男：《日本の古代宮都》第 56～58 页，（NHK 大学講座）日本放送協会，1981 年。
[8]　岸俊男：《日本の宮都と中国の都城》第 102～111 页，《都城》，社会思想社，1976 年。
[9]　宿白：《北魏洛阳城和北邙陵墓——鲜卑遗迹辑录之三》第 42～52 页，《文物》1978 年第 7 期。
[10]　岸俊男：《日本の宮都と中国の都城》第 131～132 页，《都城》，（日本）社会思想社，1976 年。
[11]　中国科学院考古研究所洛阳工作队：《汉魏洛阳城初步勘查》第 199～208 页，《考古》1973 年第 4 期。

[12] 中国科学院考古研究所洛阳工作队：《汉魏洛阳城初步勘查》第 203~204 页，《考古》1973 年第 4 期。
[13] 王仲殊：《中国古代都城概说》第 510~511 页，《考古》1982 年第 5 期。
[14] 王仲殊：《中国古代都城概说》图第四，《考古》1982 年第 5 期。
[15] 《洛阳伽蓝记》卷第二第 117 页、卷第三第 161 页、卷第四第 202 页，古典文学出版社，1958 年。
[16] 岸俊男：《日本の宮都と中国の都城》第 107、121 页，《都城》，社会思想社，1976 年。
[17] 中国科学院考古研究所西安唐城发掘队：《唐代长安城考古纪略》第 595~597 页，《考古》1963 年第 11 期。
[18] 中国科学院考古研究所西安唐城发掘队：《唐代长安城考古纪略》第 597~599 页，《考古》1963 年第 11 期。
[19] 岸俊男：《日本の宮都と中国の都城》第 131 页，《都城》，社会思想社，1976 年。
[20] 左太冲：《魏都赋》第 95~110 页，《文选》卷第六，中华书局，1977 年。
[21] 《洛阳伽蓝记》卷第一第 1 页，古典文学出版社，1958 年。
[22] 马得志：《唐代长安与洛阳》第 643 页，图第二，《考古》1982 年第 6 期。
[23] 《资治通鉴》（卷一八二）"（大业十一年）有二孔雀自西苑飞集宝城朝堂前"。胡省三注"皇城盖即隋之宝城，在宫城之南也"。
[24] 夏鼐：《永乐大典引元河南志古代洛阳图 14 幅跋语》第 44 页 "隋都城图"、"唐东都图"，《考古学报》1959 年第 2 期。
[25] 秋山日出雄：《八省院＝朝堂院の祖型》第 233 页，《难波宫趾の研究》（第七），1981 年。
[26] 班固：《西都赋》（《文选》卷一）、张衡：《西京赋》（《文选》卷二），《周礼·考工记》注疏，《后汉书》《明帝纪》、《邓骘传》、《朱晖传》、《袁安传》、《张酺传》、《班勇传》、《应劭传》、《陈球传》、《黄琼传》、《卢植传》、《窦武传》、《鲜卑传》，蔡邕：《独断》。
[27] 奈良国立文化财研究所：《よみがえる奈良—平城京》第 13 页，1978 年。
[28] 岸俊男：《中国の都城遺跡》第 47 页（日本都城制の源流を探る 中国都城制研究学术友好访中团报告记录，徐苹芳在中国社会科学院考古研究所座谈会上的发言），同朋舍出版，1982 年。
[29] 中国科学院考古研究所洛阳发掘队：《隋唐东都城址的勘查和发掘》第 127 页，《考古》1961 年第 3 期。
[30] 岸俊男：《日本の古代宮都》第 125 页，（NHK 大学講座）日本放送协会，1981 年。
[31] 中国社会科学院考古研究所洛阳工作队：《隋唐东都城址的勘查和发掘续记》第 372 页，《考古》1978 年第 6 期。
[32] 岸俊男：《日本の古代宮都》第 56、128 页，（NHK 大学講座）日本放送协会，1981 年。
[33] 宿白：《隋唐长安城和洛阳城》第 409~410 页，《考古》1978 年第 6 期。
[34] 马得志：《唐代长安与洛阳》第 642 页，《考古》1982 年第 6 期。

[35] 奈良国立文化财研究所:《藤原宫木简(一)》(解说) 45 页,图版第二(SK1903),1978 年。

[36] a. 岸俊男:《日本の古代宫都》第 103 页,(NHK 大学講座) 日本放送協会,1981 年。
b. 岸俊男:《日本の宫都と中国の都城》第 109 页,《都城》,(日本) 社会思想社,1976 年。

[37] 中国社会科学院考古研究所洛阳工作队:《隋唐东都城址的勘查和发掘续记》第 373 页,图第一〇,《考古》1978 年第 6 期。

[38] 大和郡山市教育委员会:《平城京羅城門跡發掘報告》,1972 年。

[39] 《延喜式》第 925 页 (后篇) 卷第四十二,《国史大系》普及版,吉川弘文馆,1974 年。

[40] 《旧唐书·高宗本纪》"(永徽五年春三月) 以工部尚书阎立德领丁夫四万筑长安罗郭"。

[41] 《元河南志》(卷三) "罗郭城,大业元年筑。……东面三门,中曰罗门,无榜,当取罗郭之义名"。

[42] a. 《唐会要》(卷八十六) 第 1584 页,中华书局,1955 年。
b. 《太平御览》(卷一九二) 第 927 页,中华书局,1960 年。

[43] a. 《旧五代史·周书·世宗纪》"(显德二年四月) 乙卯,诏于京城四面筑罗城"。
b. 《宋会要辑稿·方域》"新城周回四十八里二百三十步,周显德三年令彰信节度使韩通董役兴筑。国朝以来,号曰国城,亦曰外城,又曰罗城"。

[44] 《魏书·杨侃传》(卷第五十八) "(裴) 邃后竟袭寿春,入罗城而退"。

[45] 《续日本纪》第 43 页 (卷第五) "和铜三年春正月壬子朔"条,《国史大系》,吉川弘文馆,1982 年。

[46] a. 《唐六典》第 6 页 (卷第七) 工部条,京都大学影印本,1935 年。
b. 《旧唐书·地理志》第 14295 页 (卷三十八) 京师条,商务印书馆,1958 年。
c. 《新唐书·地理志》第 15680 页 (卷三十八) 东都条,商务印书馆,1958 年。

[47] 《三国志·魏志·文帝纪》注:"至明帝时始于汉南宫处起太极、昭阳诸殿"。

[48] 《东汉会要》第 556 页 (卷三十八) 宫掖门条,上海古籍出版社,1978 年。

[49] 《三国志·魏志·明帝纪》注引《魏略》:"(青龙三年) 是岁,起太极诸殿。……筑闾阖诸门,阙外罘罳"。

[50] 《三辅黄图》:"(建章) 宫之正门曰闾阖"。《西京赋》:"闾阖之内,别风嶕嶢"(《文选》卷二)。

[51] 《续日本纪》第 43 页 (卷第五) "和铜三年春正月壬子朔"条,《国史大系》,吉川弘文馆,1982 年。

[52] 王仲殊:《中国古代都城概说》第 505~515 页,《考古》1982 年第 5 期。

[53] 《水经注》(榖水):"阳渠水又枝分夹路,南出迳太尉、司徒两坊间,谓之铜驼街"。

[54] 《续日本纪》第 50 页 (卷第五) "和铜五年十二月己酉"条,《国史大系》,吉川弘文馆,1982 年。

[55] 王仲殊:《中国古代都城概说》第 505~515 页,《考古》1982 年第 5 期。

[56] 《洛阳伽蓝记》第 1~2 页 (序),古典文学出版社,1958 年。

[57] 《隋书·东夷传》:"开皇二十年,俀(倭)王姓阿每,字多利思比孤,号阿辈鸡弥,遣使诣阙"。

[58] 《隋书·炀帝纪》:"(大业三年九月)己巳,至东都";"(大业四年三月)壬戌,百济、倭、赤土、伽罗舍国并遣使贡方物";"(大业五年正月)戊子,上自东都还京师";"(大业五年十一月)戊子,车驾幸东都";"(大业六年正月)丁丑,角抵大戏于端门街;己丑,倭国遣使贡方物"。

[59] 木宫泰彦:《日中文化交流史》第57~60页(中译本),商务印书馆,1980年。

[60] 木宫泰彦:《日中文化交流史》第125~128页(中译本),商务印书馆,1980年。

[61] 田边昭三:《卑弥呼以后》第151页,德间书店,1982年。

[62] 岸俊男:《日本の古代宮都》第136~137页,(NHK大学講座)日本放送協会,1981年。

[63] 郭沫若:《〈考工记〉的年代与国别》,《沫若文集》第16卷,人民文学出版社,1962年。

[64] a. 群力:《临淄齐国故城勘探纪要》第45~54页,《文物》1972年第5期。
b. 刘敦愿:《春秋时期齐国故城的复原与城市布局》,《历史地理》1981年创刊号。

[65] a. 中国科学院考古研究所洛阳发掘队:《洛阳涧滨东周城址发掘报告》第34页,图一,《考古学报》1959年第2期。
b. 中国社会科学院考古研究所:《东周各国都城遗址的勘察》,《新中国的考古发现与研究》第三章,文物出版社,1984年。

[66] 王仲殊:《中国古代都城概说》第507页,《考古》1982年第5期。

[67] 《续汉书·祭祀志(下)》:"建武二年,立太社稷于雒阳,在宗庙之右"。

[68] 王仲殊:《中国古代都城概说》第508~509页,《考古》1982年第5期。

[69] 王仲殊:《中国古代都城概说》第509~511页,《考古》1982年第5期。

[70] 中尾芳治:《前期難波京をめぐる諸問題》第1~29页,《考古学雑誌》第58卷第1号,1972年。

[71] 沢村仁:《都城の変遷——古代の都市計画とその内容》第90页,《古代史發掘(9)——埋れた宮殿と寺》,1974年。

[72] 岸俊男:《日本の古代宮都》第64页,(NHK大学講座)日本放送協会,1981年。

[73] 中尾芳治:《難波宮と難波京》第87~90页,图第12,《都城》,社会思想社,1976年。

[74] 岸俊男:《日本の古代宮都》第66页,(NHK大学講座)日本放送協会,1981年。

[75] 沢村仁:《難波京について》第9~11页,《難波宮址の研究》第6册,1970年。

[76] 岸俊男等:《古代宮都の世界》第29页,图第4(難波京復原平面図)(第六回古代史シンポジウム),1982年。

[77] 岸俊男:《日本の古代宮都》第64页,(NHK大学講座)日本放送協会,1981年。

[78] 徐苹芳:《唐代两京的政治、经济和文化生活》第647~648页,《考古》1982年第6期。

(本文原载《考古》1983年第4期)

论日本古代都城宫内大极殿龙尾道

早在15年以前，我在中国社会科学院考古研究所主办的《考古》1983年第4期发表论文，题为《关于日本古代都城制度的源流》[1]。刊行以后，立即被日本学者译成日文，转载于同年10月发行的、由日本考古学会主编的《考古学杂志》第69卷第1号[2]。今天我撰作关于大极殿龙尾道问题的此文，可视为15年前关于日本都城制度源流的那篇论文的续篇。为使一般读者易于了解，本文在贯穿主题要旨的前提下，采取边叙边议的方式，先是结合唐代中日两国交流的历史，从大局上叙明日本宫室、都城的演变、发展的基本过程，进而述及大极殿的规格、性质，最后详论大极殿前的龙尾坛、龙尾道问题。

日本古昔称倭，其改称日本，或以为在7世纪60年代末年，或以为在8世纪初年。其国君主本称大王，何时改称天皇，或以为在7世纪初期，或以为在7世纪后期，未有定论。本文为简便起见，国号皆称日本，君主皆称天皇，以免行文繁琐。

一

如所周知，太极殿本为中国古代皇宫中正殿的名称。据陈寿《三国志》本文及裴松之注文记述，魏明帝青龙三年（公元235年）于洛阳汉南宫崇德殿处起太极殿[3]。这便是中国古代宫殿采用太极殿名称的开始，为后世长期承袭。唐徐坚、韦述等编撰的《初学记》（卷二十四）说"历代殿名或沿或革，唯魏之太极，自晋以降，正殿皆名之"。《初学记》此言具总结性意义，十分正确。其实，不仅中国历代正殿皆名之，日本7世纪中后期以降宫内正殿亦仿效而以大极殿为名，直至12世纪70年代平安京宫内大极殿最后焚毁为止。这是我对《初学记》的一点补充。

唐京师长安城的宫城称太极宫，宫中正殿称太极殿，可谓双重的"太极"。在唐代初期，太极宫中的太极殿居长安全城北部正中央处，位置显要，规模宏伟，可说是魏明帝以来历代太极殿中最盛大者（图1）。

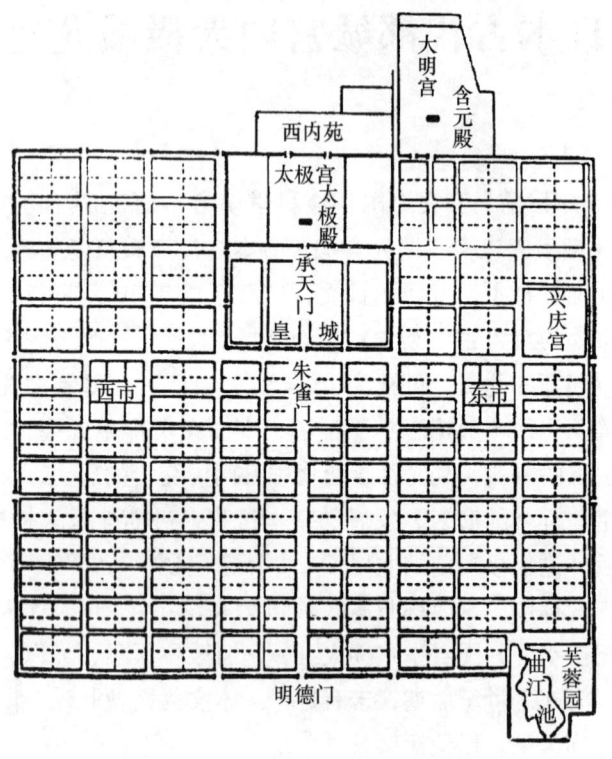

图1　唐长安城布局及太极宫、大明宫位置示意图

唐太宗贞观四年（公元630年），即日本舒明天皇二年，日本继以前多次派遣遣隋使之后，于此年派遣第1次遣唐使，其目的在于继续通好，学习中国的制度、文化。第1次遣唐使以犬上御田锹为大使，药师惠日为副使，前者曾任遣隋大使，后者则是留隋学生，二人熟悉中国情况，故可顺利完成使命。他们于次年（公元631年）到达京师长安，朝见唐太宗[4]，而朝见的场所必在太极宫无疑（图1）。

当时日本尚无正规的都城，作为国家政治中枢所在的天皇居处称"宫"。新天皇即位必移居新宫，而诸宫的地理位置皆不出今奈良县南部的飞鸟地方。在日本古代第一部史书《日本书纪》关于本国宫殿的记载中，大极殿之名始见于皇极天皇四年（公元645年）。若记载属实，这显然是出于对唐长安城太极宫太极殿名称的模仿。皇极女皇即位后，先迁至小垦田宫暂居，故称"权宫"，翌年（公元643年）四月移入飞鸟板盖宫。上述日本最初的大极殿，即为飞鸟板盖宫的正殿。据《日本书纪》记载，中大兄皇子（即以后的天智天皇）于皇极天皇四年（公元645年）六月十二日发起宫廷政变，正是在飞鸟板盖宫中的大极殿诛杀权臣苏我入鹿的。日本学者多以为此时的大极殿名称出于《日本书纪》编撰者的假托，不足为信[5]。其实，《书纪》所谓飞鸟板盖宫设有十二通门云云虽属以后世比前代的附会、夸张之辞，但大极殿名称是否出于虚托，恐难作绝对的判断。

政变成功后，掌握实权的中大兄皇子称皇极天皇四年为大化元年，这是日本首次创立中国式年号。大化元年（公元645年）十二月，中大兄皇子奉继位的孝德天皇迁都于难波（今大阪），并于次年（公元646年）实施称为"大化改新"的仿效唐制的新政。为进一步在政治、经济和文化上向中国学习，迁至难波的日本朝廷又于白雉四年（公元653年）、白雉五年（公元654年）连续2次派出遣唐使，随行的留学生、学问僧人数甚多[6]。当时，唐太宗已去世，入唐的日本使者等人当在京师长安太极宫中朝见唐高宗[7]（图1）。

白雉五年（公元654年）十月孝德天皇死，中大兄皇子请其母皇极天皇复位，改称齐明天皇。早在此年年初，中大兄已自难波返回奈良的飞鸟地方，故齐明天皇即位于旧时的飞鸟板盖宫，旋迁飞鸟川原宫，又迁至后飞鸟冈本宫。齐明天皇五年（公元659年），日本派出第4次遣唐使，大使坂合部石布海上遇难，副使津守吉祥于同年十月末到达东都洛阳，向唐高宗献上虾夷男女二人。旋因朝鲜半岛形势紧急，为防泄漏军机，日本使者被转移至长安拘禁，以后虽得释放，却不曾在长安入宫[8]。

唐高宗龙朔二年（公元662年），兴建多年的大明宫落成，当时改称蓬莱宫。咸亨元年（公元670年）又改称含元宫，长安元年（公元701年）终称大明宫[9]。本文为简便起见，始终以大明宫称之。大明宫的位置在长安城北面东头，范围之广大，门、殿、楼、阁之多，比太极宫有过之而无不及。龙朔三年四月，皇帝由太极宫移来，此宫遂成为全国政治中枢之所在。含元殿为大明宫的正殿，凡属朝会、庆典等重大政治、仪礼活动，皆在此殿隆重举行。于是，太极宫的境况日趋冷落，唯皇帝、皇后的葬仪依旧在太极殿办理而已[10]（图1）。

说到这里，话题继续转向日本。齐明天皇在位7年死，中大兄皇子称制（代行天皇的职权），因其为以后的天智天皇，故史书改称齐明天皇七年的翌年为天智元年（公元662年）。天智二年（公元663年），日军与唐军在朝鲜半岛西南部百济的白村江口海上发生战争，日军大败。天智四年（公元665年），屈从中国方面的要求，派出以守君大石为首的使团，虽称第5次遣唐使，其任务仅限翌年（公元666年）正月在泰山参列唐高宗的封禅仪式[11]。天智八年（公元669年），日方遣河内直鲸率使团于次年（公元670年）至长安，是为第6次遣唐使，名义上是向中国祝贺平定高丽，实际上是为缓和两国间的紧张关系。大明宫自龙朔三年（公元663年）成立以来已历数年，但河内直鲸作为战败国的使者，不受重视，《新唐书》甚至称其陈述为妄言[12]。因此，河内直鲸是否得以使者身份进入大明宫朝见皇帝，实属疑问。

此后，日本与中国断绝交往，不派遣遣唐使达30年之久。这样，如以上所述，直至7世纪末，日本方面仅知中国京师长安有太极宫、太极殿，而对大明宫、含元殿则知之不详。

白村江战败之后，天智天皇深恐唐军来袭日本本土，在各冲要之地增强防备，并于天智六年（公元667年）迁都于近江（今滋贺县琵琶湖附近）的大津宫，以求安全。天武天皇（公元672～686年）重新建都于飞鸟地方，所居之宫称飞鸟净御原宫。在《日本书纪·天武纪》中，大极殿见于记载凡4处，皆属召见亲王、诸王、诸臣于此殿诏谕之，或召集亲王以下及群臣于此殿赐宴，足证其为宫中的正殿[13]。虽然个别学者对飞鸟净御原宫的正殿是否确称大极殿仍抱怀疑态度，但总的说来，学术界承认此时的大极殿名称可信，已成主流。

二

朱鸟元年（公元686年）天武天皇死，其皇后（鸬野皇女）于次年正式继位，是为持统天皇。持统天皇四年（公元690年）开始营造新都，于八年（公元694年）完成，称为藤原京。这是日本第一个全面模仿中国唐代长安、洛阳而建设的都城。自持统天皇八年至元明天皇和铜三年（公元710年）二月，其间包括文武天皇在位的十一年，日本以藤

原京为都城凡3代16年，改变了以往宫室屡迁不定的局面

　　藤原京在奈良盆地南部，北负耳成山，东接香久山，西依亩傍山。在都城未建之前，早有若干古道在这一带通过，分别称为"上道"、"中道"、"下道"和"横大路"等。要之，藤原京地址的选择是具备地形和交通方面的有利条件的（图2）。

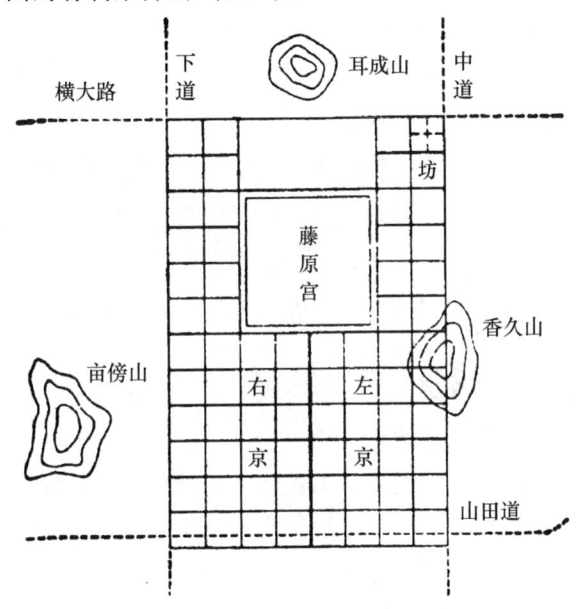

图2　日本藤原京形制及环境平面示意图

　　经调查发掘，并据日本学者岸俊男复原，藤原京全城南北长3公里稍强，东西宽2公里有余，平面呈规整的长方形。全城以朱雀大路为中轴线，划分为左、右两京。由各条大路纵横交错划分而成的坊皆为正方形，每边约265米。宫城在全城中央偏北，平面呈正方形，其北有池苑[14]（图2）。

　　除形制、布局仿唐代长安、洛阳以外，藤原京的门阙、宫殿、街路、商市等的名称亦仿唐长安城。例如，据《续日本纪》记述，藤原京的宫城门有时亦称皇城门，这是对长安、洛阳的宫城、皇城之名的模仿。其实，藤原宫（指藤原京内的宫城，下同）是合唐的宫城、皇城于一体，其中既有作为天皇居处的"内裏"和朝廷的大极殿，亦有"朝堂"及其所属曹司等的官衙。宫城南门称朱雀门，与长安皇城南门

之称朱雀门相同，而上述作为全城中轴线的朱雀大路之名则仿自长安的朱雀大街。此外，可以推测藤原京内有二市，各称东市和西市，与长安相同[15]。

当然，就本文的论题而言，最重要的是藤原宫的正殿称大极殿，其位置在全城北部正中央处。《续日本纪》在自文武天皇二年（公元698年）正月至元明天皇和铜三年（公元710年）正月的十二年间的记载中，述及藤原宫大极殿之处凡9，其中5处记文武天皇在此殿举行正月元旦朝贺典礼，2处记文武天皇在此殿授诸大臣以官位、官职，1处记元明天皇于此殿即位，1处记元明天皇在此殿举行正旦朝贺仪式[16]。不言而喻，大极殿是宫内的正殿，实属毋庸置疑。这里，我想指出的是，藤原京虽营造于7世纪90年代，但就其规制而论，藤原宫内的大极殿相当于7世纪60年代以前唐太宗在位期间及高宗在位初期长安太极宫中的太极殿。

持统天皇在藤原京建成之后的第四年（公元697年）让位于其孙轻皇子，是为文武天皇。文武天皇五年建"大宝"年号，始称大宝元年（公元701年）。这里，顺便就日本古代的年号问题作简单说明。如前所述，日本最初采用的中国式年号为孝德天皇的"大化"（公元645~649年），接着改元为"白雉"（公元650~654年），而此后停止使用年号，直至32年后的天武天皇末年（公元686年）才使用"朱鸟"年号，但仅仅1年又废而不用，要到15年后的文武天皇五年（公元701年）才称大宝元年。从此以后，日本历代天皇皆用中国式年号，再无例外。

大宝元年在日本古代史上的重要性除上述年号的使用成为定制以外，主要在于《大宝律令》的制定。律为刑法，令则包括有关国家体制、官职官位、行政法规、田地、赋役乃至学校等等之类的规章制度，虽云仿效唐的律令，却多有日本本国的特色。于是，日本成为政令统一、法制齐备的"律令制国家"，面貌一新。

日本朝廷在内政建设上取得许多成就的同时，在外交方面亦力求有所作为。自天智天皇十年（公元670年）以来，日本与中国断绝交往已历30年之久。随着国力的增长和东亚国际形势的转变，终于在大宝元年（公元701年）正月决定重新派遣使节入唐，这便是第7次遣唐使。此次遣唐使以高桥笠间为大使，坂合部大分为副使，又特命粟田真人为执节使，权位在大使之上。旋因高桥另有任用，改由坂合部为大使，副使之职则由巨势邑治担任。除各执事官员以外，著名的诗人学者山上忆良作为少录而参加使团，道慈法师则以留学僧的身份随团同行。当时粟田真人任民部尚书之要职，官位为正四位下（相当唐的正四品下），故以他为首的遣唐使在政治上的规格甚高[17]。特别是粟田真人为编纂《大宝律令》的主要成员之一，学识渊博，而当时正值日本已成为律令制国家，政治、经济和文化等各方面的事业亟待进一步开展以求取得更大成绩，故第7次遣唐使之向中国学习，不仅比以往历次遣唐使有更高的积极性，而且对唐的制度、文化的理解和接受能力亦大有增强。

第7次遣唐使一行于大宝二年（公元702年）六月末自筑紫（今福冈）起航，经南海路到中国楚州（州治为山阳，今江苏省淮安市），在盐城县入境，同年十月之前抵达长安。中国方面派五品中书舍人在长安附近的长乐驿迎接，宣敕劳问，优礼有加[18]。

唐高宗的皇后武则天于光宅元年（公元684年）临朝称制，载初元年（公元690年）正式登位称帝，改国号为"周"。女皇帝在其当政的20年（公元684~704年）中，总计在东都洛阳宫中执政凡18年，只在临近最后的长安元年（公元701年）十月至三年（公元703）年十月的两年间移居京师长安大明宫，正好与粟田真人等来访巧合。粟田真人与中国的士大夫们交游，多受称赞，故两《唐书》称其"好读经史，解属文，容止温雅"，云云。通览历代史书，这是中国方面对外国使者个人人品的最高评价。长安三年（公元703年），武则天以皇帝身份在大明宫麟德殿设宴招待粟田，并授以官位为"从三品"的司膳卿之职，礼遇之高，实为前所未有。中国朝廷多有于正月元旦在大明宫含元殿举行朝贺之例，百官及诸蕃使臣参加。可以推想，长安三年（公元703年）元旦，粟田真人作为来自日本国的使者，很可能在含元殿参列朝贺典礼[19]。

据《续日本纪》记载，粟田真人于文武天皇庆云元年（公元704年）七月回到日本。自武周长安二年（公元702年）之秋至四年（公元704年）之春，其在中国停留时间约为一年又半，足可广泛访问，多方考察，对京师长安城的了解尤为周详，自属意料中事。由于出色完成使命，日本朝廷对粟田大加褒赏，升官进位，以从三位（相当唐从三品）中纳言的官职成为朝廷最高决策集团的成员之一。副使巨势邑治在中国继续考察，延至庆云四年（公元707年）始得返国，而大使坂合部大分与学问僧道慈则迟在元正天皇养老二年（公元718年）才随归国的第8次遣唐使返抵日本。据《扶桑略记》记述，道慈携来长安西明寺建筑设计图，日本平城京大安寺的营造即以此图为参考[20]。

三

以粟田真人为首的第7次遣唐使返回藤原京，其在中国习得有关制度、文化方面的许多知识为日本朝廷所重视，其所建议多被采纳。按我个人见解，在考古学上，与粟田真人有关的大小事物可举以下诸例：①高松冢古坟称为海兽葡萄镜的铜镜为其自长安携归[21]；②始见于庆云四年（公元707年）《王勃诗序》和和铜元年（公元708年）吉备真备祖母骨灰盒铭文的"则天文字"为其所传入[22]；③粟田等的归国促使日本于和铜元年（公元708年）铸造本国称为和同开珎的钱货[23]，等等。当然，就我在本文中所要论述的主题而言，最为重要的则是第7次遣唐使在中国的考察为日本新的都城平城京的兴建起了促进、推动的作用。

庆云四年（公元707年）六月，文武天皇死，其母阿閇皇女于次年登位，是为元明天皇，改元"和铜"。和铜元年（公元708年）二月，元明天皇下诏在平城之地营造新都，是为平城京。从时间上看，这显然是受第7次遣唐使访问中国归来的影响。经过两年的营造，元明女皇于和铜三年（公元710年）三月率领文武百官自藤原京迁入平城京，尽管许多方面的大量工程须此后继续进行，才可使新都的规模臻于完备。自元明天皇和铜三年至桓武天皇延历三年（公元784年），日本以平城京为都城凡7代74年（图3）。

平城京的位置在奈良盆地北部，南距藤原京约20公里。都城北有奈良山，东有春日山，西有生驹山，是谓"三山作镇"，而南面则为开阔的大和平原，地势优胜，交通便利。据调查发掘所知，新都总面积约为藤原京的3.5倍，其主体部分南北长约4800米，东西宽约4300米，呈规整的长方形。朱雀大路纵贯其间，路东为左京，路西为右京，而左京东侧又附有南北约2300米，东西约1600米的长方形区域，称为外京。宫城在都城主体部分的北端中央，其南面正门朱雀门与作为全城中轴线的朱雀大路相接。许多东西向和南北向的大路纵横交错，将左京、

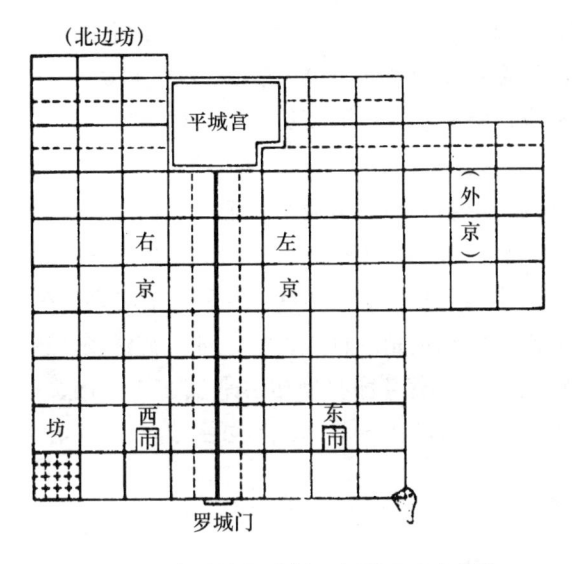

图3 日本平城京形制、布局平面示意图

右京和外京划分为总共约80个平面成正方形的坊，每边约510米。在左京、右京的南部设商市，各称东市和西市（图3）。

与此前的藤原京相比，平城京在建制上模仿唐长安城的程度之大，可谓无以复加。如前所述，藤原京模仿的是未建大明宫前的唐长安城。与此不同，平城京模仿的则是大明宫建成后的长安城。这主要表现在以下各点[24]。

（1）唐长安城在北面东头增建大明宫，规模宏大。受此影响，平城京全体的平面形状不拘泥于左右对称的格局，其在左京东侧增设外京，便是一例。

（2）平城京宫城的建制亦不拘泥于左右对称。在这一点上，最引人注目的是宫城东部凸出，从而使宫城全体的平面形状不成规整的方形。在东面的凸出部分内有称为"东院"的园苑，应是对唐大明宫东内苑的模仿。

（3）在前期，大极殿院和朝堂院（称第一次大极殿院和朝堂院）的位置在宫城的中央，但作为天皇居处的"内裏"却偏在东侧。以后，大极殿院和朝堂院（称第二次大极殿院和朝堂院）移至东侧"内裏"之南，以致宫城重心偏在东部，不在正中。

（4）由于大明宫的位置在唐长安城的北面东头，长安东半城（属万年县）要比西半城（属长安县）为繁荣。同样，平城京左京（东半城）的繁荣程度亦远在右京（西半城）之上。权势极大的长屋王、藤原不比等、藤原仲麻吕等王公大臣的豪华邸宅皆建造在左京，接近宫城的东部，可为显著例证之一。

虽然平城京的形制、布局仿大明宫建成以后的唐长安城，但平城宫（指平城京的宫城，下同）的正殿仍称大极殿而不称含元殿。按《日本书纪》所记，自皇极天皇（公元642～645年）时期以来，日本历代宫中正殿之称大极殿已成定制。日本宫室、都城在建制上模仿中国，亦颇多本国自身特点。大极殿名称的最初由来虽在于中国，但因沿用既久，早已成为日本本国宫殿的传统名称，不可更改。

四

前已稍为言及，平城京宫内第一次大极殿大约为和铜三年（公元710年）前后的迁都初期所建。此殿被用为朝廷正殿历元明天皇（公元708～715年）、元正天皇（公元715～724年）二代而至圣武天皇的天平（公元729～749年）中后期，其位置居平城宫的北部中央，规模宏伟。日本学者根据有关的文献记载推测，或按照发掘所见的遗迹判断，多认为此殿的建筑在一定程度上模仿唐大明宫含元殿[25]。

据发掘调查，第一次大极殿建立于平城宫南北长317.7米，东西宽176.6米的"大极殿院"之内。大极殿院南部为平坦的广场，地面铺砂，面积约占全院总面积的三分之二。其北约占总面积三分之一的部分则是大极殿坐落所在的大坛，高出南面广场的地面2.2米[26]（图4）。按此后8世纪末、9世纪以降平安京内大极殿的建制名称逆推，此大坛可称"龙尾坛"。日本学者如坪井清足、宫本长二郎等，皆在其有关的著作中使用"龙尾坛"的名称，而我本人亦追随其后，在题为《从中国看古代日本》的专著中称这建造于元明朝（公元708～715年）的第一次大极殿的大坛为"龙尾坛"[27]。唐大明宫含元

图4 日本平城宫第一次大极殿院、朝堂院平面示意图

殿前有龙尾道，是为众所周知的事实。平城宫第一次大极殿仿含元殿而建造，这正是其所坐落的大坛可称"龙尾坛"的原因所在。

说到这里，我想引用35年前我国建筑学家梁思成所撰题为《唐招提寺金堂和中国唐代的建筑》的论文，以展开讨论。梁先生在论文中说："含元殿前有龙尾道，而平安京朝堂院大极殿前也有龙尾坛（文献中亦称龙尾道）"[28]。括号内"文献中亦称龙尾道"一句，为梁文原文。从梁先生所说此话可以察知，所谓"龙尾坛"在日本文献记载中亦作"龙尾道"，它是8世纪末、9世纪以降平安京宫内大极殿前的建筑设施。我认为，虽然在8世纪奈良时代（公元710～784年）的史书《续日本纪》及其他文献记载中不见"龙尾坛"这一名词，却可从8世纪末、9世纪以降的平安京宫内大极殿大坛之称"龙尾坛"逆推，这便是长期从事平城京发掘调查和遗迹复原的学者如坪井清足、宫本长二郎等之称第一次大极殿的大坛为"龙尾坛"的理由所在，我本人亦正是如此。

应该着重指出，大坛高达2.2米的前壁是用16000余块烧制坚实的砖砌成，这在日本建筑用语上称"拥壁"，其作用在于加固坛身，亦在于显示坛壁的整齐、美观。每块砖长30厘米，宽15厘米，厚7.5厘米，正合当时1尺，5寸，2.5寸的比例，应是为建筑都城而在附近新设的许多砖瓦窑所特别烧造的[29]（图5）。

图5 平城宫大极殿大坛及其"拥壁"复原图
图中可见左（东）侧的斜坡道，右（西）侧的斜坡道不见

现在，最为重要的问题是，称为"龙尾坛"的第一次大极殿坐落所在的大坛高出其南面广场地面既达 2.2 米之多，那么，从广场趋往大极殿的文武百官等人是如何升登殿上的呢？

本文所用各种插图皆系直接从日本学者发表的原图复制，以求准确。图 4 采自考古学者田中琢 1984 年出版的《平城京》之书，为 8 世纪前期平城宫第一次大极殿院和朝堂院的平面图[30]。图中北半部为大极殿院，南半部为朝堂院，两者互相隔离，而有门相通。称为"龙尾坛"的大坛设在大极殿院的北部，坛上有殿址二处，一前一后。前一处面积大，即为正殿大极殿；后一处稍小，则为其后殿。可以看出，在大坛的左（东）侧和右（西）侧，各伸出一个斜坡道，其边沿俯视略呈弯曲状，可供升登大极殿。然而，必须指出，在大坛的前壁中央处，却不附任何斜坡式或阶梯状的台阶，则是一目了然的（图 4）。上述田中琢所著《平城京》书中还有一大幅描绘第一次大极殿及其所坐落的有砖砌"拥壁"的大坛复原图，采用立体、透视的方法，形象真切，十分醒目[31]。本文因篇幅所限，只复制其中主要的一部分以示读者，亦足以确证当时文武百官等人是从坪井、宫本等学者称为"龙尾坛"的大坛左右两侧的斜坡道升登大极殿的（图 5）。

大约从 20 世纪 50、60 年代以来，直至 80 年代中期，岸俊男先生从文献、制度史的立场出发，结合发掘调查所见遗迹的实况，详细研究藤原京、平城京等日本古代都城、宫室，甚负盛名。我想，大概是因为平城宫第一次大极殿的大坛左右两侧的斜坡道位置皆偏在坛的前面边缘处，所以岸先生觉得在大坛前面中央部分应另有台阶，以供升登，才可称为便利。但是，现实的问题是砖砌的"拥壁"遗存至今，完全可证大坛前面居中处绝无任何台阶的形迹。1981 年 7 月下旬，岸俊男先生在日本神户举行的主题为"遣唐使时代的日本与中国"的国际学术研讨会上发言说："（大坛前面）中央没有台阶的痕迹遗留，所以推测恐怕是设置木造的阶梯（以供升登），从左右两侧（斜坡道）也是可以升登的"（括号内的文字为本文笔者所加）[32]。总之，岸先生在肯定第一次大极殿大坛前面左右两侧边缘处的斜坡道可供升登的同时，又用推想的语调说大坛前面的中央部分恐怕还置有木造的阶梯，以备登殿之用（图 6）。

以后，宫本长二郎作为长期参与奈良平城京遗迹研究工作的日本当

图6 想象复原的平城宫大极殿大坛前壁中央的木造阶梯
图中可见右（西）侧的斜坡道，左（东）侧斜坡道不见

代著名的古建筑学者，在其与绘图解说者穗积和夫共著的《平城京——古代的都市计划与建筑》书中发表一幅第一次大极殿及其称为"龙尾坛"的大坛复原图[33]。或许是出于穗积氏的手笔，图中除如实显示龙尾坛左右两侧的斜坡道以外，还以十分具体、逼真的笔法在大坛前面的正中央处描绘一个木造的阶梯，形象地表达了上述岸俊男先生早在1981年发表的推想性见解（图6）。但是，在用16000余块烧制坚实的砖砌成的又广又高的大极殿大坛"拥壁"之前，设置一个木造的，甚至是可以移动的阶梯以供众多官僚等人登殿，这样的推想是否合理，实属疑问。我认为，从各个时代的许多实例看来，此处使用木造的阶梯是不大可能的。

顺便言及，日本学者町田章在其1989年出版的《古代的宫殿与寺院》一书中也有平城宫第一次大极殿的复原图。此图采取立体、透视的方式，明确显示大极殿大坛左右两侧各设一斜坡道，可供升登[34]。然而，或许是因图幅太小，未能表明所绘大坛前面正中最初出于岸俊男先生推想的阶梯式台阶之为木造，不无引起误解之可能。诚然，在此前1986年出版的题为《平城京》的书中，町田氏曾明言此阶梯为木造[35]。

五

延历三年（公元784年），桓武天皇迁都长冈京，其地在平城京西北数十公里，据云交通上有"水陆之便"。但是，至 10 年以后的延历十三年（公元 794 年），当长冈京的建设犹未完备之际，又弃此京而迁往东北方的平安京，即今京都市之地。自此年至明治二年（1869 年），京都之地为日本首都所在达 1000 余年之久。据说，由于 1869 年明治天皇移往东京时未发表迁都宣言，甚至有人主张京都至今犹为日本的首都，只不过天皇东迁未归而已云云[36]。

但是，日本历史上的平安时代起自桓武天皇延历十三年（公元 794 年），迄于后鸟羽天皇建久三年（1192 年）。本文所述平安京，便是指平安时代约四百年间的都城。建久三年（1192 年），源赖朝以征夷大将军名义远在今神奈川县的镰仓成立幕府，总揽国政，而失去实权的天皇仍居住于平安京。早在村上天皇天德四年（公元 960 年），平安京"内裏"失火，天皇居处一度移至其他殿舍，以后且有兼用宫外以外戚为主的贵族邸宅的。至于平安京的大极殿，自 9 世纪 70 年代以降，遭火灾而重修者再三，终于在高仓天皇治承元年（1177 年）最后焚毁，不得复建，从而结束了远自 7 世纪中后期以来的日本各时代宫中大极殿的全部历史。其实，进入镰仓时代（1192～1333 年）以后，此京不称平安京而称京都，直至 20 世纪末的今天。

在漫长的历史中，京都之地时或承平持续，时或战乱频仍，但京都始终作为重要的都市而存在，可谓长盛不衰。今日京都市为日本全国最著名的都市之一，市区整齐，市容美观，虽为维护古都传统风貌而限制高楼大厦的建造，但考古工作者只能在栉比鳞次的街道、房屋之间寻求空隙，见缝插针，以勘探古代遗迹，甚为困难。幸好日本古代文化事业不断发展，一代胜似一代。与前代相比，平安时代的史书、文籍数量大增，自不乏述及都城、宫室之情状者。特别是醍醐天皇延喜五年（公元 905 年）藤原时平等奉敕所撰《延喜式》（20 余年后由藤原忠平完成）以及作成于镰仓时代（1192～1333 年）的九条家和近卫家的各种古图，记述周详，描绘细致，是研究 8 世纪末至 12 世纪末的平安京及其宫城的最好资料[37]。因此，京都市内考古发掘调查的开展虽云困难，但学者们对平安京及其宫城的建制、布局等各方面的了解却相当详尽，其中包括宫城内的正殿大极殿。

这里，因限于篇幅，只简述平安京全体平面呈规整的长方形，南北长约 5200 米，东西宽约 4500 米（据《延喜式·京程》所记换算）。朱

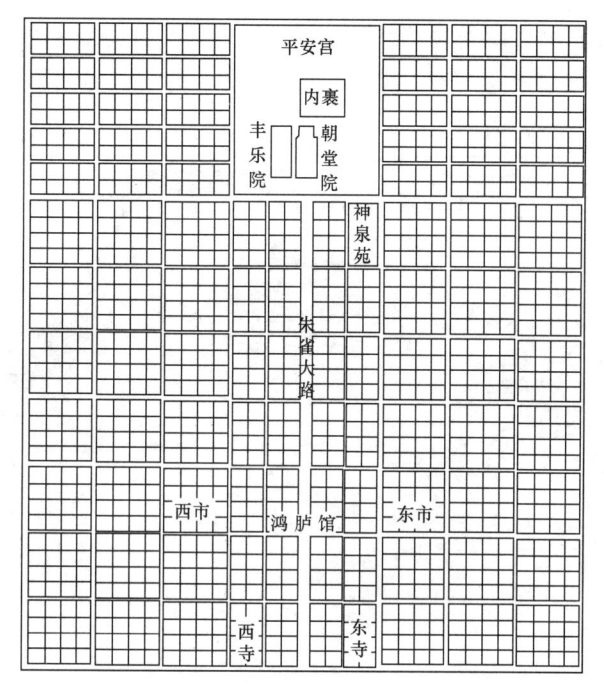

图7　日本平安京布局及宫内主要建筑物位置

雀大路作为中轴线，划分京城为左、右两京。宫城在京城的北端中央，平面亦呈长方形，其南面正门称朱雀门，与朱雀大路相接。宫城内设"内裏"、朝堂院等，后者又名"八省院"。"内裏"位于宫城的中部偏东处，朝堂院位于宫城的中部偏南，大极殿包含在朝堂院之内，朝堂院之西又有丰乐院为宴会场所，而太政官及其所属各省的官衙则遍布宫城内各处，确证古代日本的宫城为唐代长安、洛阳的宫城、皇城的结合体（图7）。

现在，我要一转话题，专就平安宫（指平安京的宫城）内大极殿的龙尾坛作进一步论述。前已述及，8世纪前期平城宫的大极殿院与朝堂院互相隔离而有门相通（图4）。与此不同，平安宫中实际上已不存在所谓大极殿院，大极殿则成为朝堂院内北部的正殿，仅以其称为"龙尾坛"的大坛与南部两侧的各朝堂稍作区分而已[38]。从日本学者参照古籍、古图绘制的复原图[39]看来，平安宫朝堂院大极殿龙尾坛的形状、规模与平城宫第一次大极殿的大坛是一致的（图8）。因此，我再一次确认，平城京宫内第一次大极殿的大坛可称"龙尾坛"。应该指出，图中所示平安宫大极殿龙尾坛前设东西两阶，正与发掘所见平城宫第一次大极殿龙尾坛前面左（东）右（西）两边各有一斜坡道而在坛的正中央处则不设任何台阶的情状相同（图8）。

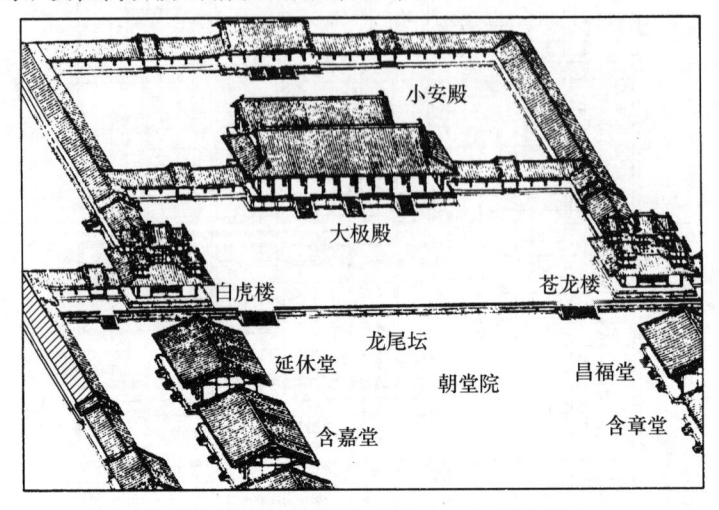

图8　日本平安宫大极殿、龙尾坛复原图

如前所述，梁思成先生在其有关的论文中曾说"含元殿前有龙尾道，而平安京朝堂院大极殿前也有龙尾坛，文献中亦称龙尾道"。梁先生熟知日本古代都城、宫室的演变历史，其称"平安京朝堂院大极殿"而不称"大极殿、朝堂院"者，即是因为当时大极殿已成为朝堂院内的一个正殿之故。梁先生明确指出日本平安宫大极殿前的龙尾坛在文献中亦称龙尾道，其名称来源在于唐长安大明宫含元殿的龙尾道。我想，这应该是完全正确的。

如所周知，中国唐宋时代的书籍如《两京新记》、《剧谈录》、《西京记》、《长安志》、《南部新书》、《唐语林》、《雍录》等的有关记述虽在不同程度上各有差异，但皆称大明宫含元殿有"龙尾道"而不称"龙尾坛"[40]。然而，日本平安京宫内大极殿前的建筑设施或称龙尾坛，或称龙尾道，两者是指同一实体，抑或有所差异，这首先必须究明。由于梁思成先生不曾言及日本古代文献关于"龙尾道"记载的具体情形，我在本文第六节要详细引述平安时代史书的有关段落，以供讨论、参考。

六

在日本古代的许多史书中,《日本书纪》、《续日本纪》、《日本后纪》、《续日本后纪》、《日本文德天皇实录》、《日本三代实录》等六部史书被作为国家早期的正史而称"六国史",皆用汉文写成。《日本书纪》成书于奈良时代初期元正天皇的养老四年(公元720年),是当时的一部大通史,所述自开国神话以下,虽有传说上的依据,实则难以置信,但大约相当公元5世纪以降的记事不能视为全属无稽,6世纪记事内容的可信程度颇有增加,而7世纪的各种记事则基本上可称正确。其次的《续日本纪》为7世纪末至8世纪后期以奈良时代(公元710~784年)为主的断代史,其记事起自文武天皇即位元年(公元697年),迄于桓武天皇延历十年(公元792年),前半部完成于延历十六年(公元798年),后半部完成于延历十三年(公元795年),可称当代所撰的史书,内容翔实。其余《日本后纪》、《续日本后纪》、《日本文德天皇实录》、《日本三代实录》四部国史皆为8世纪末、9世纪平安时代初期的局部断代史,或记一代天皇,或记三代天皇在位期间的史实,编撰年代依次为仁明天皇承和七年(公元840年)、清和天皇贞观十一年(公元869年)、阳成天皇元庆二年(公元879年)、醍醐天皇延喜元年(公元901年),全属当代所撰史书,记事的可信程度甚高。

在《日本后纪》、《续日本后纪》、《日本文德天皇实录》、《日本三代实录》四部史书的记事中,述及平安宫大极殿共计178处。其中,①《日本后纪》桓武天皇延历十八年(公元799年)正月七日壬子;②同书嵯峨天皇弘仁二年(公元811年)七月十五日丁未;③《续日本后纪》仁明天皇承和十二年(845年)正月八日乙卯;④《日本文德天皇实录》文德天皇嘉祥三年(公元850年)七月二十四日己亥各条所述大极殿皆包含殿前的龙尾道。兹一一举引其原文如下。

(1)(延历十八年正月)壬子,丰乐院未成功,大极殿前龙尾道上构作借殿,葺以采帛,天皇临御,番客仰望,以为壮丽,令五位(相当唐五品)已上宴乐,渤海国大使预焉,赍禄有差(《日本后纪》)[41]。

(2)(弘仁二年七月)丁未,大极殿龙尾道上有云气,状如烟,须臾竭灭(《日本后纪》)[42]。

(3)（承和十二年正月）乙卯，于大极殿修最胜会之初也，是日，外从五位下（相当唐从五品下）尾张连滨主于龙尾道上舞和风长寿乐，观者以千数，初谓鲐背之老不能起居，及于垂袖赴曲，宛如少年，四座金曰，近代未有如此者（《续日本后纪》）[43]。

(4)（嘉祥三年七月）己亥，大雨，大极殿前龙尾道十二丈为水潦所决坏（《文德天皇实录》）[44]。

关于"龙尾坛"、"龙尾道"两者是指同一实体，抑或有所差异的问题，据我管见所及，日本学术界大概有二种不同的意见。一种主张两者为同一实体，故在使用"龙尾坛"的名称时，用括号添一"道"字而作"龙尾坛（道）"，或在使用"龙尾道"的名称时，用括号添一"坛"字而作"龙尾道（坛）"[45]。另一种则认为"龙尾道"是设于大极殿南庭（即朝堂院广庭）东西两侧的步道，经由前述的东西两阶而升登"龙尾坛"。后一种意见从龙尾坛前面设东西两阶以供登坛的实况出发，易于为人所理解、接受，故被影响甚大的著名辞书所采用[46]。

但是，从以上举引的平安时代当代的史书记述看来，"龙尾道"为一整体，高出地面，面积广大，实不可视为设在庭院平地的二条步道（图8）。因此，我认为，"龙尾坛"即为"龙尾道"，相互间无何区别可言。虽然"坛"、"道"二字字义相异，一般不可通用，但平安宫大极殿的"龙尾坛"亦称"龙尾道"，两者遂成同一实体。或许正是由于"道"字一般不通"坛"字之故，日本考古学者似乎多习惯于称"龙尾坛"，而避免使用"龙尾道"之词。据我最近重新检阅，文献史学者村井康彦所著《日本的宫都》书中言及平安宫大极殿龙尾坛，时或在"坛"字之后用括号添一"道"字而作"龙尾坛（道）"，时或单独使用"龙尾道"之名而称朝堂院广庭为"龙尾道南庭"，意向明确[47]。对此，我深表赞同。

我在本文第二节详述文武天皇大宝二年（公元702年）第7次遣唐使访问中国，第三节又述庆云元年（公元704年）、庆云四年（公元707年）该遣唐使团执节使、副使的归国促进元明天皇于和铜元年（公元708年）开始营建平城京。如所周知，在此后以平城京为都城的奈良时代（公元710~784年），元正天皇养老元年（公元717年）、圣武天皇天平五年（公元733年）、孝谦天皇天平胜宝四年（公元752年）、光仁天皇宝龟八年（公元777年）又相继有数次遣唐使的派遣。进入8

世纪末、9世纪以降的平安时代（公元794～1192年）之后，亦有桓武天皇延历二十三年（公元804年）、仁明天皇承和五年（公元838年）的2次大规模、高水平的遣唐使团往访中国。历次遣唐使及随行的留学生、学问僧等人，在学习有关中国的政治、经济、文化乃至宗教等各方面的知识的同时，对唐的长安、洛阳两京建制和宫室规模的认识亦不断增长。

日本的宫都（此为日本学术界常用名词，指宫室、都城，本文借用之）之仿唐制，不仅体现于宫室、都城的建设规划，亦表示于门阙、殿楼、街路、坊市之类的名称。就平安宫而言，宫城南门仿唐长安皇城南门而称朱雀门，而朝堂院外南门则仿洛阳宫城南门而称应天门。特别有意思的是，在应天门前方的东西两侧又仿唐大明宫含元殿前的栖凤、翔鸾二阁而建同名的二楼[48]。可以断言，作为平安宫朝堂院的正殿，大极殿的龙尾坛（道）必因长安大明宫含元殿龙尾道而得名，是无疑义。当然，名称虽然相同，但建筑物形制的相似程度如何，则须就实际的具体情况作仔细比较，方可有正确的认识。

注　释

[1]　王仲殊：《关于日本古代都城制度的源流》第354～370页，《考古》1983年第4期。
[2]　王仲殊：《日本の古代都城制度の源流について》第1～28页，《考古学雑誌》第69卷第1号，1983年。
[3]　《三国志·魏书·文帝纪》记"黄初元年十二月初营洛阳宫"，裴松之注"至明帝时始于汉南宫崇德殿处起太极、昭阳诸殿"。《魏书·明帝纪》记"（青龙三年）是时，大治洛阳宫，起昭阳、太极殿，筑总章观"。
[4]　《旧唐书·倭国传》、《新唐书·日本传》记"太宗贞观五年，遣使者入朝，帝矜其远，诏有司毋拘岁贡"。
[5]　日本学者上田正昭在其著作中述及此次宫廷政变，不回避"大极殿"的名称，但用括号注明是按照《日本书纪》的"表现"，而不称《书纪》的"记载"，以示慎重。见《上田正昭著作集》第405页第一卷（古代国家论），角川书店，1998年。
[6]　《日本书纪》后篇第253～255页（卷廿五）孝德天皇纪。
[7]　《新唐书·日本传》记"永徽初，其王孝德即位，改元白雉，献虎魄大如斗，玛瑙若五升器"。
[8]　《日本书纪》后篇第270～271页（卷廿六）齐明天皇五年秋七月丙子朔戊寅条注。
[9]　中国科学院考古研究所：《唐长安大明宫》引言，科学出版社，1959年。
[10]　徐苹芳：《唐代两京的政治、经济和文化生活》第647页，《考古》1982年第6期。

[11]　王仲殊：《中国からみた古代日本》第 169、170 页，学生社，1992 年。
[12]　王仲殊：《中国からみた古代日本》第 177、178 页，学生社，1992 年。
[13]　《日本书纪》后篇第 356、357、367、381 页天武天皇十年、十二年、朱鸟元年各条。
[14]　岸俊男：《藤原京の復原》第 49～52 页，《日本の古代宮都》（NHK 大学講座），日本放送協会，1981 年。
[15]　王仲殊：《关于日本古代都城制度的源流》第 361～363 页，《考古》1983 年第 4 期。
[16]　《续日本纪》前篇第 2、9、13、19、22、24、27、31、43 页文武天皇二年、大宝元年、大宝二年、庆云元年、庆云二年、庆云三年、庆云四年、元明天皇和铜三年各条，《国史大系》，吉川弘文馆，1982 年。
[17]　王仲殊：《第七次遣唐使のいきさつについて》第 1～15 页，《就实女子大学史学論集》第 9 号，（日本）就实女子大学史学科，1994 年。
[18]　《续日本纪》光仁天皇宝龟十年夏四月条中领唐客使奏言，奏言之所谓 "五品舍人" 应是中书舍人。查《旧唐书·职官志》和《新唐书·百官志》，唐代中书省设舍人六员，官位为正五品上，可以为证。
[19]　《续日本纪》（卷十九）、《日本后纪》（卷十二）记藤原清河为首的第 10 次遣唐使和藤原葛野麻吕为首的第 16 次遣唐使分别于唐玄宗天宝十二载（公元 753 年）、德宗贞元二十一年（公元 805 年）正月元旦在含元殿参加朝贺，可为例证。
[20]　《大安寺史·史料》第 104 页（天平元年己巳）有关记述，《扶桑略记》，大安寺史编集委员会，1984 年。
[21]　王仲殊：《关于日本高松冢古坟的年代和被葬者》第 410～413 页，《考古》1982 年第 4 期。
[22]　王仲殊：《第七次遣唐使のいきさつについて》第 14 页，《就实女子大学史学论集》第 9 号，就实女子大学史学科，1994 年。
[23]　粟田真人、巨势邑治分别于庆云元年（公元 704 年）、庆云四年（公元 707 年）归国，而和同开珎为和铜元年（公元 708 年）始铸。此钱仿唐开元通宝钱，故推测其铸造是受第 7 次遣唐使访问中国之影响。
[24]　王仲殊：《中国からみた古代日本》第 226～237 页，学生社，1992 年。
[25]　町田章：《古代の宮殿と寺院》第 22 页，讲谈社，1989 年。
[26]　田中琢：《平城京》第 75～84 页，岩波书店，1984 年。
[27]　a. 坪井清足：《平城京再现》第 48、49 页，新潮社，1985 年。
　　　b. 宫本长二郎、穗积和夫：《平城京·古代の都市計画と建築》第 54 页，草思社，1986 年。
　　　c. 王仲殊：《中国からみた古代日本》第 233 页，学生社，1992 年。
[28]　梁思成：《唐招提寺金堂和中国唐代的建筑》第 81～90 页（原载《现代佛学》1963 年第 5 期），《中日文化交流史论文集》，人民出版社，1982 年。
[29]　田中琢：《平城京》第 76、77 页，岩波书店，1984 年。
[30]　田中琢：《平城京》第 83 页，岩波书店，1984 年。
[31]　田中琢：《平城京》第 78、79 页，岩波书店，1984 年。

[32] 岸俊男:《平城京と长安城との共通点》第 156、157 页,《遣唐使时代の日本と中国》,小学馆, 1982 年。
[33] 宫本长二郎、穗积和夫:《平城京·古代の都市计画と建筑》第 54、55 页,草思社, 1986 年。应该说明,由坪井清足监修的、称为废都千二百年纪念特集的《平城京再现》一书中早有类似的第一次大极殿龙尾坛复原模型的发表,见《艺术新潮》第 45 页(新潮社, 1984 年 6 月号)。
[34] 町田章:《古代の宫殿と寺院》第 22 页, 图第 16(第一次大极殿の復原), 讲谈社, 1989 年。
[35] 町田章:《平城京》第 39 页, ニュー·サイエンス社, 1986 年。
[36] 井上满郎:《平安京再现》第 12、33 页, 河出书房新社, 1990 年。
[37] 九条家古图包括"左右京图"、"宫城图"、"内里图"、"八省院图"、"丰乐院图"等, 作成于 1220 年前后, 是为九条家本《延喜式》附图; 近卫家古图包括"宫城图"、"内里图"、"八省院图"、"丰乐院图"等, 或以为作成于 1319 年, 今为阳明文库所藏, 故称阳明文库本。日本平凡社《世界考古学大系》第 4 卷(1961 年)影印采录九条家"八省院(朝堂院)图"和近卫家"宫城图"、"内里图"、"丰乐院图", 国立历史民俗博物馆馆刊(1983 年, 讲谈社)及井上满郎《平安京再现》(1990 年)亦影印采录东京国立博物馆所藏九条家"左右京图", 可供参阅(其他采录之书不列举)。
[38] a. 村井康彦:《日本の宫都》第 61 页, 角川书店, 1978 年。
b. 岸俊男:《日本の古代宫都》第 97 页,(NHK 大学讲座), 日本放送协会, 1981 年。
[39] 井上满郎:《平安京再现》卷首彩色复原图(大内里と朝堂院), 河出书房新社, 1990 年。
[40] 中国社会科学院考古研究所西安唐城工作队:《唐大明宫含元殿遗址 1995～1996 年发掘报告》第 398 页,《考古学报》1997 年第 3 期。
[41] 《日本后纪》第 15 页,《国史大系》, 吉川弘文馆, 1982 年。
[42] 《日本后纪》第 103 页,《国史大系》, 吉川弘文馆, 1982 年。
[43] 《续日本后纪》第 174 页,《国史大系》, 吉川弘文馆, 1981 年。
[44] 《日本文德天皇实录》第 16 页,《国史大系》, 吉川弘文馆, 1981 年。
[45] a. 村井康彦:《日本の宫都》第 188 页, 角川书店, 1978 年。
b. 佐藤信:《长冈京から平安京へ》第 57 页,《(古代を考える)平安の都》, 吉川弘文馆, 1991 年。
[46] 《广辞苑》第 2322 页(第二版补订版), 岩波书店, 1978 年。
[47] 村井康彦:《日本の宫都》第 188 页, 角川书店, 1978 年。
[48] 井上满郎:《平安京再现》卷首彩色复原图(大内里と朝堂院), 河出书房新社, 1990 年。

(本文原载《考古》1999 年第 3 期)

论洛阳在古代中日关系史上的重要地位

在世界即将进入21世纪的今天，我想就2000年来中国与日本的关系的历史作回顾，而中国古都洛阳则在古代中日关系史上占有最重要的地位。

日本桓武天皇于延历三年（公元784年）自平城京迁都长冈京，延历十三年又自长冈京迁都平安京，后者即今京都市之地。自此年以后，一直到明治二年（1869年），京都为日本首都所在达1000余年之久。日本历史上的平安时代起自桓武天皇延历十三年（公元794年），迄于后鸟羽天皇建久三年（1192年），平安京便是平安时代约400年间的都城。建久三年，源赖朝以征夷大将军名义在今神奈川县的镰仓成立幕府，总揽国政，乃使日本历史进入"镰仓时代"，并由"古代"转入"中世"。

留居平安京的天皇失去实权，但名分上仍为日本君主。进入镰仓时代以后，"平安京"的名称通常已不使用，只因天皇宫室所在，此京始终称"京都"。中世的京都往往又称"京洛"、"洛都"、"洛中"，而自日本各地赴京都则称"上洛"或"入洛"，直至近世17世纪以降的江户时代而不变。明治元年（1968年）江户改名东京，次年成为日本现代的首都。但是，时至今日，日本人按古昔遗习，仍有以"上洛"、"入洛"称其京都之行的。

以上所述，可见中国古都洛阳在历史上与日本的关系之深。在本文中，我使用"入洛"一词，以称古代日本人对中国洛阳的访问。

一

《后汉书·光武帝纪》记："（建武中元二年春正月）东夷倭奴国王遣使奉献。"同书《东夷传》记："建武中元二年倭奴国奉贡朝贺，使人自称大夫，倭国之极南界也，光武赐以印绶。"

汉光武帝建武中元二年相当公元57年。因此，可以说，日本人首次"入洛"是在距今1943年前。这里，我要从考古学上对当时东汉首都洛阳的概况稍作叙述。

东汉洛阳城的东、西、北三面城墙保存较好，而南面城墙则早因洛河改道北移被冲毁，遗迹全无。幸好南郊所建灵台、明堂、辟雍等的遗址皆在，据《后汉书·光武帝纪》注引《汉旧仪》所述，明堂与南面主要城门平城门相去2里，从而可判断南面城墙位置在今洛河河道中央偏北处。这样，不仅能复原洛阳城的整个轮廓，且可计算四面城墙的长度。

洛阳全城的平面形状基本上呈长方形，自南至北的直线距离以西面城墙的长度为准，计3700米，合当时9里许，自东至西的直线距离以南面城墙的长度为准，计2460米，合当时约6里。

图1 东汉洛阳城平面复原图

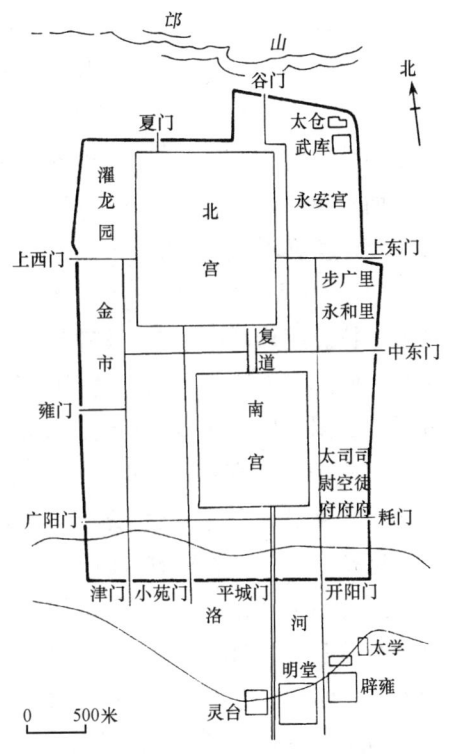

《续汉书·郡国志》注引《帝王世纪》称"城东西六里一十步，南北九里一百步"，又引《晋元康地道记》称"城南北九里七十步，东西六里十步"，完全合乎实际。因此，东汉的洛阳有"九六城"之称。

经勘探、发掘，在洛阳12个城门之中，北面2个城门和东、西两面各3个城门的位置得以确认，而南面4个城门的位置亦可按城内街道的往南走向而测定。城内主要街道遗迹在年代上虽属此后的魏晋乃至北魏时期，却多为东汉街道旧迹的延续。这些街道因相互交错而可分为24段，正与《续汉书·百官志》注引《汉仪》所记"洛阳二十四街"相符。

但是，由于魏和西晋相继在汉末大乱后建都洛阳，西晋末年的"永嘉之乱"又使此城遭严重破坏，特别是北魏孝文帝南迁，在汉和魏晋的洛阳城旧址大兴土木，改建新都，更使东汉洛阳城内南宫和北宫的遗迹荡然无存。

《后汉书·光武帝纪》注引蔡质《汉典职仪》云："南宫至北宫，中央作大屋，复道三道行，天子从中央，从官夹左右，十步一卫，两宫相去七里。"这样，洛阳全城长为9里，而南北两宫之间的距离却为7里。于是，在研究洛阳城的西方学者中，有的学者绘制城的平面图，分别置南宫和北宫于紧靠南面城墙和北面城墙处，宫的外围宽度各约1里，而复道长度则为7里。这有如一条长长的扁担，两端各挂一个长方形小箱，实在不成样子。

1979年我应邀赴美国，在哈佛大学等处作关于汉代考古学的公开讲演，特意制作了一张东汉洛阳城的平面图，以应需要（图1）。图中城墙、城门、街道、太仓、武库以及南郊各礼制建筑物等的位置皆依考古调查发掘所见遗迹实况确定，而南宫和北宫的位置则是按上述《汉典职仪》所记"两宫相去七里"的"七"字为"一"字之误的设想而复原的，所复原的宫的面积、范围正与街道分布的情形符合[1]。时隔20年，这张平面图仍然有效，而且早已为国内外学术界所采用。

建武元年（25年）光武帝定都洛阳，先居住在南宫却非殿，它大概是西汉遗留的旧殿。以后，经不断建设，乃于建武十四年在南宫建成最重要的前殿。光武帝在位时主要是修建南宫，到明帝时才大举营造北宫。因此，可以推定，入洛的日本使者是在南宫朝见光武帝的。从光武帝以金印赐其国王的事实看来，日本使者的来访颇受重视。所以，朝见的场所在南宫的前殿，这也不是不可能的。

二

必须说明，前述《后汉书·光武帝纪》和同书《东夷传》记载中的"倭奴国"是指倭之奴国，不是指倭奴之国，这本来是清楚的。只因过去传抄的和刊行的二十四史，包括范晔的《后汉书》在内，都不加标点符号，以致《光武帝纪》和《东夷传》中的"倭奴国"被误解为"倭奴"之国[2]。唐代以降，史书编撰者多视"倭奴国"为倭之全国，其国名为"倭奴"。《旧唐书·东夷传》谓"倭国者，古倭奴也"，《新唐书·东夷传》谓"日本，古倭奴也"，便是明显之例。

但是，近代日本学术界对照《三国志·魏书·东夷传》所记倭地三十国的国名，确认范晔《后汉书》所记"倭奴国"为倭地三十国中的一国，其国名为"奴国"，而"倭奴国"三字则应读作"倭之奴国"。这早已成为定论，无可置疑。按照《三国志·魏书·东夷传》关于倭地诸国方位的记述，特别是根据光武帝所赐金印在日本的出土地点，奴国的地理位置可确认是在今九州北部的福冈县境内。

1784年2月，1枚闪闪发光的金印在今福冈县福冈市的志贺岛出土（图2-2），据测计，金印的印面为2.35厘米见方，钮作蛇形，通钮高2.23厘米。印文"汉委奴国王"五字，篆体，阴刻。如《后汉书·东夷传》所记，这显然是汉光武帝于建武中元二年通过前来奉贡朝贺的使者而赐予倭的奴国之王的。所刻"汉委奴国王"五字，应理解为"汉·倭·奴国王"，而"委"字则为"倭"的简体。这与上文所述《后汉书》记载中的"倭奴国"应读作"倭之奴国"是同样的道理。

然而，金印在志贺岛发现以后，直到20世纪50年代之末，研究者众说纷纭，多有异论，特别是怀疑其为赝作，不是真品。怀疑的理由是多方面的，最重要之点有二。一是印钮作蛇形，二是印文出于刻凿而非铸就，不合规制云云。

图2 汉委奴国王印（2）与滇王之印（1）

1956年12月，在我国云南省晋宁石寨山的西汉滇国墓中出土1枚金印，印面为2.4厘米见方，钮作蛇形，通钮高1.8厘米。印文"滇王之印"4字，篆体，阴刻（图2-1）。作为发掘单位的云南省博物馆，在其发表于1959年5月的论著中认为此印不是中国西汉王朝之所赐，而是滇国本民族自制，其理由有三。一是金印含金量与当地其他墓出土的金器相同，二是蛇为滇民族的图腾，三是印文的字体与汉印篆字不类[3]。

1959年秋，我写了一篇题为《说滇王之印与汉委奴国王印》的论文，发表于同年第10期《考古》杂志。我在否定了云南省博物馆的三点理由的同时，确认"滇王之印"金印应如《史记·西南夷列传》所记，为汉武帝于元封二年（公元前109年）所赐予。于是，我以"滇王之印"印钮亦作蛇形，印文亦出于刻凿为主要依据，指明志贺岛出土的"汉委奴国王"金印为真品而非伪作[4]。从此以后，怀疑论的迷雾消散，金印发出更为灿烂、明亮的光辉。"汉委奴国王"金印是倭人首次入洛的重大收获，可称2000年来中日两国友好交流史的最初的、也是最佳的实物见证。

三

《后汉书·安帝纪》记"（永初元年）冬十月，倭国遣使奉献"；同书《东夷传》记"安帝永初元年倭国王帅升等献生口（指奴隶，下同）百六十人，愿请见"。永初元年相当公元107年，这是倭国使者第2次正式入洛，与前述建武中元二年的第1次入洛相隔50年。《史记·吴王濞列传》集解引孟康曰："春曰朝，秋曰请，如古诸侯朝聘。"建武中元二年的入洛在春正月，故称"朝贺"；此次入洛在冬十月，故曰"请见"。当时南宫崇德殿为百官朝会的主要场所，可推测倭国使者或许是在此殿"请见"的。

长期以来，日本学者都主张倭国王之名为"帅升"，"等"字为表示复数的助词。但是，我则认为"帅升等"三字为倭国王一人之名，不可理解为"帅升"等人。我的理由是倭国王只有一人，其在国内地位之高实属与众不同，不能以与其他人的共同名义向中国遣使朝贡。通览中国历代史书，凡述及倭国遣使朝贡，皆举倭王一人之名为代表，称使者为倭王一人所遣，决无称倭王与国内其他人共同遣使之例，足可为证。前述《后汉书·光武帝纪》称"（建武中元二年）东夷倭奴国王遣使奉献"，虽未记奴国王之名，但"奴国王"三字之下无"等"字，亦显示使者为国王一人之所遣。

另一方面，就日本的史籍而言，《日本书纪》记6世纪后期敏达天皇时有鞍部村主名"司马达等"者受遣寻访佛教修行人，7世纪前期舒明天皇时有官员名"伊岐乙等"者奉命引唐使高表仁入难波之宾馆，7世纪后期持统天皇时有前朝功臣之子名"藤原不比等"者于以后8世纪前期的元明天皇朝任右大臣之要职。《日本书纪》又记大约早在3世纪以前的传说中的垂仁天皇之时，有名为"都怒我阿罗斯等"的意富加罗国（任那国）王子前来归化。以上诸人之名皆以"等"字结末，亦可引为旁证[5]。

帅升等为见于中国古籍的最初的记有名字的倭人。作为国王，究明其名为"帅升等"而非"帅升",不仅可正其个人之名,而且对当时倭国国内的政治体制,以及中国朝廷在外交方面的名分规制乃至中国史书记事的通例和原则立场等都有关系,决非无关紧要的繁琐考证。

日本宫内厅所藏北宋版《通典》称帅升等为"倭面土国王",而大宰府天满宫《翰苑》抄本则称为"倭面上国王"。但是,日本古代从来不曾有所谓"面土国"或"面上国"的存在,故帅升等应如范晔《后汉书》所记,是"倭国王"而不是"倭面土国王"或"倭面上国王"。这是日本古代史上的重大问题,必须澄清。所以我连续写了两篇长论文,分别在中国和日本的学术刊物上发表,以究明所谓"倭面上国"、"倭面土国"之类讹称的由来(见本文注释［5］、［6］)。

我认为,根据《后汉书·东夷传》记载,在中国东汉和三国时代,倭地分为三十许国,除各国之王以外,还有一个"大倭王"居于邪马台国。2世纪前期的帅升等与2世纪末年的卑弥呼皆为居于邪马台国的大倭王,而卑弥呼为女王,帅升等则为男王。按照我的理解,邪马台国的地理位置在日本本州的畿内地区。当1世纪中叶之时,倭地三十国中要以九州北部的奴国为最强盛,奴国王乃于汉光武帝建武中元二年率先遣使,向中国朝贡。中国方面知悉奴国只是倭地诸国中的一国,故《后汉书》称其为"倭奴国王"(倭的奴国之王)而不称"倭国王",这已为福冈市志贺岛出土的金印所证实。此后,经过大约半个世纪,位于本州畿内地区的邪马台国势力大增,其男王帅升等遂继奴国王之后,于汉安帝永初元年遣使入洛。中国方面认为邪马台国的势力在倭地诸国中居首位,对其他诸国有一定的控制权,故《后汉书》称其为"倭国王",而"倭国王"实指全倭之王,亦即"大倭王"[6]。当然,所谓"全倭",在地域上亦有很大局限性。此乃常识,无须多言。

四

据《三国志·魏书·东夷传》记述,邪马台国以男子为王凡七八十年。以后,倭国发生战乱,多年不绝。大约至2世纪末,乃共立卑弥呼为王,邪马台国始称"女王国"。如上文所述,邪马台国女王卑弥呼又为"大倭王",对其他各国有一定的统治权,尤其是在位于今九州北部的伊都国置一称为"大率"的官,以控制对外国的海上交通,在加强出入境管理的同时，及时探察朝鲜半岛乃至中国内地的情势。

当时正值中国汉末大乱，接着便是三国鼎立。魏文帝于黄初元年（公元220年）十二月进驻洛阳，以为首都。相传洛阳本作"雒阳"，至此改"雒"为"洛"，始称"洛阳"。经多年荒乱，洛阳宫室残破。文帝居北宫，以建始殿朝群臣。魏明帝于黄初七年嗣位，次年改元为太和元年（公元227年）。太和七年正月，传闻青龙见于井中，乃于同年二月改称青龙元年（公元233年）。青龙二年，敌国蜀丞相诸葛亮死，消除了军事上的西顾之忧。魏明帝乃于青龙三年在洛阳大兴土木，起昭阳、太极诸殿，筑总章馆，又增饰芳林园等，不一而足。昭阳殿和太极殿皆建在南宫汉崇德殿的旧址上，规模宏大。尤其是太极殿，其名称延用于自晋以降的历代正殿，长期不变，而日本在自7世纪中后期以迄12世纪后期的500余年间始终以大极殿为宫内正殿之名，其在古代中日交流史上的影响可谓大矣。

此外，据《水经注·谷水》及《太平御览》引《洛阳地记》记述，魏明帝又于洛阳城的西北角建金墉城。据以往考古调查、勘探，金墉城可分甲、乙、丙3个小城，自北而南相连，其中甲、乙2小城突出于洛阳大城之外（图3）。由于城小而固，兼有宫殿与堡垒的双重性质，数目又恰为3个，故推测其设计是仿效魏武帝曹操早年在邺城西北隅筑"铜雀"、"冰井"、"金虎"三台之经验。但是，经最近正式发掘判明，甲、乙2小城的筑造年代在5世纪、6世纪的北魏以降，只有最南的丙小城可肯定为曹魏时所始建，其位置正在洛阳大城西北角的范围之

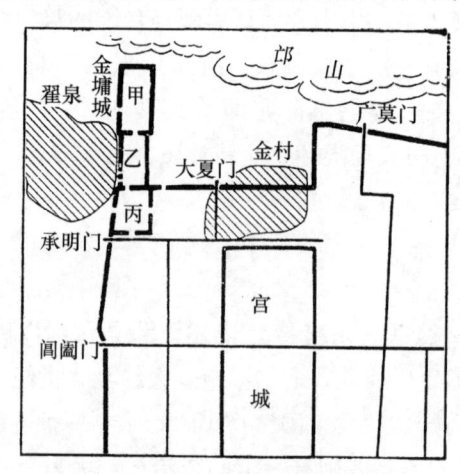

图3 北魏洛阳城西北部及金墉城

内[7]。因此，魏明帝筑金墉城的事实无可怀疑。至于是否仿邺城"三台"而筑，则有待再作考虑。

青龙五年（公元237年）三月，魏明帝从儒臣高堂隆之议而改元，并变历法，以此年三月为景初元年四月。景初二年正月，明帝命司马懿为主帅，讨灭割据辽东的公孙氏政权，同时收复设在朝鲜半岛的乐浪、带方二郡。东北亚形势的急剧变化，不仅使朝鲜半岛北部的高句丽和南部的诸韩人深受影响，也震动了远海中的倭国。在位已久的女王卑弥呼敏察时局，迅速于次年景初三年（公元239年）六月派遣以难升米为正使、都市牛利为副使的使节团，携男女生口共10人及班市二匹二丈为贡品，通过带方郡前往魏王朝的首都，作东汉建武中元二年以来的、倭国的第3次入洛。魏明帝虽已于此年正月元旦死去，但他所经营的洛阳宫室规模整然，面貌一新，给倭国使节团以良好的印象，自在意想之中。难升米、都市牛利等被安排在落成不久的太极殿觐见魏少帝（齐王芳），这样的可能性也应该是存在的。

五

魏王朝对倭国遣使来朝十分重视，特于景初三年十二月以皇帝名义发布致卑弥呼的诏书，其内容大要有四。一是册封卑弥呼为"亲魏倭王"，赐金印紫绶；二是授难升米为率善中郎将，牛利为率善校尉，皆赐银印青绶；三是以绛地交龙锦5匹、绛地绉粟罽10张、蒨绛50匹、绀青50匹作为对所贡男生口4人、女生口6人及班布2匹2丈的回报；四是在以上作为回报的物品之外，又特赐绀地句文锦3匹、细班华罽5张、白绢50匹、金8两、五尺刀2口、铜镜100枚、真珠、铅丹各50斤。以上物品皆装封交付使者难升米等携归，而带方郡太守则遣建中校尉梯儁随难升米等赴倭国回访，亲手奉诏书、印绶拜假于卑弥呼。这可视为中国使者第1次访问日本。在此后的正始八年（公元247年），魏王朝又派遣带方郡的塞曹掾史张政前往日本协助处理邪马台国与狗奴国的争端，以及卑弥呼死后的善后事宜，这且不提。

就考古调查发掘而论，"亲魏倭王"金印及其他2枚银印有在日本出土的可能性，可惜至今未发现。锦、罽、绢等为丝、毛织物，数量虽大，必因腐朽而无遗存。"真珠"不是取自贝类动物体内的珍珠，而是水银朱（真朱），与"铅丹"同属颜料，两者合称"采物"[8]，亦不大可能残留至今。金 8 两合今约 125 克左右，量既小，又无标记，纵使发现，亦难辨认。因此，只剩下五尺刀 2 口与铜镜 100 枚为学者们寻求、探讨的重要对象。个别日本学者曾考虑奈良县东大寺山古坟出土的"中平"纪年铭铁刀为 2 口"五尺刀"之一的可能性，但因"中平"（公元 184~189 年）为汉灵帝的年号，刀的制作距魏的景初三年已在 50 年以上，魏的皇帝亦无以纪有前朝年号的器物赐予外国君主之理，故此种可能性其实是不存在的。

　　早从公元前 2 世纪末的西汉武帝时开始，300 多年来，日本通过中国设在朝鲜半岛北部的乐浪郡（3 世纪初年公孙氏割据辽东，分乐浪郡南部之地置带方郡）与中国贸易。在各种贸易品中，铜镜为倭人所爱好，输入量甚大，故在日本古坟中出土甚多。但是，与已发掘的古坟相比，未发掘的古坟为数更多。按常情判断，在魏帝所赐的 100 枚铜镜之中，假定有 20~30 枚被发掘出来，这已经是不算少了。根据中国方面的发掘，以洛阳为中心的黄河流域各地出土的东汉、魏晋时期的铜镜主要是所谓"方格规矩镜"（其实应称"博局纹镜"）、"连弧纹镜"（日本称"内行花文镜"）、"夔凤镜"、"兽首镜"、"双头龙凤纹镜"、"位至三公镜"等，它们在日本亦有出土，故可推定其中的一部分应为魏王朝于景初三年所赐之镜。特别是 1994 年京都府弥荣町大田南 5 号坟出土的和 1997 年大阪府高槻市安满山宫古坟出土的 2 枚方格规矩四神镜（属同范镜）在铭文中有魏明帝的"青龙三年"的纪年（图 4），可确

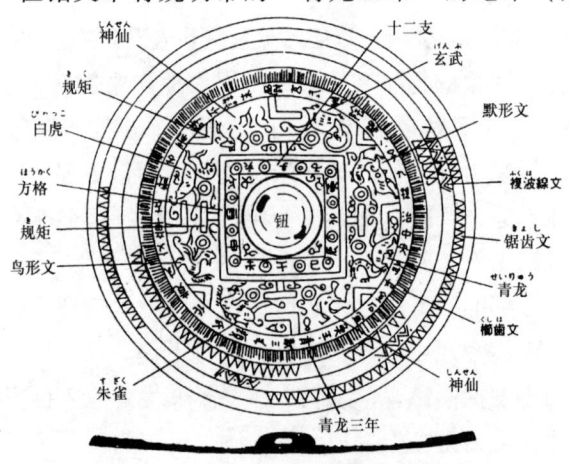

图 4　青龙三年铭方格规矩四神镜

认为魏帝所赐之镜[9]。

然而，日本学者多主张日本出土的数百枚三角缘神兽镜为魏帝赐予卑弥呼之镜。这样，我与他们之间开展讨论，已近20年之久。三角缘神兽镜的问题很复杂，本文限于篇幅，不能详述。自1981年以来，我写了近20篇有关的论文[10]。其中，发表于2000年第1期《考古》上的一篇为近作，内容具综述性质[11]。读者有便，敬请参阅。

六

据《三国志·魏书·东夷传》记载，景初三年（公元239年）之后，卑弥呼又于正始四年（公元243年）遣使入洛。正始八年，卑弥呼死，13岁的幼女王台与继位，亦立即隆重遣使，入洛朝贡。此外，《晋书·武帝纪》记"（泰始二年）十一月已卯，倭人来献方物"，同书《东夷传》记"泰始初，遣使重译入贡"，而《日本书纪·神功皇后纪》注引《晋起居注》则记此年遣使入贡的倭王为女王。泰始二年（公元266年）与正始八年（公元247年）相隔19年，故可推定此年遣使的女王当为32岁的台与。西晋仍以洛阳为都城，可见倭国使者之继续入洛。

此后，史书关于倭国向西晋遣使的记述不详。据《梁书·诸夷传》和《北史·东夷传》所记，邪马台国于台与之后"复立男王，并受中国爵命"。《晋书·惠帝纪》则记永平元年（公元291年）"东夷十七国、南夷二十四部并诣校尉内附"。因此，日本学者有主张邪马台国向中国遣使的年代下限可延至3世纪末的。若其说成立，则倭国自可继女王台与之后，再三向西晋遣使。但是，经过4世纪初头的"永嘉之乱"（公元310年），洛阳倾覆，愍帝于危难中即位长安。有人猜想倭国遣使可延至愍帝建兴元年（公元313年），这是不切实际的。要之，从1世纪中叶到3世纪后期的200余年间，日本遣使访问中国，以"入洛"始，以"入洛"终。如日本学术界通常所称，就中日两国的使节往来而言，4世纪基本上是"空白的世纪"。

据《晋书·安帝纪》和《宋书·夷蛮传》记载，从东晋安帝义熙九年（公元413年）至宋顺帝昇明二年（公元478年），倭王赞、珍、济、兴、武相继遣使，向中国朝贡，并接受册封。《宋书》记五人的关

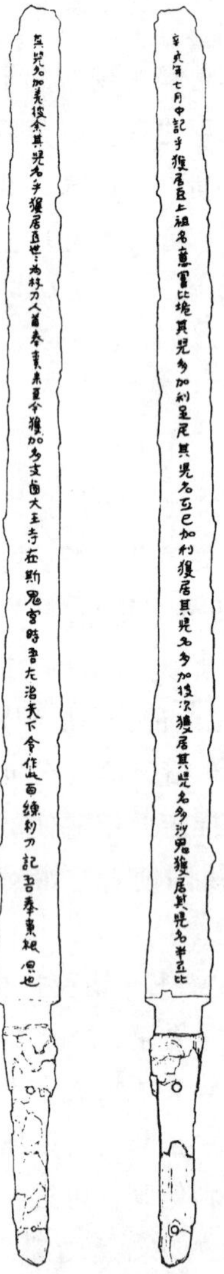

系为珍乃赞之弟，兴乃济之子，武乃兴之弟，日本学术界统称"倭之五王"。"倭之五王"遣使频繁，而使者所至为江南的建康（今江苏省南京）。要之，5世纪中日关系虽云密切，但日方使者之"入洛"却不曾恢复。

日本埼玉县行田市稻荷山古坟出土的铁剑和熊本县玉名郡江田船山古坟出土的铁刀各有错金和错银的繁长铭文（图5）。据考证，铭文中的"获加多支卤大王"为《日本书纪》中的雄略天皇，即《宋书》中的倭王武。据铁刀和铁剑铭文所记，获加多支卤大王自称"治天下大王"。这说明，在5世纪的70年代、80年代，日本统治者已试图将自己国家的领域从以中国为中心的"天下"中脱离出来，建立日本自身的天下观。于是，从5世纪80年代开始，日本停止向中国遣使朝贡，从而不再接受中国的册封[12]。

6世纪初期，北魏宣武帝扩建洛阳城，在城的南面正门宣阳门外大道两侧建"四夷馆"，以接待来自四方的外国使者、宾客。"四夷馆"中有"扶桑馆"，乃使个别日本学者以为当时日本曾遣使到北魏的洛阳。其实，此处"扶桑"二字是泛指东方，决非专指日本。至于《梁书·诸夷传》中的扶桑国，则在倭国以东数万里，所记之事皆属无稽，自不可与倭国同日而语。要之，北魏洛阳四夷馆中东夷馆之称"扶桑馆"犹西夷馆之称"崦嵫馆"，而"扶桑"、"崦嵫"各指日出、日没处，这是十分明显的。据《魏书·东夷传》记载，与北魏交往的东夷诸国为高句丽、百济、勿吉、失韦、豆莫娄、地豆于、库莫奚、契丹、乌洛侯，不包含倭国[13]。在《魏书》全书120余卷共数十万字中竟无一"倭"字，说明了以上所有问题。孝静帝元象元年（公元538年），北魏发生"侯景之乱"，洛阳宫室、寺宇、商市、民居全部焚毁，化为丘墟，这在《洛阳伽蓝记》中有详细记述。因此，个别日本学者认为日本7世纪晚年所建都城藤原京在形制上模仿

图5 稻荷山古坟铁剑（正面与背面）

早在一百数十年前成为丘墟的北魏洛阳城，这也是没有根据的[14]。东魏和北齐改以邺城为都城。但是，在《北齐书》中也完全没有关于倭人来访的记载。要之，与前述4世纪一样，6世纪也可说是中日交往关系史上的"空白的世纪"。

七

开皇二年（公元582年）隋文帝在汉长安城东南方的龙首原南侧新建称为"大兴"的都城，是为京师。开皇九年隋军攻落江南陈王朝的都城建康，统一全中国。据《隋书·东夷传》记载，倭王于开皇二十年"遣使诣阙"。当时，东都洛阳尚未兴建，所谓"诣阙"，是指访问京师大兴。由于《日本书纪》没有相应的记述，可以认为此次遣使不是正式的。

仁寿四年（公元604年）隋炀帝即位于京师大兴。次年大业元年在洛阳另建都城，称为东京，不久改称东都，其位置在汉魏故城废址之西约9000米。隋的洛阳城沿承至唐，除武则天于长寿二年（公元693年）加高外郭城墙以外，大体上皆保持隋时原状，故考古学上往往并称此城为隋唐洛阳城（图6）。值得大书特书的是，在相隔300余年之后，终于在大业三年（公元607年）迎来了日本著名使者小野妹子的"入洛"，尽管洛都已移至新址。

如前所述，自5世纪后期倭王武自称"治天下大王"以来，日本试图从以中国为中心的"天下"离脱，建立本国自身的天下观，从而不再接受中国的册封。据《隋书·东夷传》记载，小野妹子所呈倭王致炀帝的国书开头便称"日出处天子致书日没处天子无恙"云云，真可以说是史无前例的破天荒之举。小野妹子此次入洛，堪称在中日两国关系史上揭开了新的篇章。

长期以来，日本学者皆认为小野妹子所到为隋的大兴城，这大概是由于大兴或可视为隋的首都之故。但是，我却一反通说，主张小野妹子是在洛阳呈奉国书，而不是在大兴。我的理由简述如下。

《隋书·东夷传》记炀帝大业三年（公元607年）倭王遣使朝贡，《日本书纪》则记推古天皇十五年（公元607年）七月三日遣小野妹子访隋。七月三日为小野受命之日，其从日本出发当在八月以降。按照一般行程，妹子抵达隋的都城应在此年秋冬之际。另一方面，据《隋书·炀帝纪》记载，自大业三年九月二十三日至四年三月二十一日，炀帝不在京师大兴，而在东都洛阳。这样，小野妹子在洛阳朝见隋炀帝，应是无可置疑[15]。据我看来，由于种种原因，与京师大兴相比，隋炀帝更偏爱东都洛阳，故往往在洛阳久驻。

虽然国书的措辞使炀帝深感不悦，但出于对两国友好关系的重视，特遣文林郎裴世清于大业四年二月至三月间随归国的小野妹子回访日本。大业四年九月，小野妹子又受命随归国的裴世清再访中国。据《隋书·炀帝纪》记载，大业四年九月以降炀帝在洛阳，五年正月二十日才归京师大兴，从而可以推测小野妹子第2次访隋亦可能入洛。《隋书·东夷传》记小野妹子第1次访隋有沙门数十人随从，而《日本书纪》则记其第2次访隋有高向玄理、南渊请安等著名学者和僧人陪同。彼等在中国广泛考察、学习，甚多收获。日本奈良法隆寺金堂释迦三尊像的形相与龙门宾阳洞佛像有相似处，或与小野妹子的入洛有关。

八

唐王朝成立以后，改京师大兴之名为长安，而东都洛阳的名称则长期沿用不变。自唐太宗贞观四年（公元630年）至文宗开成三年（公元838年），日本派正式的遣唐使访问中国共计13次。除显庆四年（公元659年）的第4次遣唐使是在东都洛阳朝见唐高宗，麟德二年（公元665年）的第5次遣唐使于年末入境后可能直接赴泰山参列次年正月高宗亲自主持的封禅仪式以外，其余11次遣唐使的首要访问地点皆为京师长安。但是，因洛阳的地理位置在长安之东，遣唐使入境后赴长安或自长安返国，必然经过洛阳而顺便访问之。

遣唐使继遣隋使之后，率领众多有才识的留学生、学问僧前来中国，考察中国的政治经济，学习中国的典章制度，从各方面加深对中国文化事业的理解，其中包括在以佛教为主的宗教方面向中国求教益。从考古学的角度看来，最明显的则是日本的宫殿建筑和都城规划皆出于对唐王朝的模仿。就7世纪90年代建成的藤原京和8世纪初期兴建的平城京而言，首先是"大极殿"、"朱雀门"、"朱雀大路"、"东市"、"西市"之类都是采用长安城中相应处所的名称。其次是宫殿、佛寺等的结构和样式，从基坛、柱、壁到屋顶，基本上都仿自中国相关的建筑物，而平城京第一次大极殿的龙尾坛仿效唐长安大明宫含元殿的龙尾道则可称是最为突出的显著之例。再就都城的整体布局看来，朱雀大路贯穿中央，划分全城为左右两京，而其他街道和坊市的设置大体上都按左右对称的格局，与唐长安城的建制十分相似[16]。

当然，唐长安城的整体平面呈东西横长方形，而日本都城的平面形状始终为南北纵长方形，这是不容忽视的差异。此外，唐长安城除朱雀大路两旁少数的坊平面呈正方形以外，绝大多数坊的平面都为东西横长方形，而日本都城中的所有的坊都是平面成正方形的，亦与长安城有异。日本都城的这两项与唐长安城规制有异之点若非出于日本自身的独创，则可求同于唐洛阳城（图6）。据近年来的勘探、发掘，唐洛阳城东面城墙长7312米，北面城墙长6138米，全城平面基本上呈南北纵长方形，长与宽的比例为5:4，正与平城京主体部分的平面形状相近。据《元河南志》引唐韦述《两京新记》记述，唐洛阳城内的坊皆为300步见方，而实际的勘探亦证明绝大多数的坊确是平面呈正方形的[17]。

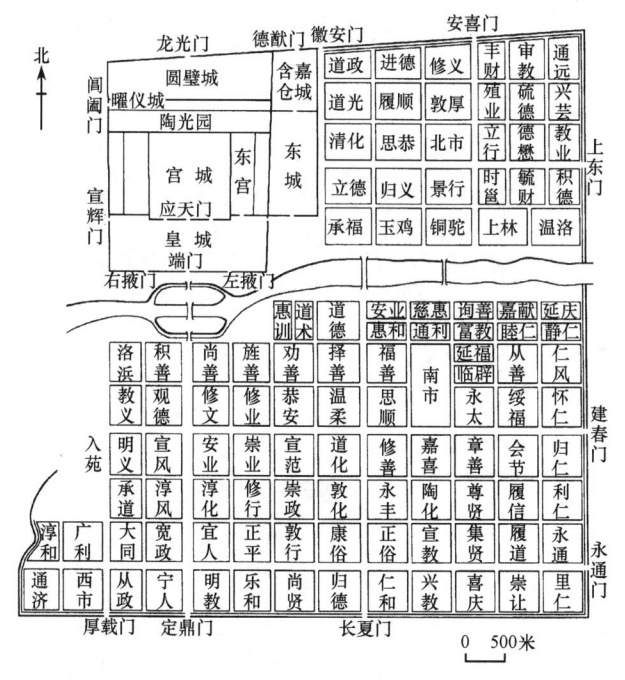

图6 唐洛阳城平面复原图

九

8世纪末9世纪初日本进入平安时代（公元794~1192年）以后，唐洛阳城在平安京建制中的影响继续存在，而且有所提高。与平城京相比，平安京不设外京，都城全体的平面形状呈规整的南北纵长方形，长与宽的比例与唐洛阳城接近。与平城京一样，平安京朱雀大路纵贯中央，分全城为左京和右京，而由各条东西向和南北向的大路交错划分而成的70余个坊除最北的"北边坊"外，其余68个坊的平面形状全作正方形，亦与前述唐洛阳城大多数的坊相似（图7）。

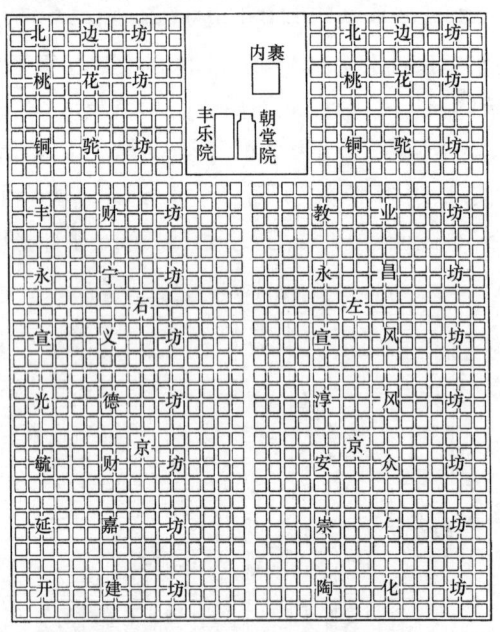

图7 平安京平面布局及坊名

据查考，平城京内有称为"松井坊"的坊名遗留于史料中，但其他所有的坊是否有坊名却不得而知，所以只能按道路的排列次序而称几条几坊，以定位置。按照日本的律令制度，左京和右京分别由称为"左京职"和"右京职"的官员统治，各坊置坊长1人，而各条东西向大路之间相邻的4个坊则合成一个单位而置坊令1人管辖之。因此，平安京宫城以南的坊皆为4个坊共用1个坊名，宫城东西两侧的坊则是6个坊共用1个坊名（图7）。这样，在全城共17个坊名之中，除最北的"北边坊"、"桃花坊"和右京最南的"延嘉坊"、"开建坊"不论以外，其他"铜驼"、"教业"、"宣风"、"淳风"、"安众"、"陶化"、"丰财"、"毓财"等8个坊名采自唐洛阳城，"永昌"、"崇仁"、"永宁"、"宣义"、"光德"等5个坊名采自唐长安城。要之，在平安京坊名的采用上，唐洛阳城反而占了唐长安城的上位。

我在过去的有关论文中曾指出，日本都城中的宫城实际上是中国唐代两京宫城和皇城的结合体。就宫门名称而论，这表现在藤原京的宫城门有时亦称皇城门，又表现在平安京的宫城南门仿唐长安皇城南门而称朱雀门，朝堂院的南门则仿唐洛阳宫城南门而称应天门。这里，应该指出的是，平安京朝堂院南门不称承天门而称应天门，这显然是由于唐洛阳城在平安京建制中的影响有所提高之故。

与平城京一样，平安京以朱雀大路为中轴线，划分全城为左京和右京，已如上述。值得注意的是，在平安时代，由于左京在东，故称"东京"，右京在西，故称"西京"。因为中国的洛阳、长安各有"东京"、"西京"之称，所以平安京的左京转称"洛阳"，右京转称"长安"。以后，又因右京地势低湿，景况萧条，左京人口稠密，极其繁荣，以致"长安"之称被淡忘，而"洛阳"二字遂成为平安京全体的代名词[18]。在平安时代晚期鸟羽天皇永久四年（1116年）撰成的名为《朝野群载》的汉文诗文集中，有借用中国《晋书·文苑（左思）传》所见"洛阳纸贵"的典故以喻著作获好评而被广为传抄的，但"洛阳"二字所指却是日本的平安京，亦即京都。

据《日本三代实录》记载，清和天皇贞观八年（866年）闰三月平安宫应天门遭火灾焚毁。贞观十年二月开始重建，十三年十月竣工。十月二十一日，明经、文章等博士奉命讨论应天门是否改名的问题。巨势文雄引魏明帝青龙三年改火灾修复后的洛阳崇华殿曰九龙殿、唐玄宗天宝二年改火灾修复后的洛阳应天门曰乾天门为例，主张改名；菅野佐世、善渊永贞、船麻吕等则以《左传》所记鲁之雉门火灾修复后不改其名为由，主张仍称应天门，并以多数的意见而受采纳[19]。从以上讨论看来，当时日本的文人学士熟悉中国历史，对中国历代都城、宫殿的沿革了如指掌。平安宫朝堂院北部正殿曰大极殿，殿前有大坛曰龙尾坛，其建制、名称分别仿自唐长安太极宫中的太极殿及大明宫中的含元殿。但是，日本朝廷中的有识之士以及博学多才、崇尚唐风的君主如嵯峨天皇者，必深知魏明帝青龙三年（公元235年）于洛阳南宫汉崇德殿处起太极殿以及此前、此后日本使者多次入洛访问等种种历史事实。我想，这或许便是中国的洛阳城在日本平安京建制中的影响得以提高的原因所在。

注　释

[1] 王仲殊：《东汉的都城（雒阳）》第17～29页，《汉代考古学概说》，中华书局，1984年。

[2] 《后汉书》卷一下第84页，在《光武帝纪》建武中元二年春正月条的"倭奴国"三字左边用一条作为专名号的直线连贯，亦易致误解。中华书局标点本，1965年。

[3] 云南省博物馆：《晋宁石寨山出土有关奴隶社会的文物》第59页，《文物》1959年第5期。

[4] 王仲殊：《说滇王之印与汉委奴国王印》第573～575页，《考古》1959年第10期。

[5] 王仲殊：《论所谓"倭面土国"之存在与否》第84～93页，《北京大学学报》1994年第4期。

[6] 王仲殊：《中日両国の文献資料からみた古代倭の国名とそれに関する諸問題》第76～99页，《東アジアの古代文化》第92号，大和书房，1997年。

[7] 中国社会科学院考古研究所洛阳汉魏故城队：《汉魏洛阳城金墉城址发掘简报》第1～15页，《考古》1999年第3期。

[8] 王仲殊：《关于〈魏志·倭人传〉、〈后汉书·倭传〉的标点和解释》第75～83页，《古籍整理与研究》第七册，中华书局，1992年。

[9] 王仲殊：《论日本出土的青龙三年铭方格规矩四神镜——兼论三角缘神兽镜为中国吴的工匠在日本所作》第727～735页，《考古》1994年第8期。

[10] 王仲殊：《三角緣神獸鏡》，学生社，1992年（同书新装普及本由学生社于1998年再版）。

[11] 王仲殊：《论日本"仿制三角缘神兽镜"的性质及其与所谓"舶载三角缘神兽镜"的关系》第76～88页，《考古》2000年第1期。

[12] 王仲殊：《中国からみた五世紀における倭国の治天下大王》，《稲荷山古墳の鉄剣を見直す》，学生社，2001年。

[13] 王仲殊：《扶桑館に倭人なし》第119～126页，《中国からみた古代日本》，学生社，1992年。

[14] 王仲殊：《关于日本古代都城制度的源流》第354～370页，《考古》1983年第4期。

[15] 王仲殊：《日出ずる處の天子書を日没する處の天子に致す》第132～142页，《中国からみた古代日本》，学生社，1992年。

[16] 王仲殊:《论日本古代都城宫内大极殿龙尾道》第72~84页,《考古》1999年第3期。
[17] 王仲殊:《日本の古代都城制度の源流について》第11~14页,《考古学雜誌》第69卷第1号,日本考古學會,1983年。
[18] 村井康彦:《洛陽と長安》第159~163页,《日本の宫都》,角川书店,1978年。
[19] 《日本三代实录》(前篇)清和天皇贞观十三年十月条第299~300页,《国史大系》,吉川弘文馆,1981年。

(本文原载《考古》2000年第7期)

试论唐长安城大明宫麟德殿
对日本平城京、平安京宫殿设计的影响

日本8世纪的都城平城京和8世纪末、9世纪以降的都城平安京，其形制、布局皆模仿中国唐代的都城长安和洛阳，尤其以对长安城的模仿更为显著。平城京和平安京的宫城（各称平城宫和平安宫）位于京城北部的中央，相当于唐长安城宫城和皇城的结合体，而宫城内的内裏和大极殿则相当于长安城太极宫内的宫殿，这本来是很清楚的。

但是，从高宗龙朔三年（公元663年）开始，唐朝皇帝由太极宫移至长安城北面东头的新宫大明宫，从而使大明宫取代太极宫而成为全国政治中枢之所在。这样，可以理解，日本平城宫、平安宫的宫殿建制实际上是模仿唐长安城的大明宫。平城宫、平安宫的正殿虽与长安城太极宫的正殿同称为"太极殿"（习惯上称"大极殿"），其实却是模仿大明宫的正殿含元殿而营建的，这可以从平城宫第一次大极殿和平安宫大极殿的称为"龙尾坛"（龙尾道）的大坛是出于对含元殿特有的"龙尾道"的模仿得到确证。

在《考古》1999年第3期上，我发表了题为《论日本古代都城宫内大极殿龙尾道》的论文，论证日本平城宫第一次大极殿、朝堂院和平安宫以大极殿为主殿的朝堂院与唐长安城大明宫含元殿在建制上的关系[1]。本文作为它的续篇，则是论述唐大明宫麟德殿对日本平安宫丰乐院的影响，亦论及其对平城宫第二次大极殿、朝堂院建成后就第一次大极殿、朝堂院旧址改建的"中宫"或"西宫"的影响。

一

麟德殿是唐长安城大明宫中的重要宫殿。据查考，其始建年代可能在高宗龙朔三年（公元663年），而落成则在麟德年间（公元664~665年），故以"麟德"为殿名。自1957年以来，中国社会科学院考古研究所的学者们对麟德殿遗址作全面的发掘，并根据各种遗存对此殿原来的形制、结构作了甚为周详的复原[2]。

麟德殿的台基南北长130米，东西宽80余米。台基上建有前、中、后毗连的三殿，殿堂面向正南，形制左右对称。前殿面阔11间（除去两边的山墙，殿内空间为9间），进深4间，殿前设东、西两阶以供升登。中殿面阔与前殿相同，殿内的9间空间分隔为三部分（中部5间，两旁各2间），各设门以通前殿、后殿，具穿堂的性质，推测其上的楼层亦覆盖后殿的一部分而成为称作"景云阁"的宽大厅堂。后殿面阔与前殿、中殿相等，而进深则为6间，从遗迹可判断它是"障日阁"，其整体可均等地分隔为3个大小相同的厅房。中殿左右两侧各有一亭，称"东亭"与"西亭"。后殿两侧各有一楼，称"郁仪楼"与"结邻楼"[3]。全殿周围绕以回廊，建筑总面积广达12300多平方米。由于麟德殿主要是由前、中、后三殿组成，故当时有"三殿"之称，而前殿实为正殿。通常所称的"麟德殿"是指前、中、后三殿以及东、西二亭和郁仪、结邻二楼等的全体，但有时则是着重指前殿而言的（图1）。

如所周知，含元殿是大明宫的正殿，为举行盛大典礼和重要朝会的场所。宣政殿和紫宸殿分别为皇帝临朝听政和群臣入内朝见之处，它们的位置皆在含元殿的后面而与含元殿一同位于大明宫的中轴线上。麟德殿的位置偏在大明宫的西部，虽然有时也作为大臣奏对、藩臣觐见、命妇朝参等的处所，也有为公主出降而在此殿行礼，或因举办道教、佛教的法事而以此殿为会

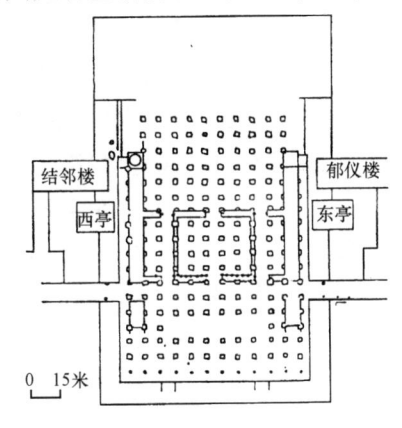

图1 麟德殿平面图

场的，却非朝会的主要场所。但是，朝廷经常在麟德殿举行由皇帝亲自主持的各种宴飨之会，则可视为此殿的特殊功能所在，其重要性于此可见[4]。参加宴会的人数有时有二三百人之多，甚至多达3500人，可称当时最大的宴会厅（图2）。兹举《册府元龟》所记

为例，简述如下。

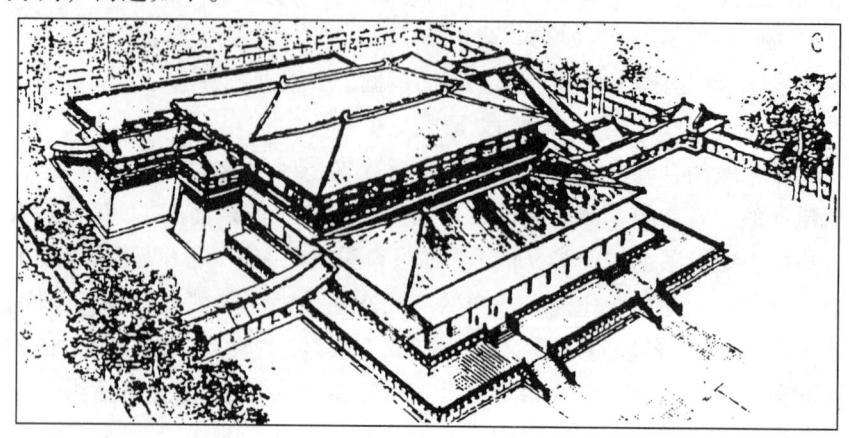

图 2　麟德殿建筑复原图

高宗乾封元年（公元 666 年）四月甲辰，帝至京师，先谒太庙，是日御景云阁宴群臣，设九部乐，颁赐各有差（卷 110，帝王部·宴享二）。

上元元年（公元 674 年）九月辛亥，百官俱新服上礼，帝御麟德殿之景云阁以宴群臣（同上）。

代宗大历二年（公元 767 年）八月癸未，御三殿宴李抱玉、杜鸿渐及河南、江淮转运使刘晏、荆南节度使卫伯玉等，赐物有差（同上）。

大历三年（公元 768 年）五月戊午，宴剑南、陈、郑神策军将士三千五百人于三殿，赐物有差（同上）。

大历十年（公元 775 年）八月乙亥，宴宰臣及御史大夫、节度使、转运使、判度支户部侍郎、京兆尹于三殿，赐物各有差（同上）。

大历十三年（公元 778 年）正月甲戌，帝御三殿，宴幸臣及节度使、转运使、判度支户部侍郎、京兆尹等，赐物有差（同上）。

大历十三年（公元 778 年）二月庚辰，帝御三殿宴侍臣五品以上、御史台五品以上、尚书省四品以上及节度、观察、在城判官等，并宰臣、勋臣弟兄等并赴会，凡三日连宴，锡赉极于丰厚（同上）。

大历十四年（公元 779 年）二月壬辰，帝御三殿宴宰臣及两省供奉官并文武百僚，赐物有差。癸巳又御三殿，宴至德以来勋臣子弟及藩邸旧臣子弟，赐物有差，顺时令广恩也（同上）。

德宗兴元元年（公元 784 年）七月壬午，车驾自兴元至京师，帝即还宫，每间日宴勋臣于麟德殿，必亲阅酒馔，盛陈音乐，欢极而罢（同上）。

贞元四年（公元788年）二月戊戌，帝御麟德殿观宰臣李晟、马燧及诸将会鞠（同上）。

贞元四年（公元788年）三月甲寅，宴百僚于麟德殿，设九部乐及内出舞马。帝制序及诗以赐群臣，于是给御笔仍命属和，颁赐各有差。至是尝参官及二王后、皇室从曾祖以下亲异姓诸亲、勋臣、节将子孙悉集焉（同上）。

贞元六年（公元790年）三月己酉，帝以寒食与宰臣及北诸军将军鞠于麟德殿，颁赐各有差（同上）。

贞元十二年（公元796年）二月己卯寒食节，帝御麟德殿之东亭，观武臣及勋戚子弟会鞠，兼赐宰臣宴馔，于宰臣位后施画屏风，图汉魏名相，仍纪其嘉言美行题之于下（同上）。

贞元十三年（公元797年）二月寒食，赐宰臣宴于麟德殿前，观会鞠，各赐锦䌽、瓶盘等（同上）。

贞元十四年（公元798年）二月戊午，帝御麟德殿，文武百僚宴乐于东、西厢（同上）。

宪宗元和二年（公元807年）二月丁丑，以寒食节御麟德殿，宴宰臣杜祐、武元衡、郑絪、李吉甫及仆射、大夫、度支盐铁使、京兆尹、洎军使、驸马、诸亲王会焉，帝与之击毬于庭，赐宰臣以下锦䌽、银器有差（卷111，帝王部·宴享三）。

元和七年（公元812年）正月乙酉，御麟德殿宴泾原节度使朱忠亮（同上）。

元和十三年（公元818年）二月乙亥，御麟德殿宴宰臣及太子、三少、六尚书、左右丞、侍郎、御史中丞、中书省门下省五品以上官、翰林学士、京兆尹、度支盐铁使、左右金吾将军、威远皇城六军及诸卫大将军、驸马都尉、诸道朝觐节度使、公主、郡王等，观击鞠、角抵之戏，大合极欢而罢，以锦䌽、银器颁赐有差（同上）。

元和十四年（公元819年）三月乙酉以齐鲁初平，宴文武百僚于麟德殿，宰臣裴度等举觞献寿，帝执酒为饮之。因击鞠为戏，既罢，赐缯䌽有差（同上）。

元和十四年（公元819年）七月甲申，御麟德殿，宴宣武军节度使韩弘及判官、大将军等共三百人，赐物有差（同上）。

元和十四年（公元819年）八月丁卯，帝御麟德殿宴魏博节度使田弘正并判官、大将军等二百人，赐物有差（同上）。

元和十四年（公元819年）九月己亥，御麟德殿宴亲王及高品供奉官（同上）。

穆宗元和十五年（公元820年）九月辛酉，帝御麟德殿宴李光颜、李愬，各赐锦綵五百疋、银瓶盘算五事、衣一袭、马一匹，宾佐、将校颁赐有差（同上）。

长庆元年（公元821年）二月辛卯寒食节，帝御麟德殿赐百僚宴，帝自击鞠，命禁军设百戏，赐物有差。壬辰又宴宰臣、师保、仆射尚书、翰林学士、将军、军使，赐物有差。癸巳又宴将军、军使及内官（同上）。

敬宗宝历元年（公元825年）三月壬子，帝御三殿宴百僚，癸丑又宴宰臣、翰林学士、给事中、中书舍人、御史中丞、诸曹尚书、侍郎、京兆尹等，颁赐银器、锦綵有差（同上）。

宝历二年（公元826年）二月丁巳寒食节，三殿宴百官，又自戊午至庚申宴宰臣、师保、尚书、侍郎、御史中丞、两省五品以上官、驸马、公主等，前后颁赐有差（同上）。

文宗太和元年（公元827年）五月戊辰，对诸道端午使于麟德殿，宴赐有差（同上）。

太和六年（公元832年）二月己丑寒食节，宴群臣于麟德殿（同上）。

二

除以上所述为本国臣僚赐宴以外，麟德殿也是唐朝皇帝为各外蕃使臣宴赐的主要场所。在唐代，各方外蕃使臣来访频繁，诸蕃遣使的总共次数之多，几乎不可胜计。这里仅据《册府元龟》所见8世纪初期至9世纪中期的不完全的记载作约略统计，从玄宗开元元年（公元713年）开始，经肃宗（公元756～761年）、代宗（公元762～779年）、德宗（公元780～805年）、宪宗（公元806～820年）、穆宗（公元821～824年）乃至文宗（公元827～840年）、武宗（公元841～846年）各代的130余年间，唐朝皇帝在大明宫麟德殿（亦称"三殿"）设宴并赏赐吐蕃、回鹘、南诏、昆明、牂牁、奚、契丹、室韦、新罗、渤海及其他外蕃使臣共计达80余次，其中吐蕃使臣8次，回鹘使臣8次，南诏使臣18次，昆明使臣3次，牂牁使臣10次，奚使臣4次，契丹使臣8次，室韦使臣7次，新罗使臣3次，渤海使臣14次。当然，以渤海为例，在8世纪、9世纪的唐代中期和后期，其遣使访中国甚频，所遣使臣远不止14次，其他诸蕃遣使情形亦大抵如此。外蕃使臣率领其陪同人员出席宴会，人数少则3人、5人、6人、7人，或则11人、19人、22人，亦有多达30、40、50余人的。据记载，大凡使臣到达京师长安之后，先在大明宫宣政殿朝见皇帝，皇帝则在麟德殿对见使臣，然后于此殿宴赐（图3，图4）。"朝见"是指使臣拜谒皇帝，而"对见"则指皇帝向使臣问话。有的使者专为"贺正"而来，则必在含元殿参列正月元旦朝贺仪式；有的使者在京期间适逢元旦，亦有可能在含元殿参列仪式。此等虽属题外之言，顺便于此述及。因限于篇幅，这里只举《册府元龟》所记9世纪前期约40年间唐朝皇帝在麟德殿对见并宴赐渤海使臣14次的情形为例，简述如下。

宪宗元和四年（公元809年）正月戊戌，帝御麟德殿，引渤海使谒见，赐物有差（卷976，外臣部·褒异三）。

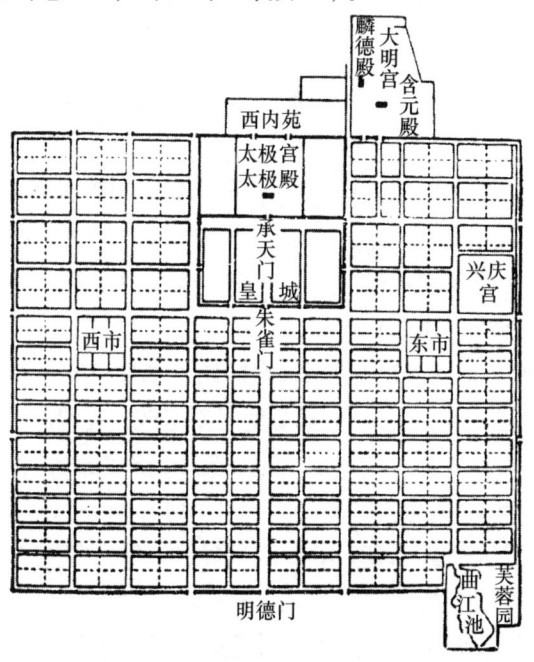

图3　唐长安城布局及太极宫、大明宫位置图

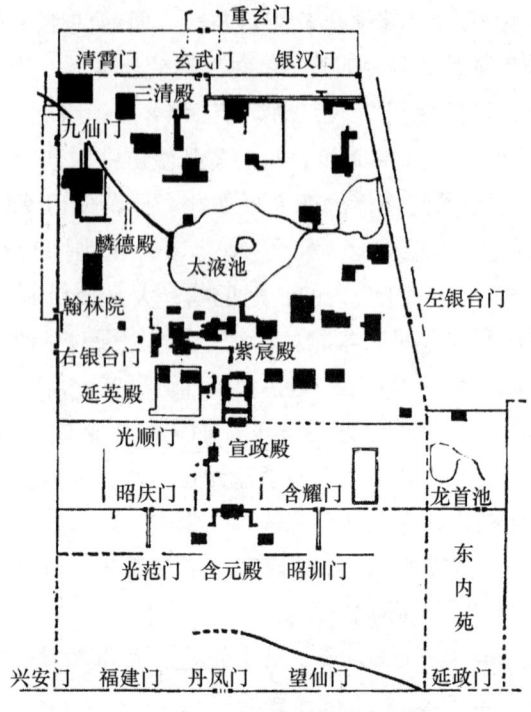

图 4　唐长安大明宫遗迹实测图

元和七年（公元812年）正月癸酉，帝御麟德殿对渤海使等，赐宴有差（同上）。

元和八年（公元813年）十二月丙午，麟德殿宴渤海使，仍赐以锦绿（同上）。

元和九年（公元814年）二月己丑，麟德殿召见渤海使高礼进等三十七人，宴赐有差（同上）。

元和十五年（公元820年），穆宗即位，二月庚寅对渤海朝贡使于麟德殿，宴赐有差。十二月壬辰对渤海使于麟德殿，宴赐有差（同上）。

穆宗长庆二年（公元821年）正月壬子，对渤海使者于麟德殿，宴赐有差（同上）。

文宗太和元年（公元827年）四月癸巳，御麟德殿对渤海使者十一人，宴赐有差（同上）。

太和二年（公元828年）十二月己卯，渤海遣使朝贡，诏对于麟德殿，宴赐有差（同上）。

太和六年（公元832年）二月丙辰，麟德殿对入朝渤海王子大明俊等六人，宴赐有差。

　太和七年（公元833年）二月己卯，麟德殿对渤海王子大光晟等六人，宴赐有差（同上）。

　文宗开成二年（公元837年）正月癸巳，上御麟德殿，对贺正渤海王子大明俊等十九人，宴赐有差（同上）。

　开成三年（公元838年）二月辛卯，御麟德殿对入朝渤海使，赐锦綵、银器有差（同上）。

　武宗会昌六年（公元846年）正月，渤海使朝于宣政殿，对于麟德殿，赐食于内亭子，仍赉锦綵、器皿有差（同上）。

三

　　日本在自舒明天皇二年（公元630年）至宇多天皇宽平六年（公元894年）的260余年间共有过18次遣唐使派遣的计划，其中第12次淳仁天皇天平宝字五年（公元761年）、第13次天平宝字六年（公元762年）和第18次宇多天皇宽平六年（公元894年）在决定使臣人选之后不久即中止派遣，实际上只有15次遣唐使入唐。但是，日本学术界一般仍按18次计数列序，本文亦依此惯例。此外，第11次淳仁天皇天平宝字三年（公元759年）是为迎接入唐未归的第10次大使藤原清河而遣，第15次光仁天皇宝龟十年（公元779年）是为奉送访日唐使孙兴进返国而遣，不算是正式的遣唐使[5]。日本学者多主张第5次天智天皇四年（公元665年）以守君大石为首的使团是为奉送访日唐使刘德高归国而遣，亦非正式的遣唐使，但我参照《册府元龟》和《日本书纪》的记载，认为守君大石被刘德高强邀赴中国是为参列唐高宗于翌年乾封元年（公元666年）正月在泰山举行的封禅大典，未必不可视为正式的使者[6]。要之，自7世纪30年代初到9世纪30年代末，日本共有12次或13次正式的遣唐使前往中国。

　　第1次（公元631年）至第3次（公元654年）的遣唐使在唐的京师长安太极宫朝见唐太宗和唐高宗，第4次（公元659年）遣唐使在唐的东都洛阳宫中朝见唐高宗。如前所述，第5次遣唐使（公元665年）于翌年正月在泰山参列封禅仪式，未赴唐的都城。至于第6次（公元

669年）遣唐使，由于其派遣与前述第5次遣唐使一样，是在白村江之战（公元663年）以后不久，河内直鲸作为战败国的使者，不受中国方面重视，虽曾到达京师长安，却未必能进入建成于龙朔三年（663年）的新宫大明宫朝见皇帝[7]。因此，在12次或13次正式的遣唐使之中，只有以粟田真人为执节使的第7次（公元702年）遣唐使及其以后的6次（公元717～838年）遣唐使曾进入大明宫（图3）。

在上述8世纪初至9世纪前期的7次正式的遣唐使之中，《旧唐书》和《新唐书》记则天武后长安三年（公元703年）宴粟田真人于麟德殿[8]。日本的《续日本纪》记玄宗天宝十二载（公元753年）正月元旦以藤原清河为大使的第10次遣唐使在含元殿参列朝贺仪式[9]，代宗大历十三年（公元778年）三月以副使小野石根代行大使事的第14次遣唐使于宣政殿礼见并进国信及别贡等物，在延英殿对见，而于"内裹"受宴[10]。《日本后纪》则记德宗贞元二十年（804年）十一月以藤原葛野麻吕为大使的第16次遣唐使在宣政殿礼见，在麟德殿对见，在"内裹"受宴，次年正月元旦在含元殿参列朝贺仪式（图4）[11]。这里应稍加说明，自7世纪初以来，日本对中国实行所谓"对等外交"。按照8世纪初年的大宝令公式令（因制定于文武天皇大宝元年，故称大宝令）的《集解》（主要是其所引《古记》），日本以中国为"邻国"，两国的国际地位平等。因此，日本史书称日本使臣拜谒中国皇帝为"礼见"而不称"朝见"。在平城宫和平安宫，日本天皇居处在"内裹"（平安宫内裹正殿为紫宸殿），故日本史书称中国方面为招待遣唐使而于"内裹"设宴，而所谓"内裹"实指大明宫的紫宸殿。应该指出，中国方面对日本遣唐使的接待是按一定规制的。因此，综合以上中国史书和日本史书关于第7、第10、第14、第16次遣唐使的或详或简的记载，可以判明自8世纪初年以降，日本历次正式的遣唐使入京后先在大明宫宣政殿朝见皇帝，在麟德殿或延英殿受皇帝对见，在麟德殿或紫宸殿受皇帝宴赐，而正月元旦则在含元殿参列朝贺仪式（图4）。

可以设想，日本朝廷通过遣唐使的派遣，熟知唐长安城大明宫中各主要宫殿的形制、规模和功能而加以模仿。第7次遣唐使粟田真人等归国后就含元殿的形制、规模作了陈述，遂使8世纪前期平城宫第一次大极殿模仿含元殿的形制而建立在又高又大的"龙尾坛"之上[12]。日本朝廷根据本国遣唐使等对麟德殿的了解，并参照所闻渤海等其他外国使臣之在麟德殿接受对见和宴赐的情形，乃在8世纪末以降的平安宫中除营造以模仿含元殿的形制而建立在龙尾坛（道）上的大极殿为正殿的朝堂院之外，还在朝堂院西侧模仿麟德殿的功能建立了以丰乐殿为主殿的丰乐院。

四

延历三年（公元784年）桓武天皇自奈良平城京迁都于长冈京（在今京都府向日市、乙训郡等地区），延历十三年（公元794年）又自长冈京迁都至平安京，即今日京都市之地。本文所称平安京，是指桓武天皇延历十三年至后鸟羽天皇建久三年（1192年）约400年间的平安时代的都城。

平安京的许多遗迹埋没在今日京都市市区之下，考古学者只能在栉比鳞次的街道、房屋之间见缝插针，作局部的、有限的发掘调查。然而，由于平安时代及其后镰仓时代（1192～1333年）的古籍、古图所记平安京的建制甚详，不仅可复原此京的总体布局，且可确知宫城平安宫内的宫殿、衙署等的具体设置，十分值得庆幸。

作为宫城，平安宫居平安京的北部中央，其南面正门朱雀门是全京中轴线朱雀大路的出发点，同时也与宫内朝堂院的南面正门应天门对直而成为全宫中轴线的起点。除各政府部门的衙署等以外，平安宫内的主要部位为三组最重要的宫殿所占据。第一是位于全宫正中央的朝堂院（亦称八省院），其正殿大极殿相当于唐大明宫的含元殿，天皇在此殿举行即位、朝贺等重大典礼，而大臣及诸司官员则经常在殿南庭中的十二朝堂值班、出勤。第二是朝堂院北面偏东的"内裏"，是天皇的居住所在，其中的紫宸殿为天皇日常处理政务之处，相当于大明宫的紫宸殿，由于平安时代"内裏"在政治上的重要性增大，此殿亦兼有大明宫宣政殿的性质。第三是朝堂院西侧的丰乐院，相当于大明宫的麟德殿（图4，图5）。

如所周知，在7世纪末所建的藤原宫（在今奈良县橿原市）和8世纪初所建平城宫中，内裏、大极殿和朝堂院是早已存在的。但是，8世纪末所建平安宫中在以大极殿为主殿的朝堂院的西侧另建称为丰乐院的宫殿以为宴会的场所，则实在可说是没有先例的一大创新。我认为，这主要是受到位于唐大明宫西部的、以举行各种宴会为特殊功能的麟德殿的影响，已如前述。

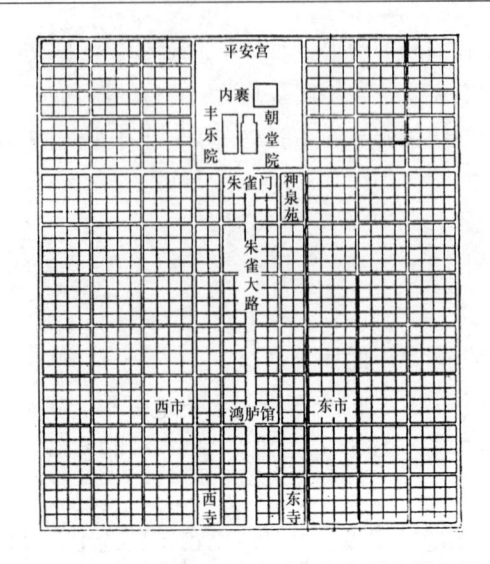

图5　日本平安京布局及平安宫主要宫殿位置

据查考，早在迁都的次年，即延历十四年（公元795年）中，平安宫内的大极殿已经造就，延历十五年正月元旦桓武天皇便在此殿接受群臣的朝贺，而丰乐院的建成却迟在延历十九年（公元800年），稍为滞后。据平安时代末期成书的《今昔物语集》记述，当时号称举世无双的巧匠飞弹匠（古代的飞弹主要相当于今岐阜县北部之地）参与了丰乐院的营建工程。如前所述，平安宫遗址所在地为今日京都市住宅等建筑物的密集区，而丰乐院的主殿丰乐殿的基坛却有幸于1987年得以发掘，日本学者曾据以对此殿的形制加以复原（图6）。出土的鸱尾、瓦当等

图6　丰乐院主殿丰乐殿建筑复原图

各种瓦件制作精致,多施釉彩,足见其建筑之华丽[13]。

据《延喜式·京程》所记换算,丰乐院整体从南至北的长度约为430米,从东至西的宽度约为185米,其面积之广大不亚于以大极殿为正殿的朝堂院[14]。如阳明文库所藏作成于镰仓时代后期的后醍醐天皇元应元年(1319年)的近卫家古图所示[15],丰乐院的正殿丰乐殿位于全院的北部中央,殿的东、西两侧各有"栖霞楼"和"霁景楼",殿南庭中则有"显阳"、"观德"二堂在东,"承欢"、"明义"二堂在西,而南部丰乐门内、仪凤门外的东、西两旁又各有"延英堂"和"招俊堂",北部不老门内则有"清暑堂"居中,"东华堂"和"西华堂"在其两侧(图7)[16]。后冷泉天皇永承三年(1048年)十一月,康平元年(1058年)二月,丰乐院迭遭火灾,终于在康平六年(1063年)的大火中全部焚毁,以后未能重建。

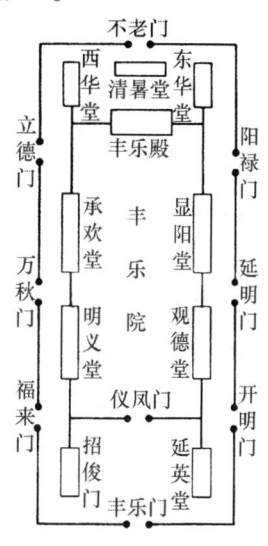

图7 丰乐院平面图
(图中未绘栖霞、霁景二楼)

自9世纪初年以迄11世纪中期的二百数十年间,关于丰乐院的记载散见于《日本后纪》、《续日本后纪》、《日本文德天皇实录》、《日本三代实录》等日本六国史(六部古代日本国的正史)中的四部国史,以及《类聚国史》、《扶桑略记》、《日本纪略》和《日本逸史》等史籍。《日本纪略》和《日本逸史》的编撰年代虽晚,但也有一定的补充、参考价值。综合各书的记载,可以了解到以丰乐殿为正殿的丰乐院作为平安时代宫中举行各种宴飨之会的主要场所,有其十分重要的功能。以一年一度的大典"丰明会"为首,每年的"白马"、"踏歌"、"大射"等传统节日盛会仪式都是在丰乐院隆重举行,而在位的天皇皆按例亲自参加、主持。

自古以来,日本最重要的农事为水稻的种植,丰明节会乃定在稻谷收获完毕后的初冬十一月,具体的时日为十一月卯日,及于辰日和午日,其时天皇试尝新谷,并赐宴于群臣,即所谓"大尝祭"和"新尝祭"(日本语中的"祭"指祭典、节庆)。由被定为"主基"、"悠纪"两国(日本古代行政区划称"国",其下设"郡")所在地方进奉新谷,以祀神明，设祭场二处，东（左）称"悠纪殿"，西（右）称"主基殿"，仪式盛大。例如《日本后纪》记大同三年（公元808年）十一月十四日辛卯平城天皇奉币于伊势神宫以行大尝事，十五日壬辰于丰乐殿宴五位以上（相当唐五品以上，下同）臣僚，主基、悠纪二国奏风俗歌舞，赐五位以上物及二国献物班给诸司，十七日甲午奏杂舞并大歌五节舞等，赐由贵（悠纪）、主基两国郡司役夫物各有差。又如《日本文德天皇实录》记仁寿元年（公元851年）十一月廿三日辛卯文德天皇先于朝堂院（八省院）为大尝祭事作开端，廿四日壬辰幸丰乐院赐宴群臣，廿五日癸巳频御丰乐院宴饮，悠纪、主基二国奏风俗歌舞，献物如同昨仪，廿六日甲午、廿七日乙未又御丰乐院两度宣策命。《日本三代实录》记元庆八年（公元884年）十一月廿二日乙卯阳成天皇在朝堂院斋殿亲奉大尝祭，十一月廿三日庚辰、廿四日辛巳、廿五日壬午连续留住于丰乐院主持各种宴会、舞乐之事最详，本文因限于篇幅从略。

正月七日的"白马"节会，也是每年都要在丰乐院举行的。本来用的是青马，醍醐天皇延长年间（公元923～930年）以降改用白马，但作为节会之名的"白马"二字仍读"青马"。其仪式程序是从平安宫西南门谈天门内的左、右两马寮牵引许多青马（以后改为白马）于庭上，供天皇观赏，传说可借以驱邪气，然后赐宴于群臣，并诏授若干臣僚以晋升后的新官位。例如《续日本后纪》记承和元年（公元834年）正月七日戊午仁明天皇御丰乐殿，观青马，宴群臣，并诏官位约在五位上下的臣僚20余人各升官一级。又如《日本文德天皇实录》记仁寿二年（公元852年）正月七日甲戌文德天皇幸丰乐院览青马以助阳气，赐宴群臣如常云云。

正月十六日为传统的"踏歌"节会，其特点是召集能歌善舞的男女歌唱岁首的祝词，并作舞蹈表演。除五位以上的臣僚出席以外，外国的使臣亦应邀参加。桓武天皇延历十八年（公元799年），因丰乐院的营造尚未最后完成，正月十六日的踏歌节会在朝堂院大极殿举行，以后即改其场所于丰乐院，终成定制。例如《日本后纪》记弘仁六年（公元815年）正月十六日戊子，嵯峨天皇御丰乐院宴五位以上及蕃客（指渤海使者王孝廉等），奏踏歌，赐禄有差。又如《日本纪略》记弘仁十一年（公元820年）正月十六日己丑，嵯峨天皇御丰乐院，奏踏歌，宴群臣及蕃客（指渤海大使李承英等），赐禄。《日本纪略》又记弘仁十三年（公元822年）正月十六日戊申，嵯峨天皇御丰乐院宴五位以上及蕃客（指渤海使臣等），奏踏歌，渤海大使王文矩等打球，云云。

正月十七日行射礼，其程序是正月十五日先于设在丰乐院正南门丰乐门外近处的兵部省召集亲王以下、五位以上群臣及六卫府的射手以定顺序，然后于正月十七日正式举行。天皇临丰乐殿观看，终了以后宴赐群臣，并赐禄于善射者。外国使臣若适逢此盛会，往往也应邀参与。例如《日本后纪》记弘仁二年（公元811年）正月十七日壬子，嵯峨天皇御丰乐院观射，蕃客（指渤海使臣高南容等）则赐角弓射。《续日本后纪》记承和元年（公元834年）正月十七日戊辰仁明天皇御丰乐院观射，十八日己巳又御丰乐院阅四卫府赌射。《续日本后纪》又记仁明天皇承和七年（公元840年）正月十七日甲午大纳言正三位（相当唐正三品）源朝臣常奉敕阅视六卫府射于丰乐院，仁明天皇嘉祥二年（公元849年）正月十七日壬申左右大臣奉敕行射礼于丰乐院，百官共观之。

五

如前所述，日本早已对中国实行"对等外交"，按照大宝令公式令的《集解》，日本以中国为"邻国"，两国的国际地位平等。但是，被称为"大唐"的中国毕竟是当时东亚的第一大国，日本不可能与之有真正的平等。在自7世纪30年代以来的200余年中，日本的遣唐使赴中国凡15次，而中国遣使赴日虽云9次，其中7世纪60年代白村江之战刚刚结束后的几次遣使态度严峻，实非正常的通好之使。大宝令公式令的《集解》明示新罗为日本的藩国，日本的遣唐使亦曾在中国京师长安大明宫参列元旦朝贺仪式时公然指新罗使者而称自古以来新罗向日本朝贡[17]，以贬低其国际地位。然而，至少自7世纪70年代统一朝鲜半岛之后，新罗国势强盛，不以日本为上国。从8世纪初年开始，日本多次遣唐使的航路改取风浪险恶的"南岛路"（经琉球列岛）或"南路"（横断东海），即是由于新罗恃强梗阻水陆交通之故。据《三国史记·新罗本纪》记载，新罗景德王在其元年（公元742年）、十二年（公元753年）两度拒绝接见来访的日本使臣，亦可为证。要之，在8世纪的奈良时代和9世纪以降的平安时代，与日本交往最为密切的外国当首推渤海。据统计，自圣武天皇神龟四年，即渤海武王仁安八年（公元727年）以来，渤海遣使赴日本34次，而日本向渤海遣使则为13次。从各方面的文献记载看来，日本显然以上国自居。

如日本学者所曾指出，日本朝廷对渤海使臣的接待方式乃是仿效中国朝廷对日本遣唐使的接待[18]，这应该是正确的。我要补充说明的是，日本朝廷对渤海使臣的接待其实亦是仿效中国对渤海使臣的接待。按照日本方面的规定，渤海使臣入京后，首先须递交本国中台省（相当唐的中书省）致日本太政官（相当唐尚书省兼中书、门下省）牒，就平安时代而言，然后到朝堂院（八省院）朝拜并呈奉国王启函、信物，而日本天皇则于丰乐院飨宴使臣。若逢正月七日"白马"、正月十六日"踏歌"、正月十七日"大射"等节日盛会，渤海使臣亦往往应邀在丰乐院参加，已如本文前节所述。至于在大极殿参列正月元旦的朝贺仪式，则以嵯峨天皇弘仁十三年（公元822年）为最后一次，此后即行停止。

本文此节专叙日本天皇于平安宫丰乐院飨宴渤海使臣的情形，故在前述渤海的34次遣使中只涉及日本桓武天皇延历十三年（公元794年）定都平安京以后所遣的22次。日本方面严格限制渤海遣使的频度，先以6年为间隔之期，不久又延长为12年，遂成定规。所以，在22次遣使中，因期限违约，偶尔亦因其他事故（如逢日本国丧）而被日方却还或不得入京的计有7次之多。此外，延历十五年（公元796年）和延历十八年（公元799年）的2次遣使是在丰乐院尚未建成之前，故不计入。嵯峨天皇弘仁元年（公元810年）因有称为"药子之变"的政治事故，渤海使臣高南容于此年四月一日被接入鸿胪馆，四月九日即匆匆离平安京归国（同年九月末再来日本），清和天皇贞观十四年（公元872年）平安京传染病大发，渤海使团被怀疑为疾病之自海外传入者，故不在丰乐院赐宴，俱应除外。辽太祖天显元年（公元926年）灭渤海，以其地为东丹国，曾两度以渤海使臣身份访问日本的裴璆以东丹使臣名义于日本醍醐天皇延长八年（公元930年）率团访日，被日方拒绝，不计入渤海遣使日本的34次之数。这里，我按日本史书所记，加以节录，或在文字上稍作紧缩，以叙述日本天皇在丰乐院招待渤海使臣的情形如下。

嵯峨天皇弘仁二年（公元811年）正月丙申朔，蕃客（指渤海大使高南容等）朝贺如常礼。七日壬寅，宴五位以上并蕃客，赐禄有差。

十七日壬子，（天皇）御丰乐院观射，蕃客赐角弓射焉（《日本后纪》）。

弘仁六年（公元815年）正月癸酉朔，皇帝（指日本天皇）受朝，蕃客（指渤海使臣王孝廉等）陪位。七日己卯，宴五位以上并渤海使，奏女乐，是日授渤海大使王孝廉从三位（相当唐从三品，以下类推），副使高景秀正四位下。十六日戊子，（天皇）御丰乐院宴五位以上及蕃客，奏踏歌，赐禄有差（《日本后纪》）。

弘仁十一年（公元820年）正月甲戌朔，蕃客（指渤海使臣李承英等）朝贺如仪。七日庚辰，宴五位以上及蕃客于丰乐院授位，渤海国入觐大使李承英等叙位有差。十六日己丑，御丰乐院，奏踏歌，宴群臣及蕃客，赐禄（《日本纪略》）。

弘仁十三年（公元822年）正月癸巳朔，皇帝（指日本天皇）御大极殿受朝贺，蕃客（指渤海使臣王文矩等）陪位如仪。七日己亥御丰乐殿，宴群臣及蕃客。十六日戊申，御丰乐殿宴五位以上及蕃客，奏踏歌，渤海国使王文矩打球（《日本纪略》）。

淳和天皇天长三年（公元826年）五月十二日戊寅，渤海国使高承祖授正三位，副使、判官、录事等亦有叙位。十四日庚辰，渤海客徒归加贺国（今石川县南部）（《类聚国史》）。

仁明天皇承和九年（公元842年）三月廿八日癸亥，渤海国使贺福延等上中台省牒。四月二日丙寅，贺福延等于八省院献启函、信物等。五日己巳，天皇御丰乐殿，飨渤海使等，诏授贺福延正三位，副使王宝璋正四位下，判官、录事、译语、首领等人皆随色加阶（《续日本后纪》）。

嘉祥二年（公元849年）五月二日乙卯，渤海国入觐使王文矩等诣八省院，献国王启函并信物等。三日丙辰，天皇御丰乐殿宴客徒（指渤海使臣）等，诏授大使王文矩从二位，副使乌孝慎从四位上（《续日本后纪》）。

阳成天皇元庆七年（公元883年）五月二日丁卯，渤海国大使裴颋等于朝堂奉进王启及信物。三日戊辰，天皇御丰乐殿，赐宴渤海客徒。亲王以下、参议以上侍殿上，五位以上侍显阳堂，大使以下二十人侍承欢堂，百官六位以下相分侍观德、明义两堂（图7）。授大使裴颋从三位，副使高周封正四位下，赐朝衣。客徒拜舞，升堂就食。雅乐寮陈鼓、钟，内教坊奏女乐，妓女百四十八人递出舞。五日庚午，天皇御武德殿览四府骑射及五位以上贡马,唤渤海客徒观之(《日本三代实录》)。

宇多天皇宽平七年(公元895年)五日七日癸亥,渤海客使裴颋等来着鸿胪馆。十一日丁卯,天皇幸丰乐院赐飨于客徒(《日本纪略》)。

醍醐天皇延喜八年(公元908年)四月廿一日,为(渤海)客使裴璆设曲宴于今来河边,并引之入京。六月,宇多法皇投书于璆,以致其父颋(据金毓黻《渤海国志长编》引《日本纪略》所记及《长编·诸臣列传》所述订定[19])。

醍醐天皇延喜二十年(公元920年)五月己巳,渤海入觐大使裴璆等二十人着于鸿胪馆。十一日壬申,裴璆于八省院进王启并信物等。十二日癸酉,天皇御丰乐院,赐飨宴于渤海客(《日本纪略》)。

在以上所录史书记载之中,须作两点补充说明。第一是淳和天皇天长三年(公元826年)以高承祖为大使的渤海使团在丰乐院接受宴赐无明文为证。这是由于《日本后纪》与《续日本后纪》的记事在年份上不相衔接,以致嵯峨天皇弘仁七年(公元816年)至淳和天皇天长九年(公元832年)17年间的历史成为空白,《类聚国史》、《日本纪略》等虽作补充,但未能确切详叙。按常情而论,淳和天皇应在此年五月十二日宴赐高承祖等于丰乐院,同时授其官位无疑。第二是醍醐天皇延喜八年(公元908年)以裴璆为大使的渤海使团在丰乐院接受宴赐亦无明确的记述。这是由于日本六国史中的最后一部国史《日本三代实录》的记事在年代上止于光孝天皇仁和三年(公元887年),《扶桑略记》、《日本纪略》虽补记宇多天皇(公元889~897年)及其以后的历史,但所记终难周详。按裴璆之父为裴颋,因其为"名父之子"而备受日本方面欢迎,醍醐天皇亦怀钦慕之心于其人,而宇多法皇(退位的天皇称"上皇",入佛门者称"法皇")更念念于其父颋而不忘,醍醐天皇决无不在丰乐院赐宴之理。延喜二十年(公元920年)裴璆第二次率使团访日,《扶桑略记》、《日本纪略》确记其于五月十二日在丰乐院受醍醐天皇宴赐,亦可为证。近年日本学者认定延喜八年(公元908年)五月十一日裴璆在丰乐院受宴赐[20],必有其可靠之依据。

在渤海遣往日本访问的使节之中,要以渤海国玄锡王十一年(即日本阳成天皇元庆六年,公元882年)、玮瑎王元年(即日本宇多天皇宽平六年,公元894年)两次出访的大使裴颋最为有名。裴颋官居正四品文籍院少监（以后晋升为从三品文籍院监），学识渊博，擅长诗文，加之容止优雅，仪表不凡，在日本受到热烈欢迎。日本著名的文人学士作中国唐诗（日本所谓"汉诗"）与之唱和，情意深切，传为佳话。为此，日本史书对其在丰乐院受宴赐的记述最为详细。如前文已经引述，宴会的坐席安排是阳成天皇及亲王以下、参议以上的日本贵族、显宦坐在正殿丰乐殿上，五位以上的日本中高级官员坐在东厢第一的显阳堂，裴颋及其所率渤海使团职官共20人坐在西厢第一的承欢堂，日本六位以下的中低级官员分别坐在东厢第二的观德堂和西厢第二的明义堂，估计出席就坐的主客双方官员人数至少在100人以上。这一记述为如今研究丰乐院的宴会规制提供了十分难得的资料（图7）。

当时访问日本的渤海使团，包括大使、副使、判官、录事、通译乃至工匠、役夫、水手等人在内，总人数往往为105人，裴颋所率使团不在例外，而在丰乐院出席宴会的人数即达20人，可称不在少数。由此可以想见，以粟田真人为执节使的日本第7次遣唐使于长安三年（公元703年）在中国唐王朝的京师长安大明宫麟德殿出席则天武后主持的宴会，其人员除粟田以外，自应包含大使坂合部大分、副使巨势邑治（本任大佑）以及中佑鸭吉备麻吕、小佑扫守阿贺流、大录锦部道麻吕、少录白猪阿麻吕和山上忆良、大通事垂水广人和伊吉古麻吕，乃至留学僧道慈及其他随从官员如美努冈万（13年后任从五位下之官）等多数之人，乃在情理之中[21]。其他各次遣唐使在大明宫麟德殿或紫宸殿受宴赐，出席人数亦应与此相仿。

以上要而言之，大明宫麟德殿与平安宫丰乐院不仅都是中国皇帝与日本天皇召集本国臣僚举行重要宴会的最大殿堂，而且也是飨宴外国使臣的主要场所，尤以飨宴渤海使臣为双方最明显的相似之点。麟德殿营造于7世纪60年代，丰乐院则建成于9世纪初年，故可判定丰乐院的设置作为日本宫殿制度中的一大创新，乃是出于对中国麟德殿的仿效。

六

建成于9世纪初年的平安宫丰乐院，其设置虽出于对唐大明宫麟德殿的直接模仿，但在此前8世纪中叶的平城宫中已可见相关的先兆。这就是说，8世纪中叶以降平城宫内宫殿的改造为平安宫丰乐院的创建作出了启发，起到了一定的促进作用。

与研究平安京、平安宫之可查阅许多古籍记载并有各种古图可供参照不同，有关平城京、平城宫的记载主要限于《续日本纪》一书，记述欠详，缺乏系统性，更无任何可作参考的古图之类的存在。因此，对于平城京及其宫城平城宫的研究，必须依靠长期的、大规模的考古发掘调查，而遗迹保存情况甚佳，正好为发掘调查工作的开展提供有利的条件，乃使都城和宫城的形制、布局得以究明（图8，图9）。这里，我以最近约30年来主持发掘调查工作的奈良国立文化财研究所学者们对平城宫宫殿的最初设计及其以后的改造情形的判断为依据，加上我个人的一些见解作论述，以求阐明我在本文本节开头所说的问题。在此之前，我先简述日本以平城京为都城的起讫年代和平城宫内各天皇在位的年份，以及其间圣武天皇曾有短暂的迁都他处之事，等等，以便一般读者能对本文所论问题有清楚的理解。

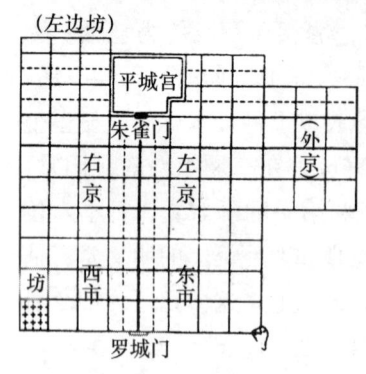

图8 日本平城京形制、布局平面示意图

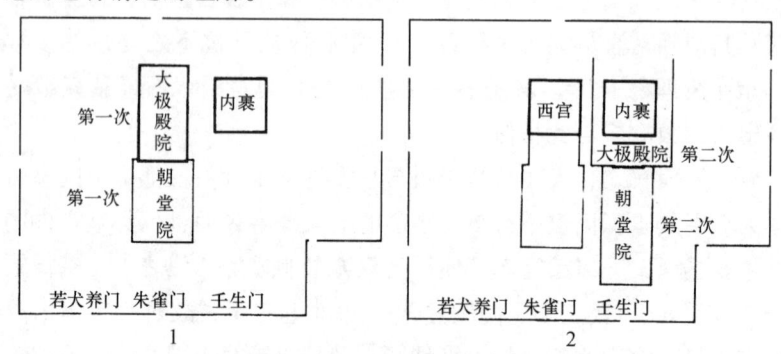

图9 平城宫中枢殿堂变迁示意图
1. 为8世纪40年代之前　2. 为8世纪中叶以降

从元明天皇于和铜三年（公元710年）自藤原京迁来开始，到桓武天皇延历三年（公元784年）迁往长冈京为止，日本以奈良的平城京为都城凡74年，是谓奈良时代。其间在位的天皇先后有元明（公元708~

714年)、元正(公元715~723年)、圣武(公元724~748年)、孝谦(公元749~757年)、淳仁(公元758~764年)、称德(公元765~769年)、光仁(公元770~781年)、桓武(公元782~806年)等8代,而称德女皇为孝谦女皇重祚,故实际上为7代。圣武天皇天平九年(公元737年),日本各地流行疫病(天然痘),死亡者众多,饥馑随之而起,社会不安,政局不稳。天平十二年(公元740年),藤原广嗣在西海道重镇大宰府(在今福冈县)发起军事叛乱。圣武天皇于同年十月离平城京去伊势(在今三重县),叛乱平定犹不归,反而前往恭仁(在今京都府相乐郡)之地营新宫,是谓恭仁宫。此后又辗转于紫香乐宫(在今滋贺县甲贺郡)、难波宫(在今大阪市),至天平十七年(公元745年)才还都于平城京。此事与平城宫宫殿的改造很有关系,故简要述之。

　　日本奈良国立文化财研究所的发掘调查工作判明,在8世纪前期的平城宫中,作为朝廷正殿的大极殿和朝堂院居于全宫的正中央,与宫城南正门朱雀门对直,此即日本学者所称的第一次大极殿、朝堂院,而作为天皇居处的内裏则偏在大极殿院的东侧(图9-1)。然而,到了8世纪中期以降,大极殿和朝堂院则移在东侧的内裏之南,日本学者称其为第二次大极殿和朝堂院,从而使内裏与第二次大极殿、朝堂院相连,三者合而成为宫内最重要的政治中枢所在,其位置却不居于全宫的正中而偏在东侧,与宫城南面偏东的旁门壬生门对直[22]。与此相应,在第一次大极殿的旧址上出现了颇具规模的新的建筑物,日本学者对照《续日本纪》的记载,或称之为"中宫",或称之为"西宫",犹豫不决,把握不定,但似以称"西宫"为主要倾向。发掘工作表明,8世纪中期以降,"西宫"及其南建于原第一次朝堂院旧址上的建筑物虽位于平城宫全宫的中央,但与之对直的平城宫南正门朱雀门却已被堵塞(图9-2)[23]。面对以上所述的情状,日本学者在不断发掘平城宫遗迹的同时,也及时发掘了平城京北方的恭仁宫遗迹,终于在20世纪80年代初证实了天平十二年(公元740年)圣武天皇拆掉平城宫第一次大极殿,将拆下来的各种建筑材料搬运到恭仁宫而拼凑成恭仁宫内的另一座大极殿[24]。天平十七年(公元745年)还都平城京以后,经过或短或长的年月,乃在平城宫中营造所谓第二次大极殿和朝堂院,而在第一次大极殿的旧基上改建称为"西宫"的宫殿,已如前述(图9)。

现在，我要把话题转回到唐京师长安城大明宫的麟德殿。前面早已说过，据《旧唐书》和《新唐书》记载，日本第 7 次遣唐使执节使粟田真人及其同僚曾于长安三年（公元 703 年）在麟德殿受则天武后宴赐。我认为，史书虽未记长安三年正月元旦粟田真人是否在大明宫含元殿参列朝贺仪式，但按常情而论，参列的可能性是很大的。粟田等不止一次进入大明宫，必实见含元殿的形制、规模。据《续日本纪》记载，粟田真人于文武天皇庆云元年（公元 704 年）七月返抵日本，十月在藤原宫述职，因出色完成使命，很快便受到日本朝廷的褒赏，升官进位，以从三位（相当唐从三品）中纳言的职位成为朝廷最高决策集团的成员之一。在不足 4 年之后的和铜元年（公元 708 年）二月，元明天皇下诏于奈良平城之地营建新都，是为平城京。从时间上看，这显然是受到粟田真人等访问中国归来的影响。

和铜三年（公元 710 年）三月十日辛酉，元明女天皇率文武百官正式自藤原京迁都平城京。当时，平城宫的宫垣尚未全部筑就，但所谓第一次大极殿的营建必已完成。如我在《论日本古代都城宫内大极殿龙尾道》一文中所详述，第一次大极殿建立在又高又大的可称为"龙尾坛（道）"的大坛上，无疑是出于对大明宫含元殿的模仿，而向负责营造平城宫的"造宫省"工程师们提供有关含元殿建制、规模的信息者则非粟田真人及其入唐随行人员莫属。但是，粟田等虽曾在麟德殿出席宴会，熟知此殿的形制、功能，却不曾向天皇、大臣及造宫省的官员建议在正殿大极殿之外另造专供举行宴会之用的其他大殿堂，或者虽曾提出建议而未受采纳。这大概是由于当时考虑大极殿为朝廷正殿，务须尽早建成，而营造专供宴会之用的殿堂则觉得无甚必要之故。以后，通过遣唐使的继续派遣，对于中国宫殿制度的了解不断加深。因《大宝律令》（以后改为《养老律令》）的制定而正式成为"律令制国家"的日本，随着国力的进一步增强，统治集团崇尚奢侈、豪华，在各种仪礼制度方面力求完备，讲究排场，而向中国看齐。唯因平城宫中的主要宫殿早已建成，难以增改，只得暂且将就而已。

然而，天平十二年（740 年）圣武天皇拆迁了第一次大极殿，乃为平城宫宫殿设计的改造提供了机会。于是，如上文所述，新建的第二次大极殿和朝堂院的位置被移至东侧的内裏之南，而在第一次大极殿旧基上则改建称为"中宫"或"西宫"的新宫。"中宫"或"西宫"的位置虽居平城宫全宫的中央，但相对于内裏和第二次大极殿、朝堂院而言，其位置则可视为在西（图9）。参与发掘工作的日本学者町田章虽在"中宫"或"西宫"的比定中举棋不定，但要以比定"西宫"为主要倾向，已如前述。町田章认为，"西宫"中心部分建筑物的立柱排列和楼檐枅比的情状与大明宫麟德殿甚为相似，从而判定是模仿麟德殿的形制而营造的[25]。町田章主张"西宫"兼有日本大极殿与内裏的双重性质，其功能不同于中国的麟德殿[26]。但是，别的学者则多有认为此宫往往被用作飨宴的场所而与以后平安宫丰乐院相当的[27]。我查《续日本纪》关于西宫的记载，其中有谓"（称德天皇）神护景云二年（公元768年）十一月壬辰（廿二日），设新尝丰乐于西宫前殿，赐五位以上禄各有差"，云云[28]。这与前述关于平安宫丰乐院举行丰明（大尝、新尝）节会的记述是一致的。如研究者所熟知，此处"丰乐"二字的训读与"丰明"相同，亦作"toyonoakari"，尽管"丰乐院"音读作"burakuyin"。

必须指出，8世纪中叶以降平城宫宫殿的增建、改造虽多有成效，但在相当大的程度上搅乱了全宫的布局。这首先表现在作为朝廷正殿的第二次大极殿和朝堂院虽为平城宫内政治中枢之所在，其位置却不是居于全宫中央而偏在东侧。多用于飨宴的"西宫"虽如其名称所示而位于内裏和第二次大极殿、朝堂院之西，其实却处于全宫的正中部位。此外，平城宫全宫南正门朱雀门被堵塞，乃使作为平城京全京中轴线的最为宽阔的朱雀大路失去了出发点，而平城宫南面偏东的旁门壬生门反而成了与第二次大极殿、朝堂院对直的最重要宫门（图9-2）。凡此种种，都使得平城宫全宫乃至平城京全京的整体布局乱了套，这是明眼人一看就清楚的。延历十三年（公元794年）桓武天皇定都平安京，按照迁都前后制定的全部设计计划，对以上所述平城宫、平城京错乱了的布局作出调整，乃使9世纪的平安宫、平安京成为集日本古代宫都（指宫室、都城）制度之大成的最为完备的宫城和都城。

注　释

[1]　王仲殊：《论日本古代都城宫内大极殿龙尾道》第72～84页，《考古》1999年第3期。

[2] a. 中国科学院考古研究所:《唐长安大明宫》(麟德殿遗址) 第 33~40 页, 科学出版社, 1959 年。
b. 杨鸿勋:《唐大明宫麟德殿复原研究阶段报告》第 234~252 页,《建筑考古学论文集》, 文物出版社, 1987 年。

[3] 杨鸿勋:《唐大明宫麟德殿复原研究阶段报告》第 237~246 页,《建筑考古学论文集》, 文物出版社, 1987 年。

[4] 杨鸿勋:《唐大明宫麟德殿复原研究阶段报告》第 234~236 页,《建筑考古学论文集》, 文物出版社, 1987 年。

[5] a. 木宫泰彦:《遣唐使一览表》第 82~92 页 (表中共列 19 次, 但伊吉博德为首的所谓第 6 次仅至百济而未入唐, 应除外),《中日交通史》(上), 商务印书馆, 1931 年。
b. 西岛定生:《遣唐使一览》第 50~51 页,《遣唐使时代の日本と中国》, 小学馆, 1982 年。

[6] 王仲殊:《中国からみた古代日本》(白村江の战い) 第 169~170 页, 学生社, 1992 年。

[7] 王仲殊:《论日本古代都城宫内大极殿龙尾道》第 73~74 页,《考古》1999 年第 3 期。

[8] a.《旧唐书·东夷传》第 5340~5341 页, 中华书局标点本, 1975 年。
b.《新唐书·东夷传》第 6207~6209 页, 中华书局标点本, 1975 年。

[9]《续日本纪》卷十九(孝谦天皇天平胜宝六年)第 219~220 页,《国史大系》, 吉川弘文馆, 1982 年。

[10]《续日本纪》卷三十五(光仁天皇宝龟九年)第 443~444 页,《国史大系》, 吉川弘文馆, 1982 年。

[11]《日本后纪》卷十二(桓武天皇延历廿四年)第 42 页,《国史大系》, 吉川弘文馆, 1982 年。

[12] 王仲殊:《论日本古代都城宫内大极殿龙尾道》第 77~79 页,《考古》1999 年第 3 期。

[13] a. 井上满郎:《平安京再现》第 25 页 (丰乐殿迹), 河出书房新社, 1990 年。
b. 平良泰久:《地中の平安京》第 132、133 页 (付记),《(古代を考える) 平安の都》, 吉川弘文馆, 1991 年。

[14] 工藤圭章:《都市の出现》(宫殿と官衙) 第 24 页,《世界考古学大系》(4)(日本Ⅳ·历史时代), 平凡社, 1961 年。

[15] 工藤圭章:《都市の出现》(宫殿と官衙) 第 19 页, 图第 32,《世界考古学大系》(4)(日本Ⅳ·历史时代), 平凡社, 1961 年。

[16] 村井康彦:《朝堂院と丰乐院》第 189 页,《日本の宫都》, 角川书店, 1978 年。

[17]《续日本纪》卷十九(孝谦天皇天平胜宝六年)第 219~220 页,(国史大系), 吉川弘文馆, 1982 年。

[18] 木宫泰彦:《遣唐使一览表》第 113 页 (表中共列 19 次, 但伊吉博德为首的所谓第 6 次仅至百济而未入唐, 应除外),《中日交通史》(上), 商务印书馆, 1931 年。

[19] 金毓黻:《渤海国志长编》(上编)第114、228、229页,《社会科学战线》杂志社翻印,1982年。

[20] 田岛公:《外交と儀礼》第230~231页(表1·宮内を中心に行われた外交儀礼),《まつりごとの展開》〔《日本の古代(7)》〕,(日本)中央公论社,1986年。

[21] 王仲殊:《第七次遣唐使のいきさつについて》第1~15页,《就实女子大学史学論集》第9号,就实女子大学史学科,1994年。

[22] a. 田中琢:《平城京》第76~83页,图第34(平城宮の中枢殿堂変遷圖)、第35(平城宮中央地区の殿堂変遷圖),岩波书店,1984年。
b. 町田章:《平城京》第34~65页,图第18(中期平城宮の遺構)、第20(中宮の遺構),ニユー·サイエンス社,1986年。

[23] a. 田中琢:《平城京》第81、82页,(日本)岩波书店,1984年。
b. 町田章:《平城京》第63页,ニユー·サイエンス社,1986年。

[24] 町田章:《日本古代都城の發掘》第113~114页,《奈良·平安の都と長安》,小学馆,1983年。

[25] a. 町田章:《平城京》第62、63页,ニユー·サイエンス社,1986年。
b. 町田章:《日本古代都城の發掘》第116页,《奈良·平安の都と長安》,小学馆,1983年。

[26] a. 町田章:《平城京》第62、63页,ニユー·サイエンス社,1986年。
b. 町田章:《日本古代都城の發掘》第116页,《奈良·平安の都と長安》,小学馆,1983年。

[27] 岸俊男:《平城宮の変遷》第63页,NHK大学講座,《日本の古代宮都》,1981年。

[28] 《续日本纪》(后篇)第360页卷二十九(称德天皇神护景云二年),《国史大系》,吉川弘文馆,1982年。

(本文原载《考古》2001年第2期)

关于中日两国古代都城、宫殿研究中的若干基本问题

在开始讲演之前，我先作一点说明。

日本古代都城的平面皆作南北纵长方形，形状整齐，轮廓、范围清楚。以平城京、平安京为例，在全城南边的正中央处有一座称为"罗城门"的城门。虽是象征性的城门，却可视为与唐代长安的明德门和洛阳的定鼎门相当[1]。罗城门的两侧筑有简短的墙垣，称为"罗城"[2]。这些都在8~10世纪日本的史书、典籍如《续日本纪》、《日本三代实录》和《延喜式》中有或简或详的记述[3]。据遗迹调查，平城京罗城门的基坛面积为38×20平方米[4]，足见其规模之宏大。然而，日本古代都城没有围绕全城的、能起防御作用的城墙。于是，日本学者中便有主张日本的藤原京、平城京、长冈京、平安京皆不能称为"都城"的。

但是，仅就20世纪80年代以来而言，日本的许多学者在其关于日本古代都城的各种论著中多使用诸如"宫室与都城"[5]、"从宫室到都城"[6]、"都城的源流"[7]、"都城的营造"[8]、"都城的选地"[9]、"都城的经济机构"[10]、"都城的历史意义"[11]等等之类的用语，有的学者以《日本宫室、都城的展开》[12]、《日本古代都城的发掘》[13]等为学术讲演的题目。这样的事例很多，不胜枚举。

在1985~1986年由岩波书店出版的9卷本《日本考古学》的第4卷中，从事日本古代都城研究并主持平城京遗址发掘工作的考古学者町田章论述日本的都城，以《都城形成的过程》、《都城的遗迹》、《都城的构成》、《都城的生活》等为论文章节的标题[14]。在1985~1988年由中央公论社出版的称为《日本的古代》的、多达16卷的古代史与考古学等相结合的系列著作中，研究日本古代都城制度的著名学者岸俊男担任其中第9卷的主编，而这卷书的书名就叫《都城的生态》，书中第1

章的标题为《日本都城制总论》，第1节的标题为《都城展开的道路》，第2节的标题为《探求都城的源流》，第3节的标题为《律令制与都城》[15]，等等。

在20世纪90年代初出版的关于日本平安京的《平安之都》的专书中，担任主编的日本著名古代史学者笹山晴生在第1章第2节中使用了《作为都城的平安京》的标题，并称"平安京模仿中国的都城，整饰了7世纪以来营造的日本古代都城的最后"[16]。在1992年出版的《日本考古学用语辞典》中，以研究日本考古学史闻名的编著者斋藤忠在"都城"的条目下解释说，在古代日本，虽然有欠缺中国所见那样的城的要素之处，但飞鸟、奈良、京都等都邑亦以"都城"称之[17]。

其实，早在7世纪80年代的日本天皇（天武天皇）的诏书中就有"凡都城、宫室非一处，必造两参"的重要指令[18]，在8世纪90年代的敕撰的日本国史（《续日本纪》）中亦有"经始都城，营作宫殿"的明确记载[19]。这充分说明，至少从7世纪末的藤原京开始，经8世纪的平城京和长冈京，以至8世纪末、9世纪以降的平安京，按照当时日本朝廷所定的正规名称，皆可称为"都城"。《日本考古学用语辞典》之谓藤原京以前的飞鸟之都亦称"都城"者，想必正是根据天武天皇的诏书而言的。

为了区别于中国的都城，现今日本学术界往往有用"宫都"之词以称日本古代都城的。但是，岸俊男先生早已指出，"宫都"之词实际上是20世纪60~70年代他所创造的一个新的复合词，是上述7世纪后期日本天皇的诏书中的"都城、宫室"或8世纪末日本的敕撰国史中的"都城、宫殿"的简称，其所以不称"都宫"而称"宫都"者，是由于"都宫"之词易于与《万叶集》歌词中的"都宫"（miaraka）混同，而《万叶集》歌词中的"都宫"只指宫室、宫殿而不指都城之故[20]。要之，岸先生虽然创造了"宫都"的新词，但"宫都"明确指都城及都城中的宫室、宫殿，所以仍然不断地用"都城"之词以称日本的藤原京、平城京和平安京等，前面所举1987年出版的《都城的生态》一书的书名和书中各章节的标题便是其例。

总之，有的人主张日本古代都城不能称"都城"，有的人主张可以称"都城"，各有理由。我是主张可以称"都城"的，所以始终称日本的藤原京、平城京、平安京等为"都城"，今天亦不例外。

关于中日两国古代都城、宫殿比较研究中存在的问题，我主要写过4篇论文，发表在中国社会科学院考古研究所主办的《考古》杂志上。第1篇是《关于日本古代都城制度的源流》，发表于1983年第4期。第2篇是《论日本古代都城宫内大极殿龙尾道》，发表于1999年第3期。第3篇是《论洛阳在古代中日关系史上的重要地位》，发表于2000年第7期。第4篇是《论唐长安城大明宫麟德殿对日本平城京、平安京宫殿设计的影响》，发表于2001年第2期。综合4篇论文的内容，其要旨分为10项，简述如下。

一

日本7世纪90年代所建都城藤原京，与其后建于8世纪10年代的平城京、建于8世纪90年代的平安京一样，其形制是模仿7世纪初期以降的中国唐代（公元618～907年）的都城长安和洛阳，不是模仿中国北魏（公元386～534年）的都城洛阳。北魏王朝以洛阳为都城始于5世纪90年代，而洛阳于6世纪30年代因战火而彻底毁废，化为丘墟，故不可能是7世纪90年代以降的日本都城的模仿对象。日本与北魏王朝无交往，从来不曾派遣使节等人到北魏的都城访问，亦足以说明这一问题[21]。

6世纪初期，北魏宣武帝扩建洛阳城，在城的南面正门宣阳门外大道两旁建"四夷馆"，以接待来自四方的外国使者、宾客。四夷馆中有"扶桑馆"，乃使个别学者以为当时日本曾遣使到北魏的洛阳。其实，此处"扶桑"二字是泛指东方，决非专指日本。北魏洛阳四夷馆中东夷馆之称"扶桑馆"犹西夷馆之称"崦嵫馆"，而"扶桑"、"崦嵫"各指日出、日没处，这是十分明显的。据《魏书·东夷传》记载，与北魏交往的东夷诸国为高句丽、百济、勿吉、失韦、豆莫娄、地豆于、库莫奚、契丹、乌洛侯等，不包含倭国。在《魏书》全书一百二十余卷共数十万字中竟无一"倭"字，说明了以上所有的问题[22]。

6世纪30年代中期至70年代后期，东魏、北齐改以邺城为都城。但是，与《魏书》一样，《北齐书》亦全然不记关于倭人之事，更无倭人来访邺城的记载。在日本古代史书中，往往述及洛阳、长安等中国都城，但完全不见有一"邺"字。这样，认为日本古代都城制度最初是模仿邺城，实在也是毫无根据的。

二

隋王朝（公元581~618年）的开国君主隋文帝于6世纪80年代在汉代以降的长安城故址的东南方建造称为"大兴"的都城，是为京师。隋炀帝于7世纪初年继位，又在北魏洛阳城废址之西另建洛阳城，称为东京，不久改称东都。由于各种原因，与京师大兴相比，隋炀帝偏爱东都洛阳，故往往在洛阳久驻。与许多研究者的意见相反，我认为日本推古朝有名的使者小野妹子访问中国，不是在京师大兴，而是在东都洛阳觐见隋炀帝，并呈奉"日出处天子致书日没处天子无恙"云云的国书的[23]。

《隋书·炀帝纪》记炀帝大业三年（公元607年）倭王遣使朝贡，《日本书纪》则记推古天皇十五年（公元607年）七月三日遣小野妹子访隋。参照日本史书所记关于向中国遣使的通例，七月三日为小野受命之日，其从日本出发当在八月以降，到达隋的都城则应在此年秋冬之际。据《隋书·炀帝纪》记载，大业三年九月二十三日至四年三月二十一日，炀帝不在京师大兴，而在东都洛阳。这样，小野妹子在洛阳觐见隋炀帝，实属无可置疑。《日本书纪》记小野妹子又受命于推古十六年（公元608年）九月再访中国，而《隋书·炀帝纪》则记大业四年（公元608年）九月以降炀帝在东都洛阳，五年（公元609年）正月二十日才归京师大兴。由此可见，小野妹子第2次访隋亦是在洛阳觐见隋炀帝的[24]。

三

到了7世纪10年代末，唐王朝继隋王朝而成立，改京师大兴之名为长安，而东都洛阳的名称则始终不变。自唐太宗贞观四年（公元630年）至文宗开成三年（公元838年），日本派遣正式的遣唐使访问中国，共计13次（自公元630~894年，日本共有18次遣唐使派遣的计划，但其中3次因故中止，另2次则为迎接入唐使者或陪送来日唐使归国而遣，非正式的遣唐使）。除显庆四年（公元659年）的第4次遣唐使是在东都洛阳朝见唐高宗，麟德二年（公元665年）的第5次遣唐使于年末入境后可能直接赴泰山参列次年正月高宗亲自主持的封禅仪式[25]以外，其余11次正式遣唐使的首要访问地点皆为长安。但是，因洛阳的地理位置在长安之东，遣唐使入境后赴长安或自长安返国，必然经过洛阳而顺便访问之。

遣唐使继小野妹子等遣隋使之后，率领众多有才识的留学生和学问僧等访问中国，就中国的政治、经济、宗教以及各种文化事业作深入的调查研究，其中包含对中国都城制度的考察。因此，日本都城的建制模仿唐王朝的长安和洛阳，这是不言可喻的。

四

唐长安城的宫城称"太极宫"，其正殿称"太极殿"，这无疑是日本都城宫内正殿"大极殿"名称之所由来。7世纪60年代，唐的皇帝自太极宫移住新建的大明宫，大明宫乃取代太极宫而成为长安的政治中心。大明宫的正殿称"含元殿"，其特点在于基址极高，前方左右两旁设称为"龙尾道"的台阶。日本平城京和平安京宫内正殿大极殿亦建立在称为"龙尾坛"或"龙尾道"的高坛之上，坛的前面靠近边缘处设左、右两阶。有的研究者出于臆测，在其所作平城京宫内大极殿龙尾坛的复原图中于坛的前沿正中处加绘一个木制的台阶，实有蛇足之嫌。十分明显，平城京、平安京的大极殿是模仿唐长安大明宫含元殿的形制而建造的[26]。

但是，日本宫内的正殿始终称"大极殿"而不称"含元殿"。这说明，日本宫内正殿最初采用"大极殿"的名称是在7世纪60年代之前。7世纪60年代以后，唐长安大明宫及其正殿含元殿虽成为中国新的最重要的宫殿，但因日本宫内正殿早已于此前取名"大极殿"，故"大极殿"的名称在日本被长期沿用而不变。

日本以犬上御田锹为大使、药师惠日为副使的第1次遣唐使于贞观五年（公元631年）访问唐王朝的京师长安，并朝见唐太宗，而朝见的场所必在太极宫的太极殿。这应该是日本宫内正殿之称"大极殿"的最主要的，也是最直接的原因。在《日本书纪》的记载中，"大极殿"之名始见于皇极天皇四年（公元645年）[27]。当时日本尚无正规的都城，但天皇所居飞鸟板盖宫已成为国家政治中枢之所在。《日本书纪》称飞鸟板盖宫设有十二通门云云虽属夸张、附会之辞，但所记此宫正殿称"大极殿"则未必是不可信的[28]。

五

就平城京和平安京而言，除宫城内的正殿称"大极殿"以外，宫城南面正门"朱雀门"以及"朱雀大路"、"东市"和"西市"等街路、商市之类亦都采用唐长安城中相应处所的名称。平城京、平安京的宫殿、佛寺等高级建筑物的结构和样式，从基坛到柱、壁、屋顶等，基本上都与中国唐代都城中的相应建筑物类同，而上述宫内正殿大极殿的龙尾坛（或称龙尾道）仿效唐长安大明宫含元殿的龙尾道则可谓是最为突出的显著之例[29]。就都城的整体布局而论，平城京、平安京的宫城居北部中央，作为中轴线的朱雀大路纵贯南北，均称地划分全城为左右两京，其他许多街路和坊、市大体上都按左右对称的格局而设置，与唐长安城的建制十分相似，其出于对长安城的模仿应该是不容置疑的。

六

始建于8世纪90年代的平安京，可称是集日本古代都城制度之大成。在平安京的宫城内，最重要的三组宫殿为"朝堂院"、"内裏"和"丰乐院"。朝堂院位于宫城南部的正中央，其正殿大极殿相当唐长安城大明宫的含元殿，是日本天皇举行重大典礼的场所，而政府各部门的官员则在殿南庭中的十二朝堂值班、出勤。内裏在朝堂院北面偏东处，为天皇的居住所在，其中的紫宸殿为天皇日常处理政务之处，相当唐长安大明宫的紫宸殿，由于当时内裏在政治上的重要性增大，故又兼有大明宫宣政殿的性质。丰乐院在朝堂院的西侧，为天皇于各种节庆之日偕群臣举行宴会及设宴招待外国（渤海国）使者的场所，相当大明宫的麟德殿。

在此前的藤原京和平城京的宫城中，内裏、大极殿和朝堂院是早已存在的。但是，专为举行宴会而设置的丰乐院则为藤原京、平城京的宫城内所不见，实可视为平安京宫城内的一大创新。唐长安大明宫西部的麟德殿规模甚大，以举行各种由皇帝亲自主持的盛大宴会为其特殊功能，其中包含皇帝为招待各外国使臣而举行的宴会。可以认为，平安京宫城内丰乐院的设置是受唐大明宫麟德殿的启示[30]。

8世纪40年代以降，平城京宫城内的宫殿在布局设计上经过改造，主要是大极殿、朝堂院的位置移至东侧内裏之南，而在大极殿的原址上改建称为"西宫"的宫殿，其主要功能之一是举行宴会。因此，应该说，平安京宫城内丰乐院的建造虽是出于对唐大明宫麟德殿的仿效，同时亦是由于受到此前平城京宫城内存在西宫的影响。当然，平城京宫城内西宫的设置无疑亦是受到大明宫麟德殿的影响[31]。

七

唐长安城的整体平面呈东西横长方形，而平城京、平安京等日本都城的整体平面皆为南北纵长方形，这是不容忽视的差异。唐长安城除朱雀大街两旁少数的坊平面近正方形以外，绝大多数坊的平面形状皆为东西横长方形，而日本都城中几乎所有的坊全是平面成正方形的，亦与唐长安城有异。日本都城的这二项与唐长安城有异之点若非出于日本自身的独创，则可求同于唐洛阳城。据近年来的勘探、发掘，唐洛阳城的东面城墙长7312米，北面城墙长6138米，全城平面基本上呈南北纵长方形，长与宽的比率为5:4，正与平城京主体部分的平面形状相近。据《元河南志》引唐韦述《两京新记》记述，唐洛阳城内的坊皆为300步见方，而实际的勘探亦证明洛阳大多数的坊确是平面呈正方形的[32]。

八

值得注意的是，8世纪末日本进入平安时代（公元794~1192年）以后，唐洛阳城在平安京规制中的影响继续存在，而且有所提高。与平城京相比，平安京不设外京，都城全体的平面形状为规整的南北纵长方形，长与宽的比率更与洛阳城接近。在平安京70余个坊之中，除全城最北边缘处的"北边坊"以外，其余68个坊的平面形状全作正方形，亦与唐洛阳城大多数的坊相同。

在平安京，宫城以南是相邻的4个坊共用1个坊名，宫城两侧则是6个坊共用1个坊名。这样，在全城共17个坊名之中，除北部的"北边坊"、"桃花坊"和右京南部的"延嘉坊"、"开建坊"不论以外，其他"铜驼"、"教业"、"宣风"、"淳风"、"安众"、"陶化"、"丰财"、"毓财"等8个坊名采自唐洛阳城，"永昌"、"崇仁"、"永宁"、"宣义"、"光德"等5个坊名采自唐长安城。要之，在平安京坊名的采用上，唐洛阳城反而占了唐长安城的上位[33]。

日本都城中的宫城实际上是中国唐代长安、洛阳宫城和皇城的结合体。就宫门的名称而论，这表现在藤原京的宫城门有时亦称皇城门，又表现在平安京的宫城南门仿唐长安皇城南门而称朱雀门，朝堂院的南门则仿唐洛阳宫城南门而称应天门。唐长安宫城南门称承天门，但平安京朝堂院南门不称承天门而称应天门，这显然是由于唐洛阳城在平安京规制中的影响有所提高之故。

九

由于中国都城洛阳在日本的平安时代受到特别的重视，甚至使"洛阳"二字成为平安京的代名词。如前所述，与藤原京、平城京一样，平安京以朱雀大路为中轴线，划分全城为左京和右京。在平安时代，因左京位置在东，故称"东京"，右京位置在西，故称"西京"。早从汉代开始，中国的洛阳、长安各有"东京"、"西京"之称，唐代沿袭不变，所以平安京的左京转称"洛阳"，右京转称"长安"。以后，又因右京地势卑湿，景况萧条，左京户口稠密，极其繁荣，以致"长安"之称被淡忘，而"洛阳"则进而成为平安京全体的代名词，有如上述。在平安时代晚期鸟羽天皇永久四年（1116年）撰成的名为《朝野群载》的汉文诗文集中，有借用中国《晋书·文苑传》所见"洛阳纸贵"的典故以喻著作获好评而被广为传抄的，而"洛阳"二字所指却是日本的平安京。这样，从"洛阳"之称出发，平安京又往往转而称为"京洛"、"洛都"和"洛中"[34]。

12世纪末，日本进入中世的镰仓时代（1192～1333年）以后，"平安京"的名称通常已不使用，只因天皇宫室所在，此京始终称"京都"。当时的京都继续以"京洛"、"洛都"、"洛中"之类为美称，四面周边地区分别称"洛东"、"洛西"、"洛南"、"洛北"，而自日本各地赴京都则称"上洛"或"入洛"，直至近世17世纪以降的江户时代（1603～1867年）而不变。明治元年（1868年）江户改名东京，次年成为日本现代的首都，日本天皇亦由京都移住东京。但是，时至今日，日本人按古昔遗习，仍有以"上洛"、"入洛"称其京都之行的。

十

洛阳作为中国古都而在平安时代的日本受到特别的重视，其主要原因在于9世纪平安时代初期的弘仁（公元810~823年）、承和（公元834~847年）、贞观（公元859~877年）年间有博学多才、崇尚唐风的君主如嵯峨天皇（弘仁元年至十四年在位，退位后继续以太上皇身份居宫廷枢要近20年，承和九年病殁）者，而当时日本的文人学士之在朝为官者亦多熟悉中国历史，对中国历代都城、宫殿的沿革了如指掌。他们深知洛阳是中国历史最为悠久的都城，而日本最初与中国建立正式的外交关系实可追溯到公元1世纪50年代东汉光武帝在位时倭的奴国之王的遣使入洛。从2世纪初年到3世纪的中、后期，日本的使者又相继到东汉和魏、晋的都城洛阳访问，甚多成果。7世纪初年隋王朝的东都虽不是建造在东汉和魏晋洛阳城的原址上，但都城之名仍取"洛阳"而不改，而圣德太子所遣使者正是在洛阳的宫廷向隋炀帝呈奉国书的。应该特别指出的是，日本古代宫内正殿"大极殿"的名称虽出自7世纪30年代以降对唐长安城太极宫太极殿的模仿，但追本溯源，其最初由来却在3世纪30年代魏明帝青龙三年（公元235年）于洛阳南宫之始建太极殿。凡此种种，实为中国古都洛阳在平安时代的日本受到特别重视的主要原因[35]。

1964年，我作为中国科学院考古研究所东北考古工作队第二队的队长，在黑龙江省宁安县主持渤海都城上京龙泉府遗址的调查发掘。发掘工作的结果表明，渤海的都城与日本的都城一样，亦是模仿中国唐代的都城而营建的。但是，就模仿的程度而论，渤海的都城有异于日本的都城，其建制更接近于中国的长安城[36]。兹举主要之点如下。

1. 日本都城的平面皆作南北纵长方形，而渤海上京龙泉府的全城平面则作东西横长方形[37]。

2. 日本的都城没有围绕全城的、能起防卫作用的城墙。相反，渤海上京龙泉府在城的四周皆有用石块砌筑的城墙，厚约2.5米，能起防卫作用[38]。

3. 上京龙泉府全城共设10个城门[39]，其中南、北两面各3个城门，东、西两面各2个城门，它们的建筑结构如同中国的城门，而日本的都城则仅在南面正中央处设一象征性的"罗城门"，已如前述。

4. 位于上京龙泉府北部中央的宫城和皇城（按唐代长安、洛阳"皇城"所作的假称）有明确的界线，前者为国王宫殿所在，后者则为官衙集中之处[40]。与此不同，日本都城北部中央的宫城是中国唐代都城中的宫城和皇城的结合体。

5. 日本都城内的坊，除北部边缘极少数所谓"北边坊"不论，其平面全为正方形。据发掘调查，除朱雀大路两侧等处的少数的坊以外，不能确认其有围墙，从而亦不能确认其有坊门[41]。与此相异，渤海上京龙泉府有许多坊的平面皆为东西横长方形，四边用石块砌筑墙垣[42]，从而可判断各坊临街的两面、三面或四面设有坊门。

6. 日本平城京、平安京的东市和西市皆设在都城的南部，而渤海上京龙泉府的东市、西市则可推定分别设在都城中部的东、西两边[43]。

当时的日本、渤海已先后发展成为政令统一、法规齐备的所谓律令制国家，积极追求与强盛的唐王朝交往，广泛、深入地学习中国的制度、文化，其中包含中国唐代的都城制度。然而，渤海为唐王朝的藩国，与中国陆地境界相接，遣使朝贡十分频繁（自8世纪中叶以降，共计有一百数十次之多），而日本则为瀛海中的外国，虽勤于向中国遣使，但频度不大（自7世纪前期至9世纪前期，总共不过10余次），且以独立自主为其与中国交往的原则，不接受唐王朝的册封。这些或可视为渤海都城在建制上比日本都城更接近于中国长安城的诸多原因之一。

这样，通过日本都城与渤海都城的比较，不仅可以了解两者之间的相异处，且可表明日本的都城制度虽仿自中国，其与中国都城之间亦存在各种相异之点[44]。中日两国古代都城相似之处明显，但因国情不同，自有差异。这本来就合乎情理，无须多言。

注　释

[1] 《日本三代实录》记清和天皇贞观十三年（公元871年）十月廿一日癸亥行大学头兼文章博士巨势朝臣文雄之议曰："称罗城门者，是周之国门，唐之京城门，西都谓之明德门，东都谓之定鼎门。今谓之罗城门，其义未详"。见《国史大系》本（前篇）第299页，吉川弘文馆，1981年。

[2] 《延喜式（左右京职）》记"罗城，外二丈：垣基半三尺，犬行七尺，沟广一丈"。见《国史大系》本（后篇）第925页，吉川弘文馆，1974年。其意为罗城的墙基宽6尺，外侧墙基宽度为其半数的3尺，墙外有濠沟，墙基外沿与沟岸的间距为7尺，沟

的宽度为1丈，总计共为2丈。按当时的1丈合今约3米。

查日本古代筑"罗城"始于7世纪后期。《日本书纪》记天武天皇八年（公元679年）十一月"初置关（关隘）于龙田山、大坂山，仍难波（在今大阪）筑罗城"。按"罗城"本为中国古代城郭的名称。据《旧唐书·高宗本纪》记载，唐长安城的外郭城称"罗郭"。据《元河南志》（卷三）记载，唐东都洛阳的外郭城始筑于隋大业元年（公元605年），当时称为"罗郭城"，东面城门曰"罗门"，当取"罗郭"之义以名。据《唐会要》（卷八十六）及《太平御览》（卷一九二）引《唐书》记载，唐天宝二年（公元743年）又筑洛阳"罗城"，号称"金城"。北宋承隋唐之后，汴梁的外城称"罗城"。总之，日本古代的"罗城"是采用中国隋唐都城的城郭之名。

[3]《续日本纪》记圣武天皇天平十九年（公元747年）六月十五日"于罗城门雩（乞雨）"，光仁天皇宝龟八年（公元777年）四月十七日"遣唐大使佐伯宿弥今毛人等辞见，但大使今毛人到罗城门称病而留"。见《国史大系》本（前篇）第193页，（后篇）第433页，吉川弘文馆，1981年。《日本三代实录》、《延喜式》关于罗城门、罗城的记述已如注[1]、注[2]所引。

[4] a. 日本奈良县大和郡山市教育委员会：《平城京羅城門迹発掘報告》，奈良国立文化財研究所，1972年。

b. 奈良国立文化財研究所監修町田章：《平城京》第13页，奈良国立文化財研究所監修，1978年。

[5] 岸俊男：《宮室と都城》第1～12页，《(NHK大学講座) 日本の古代宮都》日本放送協会，1981年。

[6] 八贺晋：《都城造営の技術》第147～186页宮室から都城へ，《(日本の古代9) 都城の生態》中央公論社，1987年。

[7] 岸俊男：《都城の源流》第125～130页，《日本の古代宮都》，NHK大学講座，日本放送協会，1981年。

[8] 八贺晋：《都城造営の技術》第147页宮室から都城へ，《都城の生態》中央公論社，1987年。

[9] 千田稔：《都城選地の景観を視る》第115页，《都城の生態》，日本の古代9，中央公論社，1987年。

[10] 荣原永远男：《都城の経済機構》第267页，《都城の生態》，日本の古代9，中央公論社，1987年。

[11] 町田章：《都城の歴史的意義》，《季刊考古学》第22号，雄山閣，1986年。

[12] 岸俊男：《日本における宮室、都城の展開》第45～68页，《奈良・平安の都と長安》小学館，1983年。

[13] 町田章：《日本古代都城の発掘》第97～116页，《奈良・平安の都と長安》，小学館，1983年。

[14] 町田章：《都市》（集落と祭祀）第128～173页，《日本考古学4》，岩波講座，岩波書店，1986年。

[15] 岸俊男：《日本都城制総論》第9～80页，《都城の生態》，日本の古代9，中央公論

社，1987年。

[16] 笹山晴生：《平安京の歷史的位置》第10頁都城としての平安京，《平安の都》，吉川弘文館，1991年。

[17] 斎藤忠：《日本考古学用語辞典》第322頁，（日本）学生社，1992年。

[18] 《日本书纪》第370页天武天皇十二年十二月条，《国史大系》（后篇），吉川弘文馆，1982年。

[19] 《续日本纪》第500页桓武天皇延历三年六月条，《国史大系》（后篇），吉川弘文馆，1982年。

[20] 岸俊男：《宮都の語義》第8頁，《日本の古代宮都》，NHK大学講座，日本放送协会，1981年。岸俊男说，"宫都"之词其实是他所创造的一个新的复合词，是《日本书纪》所载天武天皇诏书中的"都城、宫室"或《续日本纪》中的"都城、宫殿"的简称，而"都"字与"宫"字的顺序则是倒置的。对此，岸氏特作解释说，其所以不称"都宫"而称"宫都"者，乃是由于"都宫"之词易于与日本《万叶集》所收藤原宫役民作歌歌词中的"都宫"（miaraka）混同，而《万叶集》歌词中的"都宫"（miaraka）仅指宫室、宫殿，不包含都城，故岸氏所创新词取"宫都"之名而不取"都宫"，其用意是十分清楚、明确的。据笔者所知，在1976年日本社会思想社出版的由上田正昭主编的《都城》一书中收有岸俊男所撰题为《日本の宮都と中国の都城》的论文，而岸氏最初使用"宫都"之词则可追溯至1966年日本塙书房出版的岸氏所著《日本古代政治史研究》书中收入的《古代宫都概观》一文。关于"宫都"用语的解释，亦见岸氏发表于《日本歷史》（332号）的《記紀・万葉集のミヤコ》之文。见《都城》第101~139页，社会思想社，1976年。

[21] a. 王仲殊：《关于日本古代都城制度的源流》第354~370页，《考古》1983年第4期。
b. 王仲殊：《日本の古代都城制度の源流について》第1~28页，《考古学雑誌》第69卷第1号，日本考古学会，1983年。
c. 王仲殊：《藤原京の建設》第188~197页，《中国からみた古代日本》，学生社，1992年。

[22] a. 王仲殊：《扶桑館に倭人なし》第119~126页，《中国からみた古代日本》，学生社，1992年。
b. 王仲殊：《论洛阳在古代中日关系史上的重要地位》第76~77页，《考古》2000年第7期。

[23] 王仲殊：《日出ずる處の天子書を日没する處の天子に致す》第132~140页，《中国からみた古代日本》，学生社，1992年。

[24] a. 王仲殊：《裴世清と小野妹子——聖徳太子の对中交涉について》，《アジア史学会ニユース》第17号，1997年8月1日。
b. 王仲殊：《论洛阳在古代中日关系史上的重要地位》第76~77页，《考古》2000年第7期。

[25] 王仲殊：《白村江の戰い》第169~170页，《中国からみた古代日本》，学生社，

1992 年。

[26] 王仲殊:《论日本古代都城宫内大极殿龙尾道》第 72~84 页,《考古》1999 年第 3 期。

[27] 《日本书纪》记皇极天皇于二年（公元 643 年）四月丁未移幸飞鸟板盖宫,四年（公元 645 年）六月戊申天皇御大极殿,中大兄王子戒卫门府,俱锁十二通门,勿使往来,乃以剑割权臣苏我入鹿头肩,遂斩之。见《日本书纪》,《国史大系》。

[28] 王仲殊:《论日本古代都城宫内大极殿龙尾道》第 73 页,《考古》1999 年第 3 期。

[29] 王仲殊:《论日本古代都城宫内大极殿龙尾道》第 77~82 页,《考古》1999 年第 3 期。

[30] 王仲殊:《试论唐长安城大明宫麟德殿对日本平城京、平安京宫殿设计的影响》第 72~86 页,《考古》2001 年第 2 期。

[31] 王仲殊:《试论唐长安城大明宫麟德殿对日本平城京、平安京宫殿设计的影响》第 83~85 页,《考古》2001 年第 2 期。

[32] 王仲殊:《关于日本古代都城制度的源流》第 360 页,《考古》1983 年第 4 期。

[33] 王仲殊:《论洛阳在古代中日关系史上的重要地位》第 79 页,《考古》2000 年第 7 期。

[34] 王仲殊:《论洛阳在古代中日关系史上的重要地位》第 70、79 页,《考古》2000 年第 7 期。

[35] 王仲殊:《论洛阳在古代中日关系史上的重要地位》第 80 页,《考古》2000 年第 7 期。

[36] 中国社会科学院考古研究所:《渤海上京龙泉府遗址》,《六顶山与渤海镇》第二编,中国大百科全书出版社,1997 年。

[37] 中国社会科学院考古研究所:《渤海上京龙泉府遗址》第 45 页（外郭城、城墙）,《六顶山与渤海镇》,中国大百科全书出版社,1997 年。

[38] 中国社会科学院考古研究所:《渤海上京龙泉府遗址》第 45 页（外郭城、城墙）,《六顶山与渤海镇》,中国大百科全书出版社,1997 年。

[39] 中国社会科学院考古研究所:《渤海上京龙泉府遗址》第 45~46 页（城门）,《六顶山与渤海镇》,中国大百科全书出版社,1997 年。

[40] 中国社会科学院考古研究所:《渤海上京龙泉府遗址》第 46~52 页（宫城、皇城）,《六顶山与渤海镇》,中国大百科全书出版社,1997 年。

[41] 町田章:《日本古代都城の發掘》第 105~106 页（坊内のありさま）,《奈良・平安の都と長安》,小学馆,1983 年。

[42] 中国社会科学院考古研究所:《渤海上京龙泉府遗址》第 55~57 页（坊制概况、西半城的坊、东半城的坊）,《六顶山与渤海镇》,中国大百科全书出版社,1997 年。

[43] 中国社会科学院考古研究所:《渤海上京龙泉府遗址》第 57 页（市的位置和形制）,《六顶山与渤海镇》,中国大百科全书出版社,1997 年。见《六顶山与渤海镇》获奖成果简介,第 809 页,中国社会科学出版社,2000 年。

[44] 王仲殊:《渤海の都城の調查、發掘》、《渤海の都城と日本の都城の違い》第 196~199 页,《奈良・平安の都と長安》,小学馆,1983 年。

（本文原载《考古》2001 年第 9 期）

试论唐长安城与日本平城京及平安京何故皆以东半城（左京）为更繁荣

2001年3月，有中国、日本、韩国、美国等各国学者参加的亚洲史学会第10次研究大会于北京举行。在3月7日的首日全体大会上，我作了题为《关于中日两国古代都城、宫殿比较研究中的若干基本问题》的讲演[1]，就我以往发表的《关于日本古代都城制度的源流》、《论日本古代都城宫内大极殿龙尾道》、《论洛阳在古代中日关系史上的重要地位》、《试论唐长安城大明宫麟德殿对日本平城京、平安京宫殿设计的影响》等论文作概括的总结，并在相关的问题上作补充说明。现在，我继续从中日两国古代都城、宫殿的比较研究出发，撰写这篇新文稿，就正于读者方家。

一

隋文帝开皇二年（公元582年）命高颎、宇文恺等在汉代以来的长安城故址东南方的龙首原营造新的都城，称为"大兴"。武德元年（公元618年）唐王朝建立，仍以此城为都城，改名"长安"。当时长安城的宫殿、城门、街坊等等的名称亦作了许多更改，但都城的规模、形制和布局基本上都是隋大兴城的原貌。

据1956年以来中国社会科学院考古研究所学者们的勘查、发掘所知[2]，唐长安城整体平面成规整的长方形，南北长8.6公里，东西宽9.7公里，周围36.7公里，面积约84平方公里。城的四面皆有土筑的坚实城墙，是为外郭城。皇帝的宫城及其南官署集中的皇城居全城北部正中，宫城的承天门、皇城的朱雀门与外郭城的明德门对直。以朱雀门为起点，向南贯通一条最为宽广的大街，称"朱雀大街"。此街作为中轴线，划分长安全城为东、西两半。东半城54个坊（另1坊之地为芙蓉园、曲江池所占）、1个市（东市），属万年县；西半城55个坊、1个市（西市），属长安县。总之，东半城与西半城面积相同，坊、市数目相等，街路区划一致，长安全城形制完全是东、西对称的（图1）。这实际上正是延续了隋大兴城原来的规模和布局，已如前述。然而，据我管见所及，隋代大兴城的布局虽云严格按东、西对称的规制，却也稍稍显示了偏重于东半城的征兆。兹举少数事例，简述如下。

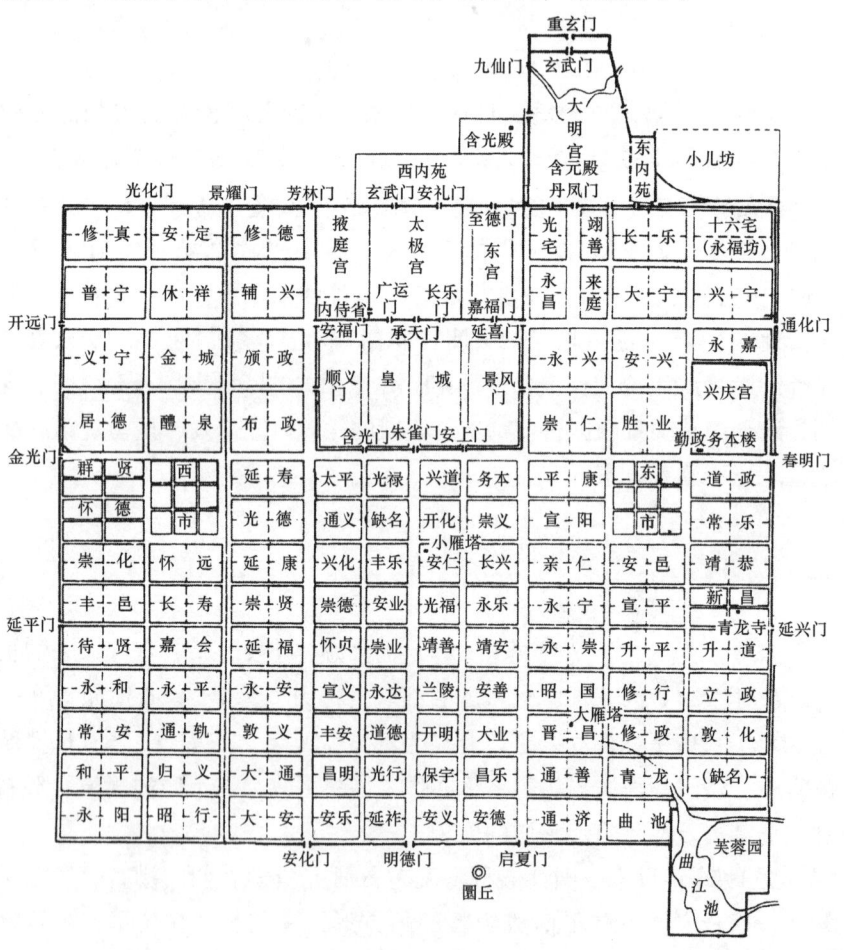

图1　唐长安城平面示意图

开皇元年（公元581年），隋文帝立长子杨勇为皇太子，封次子杨广为晋王。大兴城营造完成，太子居宫城中的东宫，而晋王的藩邸则在朱雀大街东侧第一列北数第 2 坊的开化坊[3]，唐代大荐福寺即建立在藩邸的旧址上（寺的浮屠"小雁塔"在南面相邻的安仁坊）。晋王在政治上的重要地位仅次于皇帝和皇太子，其藩邸设在朱雀大街的东侧，当可说明大兴城的重心偏东。

隋文帝在朱雀大街东侧第一列北数第 5 坊的靖善坊（隋代称"遵善坊"）尽全坊之地建佛教的大兴善寺，号称"国寺"，又自北周长安故城迁道教的通道观于朱雀大街西侧第一列北数第 5 坊的崇业坊，改名玄都观，与大兴善寺相对应。唐高祖李渊、唐太宗李世民自称是老子李耳的后裔，尊崇道教，规定在朝觐及其他各种仪式的排班次序上道士居僧尼之先。与此相反，隋文帝幼年曾受尼智仙抚养，认为释氏功劳比道家更大，故文帝在位时佛教的地位高于道教[4]，此即建大兴善寺于大街东侧、迁玄都观于大街西侧的原因所在。

唐代长安外郭城南面居中的正门称"明德门"，门外的圜丘为隋文帝营造大兴城时所始建，当时称为"圆丘"。按圆丘、圜丘为隋、唐皇帝举行祭天大典的场所，其礼仪历代传承，源远流长。隋文帝定圆丘所在地点于明德门（隋代又称"太阳门"）外大路东侧约 2 里处，其遗址已于近年经考古学者们的全面发掘，确认无疑[5]。可以说，圆丘的地点位置正表明都城的重心显然有偏东的倾向。

在唐长安城的四郊之中，东郊风景秀丽，地势平坦、开阔，特别是潼关以东为中原大地，通达极广，加之东都洛阳自隋炀帝以来为国之陪都，与京师长安之间的联系甚为紧密，故长安城以外郭城东面的"通化"、"春明"两门为出入最频繁的城门。通化门东出 7 里至长乐坡的长乐驿，下临浐水，唐朝官员出京，外蕃使臣入觐，无不经此驿站。宪宗朝宰相兼节度使裴度、李吉甫和穆宗朝宰相兼节度使李光颜之受命出镇，宪宗、穆宗两皇帝先后御通化门送行[6]，此虽中唐以后之事，亦稍可反映初唐时的情况。春明门东出十里至灞水，跨水有石桥，称为"灞桥"，唐代士人在此"折柳送别，黯然销魂"，故又有"销魂桥"之称。此等事情，无人不晓，足可证其交通之盛。

据宋敏求《长安志》、徐松《唐两京城坊考》等的查考，唐太宗的亲信大臣如长孙无忌宅在崇仁坊，房玄龄宅在务本坊，魏徵宅在永兴坊，博学儒臣褚遂良、孔颖达宅在平康坊，皆处于通化门内大街和春明门内大街的近侧而紧靠皇城。欧阳询、颜师古或因以学问见长，所任政治上的职务不重，故住宅皆在敦化坊，其地稍嫌偏僻，固属长安的东半城。

长安城的宫城虽居全城北部的正中央，但太极宫东侧为皇太子所居的东宫，西侧则为嫔妾、宫女所居的掖庭宫，对比之下，可见宫城的重心偏东。太子的辅臣入东宫，尤其是有关官员前往设在皇城东部的东宫所属官署出勤，可就近经皇城东面北端的延喜门而无须经皇城南面正中的朱雀门。同样，大臣们前往太极宫，一般须经皇城的朱雀门，有时亦可取便经延喜门，通过皇城北面的横街，转入宫城的正门承天门。这可视为长孙无忌、房玄龄、魏徵等的住宅有在务本坊、平康坊的，亦有在崇仁、永兴等坊的诸多原因之一（图1）。

前述长安西半城为55个坊，东半城则为54个坊，所欠1个坊为芙蓉园、曲江池所占，而园池除1坊之地以外，又向南延伸，面积广大，这已为考古勘查工作所证实。此处青林重叠，绿水弥漫，为京师长安之第一胜景。唐太宗曾于贞观七年（公元633年）十二月自太极宫经承天门，出皇城朱雀门，过房玄龄所居务本坊东南行，到芙蓉园游幸[7]。从初唐以至中唐以后的长时期中，每逢中和（二月初一）、上巳（三月初三）、重阳（九月初九）等节日，上自帝王将相，下至商贾庶人，莫不毕集，游乐于曲江。要之，芙蓉园、曲江池的存在为长安东半城的繁荣增色。

贞观二十二年（公元648年）太子李治为已故母亲文德皇后建佛寺于东半城的晋昌坊，名曰慈恩寺。玄奘法师自天竺取经归，唐太宗诏江夏王李道宗设九部乐，迎之入寺，仪式极为隆重。高宗永徽三年（公元652年），又于此寺建塔，即所谓"大雁塔"。上官婉儿、宋之问有"九月九日上幸慈恩寺登浮屠"诗，此后诗人们多为大雁塔作诗。新登进士于曲江宴会之后，常题姓名于此塔，称为"雁塔题名"，此是后话。

龙朔二年（公元662年）新宫大明宫修建完毕，其位置在长安外郭城北面东头，故称"东内"。唐高宗于次年迁入，此宫取代太极宫而成为唐王朝的政治中枢，遂致长安城的重心大大偏向东半城。大明宫南面正门称丹凤门，丹凤门外大街自北向南，划分翊善坊、来庭坊各为2个小坊，东坊皆用原名，西坊则分别取"光宅"、"永昌"的新名，从而使长安东半城的坊由54个增至56个。丹凤门外大街与通化门内大街相交接，更增加了通化门内大街和通化城门的重要性。

半个世纪之后，到了唐玄宗开元二年（公元714年），因兴庆坊（旧称隆庆坊）本是玄宗为临淄郡王时的藩邸所在，特于此坊置宫，是为兴庆宫。开元十四年（公元726年）扩建兴庆宫，经2年而竣工。于是玄宗皇帝往往听政于此宫，宫内西南隅的花萼相辉楼、勤政务本楼盛极一时，影响及于宫外附近街坊。这样，由于大明宫、兴庆宫的同时并存，使得丹凤门外大街、通化门内大街和春明门内大街近旁进一步成为长安城内最为兴盛的地区。例如，玄宗皇帝的宰相宋璟住安兴坊，姚崇住兴宁坊，李林甫住平康坊，爪牙、心腹之臣杨思勖和高力士住翊善坊，权臣杨国忠和大将高仙芝住宣阳坊等等，即可说明问题。此外，长安城东北隅尽1坊（永福坊）之地筑入苑，有庆、忠、棣、鄂、荣、光、仪、颍、永、济等10王之宅，宅外置百孙院，以后又加盛、寿、陈、丰、恒、凉等6王之宅，故称"十六宅"。兴庆宫西侧胜业坊内则有薛王业和"让皇帝"宪之宅，宫西北侧的安兴坊内又有申王㧑、岐王范之宅[8]。这一带成为大臣、贵族邸宅聚集之区，盛况空前（图1）。

开元十四年（公元726年）在扩建兴庆宫的同时，唐玄宗还别出心裁，在长安外郭城东面城墙外侧加筑另一条与之平行的城墙，构成"夹城"。据勘探、发掘，夹城之间的复道宽约50米，与外郭城通化、春明、延兴诸城门两侧增筑的"登道"连接，使皇帝可由兴庆宫经复道潜行，北往大明宫，南去芙蓉园，通达无阻，十分便利，又可不为外人所知。这便是诗人杜牧所云"六飞南幸芙蓉苑，十里飘香入夹城"的景况，其与唐初太宗皇帝从太极宫出皇城朱雀门经务本坊等街坊去芙蓉园游幸相比，真是不可同日而语了。

唐代长安东半城所建佛寺以大兴善寺、大慈恩寺、大荐福寺和青龙寺为著名，前三者已于前文稍有述及，这里补述青龙寺。此寺坐落在外郭城东面南头城门延兴门内的新昌坊，原寺建于隋开皇二年（公元582年），至唐初武德（公元618～626年）年间即被废止。高宗龙朔二年（公元662年）于故址重建而称观音寺，睿宗景云二年（公元711年）改名青龙寺，终成名刹[9]。青龙寺在唐代之由衰而盛，反映了长安东半城在自高宗至玄宗的初唐、盛唐时期演变、发展的情况。

无待于言，自初唐以来，至于盛唐的开元（公元713～741年）、天宝（公元742～756年）年间，长安西半城亦在逐渐发展之中，但除西市在商业活动上似乎比东市更为兴旺以外，其他街坊在各方面的繁荣程度始终逊于东半城，直至中唐时期以后而不变。

二

舒明天皇二年（公元630年），日本继以前多次的遣隋使之后，于此年派遣以犬上御田锹为大使的第1次遣唐使，以求继续学习中国的制度、文化。御田锹等于次年（公元631年）到达唐王朝的京师长安，觐见唐太宗，觐见的场所必在太极宫。当时日本尚无正规的都城，作为国家政治中枢的天皇居处称"宫"，屡有迁移，而诸宫的地理位置皆不出今奈良县南部的飞鸟地方。据《日本书纪》记载，皇极天皇（公元642~645年）所居飞鸟板盖宫的正殿为"大极殿"，其名称应是出于对唐长安城太极宫太极殿的模仿[10]。

大化元年（公元645年）中大兄皇子（以后成为天皇，称天智天皇）奉孝德天皇始迁难波宫（在今大阪市），次年实施称为"大化改新"的政治改革，而于7年以后的白雉四年（公元653年）派遣第2次遣唐使。皇极天皇重祚的齐明天皇还宫飞鸟，又立刻于白雉五年（公元654年）派遣第3次遣唐使。两次遣唐使团的大使、副使等在长安太极宫觐见唐高宗，而齐明天皇五年（公元659年）所遣第4次遣唐使则是在唐的东都洛阳觐见高宗的。龙朔二年（公元662年）长安大明宫落成，高宗于次年自太极宫移入，此宫乃取代太极宫而成为唐王朝的政治中枢，已如前述。然而，据我查考，由于各种原因，分别以守君大石、河内直鲸为大使的第5次（公元665年）和第6次（公元669年）遣唐使或者未到长安，或者虽到长安而未受皇帝赐见，皆无缘进入大明宫[11]。此后，天武天皇（公元671~686年）登位，日本中止了遣唐使的派遣。

建成于持统天皇八年（公元694年）的藤原京坐落在奈良盆地的南部，是日本第一个正规的都城。日本学者根据遗迹的调查发掘并结合文献记载，复原藤原京的全体平面成规整的长方形，南北长3公里稍强，东西宽2公里有余。藤原京的宫城称藤原宫，其位置居全京中央偏北处，相当唐长安城的宫城和皇城的结合体，故宫城内的正殿称大极殿，而南面的宫城门有时又称"皇城门"。门外称为"朱雀路"的大路作为中轴线，一直向南延伸，均称地划分全京为东、西两半，东半称"左京"，西半称"右京"[12]（图2）。十分明显，藤原京的形制、布局主要是模仿唐长安城。但是，应该指出，那是大明宫建成之前的长安城，不是大明宫建成以后的长安城。

文武天皇大宝元年（公元701年），日本制定了《大宝律令》。这是继7世纪40年代"大化改新"之后的又一次政治制度大改革，使日本从此成为政令统一、法规齐备的"律令制国家"。与此相应，在中断达30年之久以后，以藤原京为都

图2　日本藤原京平面示意图

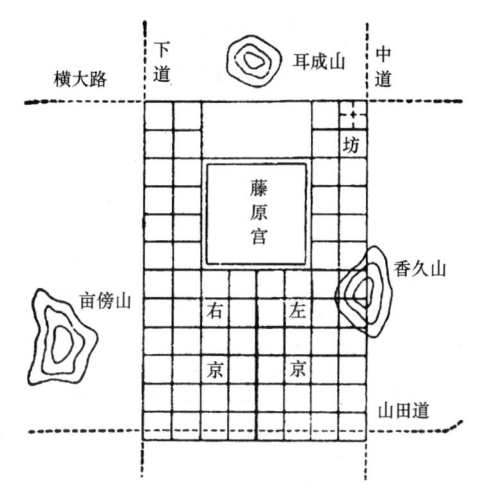

城的日本朝廷又于此年决定派遣以粟田真人为执节使（权位在大使之上）的第7次遣唐使，其目的在于更加广泛、深入地考察中国的政治、经济、宗教以及各种文化事业，其中包括都城制度。粟田任民部尚书之要职，是编纂《大宝律令》的主要成员之一，学识渊博，声望甚高。他所率领的使团于次年（公元702年）六月自筑紫（今九州福冈）起航，十月之前抵达唐王朝都城长安，在东郊的长乐驿受到中国方面位居五品的中书舍人迎接，宣敕劳问。

当时中国的皇帝是武则天，国号为"周"，但日本人始终以"大唐"称中国。女皇帝于长安三年（公元703年）在大明宫麟德殿宴请粟田真人，并授以官位，礼遇甚高。可以推定，长安三年正月执节使粟田真人必按例在大明宫含元殿参列元旦的朝贺大典。自武周长安二年（公元702年）之秋至四年（公元704年）之春，粟田真人及其随从人员在中国访问、考察，为时约一年又半，而于日本文武天皇庆云元年（公元704年）七月回到藤原京（副使、大使等人延迟回国）。他的归国促成了元明天皇于和铜元年（公元708年）即位之初便下诏于平城之地营造新的都城，是为平城京[13]。和铜三年（公元710年）三月，女天皇率领文武百官自藤原京迁至平城京，尽管宫殿、寺庙等许多建筑物须待以后继续营造，才可使都城的规模得以充实，形制臻于完备。

应该补充述及的是，在此后元正天皇的养老元年（公元717年）、圣武天皇的天平五年（公元733年）、孝谦天皇的天平胜宝四年（公元

752年),日本又先后有以多治比县守为押使(相当执节使)的第8次、以多治比广成为大使的第9次和以藤原清河为大使的第10次遣唐使的派遣。使团人员在中国都城长安考察,归国后或多或少亦对平城京内各种设施的增建、改造等起过作用。

平城京位于奈良盆地北部,南距旧都藤原京约20公里。据发掘调查,都城总面积约为藤原京的3.5倍,其主体部分南北长约4.8公里,东西宽约4.3公里,呈规整的长方形。与藤原京宫城之称藤原宫一样,平城京的宫城称为平城宫,其位置居京城主体部分的北端正中央。平城宫的南面正门称朱雀门,由此门一直向南延伸的朱雀大路作为中轴线,将都城均称地划分为东、西两半,东半称"左京",西半称"右京"。在左京东南隅有一个称为"越田池"的水池(遗留至今,称为"五德池"),相当唐长安城东南隅的曲江池(图3)。平城京对唐长安城形制、布局的模仿程度之甚,于此可见一斑。

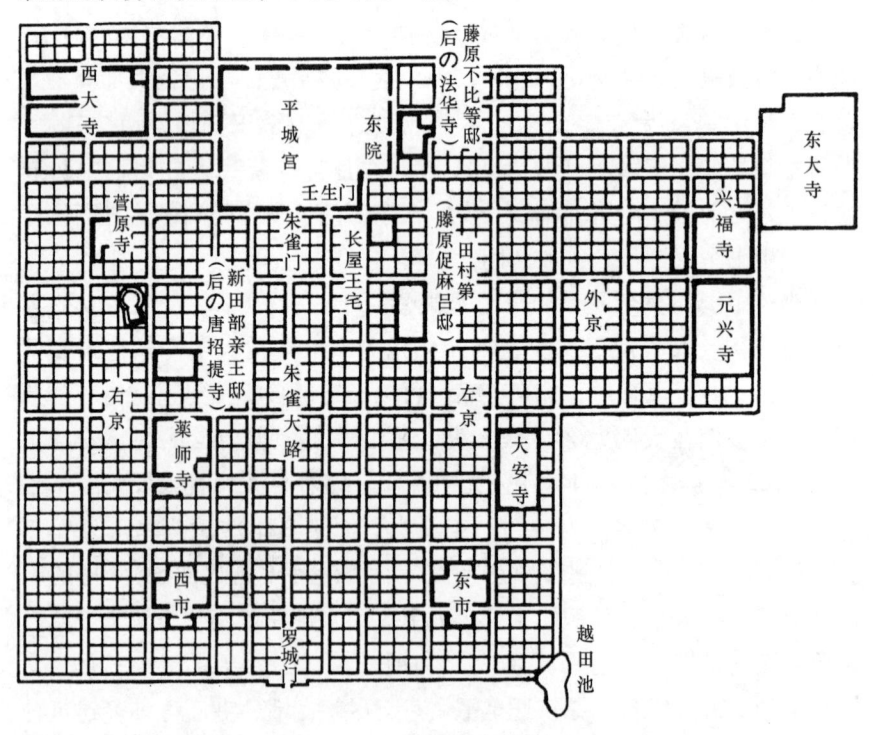

图3 日本平城京平面示意图

唐长安城东半城比西半城为繁荣，平城京左京的繁荣亦远在右京之上。这首先表现于上述与右京对称的左京在其东侧又增加南北约 2.3 公里、东西约 1.6 公里的长方形区域，现今日本学者因方便起见称之为"外京"。其实，在当时，平城京唯有左京、右京而无"外京"。总管左、右二京的行政长官各称"左京职"和"右京职"，而无"外京职"之官。要之，所谓"外京"，其实是左京的组成部分。所以，从平城京的平面图上就充分显示，东部左京（包括所谓"外京"）的分量大大超越西部的右京。

那么，平城京的总体形制、布局又为何如此不严格按左右对称的规制设计呢？原因非他，即在于此京形制、布局的模仿对象是大明宫建成以后的长安城[14]。大明宫突出于唐长安城外郭城的北面东头，打破了全城在平面上左右对称的格局。所以，平城京在左京之外增加"外京"，亦是不足为怪的。"外京"是否与左京、右京一同建设于平城京营造之初，虽难以断定，但从兴福寺、元兴寺之自藤原京方面迁来的年份看来，"外京"的设定是相当之早的。兴福寺本称厩坂寺，建立在藤原京的西南部，因是藤原氏的"氏寺"，故元明天皇和铜三年（公元710年）负责平城京迁都之事的右大臣藤原不比等首先迁此寺于新京左京东部的"外京"。元兴寺又称法兴寺，本是建于藤原京东南近处的飞鸟寺，《续日本纪》明记其迁至左京东部（"外京"）的年份为元正天皇灵龟二年（公元716年），养老二年（公元718年）。由此可见，"外京"的存在是因为平城京营造工程设计之初便有意增大左京的区域，而不是出于以后计划外的追加。圣武天皇天平十七年（公元745年）集全国之力建造东大寺于"外京"东侧，至孝谦天皇天平胜宝三年（公元751年）落成，翌年（公元752年）为寺内的大佛开眼，远自中国扬州渡来的鉴真和尚则于天平胜宝六年（公元754年）四月在此寺戒坛院为孝谦天皇及圣武上皇、光明皇后授菩萨戒，其盛况与前述唐长安城的慈恩寺相比，或许有过之而无不及。作为左京组成部分的"外京"，其繁荣程度之高，举此一事为例，即可想见。

说到这里，话题转向平城京的宫城——平城宫。在平面呈正方形的平城宫主体部分，有着三组最重要的宫殿，分别称为大极殿院、朝堂院和内裏。大极殿是天皇举行重大典礼、仪式的场所，朝堂院则是臣僚们参加朝会之处，而内裏为天皇的居处，从而亦是其日常处理政务之所在。它们相互之间的位置关系如何，学术界曾有不同的看法。奈良国立文化财研究所的学者主持遗迹的发掘，他们的见解应该是最可靠的。学者们判定大极殿院居全宫中央偏北处，其南有朝堂院相连接，朝堂院的南门与宫城的南面正门朱雀门对直，而内裏则偏在大极殿院的东侧[15]（图4-1）。我认为，这便是由于受到称为"东内"的唐长安城大明宫位置偏东的影响。在平城宫东面的凸出部分，有着称为"东院"的园囿，其设置应是出于对大明宫东内苑的仿效[16]（图1，图3，图4）。

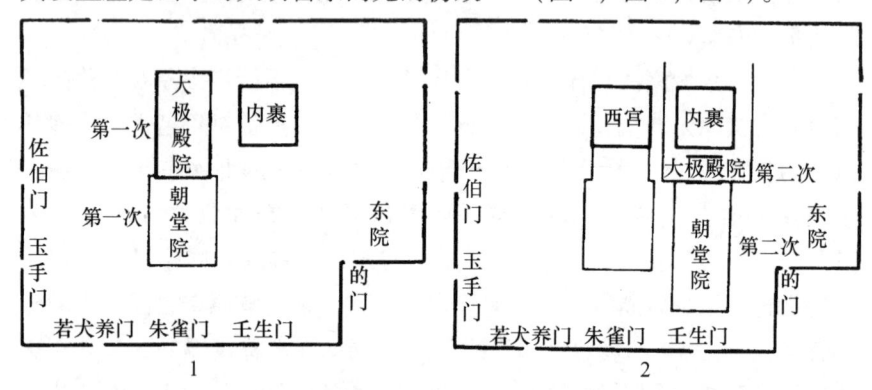

图4 平城宫中枢殿堂变迁示意图
1. 为8世纪40年代之前 2. 为8世纪中叶以降

平城宫的正殿大极殿建立于大极殿院北部又广又高的大坛上，坛的左右两侧边缘处各有1条供升降的斜坡道，参照此后平安京宫城内大极殿的类似情状，可称其为"龙尾坛"或"龙尾道"。如所周知，唐大明宫的正殿为含元殿，其特点在于基址极高，殿前左右两旁设有称为"龙尾道"的台阶。这样，可以判定，平城宫内正殿虽继续仿唐长安城太极宫太极殿之名而称大极殿，实际上却是模仿唐大明宫正殿含元殿的形制特点而建造的[17]。这就更加清楚地显示大明宫对平城宫建制的影响之大。正因为如此，我认为平城宫范围之向东凸出，正是由于受到大明宫东内苑的位置向东凸出的影响之故。

天平十二年（公元740年），因政治局势不稳，圣武天皇离平城京去伊势（在今三重县），又转而往恭仁之地（在今京都府相乐郡）营新宫，是为恭仁宫。奈良国立文化财研究所的发掘工作究明，当时是拆掉平城宫内的大极殿，将拆下来的建筑材料搬运到恭仁之地而拼凑成恭仁宫内的大极殿。于是，天平十七年（公元745年）返回平城京的圣武天皇必须于此年前后在平城宫内重新建造一座大极殿，这便是日本学者所称的第二次大极殿，而称此前建于"龙尾坛"上的大极殿为第一次大极殿。由于朝堂院是与大极殿院相连的，所以应该各称两者为第一次大极殿、朝堂院和第二次大极殿、朝堂院。至于内裏，则因不曾拆迁而无须重建[18]（图4）。

奈良国立文化财研究所的学者根据遗迹发掘并参考文献记载，究明第二次大极殿、朝堂院建在内裏之南，而在第一次大极殿原址上则改建称为"西宫"的新宫，其主要功能在于举行宴庆（图4-2）。这样，内裏与第二次大极殿、朝堂院连接，三者合而成为宫城内最重要的政治中枢，其位置却不居宫城正中而偏在东侧，与宫城南面偏东的旁门壬生门对直。与此相应，西宫及其南设置于第一次朝堂院原址上的建筑物虽位于宫城的正中，但与之对直的朱雀门却被堵塞[19]。于是，平城宫失去了原有的正门朱雀门，而上述与内裏及第二次大极殿、朝堂院对直的东侧旁门壬生门反而成了宫城的最重要的大门（图4-2）。

平城京的宫城与此前藤原京的宫城、此后平安京的宫城一样，相当唐长安城宫城与皇城的结合体，其南面正门朱雀门相当长安皇城的朱雀门，而门外的朱雀大路则相当长安城的朱雀大街。我要强调指出的是，平城宫南面偏东的壬生门在某种意义上可视为与唐长安城大明宫的丹凤门相当，而壬生门外的"坊间大路"亦可视为相当于长安城的丹凤门外大街[20]。与平城京以朱雀大路为首的许多大路不同，壬生门外大路自北而南，贯穿朱雀大路东侧第一列的7个坊，改坊内中央应有的小路为大路，故称"坊间大路"（图3）。如前所述，长安丹凤门外大街自北而南贯穿翊善、来庭2坊，也是名副其实的"坊间大街"，可谓有趣的巧合。要之，平城宫南面正门朱雀门之被堵塞，南面偏东的旁门壬生门之成为最重要的宫城门，这在一定程度上是平城京的模仿对象唐长安城的政治中枢由太极宫移往"东内"大明宫的反映。正是因为平城宫的重心偏东，乃使平城京东部的左京远比西部的右京区域为大，繁荣程度为高。

与中国唐王朝大臣、贵族们的邸宅多在长安东半城，尤其是在东半城北部一样，在以平城京为都城的奈良时代（公元710~784年），日本的贵族、大臣以及中高级官僚们的邸宅亦多在平城京的左京，特别是左京北半部靠近宫城之处。"大化改新"第一功臣藤原镰足之子藤原不比等于元明天皇和铜三年（公元710年）迁都平城京时已任正二位（相当唐正二品）右大臣之要职，以后权势与日俱增，其邸宅在左京北部，靠近平城宫的东垣。长屋王为天武天皇之孙，和铜（公元708～715年）、灵龟（公元715～717年）、养老（公元717～724年）年间历任宫内卿、式部卿、大纳言乃至右大臣等高官，神龟元年（公元724年）又晋升为正二位左大臣，考古发掘调查工作判明其邸宅在朱雀大路东侧第二列北起第3坊内，与宫城的壬生门、朱雀门最为接近。孝谦（公元749～757年）、淳仁（公元758～764年）两朝的权臣、官居正一位（相当唐正一品）而号称"太师"的藤原仲麻吕，其宏大邸宅"田村第"在朱雀大路东侧第二列北起第4坊，亦便于经由壬生门而入宫城（图3）。此种事例颇多，只举其最重要者如上。

当时日本崇尚佛教，除首都平城京以外，圣武天皇于天平十三年（公元741年）下诏令诸国（"国"为地方行政区划，其下设"郡"）建僧寺和尼寺，是为"国分寺"。以后则以前述建成于天平胜宝三年（公元751年）的东大寺为"总国分寺"，以光明皇后于天平十七年（公元745年）捐舍其父藤原不比等邸宅而建的法华寺为"总国分尼寺"。两者距平城宫或远或近，皆属左京（包括所谓"外京"）之地域。这更加足以显示在佛寺的设置上，左京亦比右京为重要。

如前所述，唐长安城东半城比西半城更为繁盛的诸多原因之一，在于长安东郊地理之优胜。但是，就日本平城京的四郊而论，南、西、北三郊的交通条件皆不比东郊为差。因此，平城京左京比右京为繁荣的原因完全在于都城、宫城内部的形制和布局，其受大明宫建成以后的唐长安城形制、布局的影响甚深，当然是可以理解的。

三

延历三年（公元784年）桓武天皇自奈良平城京迁都长冈京（在今京都府向日市、乙训郡地区），延历十三年（公元794年）又自长冈京迁都平安京，即今京都市之地。自此年以迄后鸟羽天皇建久三年（1192年），日本以平安京为都城近400年，史称"平安时代"（公元794～1192年）。建久三年七月，已经在镰仓建立政权的源赖朝正名为"征夷大将军"，乃使日本历史进入"镰仓时代"（1192～1333年）。只因天皇宫室仍在，平安京得以"京都"的名称长期延续。

平安京全京平面呈规整的长方形，南北长约 5.2 公里，东西宽约 4.5 公里。称为平安宫的宫城居京城北端正中央，其南面正门朱雀门外的朱雀大路作为中轴线，自北而南一直延伸至京城南面的罗城门，极其均等地划分全京为东、西两半，东半称左京，西半称右京。左京与右京面积相等，街路的区划一致，坊的数目相同。在京城南部，东市与西市的位置对称，罗城门内两侧的东寺与西寺并列而互相对应，不偏不倚，甚至将接待外国使臣的鸿胪馆亦一分为二，各置于朱雀大路的东、西两旁。要之，平安京的形制、布局完全是严格按左右对称的格局设计的，没有任何偏差（图5）。

然而，全京形制、布局虽严格按左右对称的原则设计，但平安京左京的繁荣程度却大大超越右京。在大约作成于鎌仓时代（1192～1333年）初期承久年间（1219～1222年）的称为《九条家本延喜式附图》的"左右京图"中，左京密密麻麻地用汉字标示着诸如"冷泉院"、"高阳院"、"闲院"、"堀河院"、"小松殿"、"三条院"、"大炊殿"、"御子左第"、"土御门殿"、"土御门内裏"、"五条内裏"、"近卫殿"、"六条内裏"以及"西八条殿"等等之类的皇家、贵族的院殿和外戚、权臣的邸宅，为数计二三十处之多，而右京几乎全属空白，一无所有[21]。这样明显的情状，一眼便可看清（图5）。

为使一般读者便于了解，我在这里对上述左京各处院、殿、邸宅等作简单的说明。"冷泉院"又作"冷然院"，是平安时代第三代天皇嵯峨天皇（公元810～823年）退位后的"仙洞"，规模甚大。所谓"仙洞"，是指太上天皇的宫院，设在街坊间，继位的淳和天皇、仁明天皇多次到此院觐谒。嵯峨天皇为英主，威望甚高，退位后仍以太上皇身份掌握朝政，故当时的冷泉院可视为平安京内的政治中枢之一，此后则又成为在位天皇的"里内裏"（其词义在下文述及）。《日本三代实录》记贞观十七年（公元875年）正月冷泉院失火，秘阁所藏文籍、图书化为灰烬，仅《一切经》写本抢救得存，但宽平年间（公元889～898年）修撰的《日本国见在书目录》所收附有"冷然院"注记之书犹有易、尚书、礼、春秋、异说、小学、杂史、旧事、仪注、杂传、儒、道等各家书籍200余卷[22]，足见嵯峨天皇之崇尚汉学。"高阳院"又作"贺阳院"，是平安时代第一代天皇桓武天皇之子贺阳亲王的邸宅，面积广大。

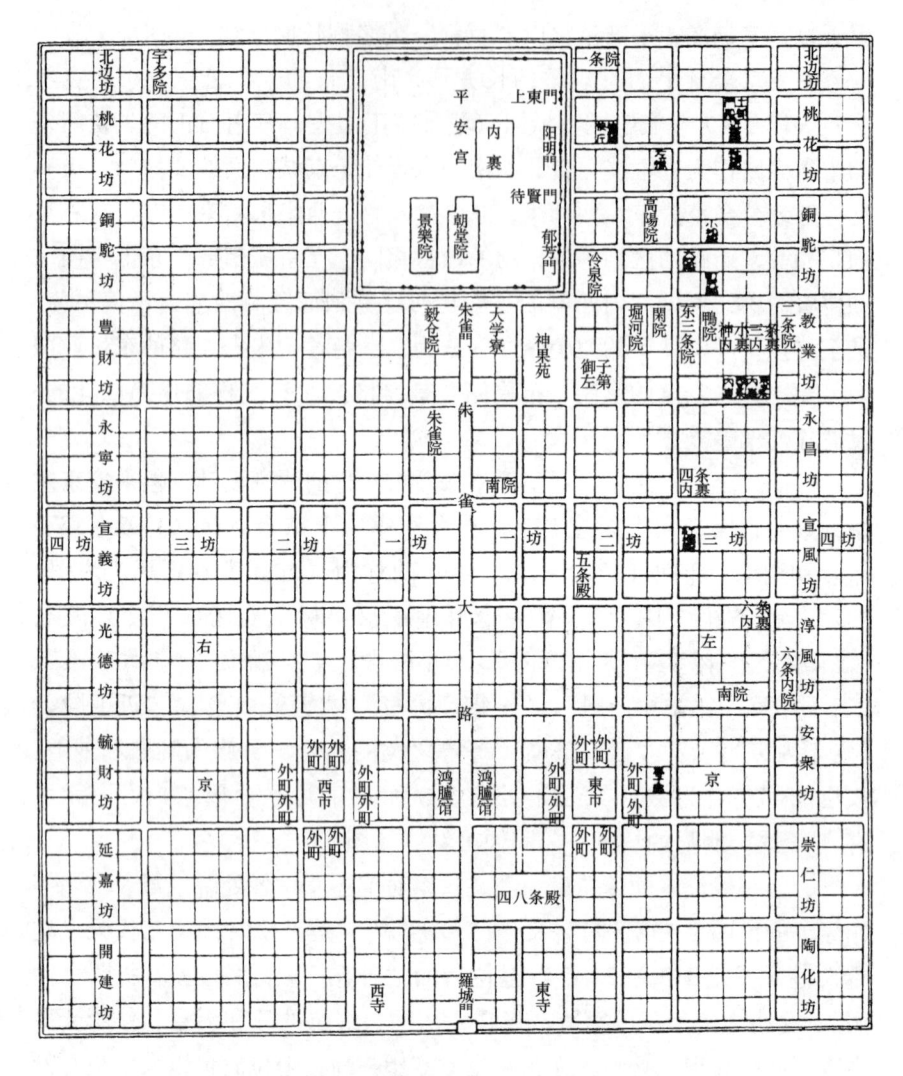

图 5　日本平安京平面示意图

此院从 9 世纪前期开始，由亲王家长期传承，至 11 世纪中期为拥立后冷泉天皇（1046～1068 年）而成为"关白"的外戚权臣藤原赖通所领有，并多次成为"里内裹"。据 20 世纪 70 年代末的考古发掘调查，贺阳院内寝殿四面有水池，池边砌自然石，景致幽美。所谓"里内裹"，是指移于街坊间的皇居，为 9 世纪平安时代前期以降的日本所特有。据《续日本后纪》记载，早在承和九年（公元 842 年）四月，因宫城中的内裹需加修缮，在位的仁明天皇暂住上述的冷泉院，或许可视为开"里内裏"之先端。天德四年（公元960年）宫城中的内裏因火灾烧坏，村上天皇（公元947～967年）不得不迁至其他殿舍，直到再建完成。从此以后，每有事故，天皇从宫城中的内裏迁出，寄住于以外戚藤原氏为主的贵族大臣家中，成为惯例，是谓"里内裏"（"里"指街坊、人家聚集处）。

"闲院"、"堀河院"各为9世纪初期和后期的外戚大臣藤原冬嗣、藤原基经的邸宅。二人与其他藤原氏贵族一样，皆为奈良时代初期藤原不比等的后世子孙。前者因辅佐嵯峨天皇而立有大功，官职自枢密藏人所的首脑累进至朝廷的左大臣，为藤原氏一族之在平安时代得势、擅权奠定基础；后者更以"摄政"兼太政大臣身份奉立宇多天皇（公元888～897年）而始称"关白"，从而使此后的平安时代因藤原氏世世行所谓"摄关政治"（"摄关"指"摄政"与"关白"）而称"藤原时代"。20世纪80年代调查发掘了堀河院的遗迹，可见池园构筑之精致。"小松殿"之为贵族邸宅，因其为9世纪30年代光孝天皇（公元885～887年）诞生之处而著称。"三条院"本是藤原赖忠的邸宅，因曾是三条天皇（1012～1016年）的"里内裏"而得名。"大炊殿"亦是天皇的"里内裏"，又曾以"仙洞"而成为太上天皇的居所。

"御子左第"本为醍醐天皇（898～930年）皇子左大臣源兼明亲王的邸宅，规模之大可与前述冷泉院、高阳院相比，12世纪末以创作优秀和歌闻名的藤原俊成与其子藤原定家因以此第为住宅而称其作歌的家世为"御子左家"。"土御门殿"是11世纪初期最大的外戚权臣藤原道长的邸宅，因位置靠近京城北面边缘的极限处，又称"京极殿"或"京极邸"。藤原道长在朝廷中居高位，当权既久，势力极大，自谀"此世乃我之世，如望月之无缺"，以贪婪、奢侈、淫逸为特性，其豪华邸宅多次成为在位天皇的"里内裏"。"土御门内裏"为12世纪初期鸟羽天皇（1108～1123年）在位时所营造，虽为"里内裏"，其建制却仿宫城中的真正的内裏。"五条内裏"本是官任大纳言的藤原邦纲的邸宅，平安时代后期成为"里内裏"，为高仓天皇（1160～1180年）之所居。"近卫殿"是12世纪80年代藤原氏摄政大臣藤原基通的邸宅，其家族又因邸宅所在地点而称"近卫家"，是此后所谓"五摄家"（5个任"摄政"的藤原氏家族）之一。"西八条殿"是平安时代末年平清盛的别邸，其人重握兵权而专朝政，一时取代了世世擅权的外戚藤原氏贵族。

以上所述诸多院、殿、邸宅皆在平安京左京的范围之内，除"西八条殿"位置在左京南部以外，其余无不在左京的中部和北部，尤其是左京的北部。这与前述平城京左京北部、唐长安城东半城北部之为京城最繁荣的区域比较，可谓十分相似，如出一辙。

那么，平安京的左京为何远比右京为繁盛，特别是左京北部为何成为皇家院殿、贵族邸宅的集中之区呢？关于这个问题，首先须从称为平安宫的宫城内部的建制说起。在平安时代，朝堂院又称八省院，其位置居平安宫全宫南部的正中央，而大极殿则成为朝堂院内的正殿，从而不存在所谓大极殿院，但当时朝堂院（八省院）的性质基本上仍与平城宫中的大极殿、朝堂院相当。在朝堂院的西侧，仿唐长安城大明宫内以举行各种宴会为特殊功能的麟德殿而创建丰乐院，其效用亦在于举行宴庆之会，故在一定程度上又可视为奈良时代后期平城宫内所建西宫之延续。最重要的则是与奈良时代前期的平城宫一样，作为天皇居处的内裏仍然设在以大极殿为正殿的朝堂院的北面偏东处，其正殿称"紫宸殿"。由于平安宫的东部没有平城宫东部那样的凸出部分，内裏的位置更显得偏在宫城的东部（图5）。

必须指出，与平城宫中的大极殿、朝堂院有所差异的是，早在平安时代初期，以大极殿为正殿的朝堂院（八省院）在政治上的作用已经淡化。这主要表现在大极殿的功能仅限于举行天皇即位、元旦朝贺等仪礼性大典，而八省（中务、式部、治部、民部、兵部、刑部、大藏、宫内）官员每月朔日之在朝堂院集会并由大纳言（其职权相当中国唐代门下省的长官侍中）收集奏章、公文进呈天皇审视之制已减为仅限四个孟月（一月、四月、七月、十月）的朔日[23]（或谓只限春三月、秋十月的二个朔日[24]），而天皇未必于大极殿临朝出席。这样，作为天皇日常理政之处的内裏在政治上的重要性便显得更为突出。特别是弘仁元年（810年）三月嵯峨天皇在内裏设置以藤原冬嗣、巨势野足为首脑的称为"藏人所"的机要部门，更使内裏成为平安宫内唯一的权力中心[25]。于是，臣僚们直接趋内裏觐谒、奏议，遂成经常之事。中国唐代皇帝大朝会在大明宫的正殿含元殿。每月朔、望二日会群臣于宣政殿，是为"正衙"。平日（限于单日，即奇数之日）视朝在紫宸殿，是为"内衙"（唐代皇宫内的主殿称"衙"）[26]。平安宫内裏主殿与唐大明宫内衙之殿俱称"紫宸殿",虽似巧合,实非偶然。

8世纪平城宫的主体部分平面成正方形,南、西、北三面宫垣各开三个宫门,东面凸出部分因墙垣较短,只开二门,却在东院西南隅另开一门,称"小子门"或"的门",共计十二个宫门。除朱雀门以外,名称可考者有南面的"壬生门"、"若犬养门"和西面的"佐伯门"、"玉手门",包括上述的"小子门"("的门")在内,皆属和式(日本式)的名称(见图4)。与此不同,平安宫的平面为纵长方形,南、北二面各开三个宫门,东、西二面各开四个宫门,共计十四个宫门。它们的名称以东面四门为例,自北而南各为"土御门"、"近卫御门"、"中御门"、"大炊御门",本来皆为日本式的,以后却改为唐式(中国式)而分别称"上东门"、"阳明门"、"待贤门"和"郁芳门"(图5)。或谓东面北端的"上东门"和西面北端的"上西门"之名不属唐式,其实它们是仿中国汉魏雒(洛)阳外郭城的"上东门"、"上西门"而取名,亦属中国式的名称无疑。此等事情,将在本文第四节详叙。由于平安宫中的内裏偏在宫城的东侧,又因"冷泉院"、"高阳院"、"闲院"、"堀河院"、"土御门殿"等皇家、贵族、权臣们的院、殿、邸宅集中于左京的北部,乃使上述平安宫东面的四个宫门出入频繁。尤其是作为东面北起第二门的阳明门(近卫御门),其位置正直接对着宫城中的内裏,遂被当作"公门",是贵族、大臣们的通用之门。

总而言之,平安京左京北部之成为全京最繁荣之区,其原因主要在于平安宫中的内裏位于宫城的东部。这与称为"东内"的大明宫位置之在唐长安城北面东头的事实相对照,可见其间存在着直接或间接的关联,已如前文所述及。

四

在日本奈良时代(公元710~784年)的中后期,继前述孝谦天皇天平胜宝四年(公元752年)的第10次遣唐使之后,淳仁天皇天平宝字三年(公元759年)至光仁天皇宝龟十年(公元779年)的20年间又有过从第11次至第15次的5次遣唐使的派遣计划。但是,第12次(公元761年)和第13次(公元762年)在决定使臣人选之后不久即因故中止,第11次(公元759年)和第15次(公元779年)则分别为迎接入唐未归的日本大使和陪送访日返国的唐朝使臣而遣，只有宝龟八年（公元777年）的第14次是正式的遣唐使。

桓武天皇迁都平安京，迅速于延历二十一年（公元802年）派遣第16次遣唐使（2年后出发成行）。此次遣唐使团以藤原葛野麻吕为大使，规模甚大，特别是空海、最澄和橘逸势等名僧、名士一同随使团前往中国，影响既大，收获亦多，归国后始终受到嵯峨天皇（公元810~823年）的重视。如前所述，嵯峨天皇不仅治国有方，而且博学多才，其对中国制度、文化之崇尚，可谓无以复加。在第16次遣唐使团中任"判官"（职位次于大使、副使）的菅原清公归国后受天皇宠信，升官进位，言听计从。据《续日本后纪》记载，弘仁九年（公元818年）嵯峨天皇下诏，令"天下仪式、男女衣服皆依唐法，五位（相当唐五品官）以上位记改从汉样，诸宫殿、院、堂、门、阁皆着新额"云云，乃是出于菅原清公的建议[27]。所谓"皆着新额（匾额）"，其实是指宫内各种建筑物都改用中国式的新名称。这样，可以认为，从上述平安宫的四面宫门到朝堂院、丰乐院乃至内裏的许多门、殿、楼、堂、坊、舍等等的中国式名称都是嵯峨天皇在位时早已确定了的。以朝堂院南面正门应天门为例，清和天皇贞观八年（公元866年）因被纵火焚毁，成为称作"应天门之变"的重大政治事件，此门之名乃始得见于《日本三代实录》的记载。其实，其仿唐洛阳宫城南门应天门为名应早在嵯峨天皇弘仁九年（公元818年）下诏之后不久，这是肯定无疑的。

这里，我要加以说明的是关于弘仁九年诏书中未曾言及的平安京左京和右京仿自长安、洛阳的13个中国式坊名（皆标明在《九条家本延喜式附图》的"左右京图"中）。在这些坊名之中，虽然只有丰财坊因面向朱雀大路的坊门在狂风暴雨中倒塌而始得见其名于《日本三代实录》贞观十六年（公元874年）八月二十四日的记载，但与上述应天门一样，它们实际上都是早已存在的。仁明天皇承和五年（公元838年），在嵯峨太上天皇的坚持下，以藤原常嗣为大使的第17次遣唐使终于出发，使团规模宏大，人才济济，归国后进一步扩大了唐文化之在日本朝野的影响。所以，我认为，丰财坊等中国式坊名的开始存在至少不应迟于9世纪20年代后期至40年代初年嵯峨天皇以太上皇身份继续掌握朝政之时。

据我粗略统计，在上述13个中国式坊名之中，铜驼、教业、宣风、淳风、安众、陶化、丰财、毓财等8个坊名仿自洛阳，永昌、崇仁、永宁、宣义、光德等5个坊名仿自长安。在朝堂院、丰乐院和内裹的门、殿、楼、堂等的名称方面，大极殿、龙尾坛（道）、紫宸殿、栖凤楼、翔鸾楼等仿自长安，而应天门则如前所述，仿自洛阳，加之宫城的上东门、上西门之名仿自汉魏时代的雒（洛）阳城，洛阳各种名称之被仿用实不亚于长安。

但是，必须指出，除了京城的整体平面形状作南北纵长方形和京内绝大多数坊的平面皆成正方形这两点与唐洛阳城相似以外，总的说来，平安京与平城京等其他日本都城一样，在京城总体的形制、布局上主要是模仿唐长安城而不是模仿唐洛阳城。唐洛阳城的宫城、皇城偏在全城西北隅，皇城南门不称朱雀门而称端门，由端门向南直通外郭城定鼎门的大街不称朱雀大街而称定鼎门大街，其部位亦偏在城的西部而不成其为全城真正的中轴线，以及城内设位置错落不齐的北市、南市、西市三市而不是设互相对称的东、西二市，凡此等等，皆与包括平安京在内的日本都城大不相同，故不可视洛阳为日本都城在形制、布局上的主要模仿对象。只因平安时代以嵯峨天皇为首的统治者高度崇尚唐风、汉化，乃使洛阳城门、宫门和坊的名称被广为采用于平安京的相应处所，与长安相比，大有后来居上之势。这主要是由于洛阳在从公元1~3世纪的汉魏时代以来的古代中日关系的全部历史上占有比长安更为重要的地位，而不是因为唐代的洛阳城在形制、布局上比唐代的长安城更为日本的平安京所模仿之故[28]。

按照《续日本纪》的记述，至迟在8世纪80年代的奈良时代（公元710~784年）末年，平城京的左京、右京已各有"东京"、"西京"之别称[29]。平安京的左右二京各称"东京"、"西京"虽始见于《续日本后纪》仁明天皇承和三年（公元836年）的记载，但据我推想，"东京"、"西京"之各为左右二京的别称实可追溯至8世纪90年代末桓武天皇迁来此京的伊始。从《续日本后纪》、《日本文德天皇实录》，尤其是《日本三代实录》等史书记事来看，9世纪的平安京以"东京"称左京，以"西京"称右京的风习是相当之盛的。早从2000年前的汉代开始，直至7世纪以降的唐代，中国的洛阳、长安各有"东京"、"西京"之称，乃是举世共知之事，除中国本国以外，实以东瀛日本为最深知。于是，在高度崇尚唐风、汉化的平安时代，平安京的左京（东京）转称"洛阳"，右京（西京）转称"长安"，乃是顺理成章之事，无足为奇。不久以后，由于平安京的左京繁荣，右京萧条，以致"长安"之称被淡忘，而"洛阳"则进而成为平安京全体的代名词，直至21世纪的今日犹可见其遗习之延留。在现今京都市南区有一所高等学校（简称"高校"），其校名为"洛阳工业高校"，可为一例。

但是，问题在于，具体地说，"洛阳"二字之成为日本平安京全体的代名词，究竟是从什么时候开始的呢？面对这个问题，我查阅了《本朝文粹》、《扶桑集》、《朝野群载》等编纂于11~12世纪的日本汉文诗文集，看到平安时代文人学士的文词、诗句颇有含"洛阳"二字的，所指即为当时的平安京。我的要求是，在确认文词、诗句中的"洛阳"是指平安京全体的前提下，撰作的年代越早越好。这样，经过比较、考核，我认为《扶桑集》（卷七）所录醍醐天皇延喜二十年（公元920年）大江朝纲于平安京鸿胪馆为送别渤海国大使裴璆而作的七言绝句之诗是最有参考价值的。诗云：

　　晓鼓声中出洛阳，还悲鹏鹢远分行。
　　思倾别酒俱和泪，未死应无一日忘。

如前所述，平安京的鸿胪馆被一分为二，分别设置于京城南部朱雀大路的东、西两旁，故可称"东鸿胪馆"与"西鸿胪馆"，各占二町（一町面积为120×120平方米）之地（图5）。《续日本后纪》记仁明天皇承和六年（公元839年）八月十二日诏令以东鸿胪院之地二町充典药寮，为御药院，而所记"东鸿胪院"即为东鸿胪馆无疑。由此可见，此后作为招待外国使臣的迎宾馆的，是西鸿胪馆而非东鸿胪馆。对此，日本学者亦持同样的看法[30]。

自8世纪20年代后期以来，渤海与日本遣使互访，往来频仍，两国在外交上的关系最为密切。但是，进入9世纪的平安时代，日本对于与渤海交往的积极性大减。自嵯峨天皇弘仁二年（公元811年）派林东人等送渤海使臣高南容归国以后，日本方面不复遣使往访渤海，弘仁十二年（公元821年）又规定渤海遣使来访仅限每隔12年1次，遂使平安京鸿胪馆的接待任务大为减少。这便是东鸿胪馆改为典药寮、御药院，而西鸿胪馆则成为规模缩减的迎宾馆的原因所在[31]。

西鸿胪馆位置在朱雀大路西侧，其地属右京（西京）的范围。馆的正门为南门，这本属情理中事，在日本文学之士所作诗题之类中亦有所言及[32]。因此，上文所引大江朝纲"晓鼓声中出洛阳"的诗句之意可明释为渤海使臣裴璆等于清晨出西鸿胪馆南门，向左转右，由朱雀大路往南出罗城门，离平安京而去。由此可证，至迟在10世纪之初，"洛阳"不仅是指平安京的左京（东京），而且早已成为包括右京（西京）在内的平安京全体的代名词，是无疑义。这说明，当时右京衰落已成定局，以致本来仅指左京的"洛阳"越过界线而兼指右京。

平安时代学者庆滋保胤于圆融天皇天元五年（公元982年）撰作题为《池亭记》的文学之书，书中谓平安京右京衰落之原因在于10世纪中叶权势甚大的左大臣源高明在冷泉天皇安和二年（公元969年）的政治事变中失败，其在平安京右京的邸宅被弃废。查源高明本为村上天皇（公元947～967年）的辅政大臣之一，声望甚高，冷泉天皇（公元968～969年）继位后，因受藤原氏政敌的倾轧，涉嫌与谋逆案有牵连，被判有罪而远贬大宰府（在今九州福冈县），原任左大臣之职为藤原师尹所夺取，其在平安京的邸宅当然亦不得不放弃，故《九条家本延喜式附图》的"左右京图"中不见有此宅的标志。但是，从9世纪前期嵯峨太上皇的冷泉院、贺阳亲王的高阳院、左大臣藤原冬嗣的闲院以至9世纪后期"摄政"、"关白"藤原基经的堀河院和10世纪初期源兼明亲王的御子左第等皇家的离宫、院殿和权贵大臣们的邸宅皆设置在左京（东京）的情形看来，右京（西京）在繁荣程度上远逊于左京（东京）的事实早已存在，而至迟10世纪初"洛阳"已成为平安京全体的代名词则又进一步显示右京早已失去原有的名分，其衰落之势固非10世纪中期偏后源高明一家的邸宅所能阻挡、挽回，只不过源氏邸宅的弃废更加促使右京彻底衰落而已。

一般认为，平安京所在之处一带的地理环境是东北方高亢、爽朗，西南方低洼、潮湿，从而造成左京（东京）北部最为繁盛，右京（西京）南部最为萧条的情况。其实，地理只是造成此种情况的部分原因，却不是全部原因。在平安京营造之初，便在罗城门内朱雀大路的东、西两旁各建一佛寺，是为东寺与西寺（图5）。两寺位置对称，面积相等，遗迹的发掘调查证明它们的伽蓝设计基本上也是彼此相似的。空海和尚访问中国归来以后，于嵯峨天皇弘仁七年（公元816年）开道场于高野山（在今和歌山县），获敕许而建金刚峰寺于山上，又于弘仁十四年（公元823年）蒙天皇以平安京内的东寺相赐，从而使此寺一反8世纪奈良时代的常例，成为真言宗一宗的专修道场，开以后日本佛教史上一寺一宗的先例。与此相反，西寺则于此后不久即迅速衰落，不闻于世。由此可知，早在9世纪前期，以平安京为都城的日本朝廷即有重左京（东京）而轻右京（西京）之倾向。

在1960年的考古发掘调查中测定的西寺伽蓝中心线与东寺伽蓝中心线之间的距离除以《延喜式》（平安时代前期典籍）所记两寺之间相隔的丈数，可以确认平安京营造尺一尺合今29.91厘米[33]。要之，东寺与西寺相距不过200余丈，合今600余米，其间的朱雀大路宽28丈，合今84米，路面左右持平。十分邻近的两寺一则极盛，一则早衰，固非全因地理环境不同所使然。

注　释

[1] 王仲殊：《关于中日两国古代都城、宫殿研究中的若干基本问题》，《考古》2001年第9期。

[2] 马得志：《唐代长安与洛阳》，《考古》1982年第6期。

[3] 宋敏求《长安志》（卷七）记："（开化坊，大荐福寺）寺院半以东，隋炀帝在藩旧宅"。

[4] 中国大百科全书编委会：《中国大百科全书·中国历史》（Ⅰ）第159页，中国大百科全书出版社，1992年。

[5] a.《隋书·礼仪志》记："高祖受命，欲新制度，乃命国子祭酒辛彦之议定祀典，为圆丘于国之南，太阳门外道东二里"。

b. 中国社会科学院考古研究所西安唐城工作队：《陕西西安唐长安城圜丘遗址的发掘》第29~47页，《考古》2000年第7期。

[6] 《新唐书·裴度传》"及行，御通化门临遣，赐通天御带"。《新唐书·李吉甫传》"帝为御通化门祖道，赐御饵、禁方"。《新唐书·李光颜传》"帝御通化门临送，赐珍器、良马、玉带"。

[7] 《新唐书·房玄龄传》"会帝幸芙蓉园观风俗，玄龄敕子弟汛扫廷唐曰'乘舆且临幸'。有顷，帝果幸其第"。

[8] 徐松：《唐两京城坊考》（卷三）外郭城翊善、崇仁、平康、宣阳、安兴、胜业、十六宅、兴宁等坊条下的注记，中华书局，1984年。

[9] 徐松：《唐两京城坊考》（卷三）新昌坊南门之东青龙寺条下注记，中华书局，1984年。

[10] 王仲殊：《论日本古代宫内大极殿龙尾道》第 73 页，《考古》1999 年第 3 期。
[11] 王仲殊：《试论唐长安城大明宫麟德殿对日本平城京、平安京宫殿设计的影响》第 76 页，《考古》2001 年第 2 期。
[12] 王仲殊：《藤原京の建设》，《中国からみた古代日本》，学生社，1992 年。
[13] 王仲殊：《关于日本第七次遣唐使的始末》，《考古与文物》2000 年第 3 期。
[14] 王仲殊：《论日本古代宫内大极殿龙尾道》第 76~77 页，《考古》1999 年第 3 期。
[15] 王仲殊：《试论唐长安城大明宫麟德殿对日本平城京、平安京宫殿设计的影响》第 82~83 页，图第九（左图），《考古》2001 年第 2 期。
[16] 王仲殊：《広大な規模を誇る平城京》第 234~235 页，《中国からみた古代日本》，学生社，1992 年。
[17] 王仲殊：《论日本古代宫内大极殿龙尾道》第 77~79 页，《考古》1999 年第 3 期。
[18] 王仲殊：《试论唐长安城大明宫麟德殿对日本平城京、平安京宫殿设计的影响》第 82~83 页，图第九（左图），《考古》2001 年第 2 期。
[19] 王仲殊：《试论唐长安城大明宫麟德殿对日本平城京、平安京宫殿设计的影响》第 82~83 页，图第九（左图），《考古》2001 年第 2 期。
[20] 王仲殊：《広大な規模を誇る平城京》第 234 页，《中国からみた古代日本》，学生社，1992 年。
[21] 井上满郎：《平安京再現》第 021 页"九条家地圖"，河出书房新社，1990 年。本文图五采自井上氏之书而稍有修改，大体上与九条家图相仿。
[22] 后藤昭雄：《漢文の受容》第 246~247 页，《ことばと文字》日本の古代 9，中央公论社，1988 年。
[23] 桥本义则：《平安時代の告朔》第 188~189 页，《まつりごとの展開》日本の古代 7，中央公论社，1986 年。
[24] 村井康彦：《朝堂院と豊楽院》第 186~187 页，《日本の宫都》，角川书店，1978 年。
[25] 村井康彦：《藏人所の設置》第 190~193 页，《日本の宫都》，角川书店，1978 年。
[26] 司马光《涑水记闻》（卷八）云："丹凤（门）之内曰含元殿，至大朝会则御之。次曰宣政殿，谓之正衙，朔望大册拜则御。次曰紫宸殿，谓之上阁，亦曰内衙，奇日视朝则御之"。
[27] 《续日本后纪》仁明天皇九年十月丁丑（十七日）条所记菅原清公一生主要经历。见《续日本后纪》（后篇）第 526 页（《国史大系》，吉川弘文馆，1982 年）。
[28] 王仲殊：《论洛阳在古代中日关系史上的重要地位》，《考古》2000 年第 7 期。
[29] 《续日本纪》记：桓武天皇延历三年（公元 784 年）九月癸酉（五日）"京中大雨，坏百姓庐舍，诏遣使东西京赈给之"。按桓武天皇往迁长冈宫于延历三年十一月，故上述《续日本纪》所记"东西京"应指平城京之左京和右京。见《续日本纪》（《国史大系》，吉川弘文馆，1982 年）。
[30] 平良泰久：《地中の平安京》第 117 页京中诸司，《平安の都》，古代を考える，吉川弘文馆，1991 年。
[31] 鸿胪馆最后一次正式任务是醍醐天皇延喜二十年（公元 920 年）接待渤海国大使装

璆。6年之后（公元926年），渤海亡国，而裴璆降敌，并于延长八年（公元930年）以东丹国使臣身份访日本，被日方拒绝，谢罪而去。从此以后，鸿胪馆接待外国宾客的任务全无，馆舍是否有继续存在的必要，成为问题。菅原文时于村上天皇天历十一年（公元958年）十月所上《请不废失鸿胪馆怀远人、励文士事》的意见书中称"星律多积，云构频颓，顷年以来，堂宇欲尽，所司不能修造，公家空以废忘"云云，虽请朝廷不要废失此馆，但终遭废失（见《本朝文粹》二）。

[32] 《江谈抄》（卷四下）录都良香为送渤海客作诗于鸿胪馆南门，《扶桑集》（卷七）录大江朝纲作送渤海大使裴璆之诗而称"鸿胪馆南门临别口号"，可以为例。

[33] 平良泰久：《地中の平安京》第118页东寺、西寺，《平安の都》，古代を考える，吉川弘文馆，1991年。

（本文原载《考古》2002年第11期）

中国古代宫内正殿太极殿的建置及其与东亚诸国的关系

最近数年来，我连续写了几篇关于中日两国古代都城、宫殿制度比较研究的文稿，发表在《考古》杂志上。文稿内容涉及各个方面，太极殿（日本称"大极殿"）则是其中的重点之一。然而，仔细想来，有关太极殿的论述尚需进一步深入，且应力求全面、系统化。故重新提笔，撰作此文，以为补充。

一

唐开元中由徐坚、韦述等编撰的、题为《初学记》的类书共三十卷，引用广泛，叙述清楚。其中第二十四卷述及中国古代宫殿建置而谓"历代殿名或沿或革，唯魏之太极，自晋以降，正殿皆名之"，可称言简意赅，十分确切。要之，太极殿是公元3世纪30年代魏王朝始建的宫内正殿，其名称为以后各朝代长期传承，经久不改。

从20世纪60年代初开始，中国社会科学院考古研究所派遣田野工作队，在河南省洛阳市东约15公里的汉魏洛阳城遗址进行调查发掘，持续至今，多有成果。在汉魏洛阳故城的北部，有一处规模宏大的宫殿址，经勘探，主殿基址南北纵长约60米、东西横宽约100米，可判定为拓跋氏魏王朝即北魏后期（公元494～534年）的太极殿[1]。至于北魏太极殿是否建造在三国时代（公元220～265年）魏王朝即曹魏始建的太极殿的故址，则因遗迹未经发掘，难作确断。就文献记载而言，学者们或以为曹魏的太极殿建在东汉洛阳城内的南宫，或以为建在北宫，见解各有不同，亦须作进一步论究。

认为曹魏太极殿建在东汉洛阳南宫的理由主要有下列几点。

1. 《三国志·魏书·文帝纪》记黄初元年（公元220年）"十二月初营洛阳宫，戊午幸洛阳"。裴松之注："诸书记是时帝居北宫，以建始殿朝群臣。……至明帝时，始于汉南宫崇德殿处起太极、昭阳诸殿"。

2. 《水经注·谷水》称"魏明帝上法太极，于洛阳南宫起太极殿于汉崇德殿之故处，改雉门为阊阖门"。

3. 《三国志·魏书·明帝纪》记"（青龙三年）是时，大治洛阳宫，起昭阳、太极殿，筑总章馆"。裴松之注引《魏略》曰："是年起太极诸殿，筑总章馆"。

4. 《三国志·魏书·高堂隆传》记"青龙中大治殿舍。……帝愈增崇宫殿，雕饰观阁，凿太行之石英，采谷城之文石，起景阳山于芳林之园，建昭阳殿于太极之北"。

综合以上各项记载，曹魏太极殿是魏明帝青龙三年（公元235年）在东汉洛阳南宫崇德殿的故址兴建的。

另一方面，主张曹魏太极殿建在东汉洛阳北宫范围内的学者则有如下的认识。

1. 《三国志·魏书·文帝纪》裴松之注谓"于汉南宫崇德殿处起太极、昭阳诸殿"云云，这显然是由于裴氏在引用、梳理有关记载时失误所致[2]。

2. 曹魏所建洛阳宫全宫的位置在东汉洛阳的北宫范围内，故《水经注·谷水》所言"魏明帝上法太极，于洛阳南宫起太极殿于汉崇德殿之故处"中的"洛阳南宫"为曹魏洛阳宫的南半部，而"汉崇德殿"应指东汉北宫的崇德殿（或为德阳殿之误），而非东汉南宫的崇德殿[3]。

3. 《全三国文》所收曹植《毁鄄城故殿令》之文言及曹魏修洛阳宫是"夷朱雀而树阊阖，平德阳而建泰极"（"朱雀"指汉北宫南门，"德阳"为汉北宫正殿），这更加说明曹魏洛阳的宫城修建于东汉北宫的故址[4]。

于此，我要指出的是，根据各种记载，曹魏太极殿建于魏明帝的青龙三年（公元235年），乃是学术界公认的事实。查曹植死于魏明帝太和六年（公元232年），在青龙三年的3年之前，《毁鄄城故殿令》之文作于魏文帝的黄初三年（公元222年），更早出青龙三年达13年之久。这样，曹植又怎能预先确知魏明帝建太极殿于何处？所以，曹魏太极殿建在东汉德阳殿故址之说不免令人困惑[5]。

《后汉书·安帝纪》记"（延平元年）八月殇帝崩，……皇太后御崇德殿，百官皆吉服"。李贤注："洛阳南宫有崇德殿，不可以凶事临朝，故吉服也"。这里，《后汉书》李贤注与《三国志》裴松之注一样，亦认为崇德殿的位置在东汉的南宫。但是，从李贤为《后汉书》作注时引用的《西征记》、《洛阳记》等晋代书籍的记述看来，却不能确认崇德殿是在东汉的南宫。兹举崇德殿与太极殿密切相关的记述如下，以供查考。

1. 《后汉书·杨赐传》记光和元年（公元178年）"引赐及议郎蔡邕等入金商门崇德署（殿）"，李贤注引《西征记》曰："太极殿西有金商门"。

2. 《后汉书·蔡邕传》记"（其年七月）诣金商门，引入崇德殿"。李贤注引《洛阳记》曰："南宫有崇德殿、太极殿，西有金商门"。

从以上记述看来，曹魏太极殿应是建于东汉崇德殿的故址。东汉崇德殿故址在魏晋洛阳的南宫自无疑问，但魏晋洛阳的南宫是在东汉的南宫抑或在东汉的北宫范围内，仍然不能判定。换言之，裴松之、李贤虽认定崇德殿为东汉洛阳南宫中的殿舍，但就若干书籍的有关记述而论，崇德殿亦可能建在东汉洛阳的北宫。

因此，我要就太极殿始建之事稍作引申、归纳的是，魏明帝青龙二年（公元234年），蜀国丞相诸葛亮死，消除了曹魏王朝在军事上的西顾之忧，明帝乃于次年青龙三年在首都洛阳大兴土木，起太极、昭阳诸殿，筑总章馆，又增饰芳林园（以后因避魏少帝曹芳讳，改称华林园）等，以示国家的太平景象。至于太极殿的地点位置，则因学者们对文献记载的理解不同，暂且不作结论。

必须指出，自魏明帝建太极殿以后，此殿即成为洛阳宫中的正殿，为历代皇帝即位的场所。《三国志·魏书·三少帝纪》记高贵乡公曹髦于嘉平六年（公元254年）十月庚寅被迎入洛阳，至太极东堂见皇太后，同日即皇帝位于太极前殿，又记陈留王曹奂于甘露五年（公元260年）六月甲申被迎入洛阳见皇太后，同日即皇帝位于太极前殿，可为例证。《魏书·三少帝纪》未记当初齐王芳是否即皇帝位于太极殿，而裴松之注所引《魏略》则明记曹芳废黜时是由太极殿南出而去的，从而亦可说明相关的问题。学者们有认为太极殿之设东、西二堂始于4世纪前半以后的东晋、南朝的[6]，但从上述曹髦见皇太后于太极东堂的记载看来，3世纪中期曹魏洛阳宫中太极殿已置东堂与西堂，应无疑问。

3世纪60年代中叶，司马氏以"禅让"方式取代曹魏而建晋王朝，不曾因政权更迭而在都城发生战事，故曹魏以来的洛阳宫殿皆得保持完好，继续使用。《晋书·武帝纪》记泰始元年（公元265年）冬十二月丙寅设坛南郊行禅让之礼毕，晋武帝即至洛阳宫幸太极前殿宣诏称帝，足证西晋的太极殿是曹魏太极殿原殿的延续。

二

3世纪90年代，西晋发生"八王之乱"。惠帝永康（公元300~301年）年间，战乱及于洛阳的宫廷。接着，晋怀帝永嘉四年（公元310年）又爆发称为"永嘉之乱"的大动乱。匈奴族前赵的刘曜于次年率军破洛阳，纵兵烧掠，西晋的宫殿毁坏，自不待言。

羯族石勒的后赵初据襄国（在今河北省邢台西南），以后迁邺（今河北省临漳）。元《河南志》称后赵石虎于建武十一年（公元345年）以26万人城洛阳宫，但详情如何，不得而知。据《晋书·石季龙载记》记述，石虎于襄国起"太武殿"，于邺造东、西宫，邺北筑华林园，但未见有以"太极殿"为名的宫殿。"太武"、"太极"属两个不同的概念，太武殿不可与太极殿混为一谈。

此后，鲜卑族慕容氏的前燕（公元337~370年）初都龙城（今辽宁省朝阳），后迁于邺，氐族苻氏的前秦（公元350~394年）、羌族姚氏的后秦（公元384~417年）都长安，慕容氏的后燕（公元384~407年）都中山（今河北省定县），西燕（公元385~394年）先后都长安、长子（今山西省长治），如此等等，皆未有以洛阳为都城的。总之，在4世纪初年至5世纪中期的所谓"十六国时代"（公元304~439年），除前秦的长安以外，黄河流域、北方地区各处都城中皆无称为"太极殿"的宫殿，而洛阳城内曹魏、西晋的太极殿早因上述永嘉五年（公元311年）六月刘曜等的兵燹毁坏而久已荒废。

晋愍帝因永嘉之乱自洛阳出走，至于长安，建兴元年（公元313年）即位。愍帝名"邺"，故改三国时代（公元220~265年、280年）江南孙吴所建都城"建业"（今江苏省南京）之名为"建康"。建武元年（公元317年）晋元帝在建康即位，史称"东晋"。

由于政治、经济，尤其是地理环境等各方面的条件不同，建康作为营造于江南之地的都城，在城的规模、形制上与中原的洛阳多有差异。例如，与曹魏、西晋洛阳之有12个城门相比，建康外郭仅有6个城门，设竹篱为屏障，至齐高帝建元二年（公元480年）始立都墙以加固[7]。然而，就门的名称而言，"宣阳"、"开阳"、"广莫"、"阊阖"、"承明"、"津门"等皆可视为曹魏、西晋洛阳城门在建康的再现。优美的园囿华林园往往兼作东晋、南朝皇帝的听讼之处，其取名亦以曹魏、西晋的芳林园、华林园为本原。特别是宫内最重要的正殿始终沿用曹魏、西晋太极殿的原名，可以认为在自4世纪初期至6世纪后期的260余年的长时期中，江南的建康堪称中国最为正统的都城。

据《晋书·元帝纪》记载，晋元帝在位（公元317~323年）时，建康宫内已有太极殿，其广室冬施青布，夏施青绫帷帐。晋明帝太宁元年（公元323年）七月朔日地震，震动太极殿柱梁。咸和三年（公元328年）二月，苏峻的叛军攻入宣阳门，大臣们聚集太极殿，守护晋成帝。咸和四年（公元329年）正月，苏峻之子苏硕攻台城，火焚太极殿东堂、秘阁，故成帝于次年九月造新宫，始缮苑城[8]。一般认为，晋成帝时改孙吴的后苑城而建台城，是为此后东晋及南朝台省、宫殿所在处，实即宫城。

永和元年（公元345年）正月朔日，年幼的穆帝由摄政的皇太后怀抱于太极殿登位。永和七年（公元351年）九月及十二年（公元356年）十二月，晋穆帝因皇陵发生崩坏等事，着丧服临朝于太极殿计3日之久。太和六年（公元371年）十一月，海西公马奕废黜，桓温率百官进太极前殿，备乘舆法驾迎简文帝即位[9]。

《晋书·孝武帝纪》记太元三年（公元378年）二月作新宫，同年七月完成，孝武帝自旧宫迁入。据徐广《晋纪》记述，当时是发动都城内外军士6000人大力营造，甚见功效。新宫的太极殿高八丈，长二十七丈，广十丈，可称宏伟[10]。主持全部营造大计的尚书谢万因功赐爵关内侯，任将作大匠之官的毛安之亦赐爵关中侯。至此，台城的正殿太极殿又一次以全新的面貌出现于江南的都城建康。

永初元年（公元420年），宋武帝刘裕效泰始元年（公元265年）晋武帝在洛阳受魏帝禅让故事，设坛于建康南郊受禅。礼毕，法驾幸建康宫，临太极前殿宣诏即皇帝位。刘宋王朝继续以台城为宫城，大体如旧。到了宋文帝元嘉二十年（公元443年），台城的东、西两面各增开一门，分别称"万春门"和"千秋门"[11]。这样，太极殿作为台城内的正殿，其位置显得更为开朗、通达。

建元元年（公元479年）四月，齐高帝萧道成又效东晋、刘宋禅让旧例，于建康南郊设坛受禅。礼毕，大驾还宫，临太极前殿宣诏即皇帝位[12]，史称"南齐"。据江淹《铜剑赞序》所述，当时太极殿前置有两个大铜钟[13]。

天监元年（公元502年）四月，梁武帝萧衍又按前朝惯例，设坛南郊，告天受禅。礼毕，车驾还宫，临太极前殿宣诏称帝。天监十二年（公元513年）二月，梁王朝新建太极殿，于同年六月顺利完成。《梁书·武帝纪》记殿的广度改为13间，以从闰数[14]。由此推想，此前建康台城中的太极殿面阔皆为11间。

太清二年（公元548年），东魏降将侯景发动叛乱，次年攻破台城。梁武帝死，侯景置其棺于太极前殿。天正元年（公元551年）豫章王萧栋被立为嗣君，于太极前殿即皇帝位。次年侯景自立称帝，亦即位于太极前殿[15]。据《梁书·王僧辩传》记述，为平定侯景之乱，王僧辩率兵入台城，夜间军人采秸（同稭，野生谷物）失火，烧太极殿及东、西堂。梁元帝萧绎曾于承圣（公元552~555年）年间试图修复，因材木不备而未果[16]。

永定元年（公元557年）十月乙亥，陈武帝陈霸先于建康南郊设坛受禅，礼毕还宫，临太极前殿宣诏登皇帝位。永定二年（公元558年）七月，陈武帝命中书令沈众兼任起部尚书，少府卿蔡俦兼任将作大匠，开始重新建造太极殿，迅速于十月完成。同年十二月，陈武帝于太极殿东堂宴群臣，设金石之乐。永定三年（公元559年）正月降大雪，传说太极殿前有龙迹，以为吉祥[17]。天嘉元年（公元560年）六月，继位的陈文帝逢武帝周年忌日，于太极前殿与百官共表哀悼。南北朝时期（公元420~589年）佛教兴盛，往往举行称为"无遮大会"（以布施为中心）的法会，尤以梁武帝时的规模为大。天嘉四年（公元563年）四月，在陈文帝的赞同下，于太极前殿设无遮大会。天康元年（公元566年）文帝死后，废帝陈伯宗、宣帝陈顼相继于太极前殿宣诏即位。太建十四年（公元582年）正月宣帝死，后主陈叔宝亦按例即位于太极前殿，而"无遮大会"于同年二月再度在太极前殿举行[18]。

如前所述，曹魏洛阳宫中始建的太极殿已附设东堂；西堂虽未见于记载，但应与东堂并存。东晋承曹魏、西晋之制，建康宫中的太极殿亦设东、西二堂。《晋书》记载中虽仅见东堂[19]，但《宋书·良吏传（序）》谓"晋世诸帝多处内房，朝宴所临，惟东、西二堂而已"，正说明西堂与东堂同时并存。在《梁书》、《陈书》的记载中可见梁、陈两代的太极殿皆附有东堂和西堂[20]，它们的功用与东晋一样，往往因时、因事而异，但东堂主要为朝见、飨宴之处，西堂的功用则未见有具体的记述。因此，有关学者在其论文中引《资治通鉴》胡三省注而称晋建康太极殿东堂为见群臣处，西堂乃即安（休息）之地，云云[21]。

必须补充的是，《陈书·武帝纪》记"太平二年（公元557年）正月壬寅，天子（指梁敬帝萧方智）朝万国于太极东堂"，可见除飨宴本国群臣之外，东堂亦是皇帝接见或宴请外国使臣的场所。其实，在太极殿东堂接待外国使臣不限于以建康为都城的南朝，北魏皇帝亦在洛阳的太极殿东堂引见外国使臣，其事将在下文述及。

三

在自4世纪初年至5世纪中期的十六国时代，黄河流域、北方地区各少数民族首领所建诸国的都城皆无称为"太极殿"的宫殿，鲜卑拓跋氏的北魏亦不在例外。

西晋末年封拓跋猗卢为代公，旋又进封代王。20余年后拓跋什翼犍在繁畤（今山西省浑源西南）继位，建立代国。其国传30余年，于4世纪70年代中期为苻坚的前秦所灭。淝水之战（公元383年）以后，拓跋珪复国，改国号为魏，史称拓跋魏或北魏。天兴元年（公元398年）拓跋珪称帝，是为道武帝，定都平城（今山西省大同），国势日趋强盛。太武帝拓跋焘（公元424～452年）先后灭夏、北燕、北凉，完成了黄河流域、北方地区的统一，与江南的刘宋对峙。

作为北魏前期的都城，平城的规模逐渐增大，但宫室制度与东晋、南朝的建康多有差异。太和十四年（公元490年）冯太后死，孝文帝拓跋宏亲政，加紧改革措施，全面实行汉化。都城、宫室的改造是汉化政策的重要组成部分，而宫内正殿太极殿的创设则是改造的核心所在。太和十六年（公元492年）孝文帝毁平城宫内原有的正殿太华殿而新建太极殿，并于殿上大宴群臣，以示庆祝。可以说，拓跋魏孝文帝把250余年前曹魏明帝在中原洛阳始建的太极殿移置于中国最北部的代北、云中。

那么，平城宫中太极殿的建置究竟是以何处宫殿为模仿对象的呢？不难想象，由于曹魏、西晋洛阳宫中的太极殿久已废弃，而当时江南萧齐建康宫中的太极殿建制完备，正好成为北魏平城宫中营建太极殿的模范。

据《魏书·蒋少游传》和《南齐书·魏虏传》记载，北魏孝文帝先于太和十四年（公元490年）遣蒋少游乘传诣洛阳，在曹魏、西晋洛阳城遗迹上量准太极殿等重要殿堂基址，继而又于太和十五年（公元491年）派遣以李道固为正使、蒋少游为副使的使节团赴建康，考察萧齐王朝以太极殿为中心的宫殿建制。蒋少游本为工程师一流人物，掌技术，知机巧，刘宋时归附北魏，历任都水使者（主造船）、将作大匠（主建筑、营造）等职，其受遣以散骑侍郎名分任副使，随正使散骑常侍李道固远赴江南报聘，目的正在于亲临考察江南萧齐现行的宫殿制度。当时，北魏称南朝为"岛夷"，南朝称北魏为"索虏"，互为敌国。孝文帝实施汉化政策，改造宫室、殿堂，不惜遣使报聘，修好关系，可谓用心良苦，用意深刻。蒋少游返回平城的翌年（公元492年），平城宫内的太极殿随即落成，真是立竿见影，功效神速。《水经注·㶟水》明记"太和十六年（公元492年）破太华、安昌诸殿，造太极殿、东西堂"，确证平城宫中新建的太极殿仍与东晋、南朝建康宫中的太极殿一样，附有东堂和西堂，从而可证其主要是仿南齐宫中太极殿形制、规格而建设的。

在平城宫内建成太极殿仅仅两年之后，热衷汉化政策的孝文帝力排众议，于太和十八年（公元494年）十一月正式迁都于中原洛阳。次年（公元495年）九月，六宫（指皇后、妃嫔）及文武百官尽数自平城至洛阳，完成了迁都的全部计划。据《洛阳伽蓝记》记述，迁洛之后，孝文帝修金墉城，在城内建光极殿，故名金墉城门为光极门。据《魏书》记载，太和二十三年（公元499年）初夏，孝文帝南征至马圈城（今河南省邓县北），因病班师，死于军中。在从太和十七、十八年至二十三年的五六年间，勤于外出巡行、征战的孝文帝在都城洛阳时，往往于光极堂（应即《洛阳伽蓝记》中的光极殿）引见群臣，于华林园听讼、讲武，而洛阳的太极殿在《魏书》记载中则始见于宣武帝的景明二年（公元501年）。兹据《魏书》所记，简述北魏诸帝在洛阳宫内太极殿之行事，以示此殿功能如下：

景明二年（公元501年）正月丁巳，宣武帝引见群臣于太极前殿，告以览政之意。

景明三年（公元502年）十二月壬寅，宣武帝飨群臣于太极前殿。

正光元年（公元520年）七月丙子，侍中元乂、中侍中刘腾奉孝明帝幸前殿，矫皇太后诏实行政变。

武泰元年（公元528年）四月辛丑，孝庄帝车驾入宫，御太极殿宣诏即位。

孝武帝永熙三年（公元534年）侯景之乱起，洛阳宫室、寺宇、商市、民居悉遭焚毁，太极殿亦化为丘墟。据《周书·宣帝纪》记述，宇文氏北周灭高氏北齐之后，曾于大象元年（公元579年）起洛阳宫，工役4万人，但不久因宣帝死，遂停其事。总之，以太极殿为中心的洛阳宫殿因侯景之乱而毁坏，永世不复。

如前所述，根据中国社会科学院考古研究所学者们的勘探，北魏洛阳的宫城在汉魏故城的北部。宫城南北长约1400米，东西宽约660米，整体平面成规整的纵长方形。南面偏西处有一个门址，即为宫城正门阊阖门之所在。在宫城中部偏南处，遗留一座巨大的殿址，其基坛南北纵长约60米，东西横宽约100米，应是太极殿的遗迹[22]。阊阖门址已于近年正式发掘，太极殿遗迹仍埋地下，有待以后揭示。

前已述及，关于曹魏青龙三年（公元235年）所建太极殿的位置问题，或以为是在东汉南宫崇德殿之故处，或以为是在东汉北宫德阳殿的故处，学者们意见不一，而崇德殿是在东汉的南宫抑或在东汉的北宫亦有待进一步查考，才能判定。这里，我要言及的是，从前述《魏书》所记孝文帝为营建太极殿而遣将作大匠蒋少游自平城至洛阳量准魏晋宫殿基址之事看来，北魏太极殿建立在曹魏始建的太极殿故址上的可能性应该是存在的。这样，主张曹魏太极殿的位置在东汉北宫范围内的见解亦是值得重视的。

天平元年（公元534年）十月，孝静帝善见自洛阳北迁于邺，以为新都，史称东魏。关于东魏邺都的宫殿建置，必须参考《邺中记》之书。此书本为晋陆翙所撰，记后赵石虎事，后人又搜集许多关于邺都之事，加以补充。原书已佚，今本自《永乐大典》辑出[23]。书中称曹魏、后赵的邺城为北城，北魏孝文帝迁洛时亦曾入居此城，朝群臣于澄鸾殿。东魏孝静帝元象元年（公元538年）九月于邺筑新城，是为南城。《邺中记》记邺南城宫中正殿为太极殿，附东堂和西堂，太极殿后方则有昭阳殿。在《魏书·孝静帝纪》、《北齐书·高祖纪》和《北齐书·文宣帝纪》中，亦述及邺城宫中太极殿及东、西二堂。因此，北魏洛阳太极殿之是否有东、西二堂虽不见于史籍的记载，但从此前平城、此后邺城的太极殿皆设东堂和西堂的事实判断，北魏洛阳宫内太极殿应该亦设有东、西二堂。后述朝鲜史书《三国史记》记北魏宣武帝引见来访洛阳的高句丽使臣于"东堂"，更可作为参证。

四

与东魏、北齐邺城的宫内仍以太极殿为主殿不同，西魏、北周建都于汉代以来的长安故城，不以太极殿为宫殿之名。开皇元年（公元581年）二月，隋文帝杨坚受禅即皇帝位于临光殿[24]，此殿应是北周长安宫内的正殿。西魏、北周的宫殿名称脱离曹魏、西晋以来长达300余年之久的传统，或许与两朝政权的实际创始者宇文泰在各种制度上采取效法先秦、周代的复古主义立场有关。

开皇二年（公元582年）隋文帝命高颎、宇文恺等在北周长安城故址东南方的龙首原营造规模宏大、规划整齐的都城，称为大兴。大兴的宫城在都城的北部居中，其正殿称大兴殿。据《隋书·文帝纪》记载，开皇四年（公元584年）四月隋文帝宴突厥、高丽、吐谷浑等外国、外藩使者于大兴殿。《隋书·文帝纪》又记仁寿四年（公元604年）七月文帝死于仁寿宫（在今陕西省麟游）大宝殿，八月移柩京师，殡于大兴前殿。《隋书·恭帝纪》则记义宁元年（公元617年）十一月，恭帝杨侑即皇帝位于大兴殿。可以认为，隋代大兴城宫内正殿大兴殿的功能、效用基本上与此前历代宫内的太极殿相同，只是不设东、西二堂而已。

唐王朝成立，仍以大兴城为都城，改名长安。长安宫城中的宫殿亦是隋代宫殿的延续，惟名称多有更改。武德元年（公元618年），唐高祖李渊于即位之前即改隋大兴殿之名为太极殿。贞观五年（公元631年），唐太宗又改隋时建在大兴殿后的中华殿之名为两仪殿[25]。《易·系辞上》曰："易有太极，是生两仪，两仪生四象，四象生八卦"（其意是说太极为原始混沌之气，气运动而分阴阳，由阴阳而生四时，因而出现天、地、风、雷、水、火、山、泽等八种自然现象）。唐代重新以太极殿为宫内正殿之名，并破太极殿后置昭阳殿之旧例而改用两仪殿的新名以代之，进一步表明了"太极殿"名称的含义所在，增强了其在哲学理念上的重要性，扩大了影响。

据《旧唐书·高祖纪》记载，武德元年（公元618年）五月甲子唐高祖在太极殿即皇帝位，丁卯宴百官于此殿，赐帛有差。《旧唐书·太宗纪》记唐太宗于武德九年（公元626年）八月即皇帝位于东宫显德殿，贞观三年（公元629年）四月甲午始御太极殿听政。据《唐六典》记载，此后每逢朔望二日，太宗视朝于太极殿，平日听政则在两仪殿。《旧唐书·高祖纪》记贞观八年（公元634年）三月唐高祖宴西突厥使者于两仪殿。《旧唐书·太宗纪》记贞观二十三年（公元649年）五月己巳唐太宗死，壬申发丧，六月甲戌朔日殡于太极殿。《旧唐书·高宗纪》记唐高宗李治于贞观二十三年六月即皇帝位，次年永徽元年（公元650年）正月御太极殿受朝。《旧唐书·令狐德棻传》记永徽（公元650~655年）初年高宗留心政道，尝召宰臣及弘文馆学士于中华殿（即两仪殿）问事。此等记载，皆说明唐代太极殿的功能、效用与此前历代太极殿大体相似，而两仪殿的重要性则比前代的昭阳殿等更为突出。

与历代太极殿附设东、西二堂不同，由隋大兴殿改名沿用的唐太极殿确实不设东堂和西堂。据宋敏求《长安志》记述，贞观四年（公元630年）于太极殿东隅置鼓楼，西隅置钟楼（《永乐大典》所收《阁本太极宫图》则示钟楼在东，鼓楼在西）。钟、鼓二楼与东、西二堂相比，两者在位置上虽大致相似，但功用大不相同，说不上其间有传承、替代关系。

龙朔二年（公元662年）大明宫建成，唐高宗于次年迁入。此后，长安城的政治中心便由太极殿所在的原来宫城移往新宫大明宫。大明宫的位置在长安城的北面东头，故称"东内"，而原来称为"大内"的宫城则又称"西内"。据《唐六典》记载，高宗移居大明宫之后，西内的太极殿、两仪殿往往成为皇帝、皇后死后的丧殡处，不再是视朝、听政的场所。说起丧殡，自不免有冷落之感。其实，如前所述，唐太宗死后亦曾殡于太极殿，而当时此殿仍是皇帝听政、视朝的正殿。

应该指出，即使在皇帝迁往大明宫之后，西内的太极殿除丧殡之外，还别有重要的功用。唐中宗神龙元年（公元705年），改称西内宫城正门为承天门，而唐睿宗则于景云元年（公元710年）在承天门即皇帝位，并因太极殿的存在而称西内为太极宫。两《唐书》记大历十四年（公元779年）五月代宗死，德宗于同月癸亥日即皇帝位于太极殿；贞元二十一年（公元805年）正月德宗死，顺宗于同月丙申日即皇帝位于太极殿。又据《新唐书》记载，元和十五年（公元820年）正月宪宗死，遗诏皇太子即皇帝位于柩前，次月闰月丙午日皇太子又即皇帝位于太极殿，是为穆宗；长庆四年（公元824年）正月穆宗死，同月丙子日敬宗即皇帝位于太极殿。如此等等，足见称为太极宫的西内宫城在一定程度上仍具昔日大内的崇高地位，而太极宫中的太极殿继续作为皇帝即位的场所，不失数百年前曹魏君主在洛阳宫中太极殿即皇帝位以来的老传统。

由于文献记载中未见此后太极殿有毁坏、弃废等事情，此殿作为唐代重要的宫殿，其存在可能延续到天祐元年（公元904年）朱温逼迫唐昭宗迁往洛阳为止，基本上与唐王朝的存亡相始终。

综上所述，自曹魏以降，至于唐代，在历时近670年的长时期中，中国共有6处都城在宫内建太极殿以为正殿。据《晋书·载记》，苻氏前秦都城长安宫内有太极前殿及东、西堂，但因记述简略，无可论证，故不计入。兹将各处都城宫内太极殿的所属朝代、延续年份列表如下，以供一览（表）。

表　中国古代都城宫内太极殿一览表

	都　城	朝　代	年份（公元）
1	洛　阳	曹魏、西晋	235～311
2	建　康	东晋、南朝	318～589
3	平　城	北魏（前期）	492～494
4	洛　阳	北魏（后期）	499～534
5	邺（南城）	东魏、北齐	538～577
6	长　安	唐	618～904

应该说明，据《宋史·地理志》记载，北宋（公元960～1127年）以开封为东京，以洛阳为西京。东京宫内正殿称大庆殿，西京宫内正殿称太极殿。从时代上说，宋代太极殿不在本文论述范围之内，故不列入表中。

五

2002年12月，我应邀赴日本京都市，参加由国际日本文化研究中心（简称"日文研"）召开的以"东亚的都市形态与文明史"为主题的学术会议。出席者除日本本国学者约40人以外，还有正在日本访问、任职和专程前来的中国、韩国、美国、新西兰等各国学者20余人，主要由日文研的千田稔教授主持会议。在12月12日上午的讨论会上，千田教授向我提问，大意是说：中国古代宫内有称作"太极殿"的正殿，为当时许多外国、特别是东亚诸国所熟知。但是，高句丽、百济、新罗等朝鲜半岛诸国宫内皆无仿此为名的太极殿，唯独日本至迟自7世纪末的藤原宫开始，8世纪的平城宫乃至8世纪末、9世纪以降的平安宫中皆有称为"大极殿"的正殿，原因何在？

当时，我作了简单的回答：中国从3世纪的曹魏开始，历代皆以"太极殿"称宫内正殿，至7世纪以降的唐代而不变。高句丽、百济、新罗诸国崇尚中国制度、文化的程度各有不同，纵使对"太极殿"景慕甚深，亦因其君主接受中国册封而成藩属，在法理上不允许采用中国皇宫正殿名称于本国宫殿。日本崇尚唐风、汉化程度最深，尤其是自7世纪初以降，日本朝廷始终坚持所谓对等外交，其君主不受中国册封，故可采用中国皇宫正殿"太极殿"之名于本国宫殿。

如前节表格所示，在从3世纪30年代至10世纪初年的久长的时期中，遣使来到洛阳（曹魏·西晋）、建康（东晋·南朝）、平城（北魏前期）、洛阳（北魏后期）、邺城（东魏·北齐）、长安（唐）等6个都城的东亚诸国主要有高句丽、百济、新罗和日本，它们通过多次遣使访问，熟知中国都城宫内建有称为"太极殿"的正殿，自不待言。

在3世纪30、40年代，名为"位宫"的高句丽王尚武好战，与曹魏发生军事冲突，为魏将毌丘俭击败。至4世纪的十六国时代，高句丽受慕容氏前燕压迫，境况艰难，乃遣使至建康，向东晋朝贡，以求通好。5世纪前期，长寿王（公元413～491年在位）于即位之初便遣使东晋，继而又向北魏朝贡，欲倚为后援。此王寿命甚长，在位当权最久，其向北魏遣使朝贡的频度极大，可惜当时平城宫殿制度未改，不存在称为"太极殿"的殿舍。其孙文咨王嗣位，立即抓紧时间，多次往平城遣使，使者或许有机会得见孝文帝太和十六年（公元492年）在平城宫中新建的正殿太极殿。

太和十九年（公元495年）孝文帝南迁以后，文咨王的使者改往洛阳朝贡。特别值得重视的是，《魏书·宣武帝纪》记"正始元年（公元504年）夏四月，高丽国遣使朝贡"，而朝鲜史书《三国史记·高句丽本纪》则记文咨王十三年（公元504年）四月遣使入洛阳朝贡，北魏宣武帝引见使者芮悉弗于东堂[26]。如前所述，自曹魏以至东魏、北齐，历代太极殿皆设东、西二堂，北魏太极殿不在例外。《三国史记》记载中的"东堂"，无疑是指太极殿东堂。这样，可以认为，高句丽频繁地向北魏都城洛阳遣使，使者往往有机会进入太极殿及其东堂，只不过因史书记事从简，一般不记使臣受引见、宴请的具体场所而已。

高句丽对南北分立的中国奉行所谓"两面外交"政策，在不断向北朝的北魏、东魏、北齐遣使朝贡的同时，又先后向南朝的宋、齐、梁、陈遣使朝贡，故除洛阳、邺城之外，使者们亦应多有机会进入江南建康宫中的太极殿。

《隋书·文帝纪》记"开皇四年（公元584年）夏四月丁未，宴突厥、高丽、吐谷浑使者于大兴殿"。与此相应，《三国史记·高句丽本纪》记"平原王二十六年（公元584年）春遣使入隋朝贡，夏四月隋文帝宴我使者于大兴殿"[27]。如前所述，大兴殿为隋大兴宫内的正殿，唐代沿用此殿而改名为太极殿。由此可作进一步推论，高句丽向中国各王朝频繁遣使，使者们完全有可能进入与隋大兴殿规格相当的历代各处都城宫中的太极殿。

据《晋书·简文帝纪》和《三国史记·百济本纪》记载，百济近肖古王于在位的第二十七、二十八年向东晋遣使朝贡，其年份相当东晋简文帝的咸安元年、二年（公元371、372年）。日本石上神宫所藏百济王世子为倭王制作的"七支刀"铭文有"泰（太）和四年"的纪年[28]，而"太和"（公元366～371年）为东晋皇帝（司马奕）的年号，可见百济与东晋王朝关系之密切。到了此后的南北朝时期，百济因屡受北邻高句丽侵攻，盖卤王曾于其在位的第十八年（公元472年）向平城遣使上表，请求援助，遭北魏拒绝，从而更增强了百济与南朝建立友好关系的决心。梁荆州刺史萧绎（以后的梁元帝）的《职贡图（百济国使）》和百济武宁王之墓（在韩国公州宋山里，1971年发掘），是表明百济与梁王朝之间存在亲密关系的最佳的形象、实物资料[29]。总之，在东晋、南朝的长时期中，百济使臣经常到建康朝贡，很有可能在建康宫内的太极殿及其东堂受到接待。

晋安帝于义熙九年（公元413年）封高句丽长寿王为征东将军，不久又封百济腆支王为镇东将军。此后，北魏封高句丽长寿王及其孙文咨王皆为征东将军，死后追赠为车骑大将军。在南朝方面，刘宋封高句丽长寿王为征东大将军，继而进封为车骑大将军、开府仪同三司，封百济腆支王为镇东大将军。南齐进封高句丽长寿王为骠骑大将军，封文咨王为征东大将军，而封百济东城王为镇东大将军。萧梁进封高句丽文咨王为车骑大将军，封百济武宁王为征东大将军，以后改封宁东大将军。如此等等，不胜枚举。

但是，无论高句丽、百济与当时中国的关系如何友好、亲密，作为中国皇帝所封征东将军、镇东将军乃至征东大将军、镇东大将军、车骑大将军、骠骑大将军等等之类的职官，高句丽王和百济王不可能采用中国皇宫正殿"太极殿"之名于自身的宫殿，这是不言而喻的。

新罗于奈勿尼师今（"尼师今"为新罗早期君主的称号）在位的第二十六年（公元381年）向前秦苻坚遣使朝贡，可谓与众不同。后年经淝水之战，苻秦瓦解，新罗乃长期蛰居朝鲜半岛东南部，不与中国交通。据《魏书·宣武帝纪》记载，景明三年（公元502年）、永平元年（公元508年）新罗智证王两度遣使洛阳，向北魏宣武帝朝贡，但未受重视。于是，新罗的法兴王转向江南梁王朝遣使，颇受礼遇。此后，新罗国势渐趋强盛，乃得与高句丽、百济并驾齐驱，多次遣使建康，向继梁之后的陈王朝朝贡，建立友好关系[30]。

隋文帝统一全中国，新罗继高句丽、百济之后，改向大兴遣使朝贡，接受隋王朝的册封。从开皇十八年（公元598年）开始，隋王朝多次讨伐高句丽，皆以失败告终。唐王朝继续征讨，并用兵于百济，乃使百济、高句丽于7世纪60年代先后灭亡，而与唐王朝联合作战的新罗则趁机统一朝鲜半岛，学术界特称其为"统一新罗"。

早从唐王朝建立之初起，在位数十年的新罗真平王及继位的善德女王不断遣使到长安朝贡，态度极为殷勤、恭顺，其目的即在于求得唐的援助，与高句丽、百济相抗。贞观二十二年（公元648年）新罗真德女王遣金春秋（以后的武烈王）及其子文王来朝，受到唐太宗的优遇[31]。据《三国史记·新罗本纪》记载，金春秋表明其国愿用唐的衣冠、服饰，并请以其子文注在太极宫为皇帝任宿卫[32]。唐高宗即位，新罗又开始使用唐的年号。唐高宗与新罗武烈王联军灭百济，新罗文武王又发兵与唐共同灭高句丽。此后唐与新罗虽有暂时的冲突，但文武王建立"统一新罗"之后仍以唐王朝为上国，用唐的衣冠、服饰，奉唐的年号，而新罗的庆州都城亦加速改造，其规制仿唐长安城[33]。

但是，遍查朝鲜史书《三国史记》和《三国遗事》的记载，在7～10世纪的新罗庆州都城宫内有"朝元殿"（贺正、见外国使臣）、"讲武殿"（观射）、"临海殿"（宴群臣）、"崇礼殿"（见外国使臣、观乐、宴群臣）、"平仪殿"（听政）、"同礼殿"（宴会）、"内黄殿"（居处）等国王的殿堂、宫舍[34]，根本不见有所谓"太极殿"。这是因为奉唐年号，用唐衣冠、服饰的新罗王国是唐的藩国，在法理上不可能采用唐朝皇宫正殿"太极殿"之名于本国宫殿，实属理所当然。

六

日本古称倭国，与中国相隔瀛海，往往经朝鲜半岛交通。据《后汉书》记载，早在东汉光武帝建武中元二年（公元57年），倭奴国前来洛阳奉贡朝贺，光武帝赐以印绶。记载中的"倭奴国"是指倭之奴国，其领域在今日本九州北部福冈县境内，刻有"汉委（倭）奴国王"5字的金印早在1784年2月于今福冈市志贺岛出土。到了东汉安帝永初元年（公元107年），倭国王帅升等又遣使来到洛阳，献上生口（指奴隶）160人[35]。

如本文首节所述，魏明帝于青龙三年（公元235年）在洛阳南宫建太极殿，开中国历代宫中建太极殿以为正殿的先例。景初二年（公元238年）正月，明帝命司马懿为主帅，率军讨灭割据辽东的公孙氏政权，同时收复设在朝鲜半岛的乐浪、带方二郡。敏察东亚国际形势的倭国女王卑弥呼迅速于翌年景初三年（公元239年）六月派遣以难升米为正使、都市牛利为副使的使节团，通过带方郡前来洛阳，作东汉建武中元二年（公元57年）以来的、倭使的第3次入洛。

魏明帝已于此年正月元旦死去，但他所经营的洛阳宫室规模整然，面貌焕新。据《三国志·魏书·东夷传》记载，倭女王的遣使来贡受到曹魏朝廷的高度重视，特于景初三年十二月以皇帝名义发布诏书，内容大要有三：一是册封女王卑弥呼为"亲魏倭王"，赐金印；二是授正使难升米为率善中郎将、副使牛利为率善校尉，各赐银印；三是以大量珍贵的锦、罽、绢等丝毛织品为首，赐予许多品物，其中包含铜镜100枚。难升米等于次年正始元年（公元240年）自洛阳经带方郡归国，魏王朝特派带方郡官员梯儁随同赴倭，宣诏授印，并作礼节上的回访。从中国方面十分厚重的礼遇看来，难升米等使者在洛阳宫中落成不久的新殿太极殿觐见魏少帝（齐王芳），这样的可能性是充分存在的[36]。可以说，倭国与中国的太极殿最有缘分，非其他各国所能比拟。此后，卑弥呼又于正始四年（公元243年）遣伊声耆、掖邪狗等为使，前来通好。正始八年（公元247年）卑弥呼死，魏王朝特派带方郡官员张政专程赴倭，协助处理善后。幼女王台与嗣位，再遣掖邪狗率使团到洛阳朝贡致谢。被授为率善中郎将的掖邪狗，也可能是在太极殿受引见的。

《晋书·武帝纪》记"泰始二年（公元266年），倭人来献方物"，同书《四夷传》记"泰始（公元265～274年）初，遣使重译入贡"。从各方面的情况判断，此时的倭王仍为卑弥呼的继承者台与。西晋继续以魏明帝时始建的太极殿为宫中的正殿，不排除女王台与的使者在此殿（包含东堂）受引见的可能性。

考古学的发掘调查说明，4世纪的倭国国力有增。但是，大概是因当时中国政局不稳，战争多发，中原丧乱，洛阳残破，故倭国不曾遣使来访。进入5世纪，倭国选择江南的建康为其遣使入贡的目的地，原因是其国与中国交往的动机除了企求政治、经济利益之外，还在于学习中国的制度、文化，而江南的东晋、南朝为当时中国的正统王朝，正是学习的好对象。

据《晋书·安帝纪》和《宋书·夷蛮传》记载，从晋安帝义熙九年（公元413年）至宋顺帝昇明二年（公元478年），赞、珍、济、兴、武等五倭王相继遣使入建康朝贡，接受册封，共计10次之多。《宋书·夷蛮传》记五王的关系是珍为赞之弟，兴为济之子，武为兴之弟，日本学术界统称"倭之五王"。东晋、刘宋建康宫中的正殿为太极殿，虽几经改修、重建，而殿名不变。从情理推测，倭之五王的使者在太极殿或其东堂受引见、宴赐的可能性是很大的。无待于言，就各方面的情况而论，与3世纪卑弥呼、台与之时一样，当时的倭国绝对不会采用"太极殿"的名称于本国宫殿。

前已述及，东晋封高句丽王、百济王各为征东将军、镇东将军，封倭王赞为安东将军。在官职上，安东将军与征东将军、镇东将军同列，但位次在后。特别是刘宋皇帝封高句丽王为征东大将军，接着又进封为车骑大将军、开府仪同三司，百济王亦得由镇东将军进封为镇东大将军，唯独倭王的官职长期停留在没有"大将军"的"大"字的安东将军，直到最后的昇明二年（公元478年），经倭方强烈要求，宋顺帝才改封倭王武为安东大将军。安东大将军的官职虽与征东大将军、镇东大将军同列，但位次偏后，更无从与车骑大将军、开府仪同三司相提并论。这样，富有自尊心的倭王武（即《日本书纪》中的雄略天皇）不堪忍受，遂决心与中国断绝交往，不复遣使朝贡。此后，倭国坚持不交往政策，竟达百余年之久。

隋文帝杨坚于开皇元年（公元581年）自北周夺取政权，建立新王朝。早与北周通交的高句丽王、百济王立即向隋王朝遣使朝贡，分别接受"辽东郡公"、"带方郡公"的册封，长期只与江南陈王朝通好的新罗王亦于开皇十四年（公元594年）遣使大兴城，在进贡的同时，接受"乐浪郡公"的册封。但是，据《隋书·东夷传》记载，倭国要迟至开皇二十年（公元600年）才"遣使诣阙"，而且因《日本书纪》中无相关的记述，或许可视此次所遣为非正式的使者。

隋炀帝大业三年（公元607年），倭国开始正式派遣以小野妹子为使臣的使节团，前来朝贡。隋文帝在位时，隋王朝的都城唯有大兴，故开皇二十年倭使的"诣阙"应在大兴城。据我考证，大业三年来访的小野妹子乃是在东都洛阳觐见隋炀帝的。隋代东都洛阳建造在汉魏洛阳城故址之西约18里处，是隋炀帝于大业元年（公元605年）兴建的全新的都城。值得重视的是，《隋书·东夷传》记倭国的国书称"日出处天子致书日没处天子无恙"云云，充分表明了自倭王武于120余年前因嫌册封不公而断绝与中国通交之后，倭国终于采取"对等外交"的方针、原则，其君主乃得与中国皇帝处于平等地位，不接受任何封号[37]。

按《隋书》的本纪、列传为唐贞观三年（公元629年）由颜师古、孔颖达、许敬宗等奉敕编撰，魏徵监修，贞观十年（公元636年）完成，上距隋王朝灭亡不足20年。可以确信，《隋书·东夷传》所记上述倭国国书中的称谓、措辞是真实可信的。

据《隋书》记载，隋炀帝览国书不悦，却派遣文林郎裴世清随小野妹子远赴倭国答聘。大业四年（公元608年）九月，小野妹子又陪同裴世清前来通好，其朝觐的地点仍在东都洛阳，而不在京师大兴。如前所述，隋代京师大兴宫中的正殿称"大兴殿"而不称"太极殿"。据查考，东都洛阳的宫城称"紫微城"，其正殿称"乾阳殿"而不称"太极殿"[38]。要之，此后日本历代宫内正殿"大极殿"的名称不是从中国的隋王朝传入的。

七

通过使臣小野妹子呈递国书而开始实行的倭国对中国的"对等外交"，其实质表现在坚持双方君主的称号平等，倭方不接受中方的册封。然而，倭国却十分积极地派遣留学生、学问僧等人前来学习中国的制度、文化，为本国求效益。据《隋书·东夷传》记载，大业三年（公元607年）小野妹子初访中国，便偕僧侣数十人来修学。据《日本书纪》记载，推古天皇十六年（公元608年）小野妹子再度来访，则有倭汉直福因、奈罗译语惠明、高向汉人玄理、新汉人大国等留学生和新汉人旻、南渊汉人请安、志贺汉人惠隐、新汉人广齐等学问僧随行；推古天皇二十二年（公元614年）犬上御田锹继小野妹子之后率使团访隋，又有僧惠光、医惠日、僧灵云、胜鸟养、僧惠云等医师、僧人随行而来，目的皆在于学习中国的政治、经济制度，以及文化、技术和宗教事业。留学生、学问僧多为"汉人"、"新汉人"（其家族先人自大陆移来，前者较久远，后者较新近），故能精通中国语文，熟悉中国习俗，从而有利于在中国从事工作，开展活动。据《日本书纪》记载，他们在中国居留时间短则9年、15年，长则18年乃至30余年，归国时唐王朝早已继隋而建立，国势日趋兴盛，各种经书、典籍齐全，律令、法规完备，故可得尽力学习，大增知识，归国后为倭国朝廷所重用。总之，通过多次遣隋使的派遣，倭国已具备采用中国皇宫正殿太极殿之名于本国宫殿的条件，只不过隋代京师大兴和东都洛阳宫内正殿皆不称"太极殿"，故须待以后正式派遣遣唐使，方可将"太极殿"的名称采用于倭国本国的宫殿。

由于归国的医惠日、倭汉直福因、新汉人广齐等盛赞大唐帝国国力强大，文化发达，法制齐备，力主朝廷遣使重新往访，以求更加增强两国关系，舒明天皇乃于其即位之翌年（公元630年）任命首次遣唐使，以曾任遣隋正使的犬上御田锹为大使，以曾为留隋学生的药师惠日为副使，于唐太宗贞观五年（公元631年）率使团来到长安城，在宫中觐见太宗皇帝。从两《唐书》的记述看来，唐太宗接见倭国使臣，态度亲切，在表示欢迎的同时，告以两国相距遥远，无须年年入贡，更不强加册封于对方君主。这样，倭国从隋炀帝时即已开始实施的"对等外交"得以在唐代长期继续，成为常规。唐太宗还仿隋炀帝遣裴世清随小野妹子报聘故事，派官位颇高的新州刺史高表仁为持节特使，随犬上御田锹等赴倭国回访，以表友好之意[39]。

如前所述，当时长安宫内正殿为太极殿，其后方近处则为两仪殿。每逢朔望之日，皇帝在太极殿视朝，平日在两仪殿听政。犬上御田锹等倭使受太宗皇帝赐见，其场所必在太极殿或两仪殿。这样，我的结论是，倭国宫内正殿之开始以"大极殿"为名，其时间是在舒明朝（公元629～641年）以犬上御田锹为大使、药师惠日为副使的第一次遣唐使归国之后不久，尽管"大极殿"在《日本书纪》记载中首次出现的时间为皇极天皇四年（公元645年），地点场所为皇极女天皇的飞鸟板盖宫而非舒明天皇的飞鸟冈本宫、田中宫等。在日本学术界，学者们有对《日本书纪》关于皇极天皇飞鸟板盖宫正殿为大极殿的记载持怀疑态度的，而我却认为这一记载的可信程度颇高[40]。我的理由已多次在近年发表的论著中言及，兹不赘述。

中大兄皇子（舒明、皇极两天皇之子，以后成为天皇，称天智天皇）当政，始创年号，以皇极四年为大化元年（公元645年），并于此年十二月奉孝德天皇自飞鸟（今日本奈良县南部）迁至难波（今大阪市），次年实施称为"大化改新"的政治改革。《日本书纪》记白雉元年（公元650年）营造难波长柄丰碕宫，于白雉三年（公元652年）竣工。考古发掘调查显示，宫殿的形制、布局颇与此后日本藤原宫、平城宫中的大极殿相似，但《日本书纪》未记长柄丰碕宫的正殿是否以

"大极殿"为名。

白雉四年（公元653年），中大兄皇子派出以吉士长丹为大使的第2次遣唐使。皇极天皇重祚的齐明天皇又立即于白雉五年（公元654年）派遣以高向玄理为押使（权位在大使之上）的第3次遣唐使。两次遣唐使在长安宫中觐见唐高宗，又增加了对中国宫内正殿太极殿的了解，进一步奠定了本国宫内正殿继续取名"大极殿"的基础。

齐明女天皇在位7年死，中大兄皇子称制（代行天皇职权），因其为以后的天智天皇，故史书改称齐明七年（公元661年）的翌年为天智元年（公元662年）。天智二年（公元663年），倭国水军与唐军在朝鲜半岛西南部的白村江口海上发生战争，倭军大败。天智六年（公元667年），因恐唐军来袭，故自飞鸟迁宫室于近江（今滋贺县），以求安全。按照我对《新唐书》有关记载的理解，天智八年（公元669年）倭国改号"日本"[41]。因此，我在以下的叙述中亦对彼国国号作相应的更改。

天武天皇为天智天皇之弟，当政后在飞鸟之地建宫室，称飞鸟净御原宫。继飞鸟板盖宫之后，《日本书纪》记载中的飞鸟净御原宫又以"大极殿"为正殿。据记载，天武天皇及其皇后（鸬野皇女）时或召见亲王、诸王、诸臣于大极殿诏谕，时或召集亲王以下及群臣于大极殿赐宴，足证此殿为飞鸟净御原宫的正殿。

朱鸟元年（公元686年）天武天皇死，鸬野皇后于次年正式继位，是为持统天皇。持统四年（公元690年）开始营造新都，于八年（公元694年）完成，称为藤原京。这是日本第一个模仿中国唐代长安、洛阳两京形制而建设的正规都城。据《续日本纪》记载，藤原京的宫城称藤原宫，宫内正殿为大极殿。在自文武天皇二年（公元698年）正月至元明天皇和铜三年（公元710年）正月的12年间，《续日本纪》在记载中述及藤原宫大极殿凡9次，其中5次记文武天皇在此殿举行正月元旦的朝贺典礼，2次记文武天皇在此殿授诸大臣以官位、官职，1次记元明天皇于此殿即位，1次记元明天皇于此殿举行元旦朝贺仪式。大极殿之为藤原宫中的正殿，自属无可置疑[42]。

八

前已述及，唐高宗于龙朔三年（公元663年）移入新宫大明宫，使此宫取代太极宫而成为京师长安的政治中枢。学者们认为，大明宫正殿含元殿为举行重大典礼之处，相当太极宫的承天门，宣政殿为朔望视朝处，相当太极宫的太极殿，紫宸殿为平日听政处，相当太极宫的两仪殿。但是，含元殿是"殿"，承天门是"门"，两者名目不同，功用有别，建筑结构亦随之而异。司马光《涑水纪闻》（卷八）称宣政殿为大明宫的"正衙"，而徐松《唐两京城坊考》（卷一）称太极殿、含元殿各为太极宫、大明宫的"正牙"（"牙"通"衙"，指唐代皇宫主殿），说明含元殿固然可谓与承天门相当，其实亦更与太极殿有相同处。此乃本文此节的要旨所在，故先作交代。

日本于文武天皇大宝元年（公元701年）制定《大宝律令》，其国乃得成为政令统一、法规齐备的"律令制国家"。与此相应，在中断达30年之久以后，以藤原京为都城的日本朝廷于此年决定重新派遣以粟田真人为执节使（权位在大使之上）的第七次遣唐使，次年（公元702年）六月启程出发，十月之前到达唐的京师长安。武则天作为当时中国的皇帝，于长安三年（公元703年）在大明宫麟德殿宴请粟田真人，并授以官位，礼遇甚高。可以推想，长安三年正月执节使粟田真人按例在含元殿参列元旦的朝贺大典。粟田及其随行人员在中国访问、考察，为时约一年又半，于日本文武天皇庆云元年（公元704年）返回藤原京。他的归国促成元明天皇于和铜元年（公元708年）即位之初便下诏令于平城之地营造新的都城，是为平城京。和铜三年（公元710年）三月，元明女天皇率文武百官自藤原京迁入平城京[43]。自此年以迄桓武天皇延历三年（公元784年），日本以平城京为都城凡74年。

平城京的宫城称平城宫，其位置在都城主体部分的北部中央，宫内正殿称"大极殿"，屡见于《续日本纪》的记载。据日本奈良国立文化财研究所学者们发掘调查，大极殿建立于高度为2.2米的大坛上，坛的前沿左右两侧边缘处各设一斜坡道，以供升登。按此后8世纪末、9世纪以降的平安京宫内大极殿的建制、名称逆推，此大坛可称"龙尾坛"，是无疑义。众所周知，唐大明宫正殿含元殿十分宏伟，其形制特点在于基址极高，前面左右沿栖凤、翔鸾两阁各有一条盘曲而上的长阶，称为"龙尾道"。上述日本平城宫内的大极殿正是模仿唐大明宫正殿含元殿的形制特点而建造，可谓明显之极[44]。要之，日本自舒明天皇（公元629~641年）时期以降，先后在皇极天皇的飞鸟板盖宫、天武天皇的飞鸟净御原宫、持统天皇和文武天皇的藤原宫中建立称为"大极殿"的正殿已历大约60余年之久，8世纪初期平城宫内所建正殿仍沿用前代正殿之名而称大极殿，乃是顺理成章之事，充分显示其在制度上的一贯性。但是，由于粟田真人等在唐长安城大明宫目睹此宫正殿含元殿基址极高、殿的前面两侧有"龙尾道"盘曲而上的宏伟气势，遂致平城宫内正殿虽然仍取"大极殿"的名称而不改，却不得不仿含元殿之实况以示新。可以说，日本平城宫内大极殿是唐长安城太极宫内太极殿与大明宫内含元殿的结合体。日本崇尚唐风、汉化由来已久，在宫殿制度上亦仿效中国，自不待言。然而，将大极殿建立于称为"龙尾坛"的大坛之上，则可视为8世纪初期日本方面的独创。

8世纪40年代，平城宫内的大极殿经过拆迁、改造，失去了仿自大明宫含元殿的"龙尾坛"。但是，桓武天皇延历十三年（公元794年）迁都平安京，新的大极殿又迅速于迁都翌年在平安宫内建成。据《九条家古图》、《近卫家古图》等作成于13～14世纪的各种古图及其他文献资料所示，平安宫内的大极殿亦是建立在高约2米的称为"龙尾坛"的大坛上，坛的前沿左右两侧近边缘处各设一台阶。检阅《日本后纪》、《续日本后记》、《日本文德天皇实录》等史书记载，可知平安宫内大极殿的"龙尾坛"亦称"龙尾道"，正与唐长安城大明宫内含元殿在其前面左右两侧所设"龙尾道"的名称一致[45]。

应该补充述及，自延历三年（公元784年）至十三年（公元794年）的10年间，桓武天皇以长冈京（在今京都府向日市、乙训郡）为都城，宫内正殿称"大极殿"。难波长柄丰碕宫（在今大阪市）于天武天皇朱鸟元年（公元686年）焚毁，圣武天皇神龟三年（公元726年）在故址重建，天平四年（公元732年）完成，是为后期难波宫。据《续日本纪》记述，天平十二年（公元740年）以降的数年间，圣武天皇到难波宫，有定都于此的意向。从形制、布局而论，此宫正殿应称"大极殿"，而此后长冈宫内大极殿正是拆迁难波宫大极殿的材木、瓦件营造的[46]。

《续日本纪》又记天平十二年十二月圣武天皇至恭仁宫（在今京都府相乐郡），此后多次于此宫正殿大极殿视朝、见群臣。考古发掘工作证明恭仁宫大极殿是拆迁平城宫大极殿的材木、构件建造的，正与《续日本纪》的记述相符[47]。

3世纪30年代中国的太极殿始建于曹魏的都城洛阳，西晋沿用，至于4世纪初期。以后，自4世纪初期直到6世纪后期，太极殿在东晋、南朝的都城建康，在北魏的都城平城、洛阳，在东魏、北齐的都城邺城相继建立，最后于7世纪初期以降的唐王朝京师长安继续其作为皇宫正殿的历程，而日本8世纪以降平城宫、难波宫、恭仁宫、长冈宫、平安宫内的大极殿则可视为唐代长安太极宫中的太极殿之向东方海外的延伸。尤其是平安宫中的大极殿，自8世纪90年代末建成以后，虽于9世纪70年代、11世纪50年代两度因火灾烧坏而重建，重建后的大极殿又延续存在至12世纪70年代第3次焚毁为止，可称中日两国各处都城宫内太极殿的最后留存者。无论在中国或在日本，"太"、"大"二字不仅字形相似、字音相近，而且字义相通，日本"大极殿"之以中国"太极殿"为模范，这是无待于言的。

如所周知，在平安时代（公元794～1192年）的日本，"洛阳"是首都平安京的代名词。这样，就中日两国太极殿建置的全体历程而言，此殿肇始于中国的洛阳，终结于日本的洛阳，实可作为佳话而流传于古代中日两国的交流史。当时，中国都城洛阳在日本倍受重视，以致"洛阳"二字成为平安京的美称。究其原因，主要是由于洛阳之为中国的都城，历史最为悠久，在古代中日交流史上更是占有无与伦比的地位。就太极殿的建置而言，日本各处都城宫中大极殿的名称虽出自对同时期的唐长安城太极宫太极殿的模仿，但追本溯源，其最初由来却在于3世纪30年代曹魏王朝之在洛阳宫中始建太极殿，而当时倭国使者正好有幸于此殿建成之初获得升阶而登的机会[48]。显而易见，这应该亦是上述的主要原因之一。

注　释

[1] 中国科学院考古研究所洛阳工作队：《汉魏洛阳城初步勘查》，《考古》1973年第4期。

[2] 钱国祥：《汉魏洛阳故城沿革与形制演变初探》，《21世纪中国考古学与世界考古学》，中国社会科学出版社，2002年。

[3] 钱国祥：《汉魏洛阳故城沿革与形制演变初探》，《21世纪中国考古学与世界考古学》，中国社会科学出版社，2002年。

[4] 钱国祥：《汉魏洛阳故城沿革与形制演变初探》，《21世纪中国考古学与世界考古学》，

中国社会科学出版社，2002 年。
[5] 《曹植集校注》卷第二第 250 页注 25，人民文学出版社，1984 年。
[6] 岸俊男：《日本の宫都と中国の都城》第 127 页，《都城》，社会思想社，1976 年。
[7] 《南齐书·高祖纪（下）》记"（建元二年）五月，立六门都墙"。《南齐书·王俭传》记"宋世外六门设竹篱。是年初，有发白虎樽者言'白门三重门，竹篱穿不完'。上感其言，改立都墙"。
[8] 以上各项，皆见《晋书》各《本纪》。
[9] 以上各项，见《晋书》穆帝、简文帝二《本纪》。
[10] 顾炎武：《历代宅京记》第 193 页，中华书局，1984 年。
[11] 以上各项，见《宋书》武帝、文帝二《本纪》。
[12] 《南齐书·高帝纪（下）》。
[13] 顾炎武：《历代宅京记》第 200 页，中华书局，1984 年。
[14] 以上各项，见《梁书·武帝纪》及《南史》。
[15] 以上各项，见《梁书·侯景传》。
[16] 《陈书·高祖纪（下）》。
[17] 以上各项，见《陈书·高祖纪（下）》。
[18] 以上天嘉、天康、太建年间各项，分别见《陈书》世祖（文帝）、废帝、宣帝、后主各《本纪》。
[19] 《晋书》明帝（崩于东堂）、成帝（朔望听政于东堂）、简文帝（崩于东堂）三《本纪》。
[20] 《梁书》王僧辩、侯景二《列传》及《陈书·高祖纪（下）》等。
[21] 岸俊男：《日本の宫都と中国の都城》第 127 页，《都城》，社会思想社，1976 年。
[22] 中国科学院考古研究所洛阳工作队：《汉魏洛阳城初步勘查》，《考古》1973 年第 4 期。
[23] 本文关于《邺中记》的引述，皆据顾炎武《历代宅京记》第 168、182、183 页，中华书局，1984 年。
[24] 《隋书·高祖（文帝）纪（上）》。
[25] 徐松：《唐两京城坊考》第 3、4 页（西京·宫城），中华书局，1984 年。
[26] 《三国史记》（金富轼等撰）卷第十九，高句丽本纪第七，文咨王十三年夏四月条。
[27] 《三国史记》（金富轼等撰）卷第十九，平原王二十六年夏四月条。
[28] 上田正昭：《石上の神宝と祭祀》第 214～215 页，《上田正昭著作集 2》（古代国家と東アジア），角川书店，1998 年。
[29] 王仲殊：《友好の百济》、《武宁王の墓》第 106～126 页，《中国からみた古代日本》，学生社，1992 年。
[30] 王仲殊：《新羅の强盛》第 126～131 页，《中国からみた古代日本》，学生社，1992 年。
[31] 以上、以下皆参见《旧唐书·东夷传（新罗国）》。
[32] 《三国史记》卷第五，新罗本纪第五，真德王二年冬条。

[33] 王仲殊：《唐安城および洛陽城と東アジアの都城》第 390~397 页，《東アジアの都市形態と文明史》，（日本）国際日本文化研究センター，2002 年 12 月。

[34] 《三国史记·新罗本纪》所记新罗宫殿有朝元殿（卷第五、十、十一）、讲武殿（卷第七）、临海殿（卷第八、九、十、十一、十二）、崇礼殿（卷第八、十）、永昌宫（卷第八）、瑞兰殿（卷第十）、平议殿（卷第十、十一）；《三国遗事》（一然撰）所记新罗宫殿有内黄殿（卷第二）、同礼殿（卷第二）。

[35] 王仲殊：《论洛阳在古代中日关系史上的重要地位》，《考古》2000 年第 7 期。

[36] 王仲殊：《论洛阳在古代中日关系史上的重要地位》，《考古》2000 年第 7 期。

[37] 王仲殊：《日出ずる處の天子書を日没する處の天子に致す》，《国書と天皇の称号》第 132~149 页，《中国からみた古代日本》，学生社，1992 年。

[38] 徐松：《唐两京城坊考》第 131、133 页（东京·宫城），中华书局，1984 年。

[39] 王仲殊：《対等外交の本質とその繼續的展開》第 149~156 页，《中国からみた古代日本》，学生社，1992 年。

[40] a. 王仲殊：《论日本古代都城宫内大极殿龙尾道》，《考古》1999 年第 3 期。
b. 王仲殊：《关于中日两国古代都城、宫殿研究中的若干基本问题》，《考古》2001 年第 9 期。

[41] 王仲殊：《〈日本〉国号の成立》第 172~180 页，《中国からみた古代日本》，学生社，1992 年。

[42] a. 王仲殊：《论日本古代都城宫内大极殿龙尾道》，《考古》1999 年第 3 期。
b. 王仲殊：《关于中日两国古代都城、宫殿研究中的若干基本问题》，《考古》2001 年第 9 期。

[43] 王仲殊：《关于日本第七次遣唐使的始末》，《考古与文物》2000 年第 3 期。

[44] a. 王仲殊：《论日本古代都城宫内大极殿龙尾道》，《考古》1999 年第 3 期。
b. 王仲殊：《关于中日两国古代都城、宫殿研究中的若干基本问题》，《考古》2001 年第 9 期。

[45] a. 王仲殊：《论日本古代都城宫内大极殿龙尾道》，《考古》1999 年第 3 期。
b. 王仲殊：《关于中日两国古代都城、宫殿研究中的若干基本问题》，《考古》2001 年第 9 期。

[46] 佐藤信：《長岡京の構造》第 54~65 页，《平安の都》，古代を考える，吉川弘文館，1991 年。

[47] 町田章：《平城京》第 39 页，ニュー·サイエンス社，1986 年。

[48] 王仲殊：《试论唐长安城与日本平城京及平安京何故皆以东半城（左京）为更繁荣》，《考古》2002 年第 11 期。

（本文原载《考古》2003 年第 11 期）

论唐长安城圆丘对日本交野圆丘的影响

据《续日本纪》等日本古代史书记载，公元8世纪80年代，日本桓武天皇迁都长冈京，于京南约10公里处的交野郡柏原之地设圆丘以祀天神。其缘由虽在于仿效中国唐代皇帝于每年十一月冬至之日祀昊天上帝于京师长安城（有时亦在东都洛阳城）南郊之圆丘，却又有其特殊的政治目的，故试作此文论述之。

一

开皇元年（公元581年），隋文帝杨坚统一中国。次年（即开皇二年），文帝命高颎、宇文恺等在汉代以来的长安城（亦为北周的都城）故址东南方的龙首原营造新的都城，称为"大兴"。《隋书·礼仪志》记："高祖（文帝）受命，欲新制度，乃命国子祭酒辛彦之议定祀典，为圆丘于国之南，太阳门外道东二里"。武德元年（公元618年）唐王朝成立，仍以大兴为都城，改名"长安"。隋大兴外郭城南面正门明德门又称"太阳门"，唐代长安城沿用"明德门"之名而不改。隋代的圆丘作为天子举行祭天大典的场所，亦为唐代所沿用（图1）。

1999年中国社会科学院考古研究所西安唐城工作队的调查发掘究明，唐代圆丘由素土夯筑，表面用黄泥抹平，并涂以白灰，以示简朴、素洁的精神。圆丘整体由4层圆台相叠而成，每层高约2米，整体高约8米，最下的一层圆台直径约52.8米，可称规模宏大。各层圆台皆设十二陛（阶）以象十二辰，其中"午陛"（南阶）独宽，为皇帝亲临祭祀时升登的阶道[1]（图2）。可以认为，在唐代将近300年的长时期中，圆丘几经修缮，但考古工作队发掘出来的遗迹保存较好，大体上保留着初唐时的原貌，而隋代圆丘与唐代圆丘相似，也是可想而知的。

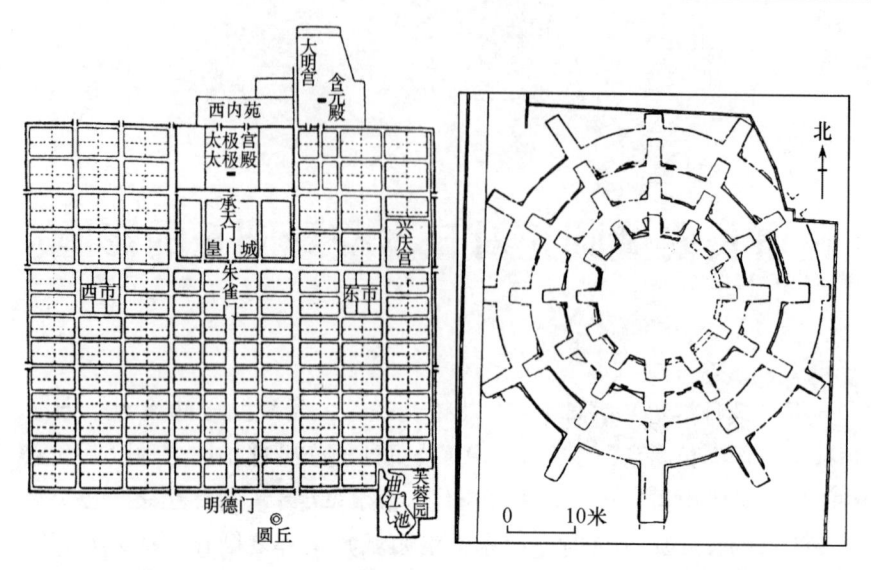

图1　唐长安城平面及圆丘位置示意图　　图2　唐长安圆丘遗迹平面图

这里，要稍加说明的是，据记载，隋代称明德门外的祭天场所为"圆丘"，当然是毫无疑问的。唐代沿用隋代圆丘为祭天场所，这也是非常明确的。但是，有关学者在其著述中称隋代祭天场所为"圆丘"，而称唐代沿用的同一祭天场所为"圜丘"。其实，《大唐开元礼》虽称"圜丘"，但《旧唐书》和《新唐书》的本纪、志、列传皆称"圆丘"，撰成于唐德宗贞元（公元785～805年）年间的杜佑《通典》和王泾《大唐郊祀录》等亦称"圆丘"而不称"圜丘"。因此，与隋代之称"圆丘"一样，我在本文中称唐代沿用的同一祭天场所为"圆丘"，尽管用"圜丘"之词以称亦无不可。

圆丘祭天大典规定于每年冬至之日举行，其由来可追溯至《周礼》，渊源长远，隋、唐两代皆遵循其制，未有改变。冬至亦称"南至"，《旧唐书·太宗纪》记"贞观十四年（公元640年）十一月甲子朔，日南至，有事于圆丘"，同书《德宗纪》记"贞元六年（公元790年）十一月庚午，日南至，上亲祀昊天上帝于圆丘"，即为其例。《左传·僖公五年》记"春，王正月，辛亥朔，日南至"，杜预注"周正月，今十一月，冬至之日日南极"。这说明周代冬至在每年正月，以后改为十一月。其缘由如《史记·历书》所记，夏代以正月为岁首，商代以夏十二月、周代以夏十一月为岁首，秦及汉初曾以夏历十月为正月，汉武帝太初元年（公元前104年）行《太初历》，改用夏正，以正月为岁首，以冬至所在之月为十一月，历代沿袭，隋唐自不例外（7世纪90年代武周载初元年至圣历三年的10年，以十一月为正月，实为复古主义的特例）。但是，冬至虽在十一月，却仍被列为二十四节气之首。皇帝于冬至之日祀昊天上帝于圆丘，倍增隆重、庄严，故《大唐开元礼》以为"吉礼"之首，实属理所当然。

古代中国用太阴历，以月相盈亏为标准，而二十四节气则按太阳黄经度数而划分，故每年冬至虽皆在十一月，但具体日子不定。唐代有多种历法，要以《旧唐书·历志》所收初唐、盛唐时作成的傅仁均《戊寅历》、李淳风《麟德历》、僧一行《大衍历》三者为主，中唐以后，则又有《五纪历》、《宣明历》等。我按唐代史书所记冬至日的干支，参照近代学者陈垣所著《二十史朔闰表》，以求其相当于西方的太阳历是即罗马奥古斯都（Augustus）修正的《儒略历》（Julian calendar）之月日。公元325年，尼西亚（Nicaea）宗教会议决定以儒略历3月21日为春分日（夏至、秋分、冬至等日自亦分别相应在于6月、9月、12月的22日或23日）。由于儒略历一年比回归年多11分14秒，长期积累，乃使初唐时期的冬至为当时儒略历12月19日，盛唐、中唐、晚唐时期的冬至为当时儒略历12月18、17日[2]，与现今冬至之在公历（1582年教皇格雷果里十三世Gregorius XIII命人修订《儒略历》而成）12月22日（或21、23日）相比，有所差异。

古代日本学习中国的制度、文化，所用历法亦自中国传来。7世纪初，推古天皇十二年（公元604年）开始采用5世纪中叶中国南朝宋元嘉二十年（公元443年）何承天所作《元嘉历》，直至7世纪90年代持统天皇六年（公元692年）。此前在天武天皇六年（公元677年），日本已通过新罗传入李淳风的《麟德历》，因此年相当于唐高宗仪凤二年，故改称其为《仪凤历》而于持统六年与《元嘉历》并用。文武天皇二年（公元698年），废陈旧的《元嘉历》而专用《仪凤历》。圣武天皇天平七年（公元735年）吉备真备（本姓"下道"，天平十八年赐姓"吉备"）自中国留学归，携来大量文书、典籍，其中有僧一行的《大衍历经》1卷、《大衍历立成》12卷，乃使日本又于淳仁天皇天平宝字七年（公元763年）废《仪凤历》而采用《大衍历》达90余年，至9世纪50年代后期文德天皇天安元年（公元857年）才以唐郭献之的《五纪历》与之并用。清和天皇贞观元年（公元859年）渤海国使臣携来唐徐昂的《宣明历》，乃于贞观四年（公元862年）废《五纪历》等而以《宣明历》为通用之历，长期不变[3]。这样，自8世纪中叶以降，因历法相同，日本冬至与中国冬至属同一日，亦相当于西方阳历儒略历12月18、17日。以上虽是后话，于此先行叙及，以便读者了解缘由。

如前所述，唐王朝每年十一月冬至在京师长安南郊圆丘祭昊天上帝，与隋朝完全相同。但是，由于朝代改换，祭祀的配享随之而变。据《隋书·礼仪志》记述，隋代祀昊天上帝，"以太祖武元皇帝配"。"太祖武元皇帝"指隋文帝杨坚之父杨忠，北周时封"隋国公"，故杨坚称其为皇考，并追尊为"武元皇帝"。《旧唐书·礼仪志》则记"武德初定令，每岁冬至祀昊天上帝于圆丘，以景帝配"。众所周知，唐高祖李渊的祖父李虎北周时追封"唐国公"，故李渊称其为皇祖，并追尊为"景皇帝"。"配"指祭祀时的配享，其出典见于《易·豫》之谓"先王以作乐崇德，殷荐之上帝，以配祖考"。要之，唐初皇帝在圆丘祭昊天上帝，以本朝皇祖景皇帝（李虎）配享。以后，配享多有改变，武则天称帝时改祖易宗，更不待言。唐玄宗开元十一年（公元723年）十一月亲祀圆丘，中书令张说为礼仪使，建议改以高祖（李渊）配享，故开元二十年（公元732年）颁行的《大唐开元礼》记祭天祝文称"高祖神尧皇帝配神作主"[4]。代宗宝应元年（公元762年）诸臣奏请应以景皇帝（李虎）配，永泰二年（公元766年）乃依礼仪使杜鸿渐、学士归崇敬等之议，决定仍以太祖景皇帝配享，故《大唐郊祀录》记祭天祝文称"太祖景皇帝配神作主"[5]。这样，远的不说，就隋、唐两朝而言，初代皇帝在圆丘祀天神，或以皇考，或以皇祖配享，稍有差异，实由于国情、家事不同，无关宏旨。

据日本8世纪90年代的敕撰国史《续日本纪》记载，日本桓武天皇于天应元年（公元781年）登位，次年即延历元年（公元782年）正月尊谥其父光仁天皇为"天宗高绍天皇"。延历六年（公元787年）十一月五（四）日甲寅（相当于儒略历12月18日）冬至，桓武天皇举行郊祀典礼，作祭文"告昊天上帝"，以"高绍天皇配神作主"[6]，这显然是仿效上述中国的礼仪制度。

隋唐按古制设圆丘于京师长安外郭城南面正门明德门外（唐东都洛

阳圆丘在定鼎门外午桥之南），地属南郊，故皇帝在圆丘祭天往往称为"亲祀南郊"，"亲祀昊天上帝于南郊"（若皇帝不能亲祀，则称"有司祀昊天上帝于南郊"），其含义与"亲祀昊天上帝于圆丘"完全相同。此外，如史书所记，当时亦多有以"有事于南郊"或"有事于圆丘"称皇帝亲临祭天大典的。例如：《隋书·高祖纪》记"开皇十年（公元590年）冬十一月辛丑有事于南郊"；《隋书·炀帝纪》记"大业十年（公元614年）冬十一月乙巳有事于南郊"；《旧唐书·太宗纪》记"贞观二年（公元628年）十一月辛酉有事于圆丘"，又记"贞观十四年（公元640年）十一月甲子朔，日南至，有事于圆丘"；《旧唐书·高宗纪》记"永徽二年（公元651年）十一月辛酉有事于南郊"；《新唐书·文宗纪》记"太和三年（公元829年）十一月甲午有事于南郊"；《旧唐书·昭宗纪》记"龙纪元年（公元889年）十一月己酉有事于南郊"，等等。我不厌其烦地列举以上各例，主要是为了印证9世纪70年代所撰日本史书《日本文德天皇实录》亦称其国君主举行冬至祭天典礼为"有事圆丘"[7]，以明当时日本的仪礼制度在很大的程度上仿自中国唐王朝。

应该指出，如以上所举引，唐太宗贞观十四年（公元640年）十一月朔日干支为"甲子"，"日南至"指冬至，已如前述。中国以天干、地支的组合表示年、月、日、时的次序，而"甲子"实为其首，故受重视。查历史年表，甲子日之为十一月朔日须相隔十数年乃至数十年始得一遇，而十一月朔日甲子之为冬至，更可谓百年难遇。特别是《史记·历书》记"太初元年十一月甲子朔旦冬至"，更使"甲子朔旦冬至"成为自古以来最值得隆重纪念的冬至之日。因此，继贞观二年十一月十九日辛酉亲祀之后，唐太宗又于贞观十四年十一月朔日甲子亲祀圆丘。

据查考，唐高宗显庆四年（公元659年）十一月朔日癸卯（相当于儒略历12月19日）亦为冬至之日，故与贞观十四年十一月朔日甲子（相当于儒略历12月19日）一样，可称"朔旦冬至"。据《史记》、《汉书》记载，汉武帝元鼎五年（公元前112年）十一月辛巳朔旦冬至与太初元年（公元前104年）十一月甲子朔旦冬至相隔仅8年，但此后仅就唐代而言，"朔旦冬至"平均约20年一遇，亦甚难得。

二

现在,我把话题转向日本方面。8 世纪 80 年代,日本桓武天皇营造长冈京,在京城正南方约 10 公里的交野郡柏原之地（在今大阪府枚方市境内）设圆丘以祀天神（图 3）。这是出于对中国唐代皇帝每年十一月冬至在长安城（或洛阳城）南郊圆丘举行祭天大典的仿效,已如前述。

日本通过多次遣唐使的派遣,熟悉唐朝的制度、文化,对各种礼仪活动,包括冬至祭天在内,无不通晓。齐明天皇五年（公元 659 年）所遣使臣津守吉祥于同年十月二十九日入东都洛阳,次日三十日即受唐高宗接见。如前所述,此年

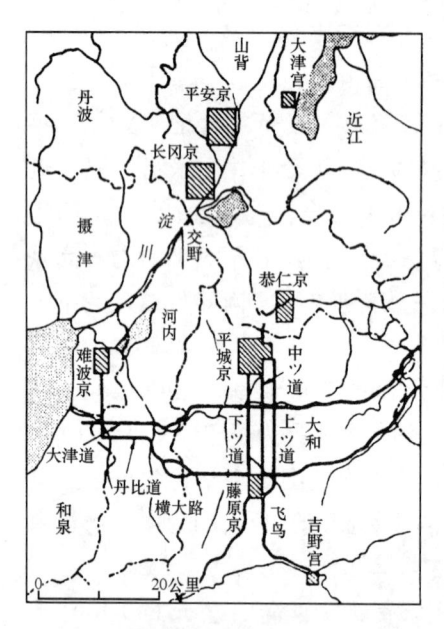

图 3 日本古代宫室、都城迁移及交野的地理位置图

（唐高宗显庆四年）十一月朔日为冬至,津守吉祥得与诸外国使者一同参与盛会,并被称誉为最谙礼节者[8]。文武天皇大宝元年（公元 701 年）所遣使臣粟田真人于次年（公元 702 年）十月到达唐王朝的京师长安,而则天武后则于此前的长安元年（公元 701 年）自东都幸京师,长安二年（公元 702 年）十一月冬至日在长安城亲祀南郊[9],粟田纵然未得参与盛典,亦必详悉其事。然而,众所周知,日本藤原京（公元 694～710 年）、平城京（公元 710～784 年）虽皆仿唐朝都城形制而建造,但京内自不待言,郊外亦无类似中国圆丘之类的设施,从而根本不存在以祭天为主旨的郊祀制度。要之,从 7 世纪的飞鸟时代到 8 世纪的奈良时代,日本虽然多次派遣遣唐使团,悉心学习唐王朝的制度、文化,但冬至南郊祭天的礼制却不为日本方面所取。迁都长冈京的桓武天皇别出心裁,独创新规,实有其重大、深切的政治目的,必须详细叙述,从头说起,方可明其究竟。

舒明天皇二年（公元630年），日本继以前多次的遣隋使之后，派遣第1次遣唐使，于次年（公元631年）到达长安城访问。唐太宗特派新州刺史高表仁为使节，赴日本回访。中大兄皇子（以后成为天皇，称天智天皇）是舒明天皇之子，10余年后辅佐继位的母后皇极女天皇，采取突然的政变方式，诛杀独霸朝政、威高震主的世袭大臣苏我入鹿以巩固皇权，并首创中国式的年号而称此年（公元645年）为"大化元年"。同年十二月，中大兄皇子奉其叔孝德天皇自大和的飞鸟（今奈良县南部之地）迁宫室于难波（在今大阪市），次年（公元646年）正月发布诏书，励行改革，实施新政，史称"大化改新"，其要旨在于仿效中国的政治、文化、经济制度，自不待言。孝德天皇白雉四年（公元653年）、五年（公元654年），在中大兄皇子的筹划下，连续派出第2次和第3次遣唐使，甚多成效，影响至深。白雉五年十月孝德天皇死，中大兄奉其母皇极女天皇复位，改称齐明天皇。在此之前，中大兄自难波还宫飞鸟，齐明女天皇于飞鸟板盖宫即位。据《日本书纪》记载，早在大化元年（公元645年）之前，飞鸟板盖宫的正殿已称"大极殿"。这是日本模仿中国宫殿制度的重要表现（中国都城宫内正殿称"太极殿"）[10]，而大化元年中大兄正是在此宫大极殿发起政变，诛杀苏我氏权臣的。综上所述，中大兄皇子实为历史上的杰出人物，其对古代日本国家所作贡献之大，可谓无与伦比。

前已叙及，齐明天皇五年（公元659年）派出第四次遣唐使，海上航行，历尽艰难，到达东都洛阳则迅速受唐高宗接见，气氛融洽，交情良好。但是，同年十二月中国方面决定次年远征百济，因日本与百济关系甚深，为防泄漏机密，羁留日本使者津守吉祥等人于长安（以后释归）。次年（公元660年）八月，唐与新罗联军破百济都城泗沘，执其王义慈。齐明女天皇于在位第七年（公元661年）死，中大兄皇子称制（代行天皇职权），故史书以翌年（公元662年）为天智元年。总揽军政大权的中大兄皇子发兵救百济，并遣送久在日本为质的义慈王之子丰璋返本国，主持复国之战。天智二年（公元663年）八月，日本舟师在朝鲜半岛南部白村江口海上为唐军所败，全师覆没，百济亦因而彻底亡国。此后数年间，因受驻百济的强大唐军威胁，日本全国处于紧张状态。为安全计，除在各险要之地增强防卫以外，特于天智六年（公元667年）自飞鸟北迁宫室于近江（在今滋贺县），是为大津宫（见图3）。次年（公元668年）正月，中大兄皇子于大津宫正式即天皇位，称天智天皇。百济贵族、官僚等人亡命日本，受到近江朝廷的优遇。

天智天皇于正式即位之后的第四年（公元671年）死，传位于其子大友皇子。天智之弟大海人皇子（即以后的天武天皇）于翌年壬申之年（公元672年）在吉野（今奈良县南部山区）发难，以强力的军事手段消灭近江朝廷，史称"壬申之乱"，大友皇子以死（17世纪江户时代德川光圀《大日本史》承认大友嗣位的正当性，19世纪明治政府追谥其为"弘文天皇"）。天武天皇即位，重建宫室于飞鸟地方，是为飞鸟净御原宫。朱鸟元年（公元686年）天武天皇死，其皇后鸬野皇女继位，是为持统天皇。

持统八年（公元694年）建成藤原京，这是日本历史上第一个仿中国唐朝两京形制而建的都城（其地理位置参见图3）。持统女天皇因其子草壁皇子早死，生前传位于其孙轻皇子，是为文武天皇。文武天皇大宝元年（公元701年）制定《大宝律令》，使日本进一步成为政令统一、法规齐备的"律令制国家"，同年派遣的以粟田真人为首的第7次遣唐使归国后又在更大的程度上引进唐制，包括唐的都城制度。庆云四年（公元707年）文武天皇死，其母阿閇皇女即位，是为元明天皇，次年和铜元年（公元708年）于平城之地营新都。和铜三年（公元710年）元明女天皇迁都平城京（图3），其规模、形制更是全面模仿唐长安城。从此以后，日本历史进入奈良时代。

以平城京为都城的奈良时代（公元710~784年），以元明天皇（公元707~715年）为首，包括以后的元正（公元715~724年）、圣武（公元724~749年）、孝谦（公元749~757年）、淳仁（公元757~764年）、称德（公元764~770年）、光仁（公元770~781年）、桓武（公元781~806年）诸天皇，共历8代74年，其中称德女天皇是孝谦重祚，实际上是7位天皇。从7世纪70年代初年飞鸟净御原宫的天武天皇开始，以迄8世纪60年代末年平城宫的称德天皇，历代天皇或男或女，无非都是天武天皇及其皇后和他们的嫡系子孙，故可称为"天武系天皇"。

宝龟元年（公元770年）孝谦女天皇重祚的称德天皇死，因未婚无子女，天智天皇之孙白璧王（天智第六子施基皇子之子）以62岁高龄被奉迎即天皇位于平城宫，乃使断绝近百年之久的"天智系皇统"得以恢复，所寓政治意义深重。天应元年（公元781年）光仁天皇死（死前让位），其子山部亲王继位，是为桓武天皇。作为"天智系皇统"恢复的第二代天皇，桓武天皇在平城宫受到"天武系皇统"支持者的敌视，延历元年（公元782年）年初发生指使下属携兵仗闯宫的冰上川继谋逆案件便是最为突出的事例。

由于反对派势力强劲，桓武天皇处境困难，唯有离开旧都平城京，迁新都以避其锋，才可求得安定。经调查、考察，新都的地点选定于山背国乙训郡长冈村附近地区（在今京都府向日市、乙训郡、长冈京市一带），故称长冈京（图3）。然而，自和铜三年（公元710年）以来，在平城京定都已历70余年之久，安土重迁，人之常情，"天武系皇统"支持者自不待言，其他许多贵族、大臣等人对迁都之事亦持否定态度。延历三年（公元784年）十一月，桓武天皇迅速迁往长冈京，并于延历四年（公元785年）正月朔日在长冈宫大极殿举行朝贺典礼。但是，延历四年（公元785年）九月，奉命督造新京的大臣藤原种继遭暗杀，使正在进行中的长冈京营造工程大受挫折，而暗杀事件则是由结帮成伙的官僚、贵族所支持，甚至桓武天皇所立皇太弟早良亲王亦与此事有牵连，乃使桓武废杀早良，改立其子安殿亲王为太子。这说明，迁都为国之大事，除加紧措施，强力推行以外，必须宣告充分理由以服众。令人惊奇、感奋的是，桓武天皇竟将迁都的理由集中于"冬至"二字，大张旗鼓，大做文章，实属史无前例。

三

如上文所述，延历三年（公元784年）十一月桓武天皇迁都长冈京。所举迁都最为首要的理由，乃是此年此月朔日恰逢冬至，故称"朔旦冬至"，十分难得。查历史年表，延历三年相当于中国唐德宗兴元元年（公元784年）。因此年十月之后有闰月，故十一月朔日相当于当时西方儒略历12月17日[11]，正值冬至之日。桓武天皇趁此良机，颁发诏书，盛赞此月此日为"朔旦冬至"乃是历代之希遇，为迁都长冈京之莫大吉兆[12]。前已叙及，唐太宗贞观十四年（公元640

年）十一月朔日甲子为冬至，难得之极。桓武天皇延历三年（公元784年）十一月朔日戊戌虽为"朔旦冬至"，但与贞观十四年十一月朔日甲子之为"朔旦冬至"相比，不免稍有逊色。然而，延历三年为天干、地支组合六十年一轮的开头之年甲子年，比贞观十四年之为庚子年则又可谓胜出一筹。由于桓武即位的天应元年（公元781年）为辛酉年，迁都长冈京的延历三年（公元784年）为甲子年，正与所谓"辛酉革命"、"甲子革命"之说相符合[13]，其在历史上的重要性尤其令人瞩目。

在此之前，桓武天皇于延历二年（公元783年）十月前往河内国（"国"为地方行政区划，其下设郡）交野郡游猎，诏免此郡当年田租，并加赏赐于参与陪从的国司、郡司及其他官员，特别是对定居此地的"百济王氏"诸臣大加封赏，以示恩宠。如前所述，7世纪60年代在朝鲜半岛白村江口一战大败之后，百济贵族亡命日本，受到优遇。此前百济义慈王先遭唐军俘虏，其子丰璋逃往高丽，亦不知所终。但是，义慈王另一子善光（禅广）留居日本，称为百济王而世代相承，颇有影响。大约是从持统天皇（公元687～696年）在位之时开始，日本朝廷乃别出心裁，竟然将"百济王"（Kudaranokonikishi）三字作为一个姓氏以赐善光的后裔，并屡加封赏。桓武天皇之母高野新笠夫人本属自百济迁来的所谓"渡来人"（日本为岛国，故称古代自国外迁来的移民为"渡来人"）系统的氏族，与百济王氏有亲缘关系，而桓武最亲信的大臣藤原继绳之妻百济王明信被任为"尚侍"，主管后宫政务而掌实权。凡此等等，遂使定居交野的百济王氏等人为天皇所倚重[14]。延历二年（公元783年）十月在交野游猎，桓武天皇为参加奉迎的百济王利善、百济王武镜、百济王元德、百济王玄镜等人升官进位，可谓事出有因。总之，桓武天皇于迁都长冈京的前一年游幸交野，驻留计数日之久，其目的正在于为明年迁都长冈京之后举行十一月冬至的郊祀大典选定地点、场所（见图3），实属远虑深谋，非同寻常。

在现今日本的大阪府，有互相邻接的枚方、交野二市，而当时选定为长冈京郊祀之处的交野郡柏原不在今之交野市境内，却相当于枚方市的片铆町之地。此地在长冈京的正南方约10公里处，正是"南郊祀天"的好处所。

据《续日本纪》记载，延历三年（公元784年）十一月趁甲子年"朔旦冬至"之机迁都长冈京以后，桓武天皇即于次年延历四年（公元785年）十一月十日壬寅祀天神于交野柏原。查延历四年相当于唐德宗贞元元年（公元785年），此年十一月朔日为癸巳，十日壬寅相当于儒略历12月16日。前已明叙，8世纪中期以降的中唐时代，十一月冬至往往相当于儒略历12月18日、17日。《旧唐书·德宗纪》记"（贞元元年）十一月（癸巳朔）癸卯，上亲祀昊天上帝于圆丘"，可以确证此年冬至在十一月十一日癸卯，相当于儒略历12月17日。《续日本纪》记桓武天皇于此年十一月十日壬寅祀天神于交野柏原，若不是误记了历日，便是主事者故意提早一天行祭礼以赛宿祷。这样，日本就正式开创了冬至祭天的郊祀制度。

到了延历六年（公元787年），因此年五月之后有闰月，十一月辛亥朔四日甲寅（《续日本纪》所记作"十一月庚戌朔五日甲寅"，虽有差异，但干支"甲寅"与唐历相同）相当于儒略历12月18日，正值冬至之日，桓武天皇又率诸臣到交野行郊祀之礼。如前所述，桓武最亲信的大臣藤原继绳以百济王明信为妻，与定居交野的百济王氏诸臣有姻戚关系，故于此地建别墅，正好成为天皇的行宫。郊祀仪式由藤原继绳主持操作，桓武天皇的祭文亦由继绳告读。祭文曰：

维延历六年岁次丁卯十一月庚戌朔甲寅，嗣天子臣（中略）敢昭告于昊天上帝，臣恭膺睠命，嗣守鸿基，幸赖穹苍降祚，覆涛腾徵，四海晏然，百姓康乐，方今大明南至，长晷初昇，敬采燔祀之义，祗修报德之典，谨以玉帛牺齐（斋），粢盛庶品，备兹烟燎，祗荐洁诚，高绍天皇配神作主，尚飨。

祭文又曰：

（前略）孝子皇帝臣讳（中略）敢昭告高绍天皇，臣以庸虚，忝承天序，上玄锡祉，率土宅心，方今履长伊始，肃事郊禋，用致燔祀于昊天上帝；高绍天皇庆流长发，德冠思文，对越昭昇，永言配命，谨以制币牺齐（斋），粢盛庶品，式陈明荐，侑神作主，尚飨[15]。

为了与中国唐朝皇帝冬至祭天典礼作比较，我查阅了王泾《大唐郊祀录》所录唐朝皇帝郊祀祭天帝的祝文，其词曰：

维某年岁月朔日子嗣天子臣某敢昭荐于昊天上帝，大明南至，阳曧初昇，万物权舆，六气资始，谨遵彝典，慎修礼物，谨以币帛牺齐（斋），粢盛庶品，备兹禋燎，祗荐洁诚，太祖景皇帝配神作主，尚飨。

又录配座祝文之词曰：

（前略）孝曾孙皇帝臣某敢昭荐于太祖景皇帝，履长伊始，肃事郊禋，用致禋祀于昊天上帝，惟太祖庆流长发，德冠思文，对越昭昇，永言配命，谨以制币牺齐（斋），粢盛庶品，式陈明荐，侑神作主，尚飨[16]。

两相对比之下，可见日本桓武天皇在祭文中除以"高绍天皇"（光仁天皇）替代唐朝的"太祖景皇帝"（李虎），并自称"孝子皇帝"以替代唐朝历代皇帝自称"孝曾孙皇帝"（高祖李渊应自称"孝孙皇帝"）以外，祭文的内容、格式乃至具体字句都是按中国方面的原样，甚至又以中国同类的习惯用语稍作增添，以示更为严谨、庄重。祭文明示桓武天皇于长冈京南郊交野柏原之地祀昊天上帝而以"高绍天皇"（光仁天皇）配神作主，充分显示了其在日本始创冬至郊祀祭天的目的在于迁都长冈京，而长冈京则是属于光仁天皇率先恢复的"天智系皇统"的新的都城。

据考古学者们对遗迹的调查、发掘，长冈京京域南北长约5.3公里，东西宽约4.3公里，设计规模相当大。延历三年（公元784年）六月任命藤原种继为"造长冈宫使"，营造工程加紧进行，而工程重点则集中于宫城中的大极殿、朝堂院和内里。大极殿、朝堂院为朝廷的主要殿堂，位置居宫城正中央的南部。内里为天皇居住兼理政之处，先设在大极殿的北面，接着又改建于其东侧（图4）。此等建筑物所用瓦件多从平城宫、难波宫（始建于8世纪20年代圣武天皇神龟年间，称"后期难波宫"）拆卸运来。据出土木简及史书所记，当时是拆掉难波宫的朝堂院等，迁运其柱、梁之类的材料以供使用，以致长冈宫与难波宫一样，朝堂院内设八堂（图4、图5），与此前藤原宫、平城宫及此后平安宫的朝堂院皆设十二堂显然不同。最后，又拆取平城宫内各殿堂的门框、户扉，搬运到长冈宫装配，乃使平城宫亦受破坏，面貌全非[17]。于是，日本以平城京为首都、以难波宫为副都的所谓"复都制"从此消失，不复存在。

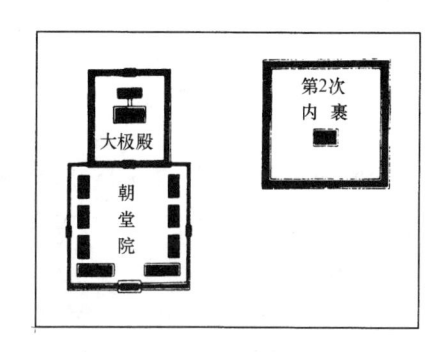

图4　长冈宫大极殿、朝堂院、内裹平面示意图 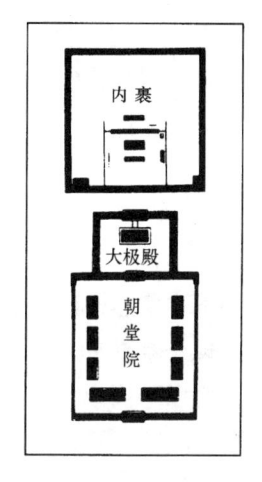　　图5　难波宫大极殿、朝堂院、内裹平面示意图

在长冈京迁都前后，政治事故迭起，波折横生。主管造宫的大臣藤原种继遭暗杀，案件牵连所及，人数众多。特别是皇太弟早良亲王被废致死，影响尤为严重。延历八年（公元789年）以后，皇太后高野新笠、皇后藤原乙牟漏相继死亡，新立皇太子安殿亲王（以后的平城天皇）又患疾病，加之天灾频发，年成不佳，凡此种种，皆被归因于早良亲王怨魂作祟，乃促使桓武天皇萌生弃长冈京而再迁新都之意。延历十三年（公元794年），经过深思熟虑、周密筹备之后，年近花甲、壮心未已的桓武天皇终于迁都平安京。长冈京之为日本都城，前后总共不过10年。由于营造工程紧急于前，滞缓于后，此京建设可谓半途而废，实际上未曾全部完成。

自延历六年（公元787年）十一月冬至日再度在长冈京南郊交野郡柏原举行盛大的祭天典礼之后，桓武天皇又于延历十年（公元791年）十月十日丁酉，十一年（公元792年）九月二十八日庚辰行幸交野，但因日期皆在冬至之前颇远，史书所记天皇的活动又仅限游猎，故与告祭昊天上帝的郊祀无关。然而，应该注意的是，日本史书《类聚国史》、《日本逸史》皆记桓武天皇在藤原继绳陪同下，于延历十二年（公元793年）十一月十日乙酉前往交野[18]。查此年乃是中国唐德宗贞元九年（公元793年），十一月丙子朔，十日乙酉相当于西方儒略历12月17日，正值冬至之日，故《旧唐书·德宗纪》记"（此日）日南至，上亲郊圆丘"。《类聚国史》、《日本逸史》虽只记天皇此日在交野游猎，却不排除举行郊祀的可能性。倘若其事属实，则桓武天皇在长冈京南郊交野郡柏原之地行冬至郊祀之礼，可谓有始有终。

四

如上文所述，延历十三年（公元794年）十月，桓武天皇迁都平安京，即现今京都市之地。自此年以迄后鸟羽天皇建久三年（1192年），日本一直以平安京为唯一的都城。仓促营造、建设欠全的长冈京之为"天智系皇统"恢复后的第一个都城总共不过10年，而规模宏大、设计齐备的平安京继之而为"天智系皇统"的都城则延续近400年，加上此后的京都始终是在平安京的故址，直至明治二年（1869年）迁都东京为止，前后共计1075年之久。

与长冈京相反，平安京的营造工程开展顺利。早在迁都的次年（公元795年），宫城内的正殿大极殿已经造就，故延历十五年（公元796年）正月元旦桓武天皇便在此殿接受群臣的朝贺。与奈良时代前期平城宫内第一次大极殿一样，平安宫的大极殿仿唐长安城大明宫含元殿的形制而建立于"龙尾坛"之上，十分壮观。延历十九年（公元800年）又新建成称为"丰乐院"的专供宴会的宫院，与以大极殿为正殿的朝堂院并列，使庆典与朝政有所分别，又互为依存，相辅相成，以示制度之完备（图6）。据记载，当时号称天下无双的巧匠飞骍匠（古代飞骍相当于今岐阜县北部之地）参与营造，足见工程进展从容，质量优先。

由于形势趋向稳定，政治多见功效，桓武天皇从国际关系的大局出发，继承其父光仁天皇于宝龟八年（公元777年）、十年（公元779年）先后派遣第14、第15两次遣唐使的宏志，迅速于延历二十二年（公元803年）派遣以藤原葛野麻吕为大使的第16次遣唐使，于次年（公元804年）出发成行。使团规模大、规格高，特别是空海、最澄、橘逸势等名僧、名士随同前往访问，影响既大，收获亦多，为桓武天皇（公元781~806年）长达25年的在位统治划上圆满的句号。

大同元年（公元806年）五月桓武死，先已取代早良亲王而立为皇太子的安殿亲王嗣位，是为平城天皇（公元806~809年）。平城天皇宠爱藤原种继之女药子，任以"尚侍"之职，专权宫中，欲谋不轨。嵯

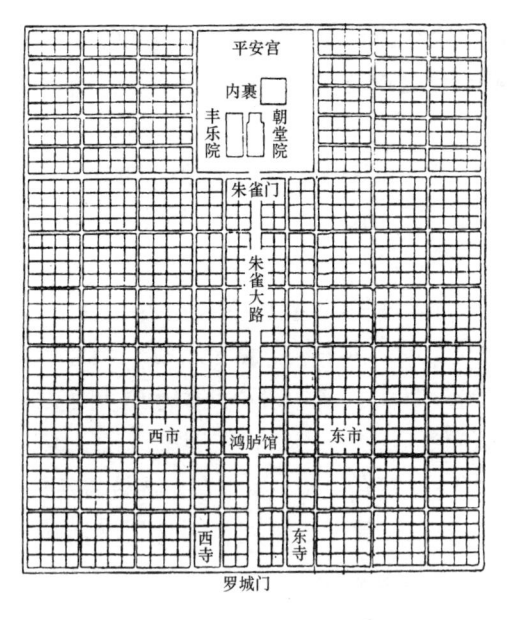

图6 日本平安京平面示意图

峨天皇（公元809～823年）当机立断，快速平定"药子之乱"，使平安时代的日本历史进入新阶段。

在8世纪的奈良时代，外戚权臣藤原不比等的后裔分"南家"、"北家"、"式家"、"京家"四大家族，各立门阀。桓武天皇自登位之初以来，多是依靠式家（此家创始者藤原宇合为藤原不比等的第三子，曾任相当于中国礼部尚书的"式部卿"之官，故名）诸人的支持。但是，在式家的有力人物之中，藤原种继早因督造长冈宫遭暗杀于先，皇后藤原乙牟漏继而亦病故于长冈宫内。最后，擅权后宫的藤原药子死灭，其兄仲成先已被杀，影响所及，遂致藤原氏式家势力告终。藤原继绳属藤原氏南家，作为亲信大臣，长期为桓武天皇效力，多建功绩，在迁都平安京之后不久因老病而死。弘仁元年（公元810年）三月，嵯峨天皇决意以藤原冬嗣为心腹之臣，委以重任，乃使藤原氏北家权势大增，长期持续，不断发展，经久不衰。

桓武天皇以延历三年（公元784年）甲子年逢"朔旦冬至"为由，迁都长冈京以避敌对势力，继而又在交野郡柏原隆重举行冬至祭天大典，以其父光仁天皇配神作主，如此等等，实有其政治上的重大目的，已如前述。迁都平安京以后，政局稳定，政务忙碌，遂不复顾及郊祀之事。平安京地理位置在长冈京东北不足 10 公里，却使长冈京正南方约 10 公里的交野郡柏原之地处在平安京的西南方，相距近 20 公里。交野郡柏原之为长冈京"南郊"固属名正言顺，以其为平安京的"南郊"则不免失之偏远（图3）。这样，由于政治上的重要性失去，地理位置上的正当性亦有所不足，从各种史书所记看来，在其地举行冬至祭天的礼仪活动似乎已经停顿。

嵯峨天皇（公元 809~823 年）在位 15 年，退位后又以太上天皇身份左右朝政近 20 年之久，可称一代名君。弘仁九年（公元 818 年）采纳曾在以藤原葛野麻吕为大使的遣唐使团中任判官之职的菅原清公建议，下诏令"天下仪式、男女衣服皆依唐法，五位（相当于唐五品官）以上位记改从汉样，诸宫殿、院、堂、门、阁皆着新额（书写中国式新名称的匾额）"云云，其对中国制度、文化之崇尚达到无以复加的程度。倘若重视中国郊祀制度而欲加仿效，自可在平安京罗城门外筑坛祭天，无须远奔他处，徒劳往返（图3、图6）。然而，从各方面的记载判断，嵯峨天皇亦无意提倡郊祀祭天之事。

当时交野成为皇室领地既久，天皇在此游猎，已成习惯。由于其地在淀川左岸的平野，风景秀丽，为观赏樱花的名胜之处。《日本后纪》记载，弘仁三年（公元 812 年）二月十五日、弘仁四年（公元 813 年）二月十六日、弘仁六年（公元 815 年）二月十七日，嵯峨天皇皆曾游幸交野，直至仁明天皇承和三年（公元 836 年），嵯峨作为退位已久的太上皇，仍选定此年二月十九日前往交野，而阴历二月中旬相当于阳历 4 月上旬，春光明媚，樱花盛开，正是游乐的大好时日。百济王氏诸人仍居交野，太上皇不忘前情，特嘱继位的仁明天皇为彼等晋升官位，至于十一月冬至祭昊天上帝之事，则因久已停止，不复言及。承和九年（公元 842 年）嵯峨太上天皇死，仁明天皇于承和十一年（公元 844 年）二月二十五日行幸交野，赏赐扈从诸臣，兼及河内、摄津等国有关官员，当日日暮还京，亦未有其他活动。

仁明天皇于嘉祥三年（公元 850 年）三月死，皇太子道康亲王嗣位，是为文德天皇（公元 850~858 年）。据《日本文德天皇实录》记载，齐衡三年（公元 856 年）十一月二十五日甲子"有事圆丘"，显然是指冬至郊祀。这使人想起，自迁都平安京以来，十一月冬至在交野郡柏原祭天的郊祀制度未曾完全弃绝。

查历史年表，齐衡三年相当于中国唐宣宗大中十年（公元856年）。此年十一月庚子朔，二十五日甲子相当于西方儒略历12月25日，迟于冬至丙辰日（儒略历12月17日）达8日之久。究其原因，则是因为日本朝廷每年十一月举行"丰明会"，天皇尝新谷，故又称"大尝祭"或"新尝祭"，是全年最盛大的典礼[19]。丰明会的具体时日从十一月卯日开始，至于辰日及午日，而齐衡三年十一月十六日冬至前夕为卯日，十七日冬至为辰日，文德天皇必须亲自参与丰明会盛典如常仪。为此，不得不将冬至祭天之事延迟数日，以求充分筹划，完成郊祀大典。至于选定在十一月二十五日，则想必是因此日为甲子之日，以求吉祥。

前述《续日本纪》记延历六年（公元787年）十一月冬至桓武天皇在交野祭天，所记以祭文的内容为主，十分详细。《日本文德天皇实录》记齐衡三年（公元856年）十一月冬至文德天皇祭天，则着重记礼仪程序，尤其是记赴交野柏原之前所作各项准备工作，虽稍为简略，却足可明其梗概，从而可与中国《大唐开元礼》所记制度作比较如下。

1.《日本文德天皇实录》记祭祀准备工作从十一月二十二日开始，先遣权大纳言正三位（大纳言之官与唐门下省长官侍中相似，"权"指暂任，正三位相当于唐正三品，其余按此类推）安倍安仁等往光仁天皇之陵（后田原山陵）告以本月二十五日在河内国交野郡祭昊天上帝，谨请配享[20]。可供比较的是，《大唐开元礼》规定祀前二日太尉拜高祖神尧皇帝（唐初及代宗以后，应为太祖景皇帝）庙，告以配神作主之意[21]。

2.《日本文德天皇实录》记十一月二十三日大祓（驱邪）于新成殿（在内裏，1年又9个月之后，文德天皇于此殿病亡）前，诸阵警戒，天皇进出庭中，大纳言正三位藤原良相跪授郊天祝板，左京大夫从四位下菅原是善捧笔砚，天皇自署其名讳毕，执圭北面拜天，乃遣藤原良相等诸臣赴交野郡柏原设莚习礼，祠官尽会[22]。与此相似，《大唐开元礼》规定祀日未明一刻，皇帝车驾至大次门外，侍中于銮驾前跪奏请降辂，郊社令以祝版进，御署讫，近臣奉出，殿中监进大圭，又进镇圭，皇帝执圭至版位西向立，太常卿奏请再拜[23]。

3.《日本文德天皇实录》记十一月二十五日有事圆丘，夜漏上水一尅（刻），大纳言藤原良相等归来献胙[24]。可作参照的是，《大唐开元礼》记祀日太祝减神前胙肉加于俎，持俎以授司徒，司徒奉俎西向进皇帝[25]。

总而言之，从前述祭文的内容到上述祭祀的礼节、程序，日本的郊祀制度仿自中国唐朝，自可确认无疑，只因国情、人事有所不同，郊祀仪礼的细节不免稍有差异，自在情理之中。

《续日本纪》记桓武天皇迁都长冈京前于延历二年（公元 783 年）十月赴交野郡游幸（实际上是选定冬至祭天的地点），又记延历四年（公元 785 年）、延历六年（公元 787 年）两年十一月冬至之日正式在交野郡柏原举行祭天大典之事甚详，却没有述及在交野柏原筑圆丘等情。《类聚国史》就桓武天皇屡次幸行交野作全面的综述，亦未述在当地筑圆丘以供冬至祭天之用。但是，《日本文德天皇实录》明记文德天皇齐衡三年（公元 856 年）十一月二十五日甲子"有事圆丘"，故可确信交野郡柏原举行祭天大典的具体场所是在圆丘。桓武天皇宣读的祭文和文德天皇采取的仪式、程序皆仿自中国唐朝，则祭天的具体场所自应与唐朝一样，亦在于圆丘，乃属理所当然。中国古代有据《尔雅·释丘》而认为圆丘本非人为之丘的说法，但至少自西汉后期以降，各朝代实际上皆在都城南郊筑圆形的丘坛以祭天[26]。相信日本交野圆丘亦为人工造作，尽管与中国相比，规模较小，设施较简。

天安二年（858 年）八月文德天皇死，年方 9 岁的皇太子惟仁亲王嗣位，是为清和天皇，开日本幼帝践祚之先端，进而成为惯例。藤原氏北家大臣于天皇年幼时任"摄政"，成长后又任"关白"，实行所谓"摄关政治"而独揽朝政。在此种情况下，以光仁天皇配神作主的、仿自中国冬至祭天的郊祀制度成为日本历史上的陈迹，终被遗忘。

日本考古学野外工作的范围既广，调查发掘的对象、目标甚多，其成果当然可称丰富、多采。然而，迄今为止，始终未闻有在大阪府枚方市片铧町附近一带对长冈京、平安京时代的交野圆丘遗迹作勘查的，以至有些研究者竟然不知当时此处曾有郊祀祭天盛典的举行。蒙许多学术单位盛情相邀，自 1981 年以来，我有幸往访日本，先后已达 20 余次，在出席各种考古学和古代史讨论会之余，广泛参观各处名胜古迹，却无缘涉足交野之地。他日若有机会，或将抽身前去，亲临其境，体察自然风貌，兼及人文景况，以求增长感性知识，满足向往之情。

注　释

[1] 中国社会科学院考古研究所西安唐城工作队：《陕西西安唐长安城圜丘遗址的发掘》第 29～47 页，《考古》2000 年第 7 期。

[2] 陈垣：《二十史朔闰表》（附西历、回历），古籍出版社，1956 年。

[3] 佐藤政次：《曆学史大全》第 26～31、第 77～83 页，骏河台出版社，1968 年初版、1977 年改订增补。

[4] 《大唐开元礼》第 41、42 页，民族出版社，2000 年。

[5] 《大唐郊祀录》，《大唐开元礼》（附录）第 760 页，民族出版社，2000 年。

[6] 《续日本纪》（后篇）第 526 页，《国史大系》，吉川弘文馆，1982 年。

[7] 《日本文德天皇实录》（齐衡三年十一月）第 86 页，《国史大系》，吉川弘文馆，1981 年。

[8] 据《日本书纪》齐明天皇五年秋七月丙子朔戊寅遣津守连吉祥使于唐国条下注引伊吉连博德书曰："（前略）十一月一日朝有冬至之会，会日亦觐，所朝诸蕃之中倭客最胜"。见《日本书纪》（后篇）卷第廿六第 271 页（《国史大系》，吉川弘文馆，1982 年）。

[9] 《旧唐书·则天皇后纪》（长安二年冬十月、十一月）第 131 页，中华书局，1975 年。

[10] 王仲殊：《关于中日两国古代都城、宫殿研究中的若干基本问题》第 72～73 页，《考古》2001 年第 9 期。

[11] 陈垣：《二十史朔闰表》第 100 页（附西历、回历），记兴元元年（784 年）十一月戊戌朔相当于儒略历 11 月 18 日，闰十月己巳朔相当于儒略历 12 月 17 日，次序颠倒，日期有误，应改正为此年闰十月己巳朔相当于儒略历 11 月 18 日，十一月戊戌朔相当于儒略历 12 月 17 日（古籍出版社，1956 年）。

[12] 《续日本纪》（后篇）第 502 页所记桓武天皇延历三年十一月戊戌朔诏敕，《国史大系》，吉川弘文馆，1982 年。

[13] 根据中国古代的谶纬之说，辛酉之年往往发生革命。日本平安时代三善清行于醍醐天皇昌泰三年（公元 900 年）列举中日两国史书所见辛酉年、甲子年的各种事变，奏请朝廷改元，乃改明年辛酉年（公元 901 年）为延喜元年。以后，每逢辛酉、甲子之年，日本必改元而用新年号。可检阅木宫泰彦《日中文化交流史》（胡锡年译，商务印书馆 1980 年出版），以作参证。

[14] a. 上田正昭：《桓武朝廷と百濟王氏》第 159～172 页，《論究・古代史と東アジア》，岩波书店，1998 年。

b. 上田正昭：《長岡京から平安京へ》第 206～209 页，《上田正昭著作集 3》，角川书店，1998 年。

[15] 《续日本纪》（後篇）第 526～527 页，《国史大系》，吉川弘文馆，1982 年。

[16] 《大唐郊祀录》，《大唐开元礼》（附录）第 759～760 页，民族出版社，2000 年。

[17] 佐藤信:《長岡京の構造》第 54~65 页,《平安の都》(古代を考える),吉川弘文馆,1991 年。

[18] a.《类聚国史》卷第三十二第 193 页桓武天皇游猎,《国史大系》,吉川弘文馆,1933 年。

b.《日本逸史》卷第二第 13 页桓武天皇延历十二年十一月乙酉,《国史大系》,吉川弘文馆,1932 年。

[19] 王仲殊:《试论唐长安城大明宫麟德殿对日本平城京、平安京宫殿设计的影响》第 78 页,《考古》2001 年第 2 期。

[20] 《日本文德天皇实录》卷第八第 85 页文德天皇齐衡三年十一月,《国史大系》,吉川弘文馆,1981 年。

[21] 《大唐开元礼》卷第四第 36 页皇帝冬至祀圜丘,民族出版社,2000 年。

[22] 《日本文德天皇实录》卷第八第 86 页文德天皇齐衡三年十一月,《国史大系》,吉川弘文馆,1981 年。

[23] 《大唐开元礼》卷第四第 40 页皇帝冬至祀圜丘,民族出版社,2000 年。

[24] 《日本文德天皇实录》卷第八(文德天皇齐衡三年十一月)第 86 页,《国史大系》,吉川弘文馆,1981 年。

[25] 《大唐开元礼》卷第四(皇帝冬至祀圜丘)第 42 页,民族出版社,2000 年。

[26] 安家瑶:《唐长安城的圜丘及其源流》第 509 页,《21 世纪中国考古学与世界考古学》,中国社会科学出版社,2002 年。

(本文原载《考古》2004 年第 10 期)